清代陶瓷文献学论纲

陈 宁 ◎ 著

中国轻工业出版社

图书在版编目（CIP）数据

清代陶瓷文献学论纲/陈宁著. —北京：中国轻工业出版社，2017.4

ISBN 978-7-5184-1257-0

Ⅰ.① 清… Ⅱ.① 陈… Ⅲ.① 古代陶瓷－文献－研究－中国－清代 Ⅳ.① K876.34

中国版本图书馆 CIP 数据核字（2017）第 039231 号

责任编辑：毛旭林　　责任终审：劳国强　　封面设计：锋尚设计
版式设计：锋尚设计　责任校对：吴大鹏　　责任监印：张　可

出版发行：中国轻工业出版社（北京东长安街 6 号，邮编：100740）
印　　刷：北京君升印刷有限公司
经　　销：各地新华书店
版　　次：2017 年 4 月第 1 版第 1 次印刷
开　　本：720×1000　1/16　印张：20.25
字　　数：380 千字　　插页：4
书　　号：ISBN 978-7-5184-1257-0　定价：68.00 元
邮购电话：010-65241695　传真：65128352
发行电话：010-85119835　85119793　传真：85113293
网　　址：http://www.chlip.com.cn
Email：club@chlip.com.cn
如发现图书残缺请直接与我社邮购联系调换
161115K2X101ZBW

本书获得

江西省高校人文社会科学研究青年基金项目

"清代陶瓷文献编撰研究"（项目编号：JC1324）

及景德镇陶瓷大学

经费资助

序
Preface

陈宁先生新著《清代陶瓷文献学论纲》（以下简称《论纲》）即将付梓，希望我能为这本书写一点文字。

我和陈宁相识，源于《中华大典·艺术典·陶瓷艺术分典》的编撰。2006年，我应邀担任景德镇陶瓷学院（现景德镇陶瓷大学）的外聘教授，协助陶院中国陶瓷文化研究所编撰他们所承担的国家重大文化出版工程《中华大典·艺术典·陶瓷艺术分典》。陈宁是这个课题组的骨干，我们在一起工作了近八年。八年间，课题组除了完成并出版了《陶瓷艺术分典》外，还编辑出版了煌煌30大册的《中国古代陶瓷文献影印辑刊》以及上、下两卷的《中国古陶瓷文献校注》。在这两部书稿的编写中，陈宁任副主编，承担了大量工作。这期间，他还出版了自己的专著《颜色釉瓷》，也惠赠了一册给我。多年的交往，我深知他有极其严谨的学风和扎实的功底，也有极其深厚的陶瓷文献方面的知识积累。更令我感兴趣的，是他对中国古代陶瓷文献还有许多很独到的理论认识。或许正因为如此，我一直以为他是陶瓷文化研究界值得特别关注的一位青年学者。还在编写《中国古陶瓷文献校注》时，他送书稿来南昌交我做最后审定，交谈中，我就隐隐地有种预感，下一步，他很可能会在理论研究方面跃上新的高度，收获新的成果。所以，当他把这部《清代陶瓷文献学论纲》放到我的案头时，我一点也不感到意外。

在任何一个学科的研究中，文献的搜集、整理和甄别，都是最基础性的工作。脱离真实、丰富的文献，研究者注定只能徘徊于令人迷茫的荒野，自陷于武断臆测的泥淖，所得出的结论也必然只是缺乏可靠依据的臆说。《论语·八佾》记载了孔子的一段话："夏礼吾能言之，杞不足征也。殷礼吾能言之，宋不足征也。文献不足故也。足，则吾能征之矣。"这是目前我们所能看到的关于"文献"一词的最早记载。孔子是谨慎的，他考辨夏礼、商礼，特别强调要以充分的文献资料作为依据。这既是一种研究方法，也是一种严谨的治学精神，后来也成了中国文化各个门类研究中所共同遵守的准则。陶瓷学科的研究自然也是一样。

那么，什么是"文献"呢？学科研究中一些学术概念的界定，作为一个学术问题，各人的理解也是可以见仁见智的。从孔子说了这段话之后，几千年来人们对于"文献"的解释，经历了一个不断演化的过程，各个不同历史阶段的学者们的解释往往不太一样，这是很正常的。但演变到最后，从比较宽泛的角度讲，将有关的文字资料及有研究价值的文物称作"文献"，进而作为"文献学"的研究对象，基本上还是成了学界的共识。这当然是从其广义的角度来说的。然而事物又有其特殊的一面，"文物"由于是以实物形态而存在的，虽然大多都具有研究的价值，但价值的属性不同，学科的归类也往往不同。在研究中，是否都可称之为"文献"，是否属于"文献学"的研究范围，也便有了争论。当代著名文献学家张舜徽先生曾明确地表示，这个界定还是应该以是否有文字信息为依据。有的"文物"，诸如古人类头骨和牙齿之类，从其价值属性来说，是古生物学的研究范围；古墓葬中出土的陶器、铜器等器皿，是古器物学的研究范围，都很难被视作"文献"，因而对这类文物的研究，和"文献学"的研究范围还是有区别的。我觉得，这应该被认为是从狭义的角度做出的划分，也是更为确切、更易于被人们接受的一种划分方法。

"陶瓷文献"便属于这样的概念。就一个民族的整个文化来说，陶瓷文化作为中国文化的一个分支，有关它的文字资料自然应被涵盖在整个中国古籍文献和现当代文献之中。将历代流传下来的有关陶瓷的文字资料视作"文献"，这自然是不存在争议的。然而，陶瓷作为一个极具工艺特点的学科门类，又有其特殊性的一面。正如陈宁在本书稿中所指出的，陶瓷作品作为一种载体，也有可能属于陶瓷文献的范围，也有可能不属于这个范围。陈宁比较认同张舜徽先生的观点。《论纲》认为，只有那些记录有文字符号信息的陶瓷作品，才可以被视作"陶瓷文献"。这自然就对这些年同样困扰陶瓷理论研究的关于"陶瓷文献"的界定，作出了明确说明。尽管《论纲》没有涉及清代陶瓷中具体的实物资料，但这个界定，无论是对本书的写作来说，还是对读者来说，我觉得都是十分必要的。

也许正因为陶瓷学科的这种特殊性，学界乃至整个社会对陶瓷的关注，都相对集中在陶瓷制品的实物方面。陶瓷生产者的注意力，则又较多地集中在制坯、釉色、绘画、烧制等具体的制作工艺上。对陶瓷文献的搜集、整理的关注度，则显得很不够，更不要说进行更深入而系统的理论研究了。其实，中国陶瓷文献是非常丰富的，而且历史非常悠久。因为我所从事的专业的关系，几十年来我虽对陶瓷史料未多加注意,但在阅读过的古籍文献中,我也曾从典籍乃至方志所载录的古代祭器中,看到一些有关陶制器皿的记载。从《史记·五帝本纪》中,就曾读到过"舜耕历山,渔雷泽,陶河滨,作什器于寿丘,就时于负夏"的故事。直至后来在陶院看到他们收集的陶瓷史料,我被中国陶瓷文献的丰富深深地震撼,以致满目骇然了。这种丰富到底到何种程度呢?陈宁参与编写的《中华大典·艺术典·陶瓷艺术分典》共250多万字,这还只是从现存的自先秦至清宣统年间的陶瓷文献中,精心筛选和摘录出来的最有代表性的陶瓷史料。稍后编辑出版的《中国古代陶瓷文献影印辑刊》虽30大册,但因为涉及版权等方面的问题,诸如当代学者整理出版的极为重要的《唐英督陶文档》《清宫瓷器档案全集》等,均未能纳入其中。民国以后的陶瓷史料,在学界目前还基本处于无人顾及的状态。至于流散在海外的中国陶瓷文献,在国内现有的出版物中,除对极少数几个译本有所介绍之外,其余基本上是付诸阙如的。可以这么说,对中国陶瓷文献的整理,我们还是不够完整和系统的,而对陶瓷文献的研究,也大体上是处于零散的、对单部著作的孤立的研究状态。这和陶瓷文献丰富存在的现状是很不相称的。这自然而然地也就在相当大的程度上影响陶瓷学科方方面面研究工作的拓展和深入。

  这种状况的形成,原因当然是多方面的,但其中很重要的一点,我认为,恐怕和当前尚未建立一门"陶瓷文献学"有相当大的关系。陈宁在本书的第一章中即言及,在20世纪80年代末期,傅振伦先生就曾提出要建立一门"中国古陶瓷文献学"的设想,可惜20多年过去了,这一提议并未引起学界最基本的关注和重视。可能有人会说,建立一门"陶瓷文献学",是不是有点"小题大做"?确实,较之哲学、政治、经济、历史、文学各门类文献的研究,陶瓷文献的研究规模要小得多,因为它毕竟只是关于一种特殊工艺制品的文献研究。但我倒觉得,即便如此,"陶瓷文献学"这个命题还是科学的、合理的。首先,它完全可以作为文献学的一个分支而存在,这一点应该是没有异议的。其次,它有很充实的实际内容,这包括极为丰富的文献材料的实际存在、很明确的研究对象和范围以及可以系统归纳并且完全可以成立的学科特点等。作为一门学科理论建立的必要条件,其实它都具备。这些足以支撑"陶瓷文献学"学科体系的建立和合理存在。不可否认,这数十年来,有不少学者在中国古代陶瓷文献的整理和研究方面,付出了许多努力,做了大量的工作,也取得了丰硕的成果。但倘若综观整个的研究现状,一个明显的不足也是毋庸讳言的,那就是尽管陶瓷文献的整理还存在很多问题,但相比较而言,陶瓷文献理论的研究又远不及文献收集和整理所取得的成就。这应该是一个不争的事实。并且,倘若仔细梳理一下，便会发现，已有的研究大多集中在两个方面：一是对陶瓷原材料和具体的陶瓷工艺的研究，如瓷土、造型、釉色、装饰、烧制工艺等。二是对某些单一陶瓷著作的研究，如《陶冶图说》《景德镇陶录》《景德镇陶歌》等。其中有些成果确实具有相当的水平，但我们又不得不承认，我们的工作还缺乏对全部中国陶瓷文献的整体的、系统的、科学的观照。这种缺憾的出现，不能不说和陶瓷文献学的未能建立有关。

陈宁的这部著作，也不是一部涵盖全部陶瓷史料的《中国陶瓷文献学》。他立足的是清代陶瓷文献学的研究，这当然是属于断代陶瓷文献研究的范围。这种选择，我想应该和清代陶瓷文献最为丰富也最为完整有关。因此，我觉得他的选择是颇具眼力的。联系到他在本书"陶瓷文献学的提出"一节中，对傅振伦先生《中国古陶瓷文献学》一文的评析，我甚至还认为，他似乎是想以清代这一时段的陶瓷文献研究作为一个突破口，为"中国陶瓷文献学"的建立做一些前期的、更为科学的探索。所以，和那种零星孤立的、罗列式的研究不同，他在书中细致地辨析了"文献""陶瓷文献""文献学""陶瓷文献学"等各种相关的概念，论述了"陶瓷文献学"的涵义，阐释了它作为学科的基本特点。再从"文献学"的角度，详细地考辨了整个清代陶瓷文献的编撰状况和分类体系的建构。然后以此为基础，以清代每一种重要的陶瓷专著为一个专题，逐次地论述清代最具代表性的陶瓷文献，考辨其编撰时间、著者事迹及成书过程，探讨其编撰特点、内容价值和版本源流，乃至一些文献编撰之间的承继关系等。这显然体现着文献学的特点，是以文献学的眼光和研究方法来做出的论述。这样做的结果，使他对每一种文献的研究不但考察全面，分析深刻，而且考辨极为翔实。综观全书，无论是整体的架构，还是具体的论述和考辨，我以为都较好地体现了一部"文献学"著作的特点。如果作者的意图真如我在上文中所揣测的那样，是小试牛刀，想为整个"中国陶瓷文献学"的建立作一些先期探索的话，那么我要说，这个探索是成功的、有意义的。

是为序。

王琦珍
江西师范大学文学院教授
2016年9月12日

前言
Preface

一、写作背景和研究意义

当前，我国陶瓷理论研究呈现出两种趋势：一是研究不断细化深入，诸如陶瓷设计、陶瓷史论、陶瓷鉴定、陶瓷工艺等陶瓷分支学科的理论研究取得了较大发展，针对陶瓷器物的某一造型、某一釉彩、某一纹饰等细化研究业已出现，且有愈来愈多的趋势；二是交叉学科不断建立和发展。随着学科分工越来越细化，越来越深入，为了多角度地发展和完善学科自身理论的需要，建立和发展交叉学科已成为学术发展的必然趋势。陶瓷理论研究亦是如此，它只有与哲学、美学、文献学、考古学、图像学等学科理论相交叉，才能拓宽陶瓷理论研究的视野，才能更好地丰富和完善陶瓷理论研究的各项内容。而本书有关陶瓷文献学的研究，就属于后者。陶瓷文献学是陶瓷理论和文献学学科理论交叉研究的结果，也是陶瓷理论研究和其他相关的交叉学科建立和发展的基础，故其研究尤为必要，也甚为重要。但令人遗憾的是，我国自20世纪80年代末傅振伦先生提出"中国古陶瓷文献学"一词后，其研究并未引起关注和重视，二十多年来发展缓慢。期间，虽出现了一些具体的研究成果，但研究缺乏理论性和系统性，研究广度和深度均显不足，这与古代陶瓷文献的实际存在状况及它在陶瓷理论研究中所处的重要地位不相符合。

笔者于2007年7月武汉大学硕士研究生毕业后，到景德镇陶瓷大学参与国家重大文化出版项目《中华大典·艺术典·陶瓷艺术分典》①的编纂工作，通过多

---

① 《中华大典》是由国务院于1990年批准启动的国家级重点古籍整理项目，也是新中国成立以来重大的文化出版项目。该项目是在继承和发扬我国传统类书的基础上，结合现代科学分类法，将中国古籍资料按类编排，是继《永乐大典》《古今图书集成》之后的又一部大型类书编纂。而笔者参与的《中华大典·艺术典·陶瓷艺术分典》，是《中华大典》编纂其中的一个分典，是将中国古籍中的陶瓷史料辑录出来，并按类合理编排在一起。将陶瓷单独列为一个分典，成为一部综合型类书的重要组成部分，这在古代从未有过，至今亦属首次。

年坚持不懈的努力,从浩如烟海的古籍中辑录了大量第一手陶瓷史料,其中包括以前从未被发现或被征引的史料,这些史料价值甚高,弥足珍贵,亟需系统研究和充分利用。在工作过程中,笔者不仅全面了解到我国古代陶瓷文献的编撰情况,还深刻认识到古代陶瓷文献研究和利用的重要性。可惜的是,目前学界对古代陶瓷文献的研究颇为匮乏,既没有较为全面的系统研究,又缺乏较为深入的单篇研究,也正因如此,其重要性未能引起关注和重视,其价值未能得以体现和利用。就此而言,有关古代陶瓷文献的研究显得尤为必要。笔者以此作为写作对象,就是为了填补这一研究的不足。

本书将研究的时间范围限定在清代,其原因有二:(1)清代是我国古代陶瓷生产的黄金时代,这主要体现在康熙、雍正、乾隆前期这段时间。到了乾隆中后期,受"实学"[①]思潮的影响,一些文人学者开始走出故纸堆,走进百姓家,关注更切实用的科技生产,这其中就包括与人们生活息息相关的陶瓷生产。他们收集分析与陶瓷有关的史料,调查总结陶瓷的生产历史、制备工艺、名窑名匠等,编撰出一批极具研究价值的陶瓷专论之作,如《陶冶图说》《陶说》《南窑笔记》《阳羡名陶录》《景德镇陶录》《景德镇陶歌》《匋雅》等,其编撰数量比以往陶瓷专论之作的总和还要多。以此而言,清代是我国古代陶瓷专论之作最为丰富的朝代,也是我国古代陶瓷文献编撰最为繁盛的朝代。因此,选取清代作为陶瓷文献学研究的时间范围,很具有代表性。(2)我国古代虽然有"重道轻器""重经史轻理艺"的思想,陶瓷文献在古籍中的比重微乎其微,但是其绝对数量相对于个人研究而言,还是相当多的。想要对其进行全面深入的研究,需要花费很长的时间。出于写作时间的考虑,与其全而不深,不如深而不全,故选取有代表性的清代陶瓷文献学作为研究对象,更具可行性。当然,为了保持研究的连贯性,本书对清代以前的陶瓷文献状况也会在必要时作以简要描述,但不予展开详论。

关于本书的研究意义,除了前面提及的"有利于促进陶瓷理论研究的全面深入,为陶瓷理论研究和其他相关的交叉学科的建立和发展提供可靠的资料来源和必要的使用方法""有利于促进陶瓷文献学的建立和发展"外,还有一些更直接更重要的意义,具体在于:选取比较有代表性的清代乾嘉时期,概括总结这一时期陶瓷文献的编撰情况,使人们能够大致了解到这一时期陶瓷文献的大致

---

① "实学"是针对宋明理学而提出的。其基本思想是主张实事求是,反对照本宣科,倡导经世致用,反对空谈玄理,注重实证调查,反对不切实际。"实学"思想萌发于宋代,发展于明代中期,至明末清初形成一股潮流,出现了诸如《农政全书》《徐霞客游记》《天工开物》《阳羡茗壶系》等体现实学思想的著作。这一思潮对清代的学术研究产生了较大影响。

编撰数量、分布特点、史料价值以及它在整个古代陶瓷文献编撰中所处的地位；通过深刻剖析清代重要陶瓷文献尤其是陶瓷专论文献的编撰者、编撰特点、内容价值、版本流传等，使人们能够意识到古代陶瓷文献及其利用的重要性，以此推动古代陶瓷文献研究的全面发展；通过充分利用清代重要陶瓷文献尤其是陶瓷专论文献的史料内容，不仅可使人们明晰其在陶瓷文献编撰史上的重要地位，而且有利于理清我国古代陶瓷生产的发展脉络，有利于传承和保护我国传统的陶瓷技艺，有利于发展和弘扬我国传统的陶瓷文化；当然，其中记述的陶瓷贸易、陶瓷审美、人物事迹等史料，对了解和认识我国古代的经济史、思想史、文化史等也有重要的参考价值和启发意义。

二、研究现状

新中国成立以来，尤其是20世纪80年代以来，我国尽管在陶瓷文献学的基本理论和体系建构方面无甚进展，但是在具体的陶瓷文献研究方面还是取得一些成果的。就清代陶瓷文献学的研究成果而言，主要体现在以下三个方面。

（1）清代陶瓷文献的辑录

我国古代"重道轻器""重经史轻理艺"，这一思想导致古代科技文献编撰数量的稀少[①]，而作为手工技艺的陶瓷类文献更是凤毛麟角，且多是只言片语，分布零散。要从浩如烟海的古籍中辑录出这些陶瓷史料，实非易事，故而直到20世纪90年代末，才渐渐出现陶瓷文献辑录之作。首开其源的是冯先铭编著的《中国古陶瓷文献集释（上册）》，继起者有中国国家图书馆编的《中国古代陶瓷文献辑录》，熊寥、熊微编注的《中国陶瓷古籍集成》，贾贵荣、张爱芳选编的《历代陶文研究资料选刊》《历代陶文研究资料选刊续编》，梁宪华、翁连溪编著的《中国地方志中的陶瓷史料》，景德镇陶瓷大学中国陶瓷文化研究所编纂的《中国古代陶瓷文献影印辑刊》等，它们从多个角度将所辑录的陶瓷史料按照一定的编排体例编排在一起，各具特色，各有优劣，可以相互补充，合理参照使用。这些成果都

---

① 关于我国古代科技文献编撰数量稀少的原因，曹之先生曾做过深入研究，具体可概括为四点：一是作为封建社会立国之本的儒家思想，安贫乐道，不重视科学技术和经济建设；二是历代封建统治者大兴文字狱，禁锢了人们的思想，他们以功名利禄为诱饵，把知识分子引入钻研儒家经典的死胡同，一代又一代知识分子青灯黄卷，皓首穷经，脱离生产，脱离实践，脱离现实；三是历代封建统治者轻视科学技术，各个王朝都缺乏鼓励人们进行科技研究的机制，科技研究与升官发财毫无关系；四是我国古代知识分子受"劳心者治人，劳力者治于人"观念的影响，视科学技术为"雕虫小技"，不屑于从事这方面的研究和实践，动手能力较差，有的甚至四体不勤，五谷不分，错过了很多创造发明的机遇。

是针对整个古代陶瓷史料的辑录,清代的陶瓷史料囊括其中。值得一提的是,中国第一历史档案馆和北京铁源陶瓷研究院联合编纂了一套《清宫瓷器档案全集》,全书共52卷(正文50卷,目录2卷),将清宫档案中的陶瓷史料按照时间先后顺序,分门别类地编排在一起,其内容十分丰富,涉及面颇广,包括了清代诸朝督陶官的督陶奏折、各级官员的贡档进单、各作成做活计清档、御窑厂解运瓷器的种类和数量等,极富研究价值;且所录档案大多内容完整,文字清晰,是一部清宫瓷器档案的大汇集之作,也是一部清代陶瓷文献辑录的专作。总之,这些成果中所涵盖的清代陶瓷史料,为清代陶瓷文献学全面而深入的研究奠定了基础,不过就辑录史料的完整度而言,仍有一些缺漏之处,有待进一步地稽查和挖掘。

(2)清代陶瓷文献的本体及其价值利用研究

这主要表现为著者及成书时间的考证,正文内容的点释,内容价值的总结、评析和利用,版本的流传及异同辨析等,现分别评述如下。

关于著者及成书时间的考证研究,主要是针对清代陶瓷文献中不明著者及成书时间的著作。就目前研究而言,主要表现为对《南窑笔记》著者及成书时间的考证。《南窑笔记》是清代最早以笔记体的形式记录清初景德镇瓷器制作的工艺特点、品种风格、原料选用及其配制方法的一部专著。该书首次刊行于民国年间出版的《美术丛书》中,这一刊本是目前学界使用的通行本。查阅此本,便会发现丛书编者仅在《南窑笔记》卷端注明"旧抄本",并未涉及该书著者及成书时间,这使读者在传抄引用时多将著者视为"佚名",而无人探究其著者及具体成书时间。直到2012年1月,广西师范大学出版社影印出版了广州图书馆主编的《南窑笔记》稿本,该本封页题名《南窑笔记抄》,卷端题名《抄南窑笔记》,这极有可能是《美术丛书》刊行本的底本。该稿本由王婧点校整理,她根据《陶园年谱》的记载,认为该书"为张九钺乾隆四十二年编撰而成"。尽管此说单凭一书中的两条史料记载立论,证据略显不足,但这是对《南窑笔记》著者及成书时间的第一次考证,其做法值得赞赏和提倡。

关于正文内容的点释研究,主要是指对清代陶瓷文献的点校、注释、翻译等。目前这方面的研究成果颇多,为了方便今人阅读,它们都会对正文内容进行点校,但也有一些不同之处:有的根据内容描述加以插图,如赵菁整理的《匋雅》《阳羡名陶录》;有的只对专业术语、人名地名、历史事件、生僻字词等进行注释,如熊寥、熊微编注的《中国陶瓷古籍集成》和何新所辑注的《钧瓷历史文献辑注》中收录的清代陶瓷文献;有的只对全文进行白话翻译,如韩其楼编著的《紫砂古籍今译·阳羡名陶录》;但更多时候是综合使用,或将插图和关键词注释结合在一起,如连冕编注的《景德镇陶录图说》,杜斌校注的《陶说》

等；或将关键词注释和全文翻译结合在一起，如傅振伦译注的《陶说译注》《景德镇陶录详注》等，以便对正文内容做出更准确更清晰的说明。当然，点释研究是一个主观思辨的过程，不同的人对相同内容可能会有不同的理解，即使是同一个人在不同时期对相同内容也会出现不一致的看法，其中有些解释可能并不符合著者本意，偶尔还会出现点释漏误的情况，故使用时须认真鉴别。

关于内容价值的总结、评析和利用研究，主要是针对清代重要的陶瓷专论文献而言的。这些陶瓷专论文献常被陶瓷学界传抄引用，其内容价值早已获得认可，但对其进行总结、评析和利用研究的成果并不多。如雍乾时期著名督陶官唐英的陶瓷文献编撰数量颇多，主要有《陶冶图说》《瓷务事宜示谕稿》《陶成纪事碑》《陶人心语》以及督陶奏折等。其中，《陶冶图说》是唐英根据宫廷所绘《陶冶图》二十张而配的文字说明，内容包括采石制泥、淘练泥土、炼灰配釉、制造匣钵、圆器修模等制瓷工序，是我国第一部完整记述清初御窑制瓷工艺的专论文献，具有很高的研究价值和利用价值。目前对《陶冶图说》内容价值的研究成果主要有赵宏的《清唐英〈陶冶图说〉中的工艺观》，李其江等的《〈陶冶图说〉制瓷技术理论化的特点及价值》，周媛的《论〈陶冶图〉与〈陶冶图说〉的研究价值》等；对唐英其他陶瓷专论文献的研究成果主要有崔鹏的《从〈瓷务事宜示谕稿序〉解读雍正时》，曹艳玲、袁义宏的《从〈陶人心语〉自序看陶人心境》，权奎山的《唐英督陶奏折在御窑研究中的意义》，陈宁的《督陶官唐英文献编撰特点考析》等。这些论文从多个角度对唐英陶瓷专论文献的内容价值作了总结、评析和利用研究，但不够系统，也不够全面，有待将其文献进行宏观统筹和微观深入相结合的研究。又如《阳羡名陶录》是我国古代记述宜兴紫砂制作最为完备的一部专著，也是清代唯一一部系统记述宜兴紫砂制作的专著。该书详细梳理了宜兴紫砂制作的师承渊源、著名工匠、原料取材、工艺技法等，全面收录了明清时期各种文献中有关宜兴紫砂制作的史料和文人学者为宜兴紫砂而作的诗词铭赋等类的文章。目前对该书的内容价值进行研究的成果，只有陈茆生的《吴骞及其〈阳羡名陶录〉》一篇论文。该文简述了《阳羡名陶录》的写作缘由，辨析了《阳羡名陶录》与《阳羡茗壶系》的源流关系，指出了《阳羡名陶录》在紫砂制作史上的重要意义，较为全面地论述了《阳羡名陶录》在编撰方面相关问题的研究，但其叙述较为简略，有时候只用一句话点到为止，未作展开评述，尤其是对该书内容价值的研究，其广度和深度都远远不够，有待进一步挖掘和考析。再如《景德镇陶录》是我国第一部真正意义上的景德镇陶瓷史，对古今官民名窑、制作工艺、分工状况、行业行帮、瓷业风俗、陶瓷贸易等无不备载，具有鲜明的地方特色，对研究景德镇陶瓷的发展极有参考价值。目前对其内容价值进行研究的成果，只有卢家明的《略论〈景德镇陶录〉及其学术价值》和《〈景德镇陶录〉探析》两篇论文。两文对《景德镇陶录》的成书背景、史料取材、编撰缘起等作了考证，对其内容价值从景德镇制瓷原料、烧窑技术、专业化生产（分工协作）、瓷业习俗等多个方面作了评析，对其学术价值和学术地位作了总结，认为该书不仅是我国第一部较为完整的景德镇陶瓷史，还是一部体现重视国计民生思想的陶瓷工艺史和陶瓷经济史。两文分别发表于1996年和1998年，距今已有多年，根本无法借助于最新的考古挖掘和研究成果，来对该书的内容记载进行考证，这是其局限性。即便是依据当时的考古挖掘和研究成果，作者对其该书内容的考证也颇显不足。但就《景德镇陶录》正文本身的记载而言，作者对其内容价值的总结、概述和评析也不全面，如对景德镇所仿古窑、外地瓷窑等内容就未曾提及。这些不足都有待于进一步考证和补充，以便更好地为今人所用。由此可见，尽管目前对清代陶瓷文献内容价值的研究取得了一定的成果，但是仍有较大不足，如有些重要的陶瓷专论文献（如《陶说》《南窑笔记》等）的内容价值研究仍然十分匮乏，即使对已有一定成果的陶瓷文献内容价值的研究也不够全面，尚需进一步挖掘和剖析。

关于版本的流传及异同辨析的研究，早期几乎无人关注，直到最近才出现少量的成果。这些成果主要是针对唐英的陶瓷专论文献而展开，如董莲枝的《新发现唐英"陶政示谕稿自序"之异文》将民国陶务督办郭葆昌《景德镇陶务汇抄》中所载的《陶政示谕稿自序》与唐英《陶人心语》中所载的《瓷务事宜示谕稿序》进行了对比誊录，指出了两种版本在内容记述上的不同之处，是目前最早对清代陶瓷专论文献进行版本异同比较研究的成果；熊贵奇在其导师周思中教授的指导下，撰写了《清唐英〈陶人心语〉版本考略》一文，该文根据中国国家图书馆所藏《陶人心语》的四种版本，对其内容进行了对比考证，得出了一些可借鉴的结论。另外，该文还对今人出版的《唐英集》和《唐英全集》作了简要评价，指出了两书在底本选择和印刷质量方面存在的问题，颇经一番思索。但是，可能限于作者识力，该文并未能将《陶人心语》的所有版本查阅齐全，对不同版本中出现的不同之处也未能尽作解析，正如该文结语中所言，"限于客观原因，笔者也未能见到顾栋高五卷本《陶人心语》，只能据手头掌握的文献作一番推测"。除了这少量的研究成果外，目前对清代其他陶瓷专论文献的版本研究凤毛麟角。

（3）清代陶瓷文献编撰家非陶瓷文献编撰方面的研究

清代出现了一批陶瓷文献编撰家，如程哲、唐英、梁同书、朱琰、蓝浦、吴骞、龚鉽、陈浏等，目前有关这些陶瓷文献编撰家在非陶瓷文献编撰方面的研究颇多，其中以唐英的相关研究成果最为突出。唐英作为清代雍乾时期的督陶官，不仅在制瓷实践上创造了辉煌成就，而且在文献编撰上也留下了丰硕成果。概括而言，有关唐英非陶瓷文献编撰方面的研究，主要体现在以下几个方面。

①制瓷成就。雍乾时期，由于政治稳定，经济繁荣，朝廷对手工业制作尤其是制瓷技艺的要求精益求精，尽善尽美。作为当时的督陶官，唐英不得不谨慎从事，刻苦钻研，努力实践，使自己从不懂制瓷工艺的门外汉变成深谙火候生克变化之理的内行家。无论是仿古瓷还是新制瓷，唐英都取得了很高的成就，为我国清代制瓷业的发展做出了突出贡献。有关这方面的研究最多，其成果主要有杨静荣的《唐英及其督造的瓷器》，耿宝昌的《漫谈唐英与唐窑瓷器》，叶佩兰的《唐英及其助手的成就》，江华的《唐窑及其工艺成就研究》，周剑的《论唐英的制瓷成就》，汪庆正的《唐英和清雍正时期的制瓷成就》等。

②戏曲创作。唐英督陶之余，擅长戏曲创作，一生改编和创作了至少十七种曲目，这些曲目后被收录到《古柏堂传奇》（又名《灯月闲情》）中。唐英身为地方官员，却不受当时雅剧昆曲的束缚，大胆革新，借用弋曲等地方曲种的曲调和曲风，引俗入雅，编写出雅俗共赏的新曲目，在我国古代戏曲发展史上拥有重要的一席之地。近来有关这方面的研究颇受重视，其成果主要有刁云展、张发颖的《唐英的戏曲创作》，项晓英的《唐英及其戏曲创作》，罗学正的《略论唐英在景德镇督陶期间的戏曲创作》，李静的《唐英戏剧创作在艺术形式上的创新》，胡婷的《引俗入雅——雅、俗文化对流中的唐英戏曲创作》，郑韡的《唐英昆曲改良研究》等。

③诗文书画。唐英自幼喜欢诗文书画，督陶之前又在内务府供役，有很多机会接触到当时的书画名家，向他们学习请教，这对唐英后来拥有较高的书画造诣具有着重要影响。另外，唐英在空暇时间颇爱吟诗，所作诗文经整理成集，名曰《陶人心语》，另有《陶瓷心语续选》续补之。有关这方面的研究不多，其成果主要有孔晨的《我喜洁身归——论唐英的书画艺术》，黄云鹏的《唐英书"佑陶灵祠"青花匾额》，童光侠的《唐英和他在景德镇的诗歌创作》等。

此外，还有对唐英生平的研究，如傅振伦、甄励的《唐英瓷务年谱长编》，傅振伦的《唐英生卒及其业绩再释》等；唐英与他人的比较研究，如耿宝昌的《蒋祈与唐英》，肖赞润的《唐英·杜重远·景德镇瓷业》等。这些研究均属论文，是对唐英某一方面的研究。目前对唐英进行全面研究的唯有张德山的《督陶官唐英》，该书简要介绍了唐英的生平事迹、交游情况和佛学思想，重点阐述了唐英在制瓷方面的成就，详细剖析了唐英在书画、诗文、戏曲方面的艺术才能,深入探讨了《陶冶图说》《陶人心语》《古柏堂传奇》三部论著的写作背景、内容特点和艺术成就,是一部全面研究唐英的著作。另有人对唐英文献进行了搜集整理,先后出版了《唐英集》《唐英全集》《唐英督陶文档》等,为全面研究唐英提供了翔实可靠的资料来源。

除了有关唐英研究外,对梁同书、吴骞等人在非陶瓷编撰方面的研究也取得了一些成果。如对梁同书其人及其书法思想方面的研究,有糜杨凡的《梁同书书学思想研究》,张万钧的《肢残书法家梁同书》,张英秋的《笔墨之外求蹊径:梁同书的〈行书轴〉》等;对吴骞其人及其整理出版方面的研究,有吕延林的《吴骞年谱》,陈少川的《吴骞与拜经楼》,徐学林的《拜经楼主人吴骞的编辑刻书活动》,陈志平的《论鲍廷博、吴骞对〈金楼子〉的整理》等。通过对清代陶瓷文献编撰家的全面研究,尤其是对他们在非陶瓷文献编撰方面的研究,不仅可以看出他们在文献编撰上的整体思想和不同文献编撰之间的相互影响,还可以从侧面探析出他们在陶瓷文献编撰方面能够取得成就的原因。尽管目前有关他们在非陶瓷文献编撰方面的研究取得了一些成果,但是还不够全面,缺乏系统性,即使是对清代单个陶瓷文献学家的研究,也有不足之处,如对朱琰、蓝浦的研究就比较匮乏,尚待强化和补充。更令人遗憾的是,目前很少有人关注他们非陶瓷文献方面的编撰思想对其陶瓷文献编撰的影响。

综而观之,目前有关清代陶瓷文献学的研究,尽管取得了一些成果,但仍有较多不足之处,如对陶瓷文献、陶瓷文献学等陶瓷文献研究中首要解决的基本概念问题尚未形成统一的认识,对古代陶瓷文献的分布状况尚未见有多少研究成果,对清代重要陶瓷专论文献和陶瓷文献编撰家缺乏较为全面系统的研究,即使是对清代某一重要陶瓷专论文献或某个陶瓷文献编撰家,也缺乏较为系统深入的研究,这些不足都亟待解决和完善。

三、研究思路与方法

首先,通过文献调查法,利用国内外图书馆、网络数据库(如中国知网、超星、ProQuest、Project Muse)等资源,广泛收集国内外陶瓷文献及其相关的研究成果,尤其是清代陶瓷文献的相关研究成果,尽可能地收集齐全,以便分类整理、统计分析、归纳总结和系统研究。在此过程中,还要尽可能全面地收集文献学、历史学、目录学、编撰学、版本学、文化传播学、艺术学等相关理论和方法,通过借鉴和参考这些理论和方法,探讨和解决陶瓷文献学研究中的基本概念和基础理论问题。

其次,梳理和归纳收集到的陶瓷文献资料,做好读书笔记,包括其文献名称、编撰者、内容概要、所属类别、各种版本等信息。通过建构表格法，将这些陶瓷文献按照时间顺序，以表格的形式进行罗列，这样使用起来一目了然，方便后面对清代陶瓷文献作分期研究，了解清代陶瓷文献的大致编撰数量及其类别，进而总结出清代陶瓷文献编撰的分布特点、内容价值及其所处的地位，也为考察清代陶瓷文献的版本流传和编制清代陶瓷文献目录做好准备。

再次，通过归纳比较法，将目前有关文献的定义进行罗列，比较其异同，提出自己的看法，并以此为据，界定陶瓷文献和陶瓷文献学的涵义；通过归纳清代不同时期陶瓷文献的编撰特点，比较其异同，进而窥探出清代陶瓷文献编撰的演变情况；通过收集每种清代陶瓷专论文献的各种版本，归纳其特征，比较其异同，从而挑选出比较精良的本子，供世人参引。

在其过程中，通过专题研究法，将清代每种重要的陶瓷专论文献作为一个专题，进行系统而深入的研究，对其相关研究成果逐一进行收集、整理和研究，系统探讨其编撰过程、编撰特点、内容价值、版本流传等，对各种陶瓷专论文献编撰之间的承继关系深入评析。必要时，还需对每个陶瓷文献编撰家编撰的非陶瓷文献进行收集、整理和研究，以期发现他们所撰陶瓷文献和非陶瓷文献在编撰风格上的影响关系，方便对其所撰陶瓷文献的相关情况做出更全面、更准确的研究。

最后，通过跨学科综合研究法，即运用文献学、历史学、目录学、编撰学、版本学、文化传播学、艺术学等相关学科的理论和方法，系统分析清代陶瓷文献学研究中的相关问题。

四、研究成果与创新点

本书的研究成果与创新点主要体现在以下三个方面。

（1）通过借用文献和文献学的一般原理及其方法，结合陶瓷文献本身的特点，提出了陶瓷文献和陶瓷文献学的涵义，明确了陶瓷文献学的研究对象和研究内容，解决了陶瓷文献研究中都会遇到的基本概念认识问题。

（2）选取比较有代表性的清代乾嘉时期，作为研究我国清代乃至整个古代陶瓷文献分布状况的时间范围，对这一时期的陶瓷文献编撰状况进行归纳和总结，梳理出这一时期陶瓷文献在古代分类体系中的分布状况，明晰这一时期各类陶瓷文献的大致编撰数量、内容价值和所处地位等，进而反映出我国清代乃至整个古代陶瓷文献的分布状况。

（3）对清代重要的陶瓷专论文献进行系统而深入的研究，以清代每种重要的陶瓷专论文献为一个专题，逐一探讨其编撰者、编撰特点、内容价值、版本流传等，并通过比较各种陶瓷专论文献的正文内容，明晰它们之间的相互承继关系。

最后，需要说明的是，陶瓷文献学是一门新兴的交叉学科，其理论研究才刚刚开始，笔者希望借此书的撰述"抛砖引玉"，激起一股陶瓷文献学研究的浪潮，推动陶瓷文献学学科的建构和发展。当然，囿于笔者的学识和水平，书中难免有错漏和表述不完善之处，还望方家不吝赐教和指正。

目录 Contents

第一章 陶瓷文献学研究中的基本概念 / 1
第一节 "文献"释义 / 1
第二节 "陶瓷文献"释义 / 3
第三节 "陶瓷文献学"释义 / 5

第二章 清代陶瓷文献的编撰状况及分类体系的建构——以乾嘉时期为例 / 12
第一节 六经类 / 13
第二节 小学类 / 16
第三节 历史类 / 17
第四节 地理类 / 18
第五节 政书类 / 33
第六节 目录类 / 35
第七节 金石类 / 36
第八节 艺术类 / 38
第九节 谱录类 / 40
第十节 杂家类 / 43
第十一节 类书类 / 46
第十二节 小说类 / 47
第十三节 诗文集类 / 48

第三章　唐英与陶瓷文献编撰　/ 57

　　第一节　唐英其人其学　/ 57
　　第二节　唐英陶瓷文献的编撰特点　/ 67
　　第三节　《陶冶图说》的内容价值　/ 73
　　第四节　唐英督陶奏折的内容价值　/ 87
　　第五节　《陶人心语》的内容价值　/ 100
　　第六节　《陶人心语》的版本流传　/ 112

第四章　朱琰与《陶说》　/ 121

　　第一节　朱琰其人其学　/ 121
　　第二节　《陶说》的编撰特点　/ 124
　　第三节　《陶说》的内容价值　/ 126
　　第四节　《陶说》的版本流传　/ 130
　　第五节　《陶说》与《陶冶图说》的承继关系　/ 139

第五章　《南窑笔记》的编撰　/ 143

　　第一节　《南窑笔记》的著者及成书时间　/ 143
　　第二节　《南窑笔记》的编撰特点　/ 147
　　第三节　《南窑笔记》的内容价值　/ 149
　　第四节　《南窑笔记》的版本流传　/ 152

第六章　吴骞与《阳羡名陶录》　/ 156

　　第一节　吴骞其人其学　/ 156
　　第二节　《阳羡名陶录》的编撰特点　/ 163
　　第三节　《阳羡名陶录》的内容价值　/ 167
　　第四节　《阳羡名陶录》的版本流传　/ 176

第七章　《景德镇陶录》的编撰　/ 186

　　第一节　《景德镇陶录》的编撰者及成书过程　/ 186
　　第二节　《景德镇陶录》的编撰特点　/ 188

第三节　《景德镇陶录》的内容价值　/ 194
第四节　《景德镇陶录》的版本流传　/ 217

第八章　龚鉽与《景德镇陶歌》　/ 230

第一节　龚鉽其人其学　/ 230
第二节　《景德镇陶歌》的编撰特点　/ 232
第三节　《景德镇陶歌》的内容价值　/ 236
第四节　《景德镇陶歌》的版本流传　/ 249

第九章　陈浏与《匋雅》　/ 251

第一节　陈浏其人其学　/ 251
第二节　《匋雅》的编撰成因　/ 252
第三节　《匋雅》的编撰特点　/ 253
第四节　《匋雅》的内容价值　/ 256
第五节　《匋雅》的版本流传　/ 262

第十章　结语　/ 278

参考文献　/ 281

后　记　/ 293

附录　《唐英全集》所录《陶人心语》中遗漏的序跋文字　/ 297

第一章　陶瓷文献学研究中的基本概念

在做陶瓷文献学的相关研究之前，首先必须要弄清楚文献、陶瓷文献、陶瓷文献学这三个概念的含义及其演变，梳理好三者之间的关系，并表明本书作者的观点和立论依据。

第一节　"文献"释义

概括而言，人们对"文献"含义的理解大致经历了三个阶段。

首先是"文献"合成化阶段。"文献"一词，始见于《论语·八佾》："子曰：夏礼吾能言之，杞不足征也；殷礼吾能言之，宋不足征也。文献不足故也。足，则吾能征之矣。"汉代学者将"文"释为"典籍"，将"献"释为"贤人"。[①] 如三国时魏人何晏《论语集解》引东汉经学大师郑玄注曰："献，犹贤也。我能不以其礼成之者，以此二国之君文章、贤才不足故也。"可见，当时"文献"是一个联合式的合成词，"文"和"献"具有各自不同的含义。这种解释一直被沿用到宋代。如南宋理学大师朱熹《四书章句集注》中对"文献"的解释仍为："文，典籍也；献，贤也。"

其次是"文献"偏义化阶段。宋末元初时，出现了第一部以"文献"命名其书的著作，即马端临的《文献通考》。该书《自序》中言："昔夫子言夏殷之礼，而深慨文献之不足征。释之者曰：文，典籍也；献，贤者也。生乎千百载之后，而欲尚论千百载之前非。史传之实录具存，可以稽考；儒先之绪言未远，足资讨论，虽圣人亦不能臆为之说也。……凡叙事，则本之经史，而参之以历代会要以及百家传记之书，信而有证者从之，乖异传疑者不录，所谓文也；凡论事，则先取当时臣僚之奏疏，次及近代诸儒之评论，以至名流之燕谈，稗官之纪录，凡一话一言，可以订典故之得失，证史传之是非者，则采而录之，

[①] 古代文献中将"献"释为"贤人"的记载颇多，如《尔雅·释言》："献，圣也。"晋代郭璞注曰："《谥法》曰：聪明睿智曰献。""圣"与"贤"同义，均是聪明睿智之人。又如《尚书》"万邦黎献""越献臣，百宗工"等内容中的"献"，均是"贤人"之义。汉代学者将"献"释为"贤人"，盖取于此。

所谓献也。其载诸史传之纪录而可疑,稽诸先儒之论辩而未当者,研精覃思,悠然有得,则窃著己意,附其后焉,命其书曰《文献通考》。"从这段表述中可以看出,马端临继承了汉宋学者对"文献"的看法,认为"文"和"献"是有区别的,一是叙事,一是论事,这从其行文格式上也可窥知一二:凡属"文"的文字,顶格写;凡属"献"的文字,低一字写;若有作者的按语,则再低一字写。(图1-1)但是,马端临已经认识到"文"和"献"两类资料都有可信和不可信地方,可以相互印证,渐将两个不同的概念关联起来。另从记录方式来看,二者大体是一致的:"文"指经史、历代会要以及百家传记之书,自然是文字材料;"献"指臣僚之奏疏、近代诸儒之评论、名流之燕谈、稗官之纪录,亦多是文字材料。此时,"献"已不再专指"贤人",也包括一部分典籍了。"文献"一词渐由联合式的合成词向偏义复合词的方向演变。①元明以后,"文献"一词就只强调"文","献"中"贤人"的含义基本不见。如元末诗人杨维桢《送僧归日本》诗末两句:"我欲东夷访文献,归来中土校全经。"②这里"文献"就指"典籍",具体来讲,应指流传到日本的中国典籍。明代永乐年间,朝廷组织编成一部大型类书《永乐大典》,初名《文献大成》,其"文献"的含义也基本上与典籍等同。

最后是"文献"专指化阶段。由于角度、目的和侧重点的不同,当前学界对"文献"含义的界定仍不尽一致,出现了"材料说""载体说""综合说"等多种观点。尽管如此,他们对"文献"定义应包含的要素的看法是一致的,认为文献至少应包含三个要素,即文字信息、记录载体和记录方式。1983年,国家颁布了《中华人民共和国国家标准·文献著录总则》,其中对"文献"的含义予以了界定,认为文献是"记录有知识的一切载体"。随后出版的《中国大百科全书:图书馆学、情报学、档案学》对这一含义作了进一步阐释:"文献是记录有知识和信息的一切载体,由四个要素组成:①所记录的知识和信息,即文献的内容。②记录知识和信息的符号,文献中的知识和信息是借助于文字、图

---

① 姚伟钧先生曾总结这一演变的原因:"从孔子到马端临,随着社会的发展和学术的进步,特别是书写工具的改进与印刷术的发明以及广泛应用,贤者的言谈高见很容易见诸笔端,各种口头传说和议论也逐渐通过各种书面的形式记录下来,表现为图书典籍的文字材料在文献中的比重越来越大。于是人们越来越重视典籍而忽略传闻,相应地'文献'也由一个联合式的合成词逐渐向偏义复合词的方向演变。"详见张舜徽. 中国文献学: 姚伟钧前言. 上海: 上海古籍出版社, 2009。
② 全诗内容是:东风昨夜来乡国,又见阶前吴草青。金锡蹋空灵鸟逝,宝珠嗅海毒龙腥。车轮日出扶桑树,笠盖天倾北极星。我欲东夷访文献,归来中土校全经。

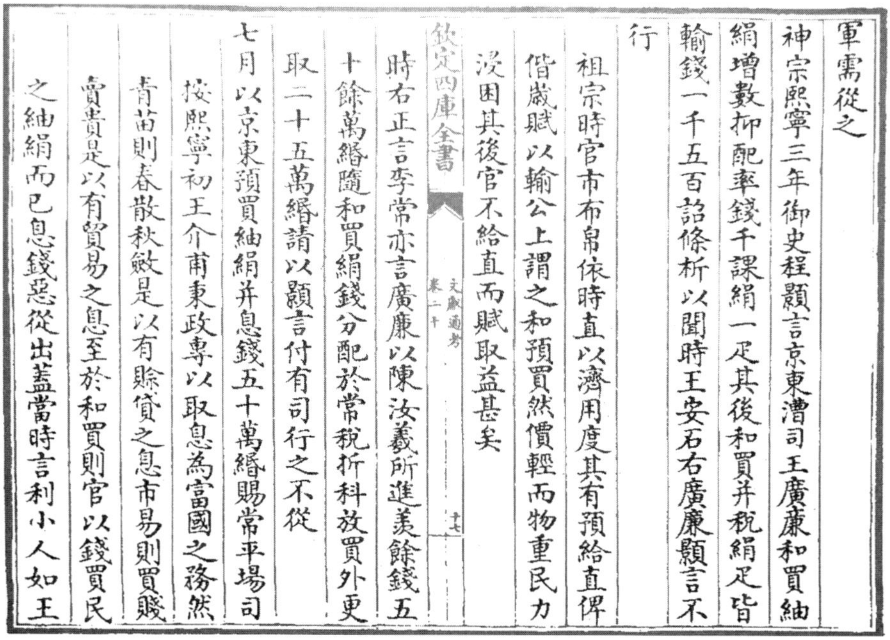
軍需從之
神宗熙寧三年御史程顥言京東漕司王廣廉和買紬
絹增數抑配率錢千課絹一疋其後和買并稅絹疋皆
輸錢一千五百詔條析以聞時王安石右廣廉顥言不
行
祖宗時官市布帛依時直以濟用度其有預給直俾
偕歲賦以輸公上謂之和預買然價輕而物重民力
浸困其後官不給直而賦取益甚矣
欽定四庫全書　文獻通考　卷二十　十七
時右正言李常亦言廣廉以陳汝羲所進羨餘錢五
十餘萬緡隨和買絹錢分配於常稅折科放買外更
取二十五萬緡請以顥言付有司行之不從
七月以京東預買紬絹并息錢五十萬緡賜常平場司
按熙寧初王介甫秉政專以取息為富國之務然
青苗則春散秋斂是以有賒貸之息市易則買賤
賣貴是以有貿易之息至於和買則官以錢買民
之紬絹而已息錢惡從出蓋當時言利小人如王

图1-1 《四库全书》所录《文献通考》书影

表、声音、图像等记录下来并为人们所感知的。③用于记录知识和信息的物质载体，如竹简、纸张、胶卷、胶片等，它是文献的外在形式。④记录的方式或手段，如铸刻、书写、印刷、复制、录音、录像等，它们是知识、信息与载体的联系方式。”[①]从这一含义的内容来看，它完全没有了古代文献中“贤人”的含义，并将没有任何文字符号信息的物质载体摒除在外。

文献是“记录有知识的一切载体”，只有简简单单十个字，清晰明了，极易记诵，却很好地揭示了文献的内涵和本质，尤值称道和提倡。这一观点已被大多学者所接受，并广为传用。本书亦赞同此说，并将此说作为“陶瓷文献”的阐释依据。

第二节　“陶瓷文献”释义

陶瓷文献作为文献的重要组成部分，其含义就要具备文献的一般属性，蕴

① 中国大百科全书总编辑委员会《图书馆学·情报学·档案学》编辑委员会，中国大百科全书出版社编辑部. 中国大百科全书：图书馆学、情报学、档案学. 北京：中国大百科全书出版社，1998：465.

藏于文献的定义之中。前已有言，文献是记录有知识和信息的一切载体。那么，记录有陶瓷知识和信息的一切载体，就属于陶瓷文献。但是，这并非陶瓷文献的全部含义。因为陶瓷文献除了具备文献的一般属性外，还有其特殊性，主要表现为陶瓷作品本身也是一种文献载体，也可能属于陶瓷文献。但是不是所有的陶瓷作品都属于陶瓷文献呢？若是，那么是不是所有的艺术作品甚或文物都属于文献呢？若不是，那么符合什么条件的陶瓷作品才属于陶瓷文献呢？针对于此，当前学界主要有以下两种观点。

第一种观点认为，所有的艺术作品（包括陶瓷作品）甚或文物都属于文献。如《辞源》："文献指有历史价值的图书文物。"将"文物"纳入了文献的范围。《辞海》也有相近记载："文献指具有价值或与某学科相关的图书文物资料。"随后，董占军先生在《艺术文献学论纲》中详细论述了这一观点："艺术作品本身属于信息的载体，具有文献属性并且传达的信息具有多学科性。或者说艺术作品是文献，还与其他学科密切相关。……图书是记录知识的载体，地下出土骨骼化石或没有文字的各类文化遗存，本身并不是文字资料，但蕴藏的文献价值可以通过古生物学家、文物考古专家鉴定、诠释转化成文字文献。甲骨文、青铜器、石碑等除了上面铭文属于文献范畴之外，本身所蕴涵的信息，对于艺术家、考古学家、人类学家等而言也是重要的文献。文物是考古学家的文献，文物考古所形成的文字资料是历史学家的文献。"[①]这一论述主要是从艺术作品甚或文物价值的重要性的角度，论证它们"应属"文献的合理性，而不是从文献固有的本质属性出发，深入探讨它们是否"实属"文献的问题。在"应属"与"实属"之间，差别还是比较大的，因而他的立论恐怕有失偏颇，难以令人信服。另外，从1983年出现"文献是记录有知识的一切载体"这一定义后，《辞海》在其后的多次修订版中将以前给"文献"下的定义增改成"今为记录有知识的各种载体的统称"。这从侧面反映了将所有的艺术作品甚或文物纳入文献的范畴，是不合理的，也是不准确的。

第二种观点则认为，并非所有的艺术作品（包括陶瓷作品）或文物都属于文献，只有具备一定的条件，艺术作品或文物才能称为文献。张舜徽先生是持这一观点的代表人物，他曾说道："'文献'既是一个旧名词，自有它原来的含义和范围。我们今天既要借用这一名词，便不应抛弃它的含义而填入别的内容。近人却把具有历史价值的古迹、古物、模型、绘画，概称为历史文献，这便推广了它的含义和范围，和'文献'二字的原意，是不相符合的。当然，古

[①] 董占军. 艺术文献学论纲. 北京：清华大学出版社，2006：7.

代实物上载有文字的，如龟甲、金石上面的刻辞，竹简、缯帛上面的文字，便是古代的书籍，是研究、整理历史文献的重要内容，必须加以重视。至于地下发现了远古人类的头盖骨或牙齿，那是古生物学的研究范围；在某一墓葬中出土了大批没有文字的陶器、铜器、漆器等实物，有必要考明其形制、时代和手工艺的发展情况，那是古器物学的研究范围。这些都是考古学家的职志，和文献学自然是有区别的。"[①]此外，洪湛侯先生也有类似言论："'文献'必须具有历史价值和科学价值，但决不是凡具有历史价值和科学价值的东西都是'文献'。例如地下掘出的古物，远古人类的骨骼，没有文字的陶器、铜器、漆器以及古代的遗址、模型、造像、绘画等等，这些实物虽然有历史价值，有的是历史文物，但它们是古器物学、古人类学的研究对象，属于考古范畴，与'文献'有别。"[②]并指出了《辞源》《辞海》中将"文献"释为"图书文物"，是扩大了"文献"的范围。他们从文献固有的本质属性出发，探讨了文献收录的范围，明晰了文献学与其他学科研究的界限，并指出并非所有的艺术作品或文物都能称为文献，只有上面附有文字符号信息的艺术作品或文物，才能称为文献，即把这些艺术作品或文物上是否附有文字符号信息，作为评判其能否构成文献的依据。

本书比较赞同第二种观点，认为并非所有的陶瓷作品都是文献，只有附有文字符号信息的陶瓷作品才能构成文献，才能称作陶瓷文献。因此，陶瓷文献具有两层含义，一是记录有陶瓷知识和信息的一切载体，一是记录有文字符号信息的陶瓷作品。关于前者，陶瓷知识和信息是陶瓷文献的内容，石刻、竹简、纸张等物质是陶瓷文献的载体；关于后者，文字符号信息是陶瓷文献的内容，陶瓷作品是陶瓷文献的载体。

第三节 "陶瓷文献学"释义

一、文献学的产生与发展

文献学是一门既古老又年轻的学科。说其古老，是因为我国从两千多年前孔子整理六经开始，文献学研究的具体工作就随之出现。到西汉末年刘向、刘

[①] 张舜徽. 中国文献学. 上海：上海古籍出版社，2009：3.
[②] 洪湛侯. 中国文献学新编. 杭州：杭州大学出版社，1994：2.

歆父子校理群书，编成《别录》《七略》①，标志着文献学的正式产生。随后又陆续出现了很多文献整理实践及思想理论，这些实践和理论是我国古代文献学研究的重要内容。说其年轻，是因为我国古代虽有文献学之实，却无"文献学"之名。②文献学作为专门之学，其名称的确立和内容体系的建构，直到近代才出现。1920年，梁启超先生在所著《清代学术概论》中首先提出"文献学"一词，③但未作任何解释。时隔三年，他又在《中国近三百年学术史》中再次提及："明清之交各大师，大率都重视史学——或广义的史学，即文献学。"④从这段描述中可以看出，梁启超先生以史学家的角度，对"文献学"一词作了简要解释，认为文献学是史学研究的基础，属于广义史学的范畴，可惜他没有明确文献学的研究对象和研究内容，更没有构建文献学的学科体系。但他提出的"文献学"一词及其相应的解释，对后来文献学研究的发展具有重要的启迪意义。

1928年，郑鹤声、郑鹤春撰成《中国文献学概要》一书，这是我国第一部以"文献学"命名的著作，也是第一次将"文献学"作为独立学科进行系统研究的著作。该书《例言》中对"文献"和"文献学"作了这样的阐释："结集、翻译、编纂诸端谓之文，审订、讲习、印刻诸端谓之献。叙而述之，故曰文献学。"尽管郑氏兄弟对"文献"的阐释有点特别，但从正文论述来看，其研究的主要内容与刘氏父子开创的文献学是一脉相承的，都是以目录、版本、校雠为研究重点，只是郑氏论述范围有所拓广，还涉及了文献的编纂、翻译、收藏和传播等。到20世纪60年代，王欣夫先生将自己文献学的授课讲义整理成《文献学讲义》，书中指出文献学的研究内容就是"目录、版本、校雠"，三位一体，不分先后。随后，张舜徽先生撰成《中国文献学》，该书从文献整理的角度，认为文献学的研究内容除了目录、版本、校雠外，还应包括注释、翻译、考证、辨伪、辑佚等前人整理文献的具体工作及其修通史、纂方志、制图表、编字典、辑丛书等丰硕成果，并提出了文献学研究的基本要求和任务，即"对那些保存

---

① 据《汉书·艺文志》记载："至成帝时，以书颇散亡，使谒者陈农求遗书于天下，诏光禄大夫刘向校经传、诸子、诗赋，步兵校尉任宏校兵书，太史令尹咸校数术，侍医李柱国校方技。每一书已，向辄条其篇目，撮其指意，录而奏之。会向卒，哀帝复使向子侍中奉车都尉歆卒父业，歆于是总群书，而奏其《七略》。"可惜的是，《七略》在唐末五代时已佚，但《汉书·艺文志》依照《七略》而作，"删其要以备篇籍"，尚可从中窥知其分类方法及其思想。
② 张舜徽先生曾在《中国文献学》中言道："我国古代无所谓文献学，而有从事于研究、整理历史文献的学者，在过去称之为校雠学家。所以校雠学无异成了文献学的别名。"
③ 其文内容是："全祖望亦私淑宗羲，言'文献学'者宗焉。"
④ 梁启超．中国近三百年学术史．北京：人民出版社，2008：97.

下来了的和已经发现了的图书、资料（包括甲骨、金石、竹简、帛书），进行整理、编纂、注释工作，使杂乱的资料条理化、系统化；古奥的文字通俗化、明朗化。并且进一步去粗取精，去伪存真，条别源流，甄论得失，替研究工作者们提供方便，节省时间，在研究、整理历史文献方面，做出有益的贡献"，从史学家的立场提出文献学研究的最大目的是编述"有系统、有剪裁的总结性的较全面、完整的《中华通史》"。这一观点较王氏有所发展，但以史学家的立场看待文献学的研究内容和任务目的，自然有其狭隘性，没有跳出"文献学的研究内容只是文献整理方法"的藩篱。颇值一提的是，1987年，洪湛侯先生发表了《古典文献学的重要课题——兼论建立文献学的完整体系》一文，该文打破了以前文献学内容体系研究的束缚，认为文献学仅将目录、版本、校雠等文献整理方法，"恐怕是不够全面的"，并提出文献学的完整体系应包括"体、法、史、论"四个部分。具体而言，"体"指文献的载体、体裁和体例，"法"指目录、版本、校雠、辨伪、辑佚、编纂等，"史"指文献学史，"论"指文献学理论。后来，洪氏将自己创建的文献学完整体系付诸实践，著成《中国文献学新编》，只不过将论文中的"体、法、史、论"改成了"形体编、方法编、历史编、理论编"。此书内容丰富翔实，体例清晰明确，虽在编排上略有失当，内容上有交叉重复，理论研究亦尚待深入，但对文献学内容体系的大胆革新和实践，是深值赞赏的，其论述对后来文献学内容体系的探讨具有积极的推动作用。

上述观点主要是针对古代文献提出的，属于古典文献学的研究范畴。随着社会文化的发展和知识经济的到来，学界渐渐认识到现代文献的重要性，开始引入西方文献学理论（如文献计量学），并由此提出了"现代文献学"的概念，认为现代文献学是以现代文献为研究对象，以文献搜集、组织、检索、利用和传播为研究内容的一门学科。从20世纪80年代中期以来，我国出版了一系列有关现代文献学的论著，如周文骏先生的《文献交流引论》，邱均平先生的《文献计量学》，倪波先生的《文献学概论》，黄宗忠先生的《文献信息学》，周庆山先生的《文献传播学》等，从不同角度建构和阐述了现代文献学的基本理论。尤其是2000年潘树广先生通过分析古典文献学和现代文献学的共通之处，提出建构兼容古今的"大文献学"，并对"大文献学"的涵义作了概括："文献学是以文献和文献工作为对象，研究文献的产生、发展、整理、传播、利用及其一般规律的学科。"[①]循此思路，他与黄镇伟、涂小马一起合作，著成《文献学纲要》。

---

① 潘树广，黄镇伟，涂小马. 文献学纲要（增订版）. 桂林：广西师范大学出版社，2005：14.

该书内容广博，涉及文献的形态、分类、目录、索引、检索、版本、辨伪、校勘、注释、辑佚、收藏、传播、计算机检索等。这种"大文献学"的建构思想颇值提倡，但潘氏主要是针对现代文献提出的，且内容以文献检索为主，不太适用于本书古代陶瓷文献的研究。

颇值一提的是，近年来笔者的恩师曹之先生根据文献的形成与发展规律，在《中国古籍通史·序》中也提出了"大文献学"的思想，认为"一部古籍史，就是由古籍编撰出发，经由古籍出版、古籍流通、古籍收藏、古籍管理、古籍利用、古籍整理等，再回到新一轮的古籍编撰的历史，这是一个无限循环的螺旋式的发展过程。它是一个动态的概念，是一个环节紧接一个环节的锁链史的运动过程，永远不会停止在某一环节上，每个环节的发展变化又与社会生态文化密切相关"[1]。曹之先生的这种"大文献学观"，不仅突破了传统文献学研究的束缚，从崭新的角度审视了文献的形成特点和发展规律，并强调文献形成与发展过程中的任何一个环节都是非常重要的，还重新建构了文献学的内容体系。这一体系虽然主要是针对古籍而提出的，但它不仅仅适用于古代文献，也适用于现代文献，只不过需要完善和细化而已。若以此"大文献学观"作为陶瓷文献学内容体系建构的指导思想，基本能够反映陶瓷文献学的内容特点和发展规律。

二、"陶瓷文献学"一词的提出

"陶瓷文献学"一词的出现，同"文献学"一样，最早是由史学家提出来的。1976年，傅振伦先生参与了硅酸盐学会筹划编纂《中国陶瓷史》的工作，负责参考资料的编写。在这一过程中，傅氏认识到陶瓷文献的重要性，认为所有的陶瓷研究者都须通陶瓷文献学。于是，他将多年来所见所藏的陶瓷文献加以整理和研究，于20世纪90年代初在《景德镇陶瓷》总第58期、总第62期发表了《中国古陶瓷文献学》一文，首次提出"陶瓷文献学"一词。该文分三个部分，第一部分是"中国瓷器发展概况"，利用陶瓷文献的记载，简述我国陶瓷的发展历程；第二部分是"古陶瓷文献的类别与范围"，将极其分散的古陶瓷文献分成十三类进行编排，分别是正史、政书、杂史或专史、地理方志、类书、诗文集、格致之书、金石、名窑资料、图录、笔记小说、中外文化交流、其他；第三部分是"知见古陶瓷书目及要籍提要"，将所见古陶瓷文献分成六类进行编排，分别是陶器、古砖瓦、陶器史通论、名窑、陶业技术、其他。

---

[1] 曹之. 中国古籍通史·序. 武汉：武汉大学出版社，2006.

傅振伦先生如此撰写此文，与他的"文献学观"有很大关系。他从史学家的角度，继承了传统史学家"广义的史学即文献学"或"文献学即史料学"的观点，认为"文献学是图书资料之学"，"文献学就是目录学"。目录是文献学研究的重要内容之一，具有"辨章学术，考镜源流"的功用，其编制固然重要，尤其是专科目录的编制，对该学科的发展起着至关重要的作用。[①]傅氏所编的两个陶瓷文献目录，其类目设置及其编排方式的合理性姑且不论，这种勇于实践的做法颇值赞赏和提倡。但是，从文献学的产生与发展来看，目录学只是文献学研究的一部分，即使在传统文献学研究内容的"三位一体"中，也只是位居其一而已。而傅氏将文献学仅仅视为目录学，其思想未免过于狭隘，未能跳出传统文献学研究的藩篱，属于"小文献学观"的范畴。若以此观陶瓷文献学，即使只观古陶瓷文献学，其研究也有很大的局限性，根本无法全面反映陶瓷文献学的研究内容，也很难揭示陶瓷文献学的发展规律。正因为如此，他提出的"中国古陶瓷文献学"，并未引起关注和重视，时隔二十多年无甚发展。因此，我们需要借用新的文献学观，为陶瓷文献学研究注入新的活力，使其含义更加明确，研究内容更加完整，并能促其理论持续深入发展，以便为陶瓷理论研究提供更便捷更有效的服务。

三、陶瓷文献学的含义

陶瓷文献学是陶瓷理论和文献学理论研究相交叉而形成的新兴学科，属于专题文献学的范畴。因此，陶瓷文献学内容体系的建构，须符合文献学的一般原理和方法，也就是说，可将文献学的一般原理和方法用于指导或直接引入陶瓷文献学内容体系的建构。本书主要是针对古代陶瓷文献的研究，故而侧重建构古代陶瓷文献学的内容体系。前已有言，鉴于"小文献学观"的局限性，本书将以曹之先生针对古代文献提出的"大文献学观"为指导，借鉴古典文献学和现代文献学中有利于完善古典文献学研究的优秀理论和思想，结合陶瓷文献学自身的特点，来建构陶瓷文献学的内容体系。概括而言，陶瓷文献学的研究内容主要包括以下几个方面。

（1）陶瓷文献学的基本理论。主要包括陶瓷文献的含义，陶瓷文献的特点，

---

① 近代目录学家姚名达先生十分重视专科目录的编制，多次强调专科目录的作用，其中最重要的一点就是指导初学者入其门径，推动该学科的发展。他曾在《中国目录学史》中言道："百科竞出，群籍充栋，初学者望洋兴叹，茫然不知从何下手。洞明其学者，各就其所赏识，选择要籍，以作底本，实为学术进步之第一阶段。"

陶瓷文献的类型，陶瓷文献学的含义（包括研究对象、研究内容和学科性质），陶瓷文献学的学科特点，陶瓷文献学在陶瓷理论和文献学理论研究中的重要地位以及陶瓷文献学与陶瓷理论研究、文献学、考古学、金石学、艺术学、文化学等相关学科之间的关系。

（2）陶瓷文献的编撰研究。主要包括陶瓷文献的编撰类型，各个时期陶瓷文献的编撰特点和内容价值，陶瓷文献编撰家（如唐英、朱琰、吴骞、蓝浦等）在陶瓷文献编撰方面的成就、特点及其能够取得成就的原因。

（3）陶瓷文献的版本研究。主要包括文献版本的演变，文献版本的各种类型及其特点，陶瓷文献版本研究的目的及其意义，陶瓷文献版本的主要表现形式，陶瓷文献不同版本的优劣比较评析，主要陶瓷文献（如《陶说》《南窑笔记》《阳羡名陶录》《景德镇陶录》等）版本的实证研究（主要是针对某一具体文献的不同版本，考察其源流，辨别其异同，明晰其特点，从而甄选出较好的版本，给使用者以参考和指引）。

（4）陶瓷文献的校勘研究。主要包括陶瓷文献史料出现错误的几种情况，陶瓷文献校勘的目的、原则、方法及其意义，陶瓷文献校勘的实例举要。

（5）陶瓷文献的目录编制。主要包括古代目录编制的演变情况，专题文献目录编制的重要性，陶瓷文献目录编制的目的、原则、方法及其意义，陶瓷文献目录编制的类型及其特点以及当前陶瓷文献目录尚未出现的原因。

（6）陶瓷文献的分类研究。主要包括古代文献分类法的演变概况，古代文献分类法的类型及其特点，陶瓷文献在古代文献分类法中的大致分布，古代陶瓷文献没有出现独立分类的原因，当前陶瓷文献在中图法中的分布状况，陶瓷文献分类应遵循的原则，陶瓷文献独立分类体系的建构。

（7）陶瓷文献的利用研究。主要包括陶瓷文献资料的两种类型（文献中的陶瓷资料和陶瓷上的文献资料），陶瓷文献的内容价值分析，陶瓷文献利用的具体表现方式。

（8）陶瓷文献的辨伪研究。主要包括古书作伪的几种类型，古代伪书大量出现的原因，文献辨伪的必要性和重要性，文献辨伪的原则和方法，陶瓷文献中是否存在伪书，陶瓷文献辨伪的实例举要。

（9）陶瓷文献的辑佚研究。主要包括古代文献容易散佚的原因，陶瓷文献的散佚概况，陶瓷文献辑佚的必要性和重要性，陶瓷文献的辑佚原则和辑佚方法。

（10）陶瓷文献的整理结集。主要包括陶瓷文献整理结集的目的与意义，古今陶瓷文献整理结集的具体成果，陶瓷文献整理结集的几种方式及其特点，具体实践中应遵循的整理原则和应注意的整理方法。

（11）陶瓷文献的点释研究。主要包括陶瓷文献点释的几种方式（主要是断句、注释和翻译），古代文献不加标点的原因，陶瓷文献点释的必要性，陶瓷文献点释的方法和原则，陶瓷文献点释的实例举要。

（12）陶瓷文献的专题研究。主要是针对陶瓷文献研究的某一专题进行研究，如陶瓷文献的编撰研究；或针对某类陶瓷文献的某一专题进行研究，如陶瓷工艺类文献的内容价值研究；或针对具体陶瓷文献的某一专题进行研究，如《匋雅》的版本研究。

（13）陶瓷文献的数字化研究。主要包括陶瓷文献数字化的含义，陶瓷文献数字化的必要性，陶瓷文献数字化实际操作中应遵循的原则和应注意的问题，陶瓷文献数字化后的优势，陶瓷文献数据库的建构方法及其类型。

概言之，陶瓷文献学是以陶瓷文献和陶瓷文献工作为研究对象、以陶瓷文献的编撰、版本、校勘、目录、分类、利用、辨伪、辑佚、结集等为研究内容的一门新兴学科。它的建立，是陶瓷理论和文献学理论研究相交叉的结果。陶瓷文献学作为陶瓷理论研究的重要分支，是陶瓷理论研究体系的重要组成部分，为陶瓷理论研究和其他相关的交叉学科提供可靠的资料来源和有效的利用方法，是这些学科理论研究的基础学科。同时，陶瓷文献学又属于专题文献学的范畴，它的建立和发展，拓宽了文献学研究的视角，有助于文献学理论的具体应用和深入发展，对其他专题文献学的建立和发展也具有积极的推动作用。而关于本书的研究范围，需要说明以下两点：

（1）本书研究的古代陶瓷文献，主要是指记录有陶瓷知识和信息的古代纸质文献，对记录有文字符号信息的古代陶瓷作品不予论述。

（2）本书主要是针对清代陶瓷文献学的研究，但为了保持研究思路的整体性和连贯性，对清代以前的陶瓷文献状况也会在必要时简要论述。

第二章 清代陶瓷文献的编撰状况及分类体系的建构——以乾嘉时期为例

清代乾嘉时期，学术繁盛，不仅产生了一大批知名学者，如惠栋、戴震、钱大昕、章学诚、王鸣盛、洪亮吉、孙星衍、王念孙、段玉裁、孔广森等，还形成了一种以经世致用为目的、注重考据实证研究的学术风气，这些学者共同构成了今天学界泛称的"乾嘉学派"①。但是，由于整个古代"重道轻器""重经史轻理艺"等思想的影响，识字的文人学者大多"不屑于"器物、科技、工艺之类的文献著述，而手工艺人又多不识字，无法将自己的技艺和思想付诸文字，笔之于书，他们只能通过口口相传、口传心授的方式传承其技艺和思想，这导致了这几类文献编撰数量的稀少。作为传统手工艺之一的陶瓷，相关的文献史料更是凤毛麟角。成书于乾嘉时期的《景德镇陶录》，其卷十中就有一段关于我国古代陶瓷史料分布状况和当时陶瓷文献编撰情况的精辟描述："从来纪陶无专书。其见于载籍者，或因一事而引及一器，或因一器而引及一事，或因吟赋而载一二名。惟蒋祈《陶略》（指《陶记》）及沈阳唐公《陶成记》《示谕稿》（指唐英《陶成纪事碑记》《瓷务事宜示谕稿》）说景德镇陶事颇详。其他如练水唐氏《窑器肆考》（指唐秉钧《文房肆考图说·古窑器考》），详天下古窑颇悉，而于镇陶多本传闻，往往出蒋、唐诸集之外，其实不无谬误。"从现有的陶瓷文献整理成果来看，我国古代陶瓷文献史料的分布状况确实如此。由此观之，我国古代不仅在陶瓷文献的整体编撰数量上较为稀少，而且在陶瓷史料的分布上也颇为零散，多是一些只言片语，少则或一二句，多则数十言，成系统的陶瓷

---

① 近代学者梁启超先生曾高度概括了中国古代的学术思潮，其文曰："凡文化发展之国，其国民于一时期中，因环境之变迁与夫心理之感召，不期而思想之进路，同趋于一方向，于是相与呼应汹涌如潮然。始焉其势甚微，几莫之觉；寖假而涨——涨——涨，而达于满度；过时焉则落，以渐至于衰熄。凡'思'非皆能成'潮'；能成潮者，则其思必有相当之价值，而又适合于其时代之要求者也。凡'时代'非皆有'思潮'，有思潮之时代，必文化昂进之时代也。其在我国自秦以后，确能成为时代思潮者，则汉之经学，隋唐之佛学，宋及明之理学，清之考证学，四者而已。"而乾嘉时期则是清代学术思潮发展的高潮期，乾嘉学派也是清代学术思潮发展的代表。梁启超先生还将"乾嘉学派"称之为"科学的古典学派"。

第二章 清代陶瓷文献的编撰状况及分类体系的建构——以乾嘉时期为例

专论之文甚少。

由于乾嘉时期是我国古代陶瓷文献编撰数量最多、涉及范围最广、类型最为丰富的时期，故而选取乾嘉时期作为研究我国清代陶瓷文献史料分布状况的时间范围，很具有代表性，基本上可以反映出我国清代乃至整个古代陶瓷文献史料的分布状况。笔者根据现有的陶瓷文献整理成果，如前面提到的《中国古陶瓷文献集释（上册）》《中国陶瓷古籍集成》《中国地方志中的陶瓷史料》等，尤以笔者作为副主编、亲自参与组织编纂的《中国古代陶瓷文献影印辑刊》为主要的参照对象，对其中涵括的乾嘉时期陶瓷文献进行分类、罗列、归纳和分析，以求更具体直观地反映我国古代陶瓷文献史料的分布状况。笔者在参考传统四部分类法（主要是《四库全书总目》，以下简称《总目》）的基础上，结合当前科学的分类方法，根据乾嘉时期陶瓷文献的实际存在状况，将它们划分成了十三类，其名称分别是六经类、小学类、历史类、地理类、政书类、目录类、金石类、艺术类、谱录类、杂家类、类书类、小说类、诗文集类。现分别论述如下。

第一节 六经类

六经是指《易》《书》《诗》《礼》《乐》《春秋》，此说最早见于《庄子·天运篇》："孔子谓老聃曰：'丘治《诗》《书》《礼》《乐》《易》《春秋》六经，自以为久矣。'"后来出现了大量有关六经的注释类著述，编撰方式复杂多样，主要有编、撰、述、注、疏、说、考、记、音义、训解、集解、集说、释例、正义、章句等，并把这些注释类著述纳入"六经"的范围之中。本书所指的六经类文献，就是有关六经的各种编撰形式的著述。其实，这类文献中涵括的陶瓷史料极少，仅就乾嘉时期而言，其涵括的陶瓷史料就更少。今举其要者，列表如下。

表2-1 乾嘉时期"六经类"重要陶瓷文献一览表

文献名称	编撰者	涵括陶瓷史料概要
周易述	（清）惠栋	文中对"抟埴"之"埴"字作了阐释
周易图书质疑	（清）赵继序	文中对《易》中"樽酒簋二，用缶，纳约自牖终无咎"做了阐释
周易孔义集说	（清）沈起元	文中对《易》中"樽酒簋二，用缶，纳约自牖终无咎"做了阐释

续表

文献名称	编撰者	涵括陶瓷史料概要
周易介	（清）单维	文中对《易》中"有孚盈缶"之"缶"字做了释义
毛诗类释	（清）顾栋高	文中对"缶"的用途做了说明
六礼或问	（清）汪绂	文中有葬礼所用陶器的相关资料
周礼疑义举要	（清）江永	文中对《周礼》中"陶正"一词做了阐释
礼书纲目	（清）江永	文中对《周礼》中"陶人""旅人"相关文句做了阐释
五礼通考	（清）秦蕙田	记述了各种礼仪用器，其中就包括很多陶瓷器物
仪礼集编	（清）盛世佐	文中对礼仪用器中的陶瓷器做了相关阐释
周官记	（清）庄存与	文中对《周官》"抟埴之工二"之"陶人""旅人"的职能做了说明
周官说	（清）庄存与	文中对《周官》"土工"之"陶人""旅人"的职能做了说明
礼经释例	（清）凌廷堪	详述了古代礼仪器的形制功用，其器物中有陶瓷器
周礼会通	（清）胡翘元	文中对《周礼》"抟埴之工""陶人""旅人""陶正"等做了阐释
简庄疏记	（清）陈鳣	文中对"鉴"的形制用途作了考证说明，对"抟埴之工，陶旅"做了相应阐释
乐律表微	（清）胡彦升	文中有对陶瓷器中的"缶""埙"等乐器的相关描述
律吕正义后编	（清）清高宗	记述了"埙""篪"等陶瓷类乐器的规制

　　从表2-1中可以看出，涵括陶瓷史料的六经类文献整体编撰数量不多，而涵括陶瓷史料的六经各类文献多寡情况也不同，以易类、礼类文献居多，诗类、乐类文献较少，而书类、春秋类文献基本没有。从其中的"涵括陶瓷史料概要"来看，易类文献主要是对《易经》中的一些陶瓷相关字词进行阐释，如《周易述》卷三中就对"埴"字的含义作了考证说明，其文略云：

　　戠犹埴也。郑氏《禹贡》曰"厥土赤戠坟"，今本作埴。《考工记》："用土为瓦，谓之抟埴之工。"……《书》作"埴"，《考工》作"械"，训为"胝"，字异而音义皆同。《易》为王弼所乱，都无"戠"字。《说文》"戠"字下缺，郑氏

《古文尚书》又亡,《考工》故书偏傍有异,故"戴"字之义,学者莫能详焉。以土合水为垺,谓之抟埴。坤为土,坎为水,一阳倡而众阴应,若水土之相黏着。

诗类文献只有寥寥数种,表中仅列了《毛诗类释》一种。其实,《毛诗》原文中并没有陶瓷史料,只是顾栋高注释文中提及了"缶"的形制、材质和用途,即"缶是瓦器,可以节乐,又可盛水、盛酒,即今之瓦盆也"。

礼类文献主要是对"三礼"①中提到的"陶正"的职责范围,"陶人""旊人"的生产分工,以及各种礼仪用器(包括陶瓷器)的形制、规格、功能、用途等进行描述,这些内容对于了解和认识上古三代的陶瓷生产管理情况,具有重要的参考价值。尤其是对"陶人""旊人"的相关记载,是研究当时陶瓷工匠生产分工的重要史料,具有极高的参考价值,常被传抄引用。以乾隆年间胡翘元纂辑的《周礼会通》为例,该书卷六不仅对《周礼·冬官考工记》中有关"陶人""旊人"的描述进行了全文录载,还对部分文字内容作了必要注解(圆括号内为胡氏注解文字),其文云:

陶人为甗(其底虚,如隔子然,甑类),实二鬴(鬴,六斗四升,二鬴则器大),厚半寸,唇寸。盆(有底),实二鬴,厚半寸,唇寸。甑(亦与甗同),实二鬴,厚半寸,唇寸,七穿(有底而七穿,所以通火气,而蒸物使熟也)。鬲(鼎属,盛水于下,甑加于上,炊以熟物),实五觳(读斛,受三斗),厚半寸,唇寸。庾(十六斗),实二觳,厚半寸,唇寸。

旊人为簋,实一觳,崇尺,厚半寸,唇寸(簋从竹,今为抟埴之工,则古人皆以瓦为之)。豆实三而成觳,崇尺(四升为豆,豆实三倍而成觳,故觳之实一斗有三升也)。凡陶旊之事,髺(薄)、垦(有伤处)、薜(破裂)、暴(坟起)不入市(市官不许其入市卖)。器中脾(陶之旋盘,附泥而旋转之,为均以拟度端其器),豆中县(言其直也),脾崇四尺(以正其高),方四寸(以正其厚)。

乐类文献主要是对"缶""埙"等陶瓷类乐器的形制、规格和使用方法等进行描述。如《乐律表微》卷七中就对"缶"的功能用途作了考证说明,其文略云:

缶亦土音。……缶是瓦器,可以节乐,如今之击瓯是也。按缶本用器,民间乃击之以为乐耳。瓯亦土音,起于后世。二者皆非朝庙之乐器,燕乐用之,则犹有古意焉。盖土音最少,唯埙之一器,与篪相和。缶既可以助埙,瓯亦可以代缶。若元制,水盏以铜,凡十有二,击以铁箸,则是方响、云璈之类,殊

---

① 三礼,是指《周礼》、《仪礼》和《礼记》。在古代,《周礼》又称《周官》或《周官经》。

失古意。

概言之，由于"六经"问世较早，孔子整理于春秋末年，当时成熟瓷器尚未产生，陶器也不是王侯贵族礼仪和生活用器的主流，故而相关记述甚少。而作为后人的乾嘉学者只是据文注释，略作提及，但是"物以稀为贵"，有些陶瓷史料，如上述列举的《周礼·冬官考工记》中有关"陶人""旅人"的记载，是研究当时我国陶瓷工匠生产分工的重要史料，在此类陶瓷史料整体稀少的情况下，显得尤为珍贵。正鉴于此，笔者才将数量稀少的六经类文献，独列为一类，以体现其重要性。

第二节　小学类

关于"小学"的含义，古今看法是不同的。汉代将文字学视为小学的全部，由于儿童入学，须先学文字，故名。隋唐以后，小学的内涵渐扩，将训诂学和音韵学亦含括其中，小学遂成为文字学、训诂学、音韵学三者的统称。《总目》就在小学类下设置了训诂、字书、韵书三小类，并在该类小序中阐述了三小类收录文献的范围和如此划分的理由。

古小学，所教不过六书之类。……惟以《尔雅》以下编为训诂，《说文》以下编为字书，《广韵》以下编为韵书，庶体例谨严，不失古义。其有兼举两家者，则各以所重为主，悉条其得失。

今依从《总目》之例，独列小学一类，收录文献范围亦如是。今举其要者，列表如下。

表2-2　乾嘉时期"小学类"重要陶瓷文献一览表

文献名称	编撰者	涵括陶瓷史料概要
叶韵汇辑	（清）梁诗正	文中对"陶"字做了释义
音韵述微	（清）梁国治	文中对"甋""坏"等字做了释义
六书辨通	（清）杨锡观	文中对"登"字做了释义
字贯提要	（清）王锡侯	文中对"瓷""缶"等字做了释义
经籍籑诂	（清）阮元	文中对"瓯""缶""罂"等字做了释义
比雅	（清）洪亮吉	文中对生熟的砖瓦称谓做了说明
说文字原集注	（清）蒋和	文中对"缶""瓦"等字做了释义
说文解字述谊	（清）毛际盛	文中对"壶""瓦"等字做了释义
说文分韵易知录	（清）许巽行	文中对"登"字做了释义

续表

文献名称	编撰者	涵括陶瓷史料概要
说文徐氏新补新附考证	（清）钱大昭	文中对"瓷"字做了释义
诗韵音义注	（清）朱奎	文中对"瓷""陶""瓶"等字做了释义
拾雅	（清）夏味堂	文中对"甄""尊"等字做了释义

从表2-2"涵括陶瓷史料概要"中可以看出，小学类文献主要是对陶、瓷、瓦、坯、缶等字词的读音和含义做了解释说明，其内容对于了解和认识这些字词的含义本源、演变脉络和使用情况，具有一定的参考价值，可作为陶瓷史论研究的辅助性材料。

第三节 历史类

这里所言的历史类文献，是指记述一人、一事、一时、一地或一国历史情况的文献，包括正史类、编年类、纪事本末类、杂史类、传记类、史钞类、史评类等。由于职官类文献涵括陶瓷史料者甚少，故也将其纳入此类之中。今举其要者，列表如下。

表2-3 乾嘉时期"历史类"重要陶瓷文献一览表

文献名称	编撰者	涵括陶瓷史料概要
尚史	（清）李锴	文中有"舜陶于河滨"的相关描述
辽史拾遗	（清）厉鹗	记述了一件金主藏的画有双鲤鱼的瓷盆
清高宗实录	（清）庆桂	记述了乾隆年间景德镇御窑厂副协造官德纯自缢身亡一事
平定准噶尔方略	（清）傅恒	记述了雍乾时期与陶瓷有关的朝贡贸易情况
西江视臬纪事	（清）凌焘	记述了清初景德镇瓷业及其相关行业的工匠常因银色低潮、饭食不足等而罢工罢市的情况
满洲源流考	（清）阿桂	记述了包括瓷器在内的民间经济贸易情况
滇南忆旧录	（清）张泓	收录了《祭磁》《官窑》
十国宫词	（清）吴省兰纂，钱熙辅辑	其中一首诗提到"乳瓯试斗鹧鸪斑"，并对"鹧鸪斑"做了阐释
洪文敏公年谱	（清）钱大昕	记述了宋代洪迈得一古瓦制成瓦砚一事
历代职官表	（清）永瑢	记述了历代与陶瓷有关的职官设置

从表2-3"涵括陶瓷史料概要"中可以看出，历史类文献主要记述了古代有关陶瓷发生的一些事件，如《洪文敏公年谱》中记述了南宋学者洪迈曾于赣州府雩都县（今江西于都县）灌婴庙旁耕得一古瓦，"刓缺两角，犹重十斤"，便"取以作砚，铭之"。以古瓦作砚，是古代文人雅士的一大喜好。又如《清高宗实录》卷一二六七中记述了乾隆五十一年，景德镇御窑厂副协造官德纯因贪污钱粮、贡瓷有瑕、私造瓷件等，畏罪自缢身亡，死后"遗存诉呈一纸，自认侵用浮开各弊不讳"。关于德纯在御窑厂犯下的罪行，还可从当年海绍、何裕城等疏呈皇帝的奏折档案中窥知一二，以海绍当年的奏折为例，其中言道："今协造连喜病故，例应奏请关员来厂学习。但查副协造德纯，自上年八月间到厂，已及一年。奴才抵厂所，询以烧造诸务，均属生疏，且谈其平日办事，未能压服众心。现在所选瓷器，间有不妥之件，若仍因循更换，将来按以生手，无可遵循，于窑务更无裨益。此协造二员，似属冗设。"为了裁员省费，乾隆帝听从了海绍的奏议，自乾隆五十一年以后，不再委派内务府官员到厂督陶，改由地方官员兼任；正副协造亦全部裁撤，改由驻镇饶州同知、景德镇巡检司就近监造督运。由此可见，这些史料从多个角度记述了与陶瓷器物及其生产贸易相关的历史，对于研究古代陶瓷生产管理的发展演变，具有重要的参考价值。

第四节 地理类

关于地理类文献的发展演变，《总目》在"地理类"小序中作了简要描述：

> 古之《地志》，载方域、山川、风俗、物产而已，其书今不可见。然《禹贡》《周礼·职方氏》，其大较矣。《元和郡县志》颇涉古迹，盖用《山海经》例；《太平寰宇记》增以人物，又偶及艺文，于是为州县志书之滥觞。元明以后，体例相沿，列传侔乎家牒，艺文溢于总集，末大于本，而舆图反若附录。其间假借夸饰，以侈风土者，抑又甚焉。

由此可见，我国地理类文献，最早见于《地志》，可惜该书早已亡佚。而现存最早的地理类著述，当属《尚书·禹贡》。该书将当时的中国划分为九州，记述了各州的地理方位、辖域范围、山川河道、风俗物产等，这是早期地理类著述的主要内容。到了汉代，班固所撰《汉书》中列有"地理志"一目，从而开启了方志编撰的先河。唐宋以后，地理类文献编撰数量不断增多，编撰内容日渐丰富，由最初仅记的"方域、山川、风俗、物产"，渐渐增入了"古迹""人物""艺文"等内容。尤其是到了明清两代，方志编纂极为繁盛，几乎每隔数十年,朝廷就会组织一次全国性的方志编纂,上至省志、府志,下至县志、乡土志,掀起了全国各地编纂方志的热潮,这不仅为编纂全国性的"一统志"做好资料上的准备,还衍生出许多地方性的志书。而乾嘉时期正是清代纂修方志的高潮期,志书层出不穷,数量众多,在地理类文献编撰中占据了绝对优势。并且,方志类文献由于涵盖内容十分广泛,常被誉为"地方博物之书""一方之全史""地方百科全书"等,故而很多志书中囊括了陶瓷史料。今举其要者,列表如下。

表2-4 乾嘉时期"地理类"重要陶瓷文献一览表

文献名称	编撰者	涵括陶瓷史料概要
乾隆甘肃通志	(清)许容修,李迪等纂	记述了清代甘肃省内窑口产瓷概况
乾隆江南通志	(清)尹继善、赵国麟修,黄之隽、章士凤纂	记述了江南窑口产瓷概况
重修南海普陀山志	(清)许琰纂修	收录了清人裘琏的《普济寺大殿重盖琉璃瓦记》
乾隆武安县志	(清)蒋光祖修,夏兆丰纂	记述了武安县县内窑口及学校祭祀所用瓷器的相关情况
乾隆莱州府志	(清)严有禧纂修	莱州府先师庙的祭祀用器中有陶瓷器,其中爵就明确指出是白瓷器
乾隆屏南县志	(清)沈钟纂修	记述了屏南县内产瓷概况
乾隆威海卫志	(清)毕懋第修,郭文大续修,王兆鹏增订	威海卫先师庙的祭祀用器中有陶瓷器,其中爵就明确指出是白瓷器
乾隆昌邑县志	(清)周来邰纂修	昌邑县先师庙的祭祀用器中有陶瓷器,其中爵就明确指出是白瓷器
乾隆海阳县志	(清)包桂纂修	海阳县先师庙的祭祀用器中有陶瓷器,其中爵就明确指出是白瓷器
乾隆嵊县志	(清)李以琰修,田实栞纂	嵊县土产中有瓦瓮、泥缸等器
乾隆河套志	(清)陈履中纂修	记述了宁夏府内"磁窑山"的地理概况
乾隆清一统志	(清)和珅纂修	记述了清代国内外窑口产瓷概况
乾隆热河志	(清)和珅、梁国治纂修	记述了热河境内窑口分布概况

续表

文献名称	编撰者	涵括陶瓷史料概要
乾隆南靖县志	(清)姚循义修,李正曜纂	南靖县土产中有瓷器
乾隆汝州续志	(清)宋名立修,韩定仁、屈启贤纂	记述了汝窑瓷器的相关情况
乾隆宝丰县志	(清)马格修,李弘志纂	记述了清代宝丰县内瓷土产量和文庙祭器类型及其数量
乾隆西域图志	(清)傅恒等	文中有龙泉瓷器的相关描述
乾隆重修上饶县志	(清)汪文麟修,郑绍淳纂	收录了明人陈九韶的《矿青事宜第二议详稿》《买山疏》
乾隆重修浮山县志	(清)贾西、张乾元修,皇甫奎、张华纂	浮山县土产中有瓷器、瓦器
乾隆德化县志	(清)鲁鼎梅修,王必昌纂	德化县土产中有白瓷器,文庙陈设祭器中有白瓷爵
乾隆静宁州志	(清)王烜纂修	静宁州儒学祭器中有很多瓷质器物
乾隆乌程县志	(清)罗愫修,杭世骏纂	乌程县土产中有砖瓦器
乾隆犍为县志	(清)宋锦修,李拔纂	记述了犍为县内其土宜陶的"西溶三山"的地理概况
乾隆白水县志	(清)梁善长纂修	白水县土产中有窑器
乾隆武康县志	(清)刘守成修,高植纂	武康县土产中有砖瓦、缸
乾隆禹州志	(清)邵大业修,孙广生纂	禹州土产中有瓷、白土、紫土、无名异
乾隆平原县志	(清)黄怀祖修,黄兆熊纂	平原县学礼器中有陶瓷器
乾隆五凉全志	(清)张玿美修,曾钧纂	永昌县红山上产可陶瓷器的红土,土产中有红土、瓷器
乾隆镇江府志	(清)高龙光修,朱霖纂	收录了嘉靖十六年包括瓷器的赋役册,记述了包括瓷器的镇江府学祭器,并收录了明人周洪谟的《镇江府学礼器乐器记》
乾隆汀州府志	(清)曾日瑛修,李绂纂	汀州府文庙礼器中有陶瓷器

续表

文献名称	编撰者	涵括陶瓷史料概要
乾隆马巷厅志	（清）万友正纂修	马巷厅土产中有瓦、碗青、白土、黄土
乾隆博山县志	（清）富申修，田士麟纂	博山县土产中有瓷器、琉璃
乾隆广灵县志	（清）郭磊纂修	广灵县土产中有白土、瓷器、砂器
乾隆曹州府志	（清）周尚质修，李登明、谢冠纂	曹州府学祭器中有陶瓷器
乾隆东明县志	（清）储元升纂修	东明县学祭器中有陶瓷器
乾隆浑源州志	（清）桂敬顺纂修	浑源州内有大磁窑、青瓷窑、磁窑口关、磁窑峡口、磁窑口、大磁窑堡等以磁窑命名的地名及其相关情况，其土产中有黑沙瓷
乾隆赣县志	（清）沈均安修，黄世成、冯渠纂	赣县土产中有釉，对"釉"字作了释义，对县内釉料开挖情况作了描述；赣县县学祭器中有瓷器
乾隆安溪县志	（清）庄成修，沈钟、李畴纂	安溪县土产中有瓷器
乾隆太平府志	（清）朱肇基修，陆纶纂	太平府学祭器中有瓷器
乾隆沂州府志	（清）李希贤修，潘遇莘、丁恺曾纂	沂州府学祭器中有瓷器
乾隆湖南通志	（清）陈宏谋修，范咸、欧阳正焕纂	收录了南湖寺僧屈弥高传记资料，其中载有永乐四年皇帝赏赐屈弥高瓷印等物一事
乾隆永春州志	（清）杜昌丁修，黄任、黄惠纂	记述了永春州内"瓷灶溪"的地理概况，其土产中有瓷器
乾隆掖县志	（清）张思勉修，于始瞻纂	掖县县学祭器中有瓷器
乾隆象山县志	（清）史鸣皋修，姜炳章、冒春荣纂	象山县节孝祠内祭器中有瓷器
乾隆青城县志	（清）方凤修，戴文炽、周瑊纂	青城县文庙祭器中有瓷器
乾隆石屏州志	（清）管学宣纂修	石屏州州学祭器中有瓷器
乾隆灵璧县志略	（清）贡震纂修	介绍了灵璧县陶瓦器之地"塔山"的地理概况

续表

文献名称	编撰者	涵括陶瓷史料概要
乾隆宣平县志	（清）陈加儒修，祝复礼纂	介绍了宣平县内可用于点瓷的"墨山"的地理概况
乾隆潍县志	（清）张耀璧修，王诵芬纂	潍县县学祭器中有瓷器
乾隆永嘉县志	（清）崔锡修，齐召南、汪沆纂	永嘉县土产中有蜃灰，可用于白化旧瓷
乾隆龙泉县志	（清）苏遇龙修，沈光厚纂	记述了章生一、章生二兄弟所主窑器的制作特点，尤其对章生一所主之哥窑品种"百圾碎"作了阐释，还介绍了清初龙泉县内烧窑的种类，有青瓷窑、瓷窑、乌瓷窑、砖瓦窑、缸钵窑数种
乾隆正定府志	（清）郑大进纂修	正定府土产中有瓷器
乾隆海澄县志	（清）陈锳修，叶廷推纂	海澄县内有上窑、瓷窑等处，其赋役银中包括瓷器
乾隆狄道州志	（清）呼延华国修，吴镇纂	狄道州土产中有陶器
乾隆福山县志	（清）何乐善修，萧劼、王积熙纂	福山县县学祭器中有瓷器
乾隆同官县志	（清）袁文观纂修	同官县土产中有瓷器，百姓日用亦多瓷器，县内还产可陶瓷器的白土，明初建琉璃厂，录有明嘉靖十七年苏民撰写的《重修立地坡琉璃厂敕赐崇仁寺下院宝山禅林碑记》
乾隆新安县志	（清）邱峨修，吕宣曾纂	新安县土产中有红土、白土、瓷器、瓦器，并简述了产瓷地"慈涧镇""碗窑岭"等的地理概况
乾隆重修凤翔府志	（清）达灵阿修，周方炯、高登科纂	文中录有瓦砚、瓦枕之类的资料
乾隆同安县志	（清）吴镛修，陶元藻纂	同安县内有瓦窑名窑山，土产中有瓷器
乾隆松阳县志	（清）曹立身修，潘茂才纂	松阳县土产中有瓶、瓮
乾隆兖州府志	（清）普尔泰修，陈顾溎纂	兖州府学祭器中有瓷器

第二章 清代陶瓷文献的编撰状况及分类体系的建构——以乾嘉时期为例 23

续表

文献名称	编撰者	涵括陶瓷史料概要
乾隆增修邵武府志	（清）张凤孙修，郑念荣纂	记述了邵武府内其土白腻可陶的"青云山"的地理位置，其土产中有白瓷器
乾隆壶关县志	（清）杨宸修，冯文止纂	壶关县土产中有粗瓷器，主要是缸、盆、粗碗之类
乾隆介休县志	（清）王谋文纂修	介休县土产中有瓷器
乾隆孝义县志	（清）邓必安修，邓常纂	孝义县土产中有瓦、砖、瓦器
乾隆寿阳县志	（清）龚导江纂修	寿阳县内有瓷窑
乾隆汾州府志	（清）孙和相修，戴震纂	记述了汾州府内其土可造瓷器的"招贤山""火山""樊包头山"的地理概况
乾隆曲阜县志	（清）潘相纂修	曲阜县学祭器中有瓷器，图文并茂
乾隆诸暨县志	（清）沈椿龄修，楼卜瀍纂	文中录有曾任临安府推官的陈祥对因解送御器而获罪的郡人予以免死的事迹
四刻瀛山书院志	（清）方宏绶汇辑	瀛山书院祭器中有瓷器
乾隆威远县志	（清）李南晖修，张翼儒纂	记述了威远县内其土宜陶的"泥河"（俗名"坛罐窑"）的地理概况
乾隆大同府志	（清）吴辅宏修，王飞藻纂	记述了大同府内"青瓷窑""北新窑""前窑上""大磁窑""磁窑口"等的地理概况，并录有陶瓷匠人张仰贤的事迹
乾隆淄川县志	（清）张鸣铎修，张廷寀纂	淄川县土产中有瓷器，各种礼仪用器中也有瓷器
乾隆江山县志	（清）宋成绶修，陆飞纂	记述了江山县内"瓦窑山""窑岭"等的地理概况
乾隆尤溪县志	（清）焦长发修，王家奢纂	尤溪县土产中有瓷器，多粗而不精
乾隆皋兰县志	（清）吴鼎新修，黄建中纂	记述了皋兰县内其土宜陶的"阿干峪"的地理概况和"磁窑""砖瓦窑"的具体方位
乾隆富平县志	（清）吴六鳌修，胡文铨纂	记述了富平县内瓦罐先生墓之名的由来，其土产中有同官瓷器制作所需的白土
乾隆长子县志	（清）纪在谱总修，黄立世纂修	长子县土产中有瓷窑，多烧粗器

续表

文献名称	编撰者	涵括陶瓷史料概要
乾隆杭州府志	（清）郑沄修，邵齐然纂	杭州府土产中有青瓷、瓮、缶
乾隆临汾县志	（清）高崶、吴士淳修，吕淙、吴克元纂	临汾县土产中有黑瓷
乾隆西安府志	（清）舒其绅修，严长明纂	西安府土产中有白土、瓷器、砂器
乾隆甘州府志	（清）钟赓起纂修	记述了甘州府内"大磁窑谷""小磁窑谷"的地理概况
乾隆徽县志	（清）佚名	记述了徽县内其土宜陶的"鸡冠山"的地理概况
乾隆五台县志	（清）王秉韬纂修	记述了五台县内"天台山"的地理概况，其土产中有瓦器
乾隆宁夏府志	（清）张金城修，杨浣雨纂	记述了宁夏府内陶冶之所"磁窑山""磁窑寨"的地理概况
乾隆长汀县志	（清）陈朝義纂修	长汀县内有砖瓦窑、缸瓮窑、碗碟窑
乾隆河津县志	（清）黄鹤龄修，张其昺纂	河津县土产中有黑瓷，光可鉴，黑如漆
乾隆新修怀庆府志	（清）唐侍陛、杜琮修，洪亮吉纂	怀庆府土产中有青瓷
乾隆府厅州县图志	（清）洪亮吉	记述了清代国内产瓷区的地理概况
乾隆乡宁县志	（清）葛清纂修	记述了乡宁县内"瓷窑沟"的地理概况
乾隆弋阳县志	（清）左方海纂修	宜阳县土产中有瓷器
乾隆绍兴府志	（清）李亨特修，平恕、徐嵩纂	记述了绍兴府内"紫砂岭"的地理概况，其土产中有茶碗、秘色器，学校、坛庙祭器中有瓷器。此外，还收录了汉砖、吴五凤砖、吴永安砖、晋太康瓦券、晋太康砖等，对其文字、收藏情况等作了考证说明
乾隆宁德县志	（清）卢建其修，张君宝、胡家祺纂	记述了宁德县内"缸窑""碗窑""瓦窑"的地理分布情况，其土产中有瓷器，县学陈设器物中有瓷器

续表

文献名称	编撰者	涵括陶瓷史料概要
乾隆浮梁县志（乾隆年间共修两次，有乾隆七年、乾隆四十八年两种版本，这里指后者）	（清）程廷济修，凌汝绵纂	记述了浮梁县的地理概况、窑厂分布、窑业生产、窑工生活、督陶官员等，收录了清人沈嘉征的《窑民行》、凌汝绵的《昌江杂咏》、郑凤仪的《浮梁竹枝词》、郑廷桂的《陶阳竹枝词》、年希尧的《重修风火神庙碑记》、唐英的《龙缸记》等重要陶瓷文献。另有"陶政"一节（有将其析出自成一书的），详述了景德镇的陶瓷生产沿革、御器厂建置、各种制瓷工艺、官匠数量及来源、明代瓷器进御数量及相关奏疏等，收录了元蒋祈的《陶记略》，明郭子章的《豫章大事记》、王宗沐的《江西省大志·陶书》，清唐英的《陶成记事碑》《陶政示谕稿序》《陶冶图说》等重要陶瓷专论文献。此书是研究古代景德镇陶瓷生产的必备参考资料
乾隆澄城县志	（清）戴治修，洪亮吉、孙星衍纂	澄城县土产中有黑瓷
乾隆盂县志	（清）胡予翼、马廷俊修，吴森纂	盂县土产中有瓷器、瓦器
乾隆临清直隶州志	（清）张度、邓希曾修，朱钟纂	记述了临清直隶州州学、坛庙祭器中有瓷器，另专设"临砖"一节，详述了临清砖窑的建置规模、烧造数量、工价耗柴、职官设置等
乾隆鄞县志	（清）钱维乔修，钱大昕纂	收录了明人戴鏊的传记资料，其中提及了戴鏊督烧御器时平息窑户争利相杀的事迹
乾隆平定州志	（清）金明源修，窦忻、张佩芳纂	平定州土产中有砂器、瓷器、瓦器
乾隆历阳典录	（清）陈廷桂纂修	收录了明人黄润玉的《含山县学祭器碑记》，记述了明代含山县学祭器遵循古制，以陶瓦为之

续表

文献名称	编撰者	涵括陶瓷史料概要
乾隆开化县志	（清）范玉衡修，吴淦纂	开化县学祭器中有瓷器
嘉庆莒州志	（清）许绍锦纂修	莒州学校祭器中有瓷器
嘉庆增修宜兴县旧志	（清）李先荣修，阮升基增修，宁楷增纂	宜兴县土产中有缸、瓮、瓶、缶、茗壶，收录了吴梅鼎的《阳羡磁壶赋》，记述了宜兴紫砂制作的著名工匠
嘉庆兰溪县志	（清）张许修，陈凤举纂	兰溪县土产中有陶器
嘉庆卫藏通志	（清）和琳纂修	记述了清代西藏与中原之间的朝贡往来，当时皇帝回赏器物中包括瓷器
嘉庆湖北通志检存稿	（清）章学诚纂修，王宗炎编次	记述了全国各地土产或贸易器物，其中有古窑器、新瓷
嘉庆临桂县志	（清）蔡呈韶、全毓奇修，胡虔、朱依真纂	临桂县职田乡产瓷质花腔腰鼓
嘉庆耀州志	（清）陈仕林纂修	耀州民间贸易货物中有瓷器，同官县内产瓷器
嘉庆泾县志	（清）李德淦、周鹤立修，洪亮吉纂	泾县土产中有陶器，县学祭器中有瓷器
嘉庆宁国府志	（清）鲁铨、钟英修，洪亮吉、施晋纂	泾县内孤坑山下有陶灶，产陶器
嘉庆山阴县志	（清）徐元梅修，朱文翰纂	山阴县内有官窑，烧造砖瓦
嘉庆连江县志	（清）李菶修，章朝栻纂	连江县内有磁窑
嘉庆长兴县志	（清）邢澍修，钱大昕、钱大昭纂	记述了紫砂名匠沈子彻的简要生平
嘉庆婺源县志	（清）赵汝为纂修	婺源县土产中有陶土
嘉庆旌德县志	（清）陈炳德修，赵良霣纂	旌德县学祭器中有瓷器
嘉庆余杭县志	（清）张吉安修，朱文藻纂，崔应榴、董作栋续纂	余杭县学祭器中有瓷器，其土产中有白泥、砖瓦、瓮

第二章 清代陶瓷文献的编撰状况及分类体系的建构——以乾嘉时期为例 27

续表

文献名称	编撰者	涵括陶瓷史料概要
嘉庆东昌府志	（清）嵩山修，谢香开、张熙先纂	东昌府莘县人善陶罂缶之类
嘉庆昌乐县志	（清）魏礼焯、时铭修，阎学夏、黄方远纂	昌乐县学祭器中有瓷器
嘉庆绩溪县志	（清）清恺修，席存泰纂	绩溪县土产中有陶器，学校、坛庙祭器中有瓷器
嘉庆重修扬州府志	（清）阿克当阿修，姚文田纂	扬州府土产中有砖、瓦、土缶
嘉庆长沙县志	（清）赵文在修，陈光诏续修，艾以清、熊授南续纂	长沙县学礼器中有陶瓷器
嘉庆清一统志	（清）穆彰阿纂修	记述了清代国内外窑口产瓷概况
嘉庆上高县志	（清）刘丙纂修	指出了上高县内"上夫山""钟鼓岭"的地理位置，描述了嘉庆年间民众挖掘土青的相关情况
嘉庆黟县志	（清）吴甸华修，程汝翼、俞正燮纂	黟县学校祭器中有瓷器
嘉庆高邮州志	（清）杨宜仑修，夏之蓉、沈之本纂	高邮州土产中有砖、瓦，州学礼器中有瓷器，收录了清人夏桂堂的《轩辕瓦》
嘉庆洪雅县志	（清）王好音修，张桂纂	洪雅县土产中有陶器
嘉庆长安县志	（清）张聪贤修，董曾臣纂	记述了长安县内"南窑头""砖城"的地理概况，收录了长乐未央瓦、与天无极瓦、亿年无疆瓦、千秋万岁瓦、长生无极瓦等，对其文字、出土地等作了考证说明
嘉庆长子县志	（清）刘樾修，樊兑纂	长子县土产中有瓷窑，多烧粗器
嘉庆犍为县志	（清）王梦庚纂修	记述了犍为县内其土宜陶的"西溶三山"的地理概况，其土产中有陶瓷
嘉庆重修四川通志	（清）常明等修，杨芳灿、谭光祜纂	记述了昌元县内"磁窑山"、犍为县内"西溶三山"的地理概况

续表

文献名称	编撰者	涵括陶瓷史料概要
嘉庆永昌县志	（清）南济汉纂修	记述了永昌县内出产陶器的"金山"的地理概况
嘉庆密县志	（清）景纶修，谢增纂	密县土产中有瓷器，如缸、瓮、坛、罐之类，多为黑釉瓷器
嘉庆东流县志	（清）吴篪修，李兆洛纂	东流县学礼器中有瓷器
嘉庆介休县志	（清）徐品山、陆元鐩修，熊兆占纂	介休县土产中有瓷器、砖、瓦
嘉庆安阳县志	（清）贵泰修，武穆淳纂	记述了安阳县内"宝山"的地理概况，其地产白石，可陶瓦器
禹贡会笺	（清）徐文靖	文中对"厥土赤埴坟"中的"埴"字作了阐释
晋乘搜略	（清）康基田	文中对"舜陶河滨""陶复陶穴"作了阐释
日下旧闻考	（清）于敏中	记述了琉璃厂、黑窑厂等官家烧制陶瓷的机构，描述了皇家建筑所用砖瓦的烧造情况
宋东京考	（清）周城	宋代外储司下设有东西窑务，掌陶土，制砖瓦，以给营缮及瓶缶之用
方舆考证	（清）许鸿盘	记述了犍为县内其土宜陶的"西溶三山"的地理概况
南越笔记	（清）李调元	记述了"阳春瓦盘""温坑瓦瓮"，对其尺寸、色泽、功用等作了描述
泰山道里记	（清）聂鈫	记述了自乾隆二十四年以来，每到四月盛会之时，皇帝就会在泰山御赐鼎、炉、尊、盏等瓷玉器物
琉球国志略	（清）周煌	记述了清初包括陶瓷器在内的朝贡贸易

仅就陶瓷文献编撰数量而言，方志类文献不仅在地理类文献中占了绝大多数，而且在整个陶瓷文献编撰类目中也是数量最多的。从表2-4"涵括陶瓷史料概要"中可以看出，地理类文献中的陶瓷史料十分丰富，涉及内容广泛，概括起来，可归纳为以下五个方面。

1. 记述了全国各地陶瓷的生产状况

覆盖陶瓷生产窑口的地方志书中，不仅梳理了该地生产的陶瓷品种，还考察了该地陶瓷的原料来源、制作特点、进贡税赋等情况,这对于研究该地陶瓷生产制作的发展历史,具有重要的参考价值。此类文献中介绍全国产瓷情况的,有乾隆《清一统志》《乾隆府厅州县图志》、嘉庆《清一统志》等;介绍一省产瓷情况的,有乾隆《甘肃通志》、乾隆《江南通志》、嘉庆《四川通志》等;介绍府、州、县内产瓷情况的,有乾隆《正定府志》、乾隆《汝州续志》、乾隆《禹州志》、乾隆《同官县志》、乾隆《浮梁县志》等。以乾隆四十八年版《浮梁县志》为例,其卷五专设"陶政"一目,专门论述了景德镇的陶瓷生产沿革、御器厂建置、各种制瓷工艺、官匠数量及其来源、明代瓷器进御数量以及相关奏疏等,收录了元人蒋祈的《陶记》、明人郭子章的《豫章大事记》、王宗沐的《江西省大志·陶书》、清人唐英的《陶成纪事碑记》《陶政示谕稿序》《陶冶图说》等重要的陶瓷专论文献。而其余各卷亦记述了不少陶瓷史料,内容涉及了景德镇的地理概况、窑厂分布、窑业生产、窑工生活、督陶官员等,还收录了清人沈嘉征的《窑民行》、凌汝绵的《昌江杂咏》、郑凤仪的《浮梁竹枝词》、郑廷桂的《陶阳竹枝词》、年希尧的《重修风火神庙碑记》、唐英的《龙缸记》等重要的陶瓷文献。可见,该书是研究古代景德镇,尤其是明清时期景德镇陶瓷生产管理的必备查考资料,史料价值极高。

2. 记述了各地学校祭礼用瓷的种类和数量

我国以陶瓷作为祭礼用器,由来已久。大致从上古时期开始,我国就已把陶器作为礼器使用,并被沿用了很长一段时间。而以瓷器作为礼器,受到官方的认可,则始于北宋神宗时[①],但当时只是偶然使用。直到南宋初期,才真正从法制上规定祭器"以陶木代铜玉"。[②]元灭金灭宋后,一切礼仪沿袭宋金之旧,祭礼用瓷制度自然也被延续下来。但需要指出的是,宋金元礼器中虽有瓷器,但仍有大量金银铜玉等材质的器物,这说明这段时期将瓷器当作礼器的做法并不彻底,尚未成为祭礼的主要用器。到了明代,农民出身的朱元璋在建立政权后的第二年(即洪武二年,1369年),就下达了"祭器皆用瓷"的命令,认为这样既符合"尚质贵诚"之古意,又方便制作,节省成本。随后,明政府还对祭

---

① 据《宋史·礼志》记载:"元丰六年,详定礼文所言,本朝昊天上帝、皇地祇、太祖位各设三牲,非尚质贵诚之义。……簠、簋、尊、豆皆非陶器,及用龙杓,请改用陶,以桦为杓。"
② 据南宋潜说友《咸淳临安志》卷三"郊庙"条记载:"郊丘在嘉会门外南四里龙华寺西。绍兴十三年正月,礼部太常寺请依国朝礼制,建坛于国之东南。……设祭器九千二百有五,卤簿万二千二百有二十八(二十五年郊增三千人)。祭器应用铜玉者,权以陶木;卤簿应用文绣者,皆以缋代之。"

礼用瓷制度进行了细化，制定了一些具体规范。如洪武四年（1371年），更定先师孔庙的祭器，"其簠、簋、登、铏及豆，初用木者，悉易以瓷"①，即孔庙祭器亦开始全面使用瓷器，从而渐扩至各地学校的祭礼用器，诸如簠、簋、登、铏、豆之类，全面改用瓷器。（图2-1）这种祭礼用瓷制度一直被沿用到清末，促使明清两代各地祭礼用器中出现了大量瓷器。而乾嘉时期各地志书中所录"学校祭礼用器中多有陶瓷器"，正是这一情况的具体反映。

3. 录载了一些与陶瓷相关的人物和事件

这里略举数例，以兹说明其史料的价值及重要性。如乾隆《诸暨县志》卷二三录载了曾任临安府推官的陈祥对因解送御器而获罪的郡人予以免死的事迹：

陈祥，字逢吉，由岁贡任临安府推官，录经史恤刑者数百条，贴座右。为官箴政尚宽平，郡人解磁器供上，遇风失水，有司俱拟重刑，祥以非其罪释之，免死者三十六人。

又如乾隆《大同府志》卷二三录载了清初大同陶匠张仰贤的生平：

张仰贤，大同人，尝居怀仁之碾窑村，以陶埴为业。四老山地硗确，又早霜，秋赋无抵偏灾，例不得援免，村民苦之。仰贤出己赀诣县，尽数代纳，以义称方。九岁时，祖父、父、母相继殁，与弟妹依祖母姚，伶仃孤苦。越数年，姚殁，丧葬尽礼，弟妹俱婚嫁，家计渐饶，而助人之婚丧，食人之孤寡，大、怀两邑争述之。

又如乾隆《鄞县志》卷十五录载了明代正德时期景德镇御器厂监陶官戴鳌平息窑户争利相杀的事迹：

戴鳌，字时重，登正德十二年进士，官刑部督狱。……升副使，备兵饶州，兼督造尚方磁器。窑户每争利相杀，鳌为条画禁治，争斗遂息。

又如嘉庆《长兴县志》卷二七录载了明末紫砂艺人沈子彻的生平事迹：

沈子彻，邑人，寓居青镇。善磁壶、文具，与宜兴时大彬齐名。士大夫家有藏其手制者，价重一时。

前已有述，由于我国古代"重道轻器"，"重经史轻理艺"，作为传统手工技艺的陶瓷制作及其匠人，不受世人重视。这不仅导致我国古代有关陶瓷生产技术资料的匮乏，而且促使陶瓷匠人很少能被记录下来。尽管我国史书编撰比

---

① 据《明史》卷五〇记载："[洪武]四年，礼部奏定仪物，改初制，笾、豆之八为十，笾用竹；其簠、簋、登、铏及豆，初用木者，悉易以瓷。"又据《明会典》卷八四记载："[洪武]四年，更定孔子释奠祭器礼物，各置高案，笾、豆、簠、簋、登、铏悉用磁器，牲用熟，乐舞生、择监生及文职大臣子弟在学校者预教习之。"此外，《礼部志稿》、《万历重修会典》等文献中亦有类似记载。

第二章 清代陶瓷文献的编撰状况及分类体系的建构——以乾嘉时期为例　31

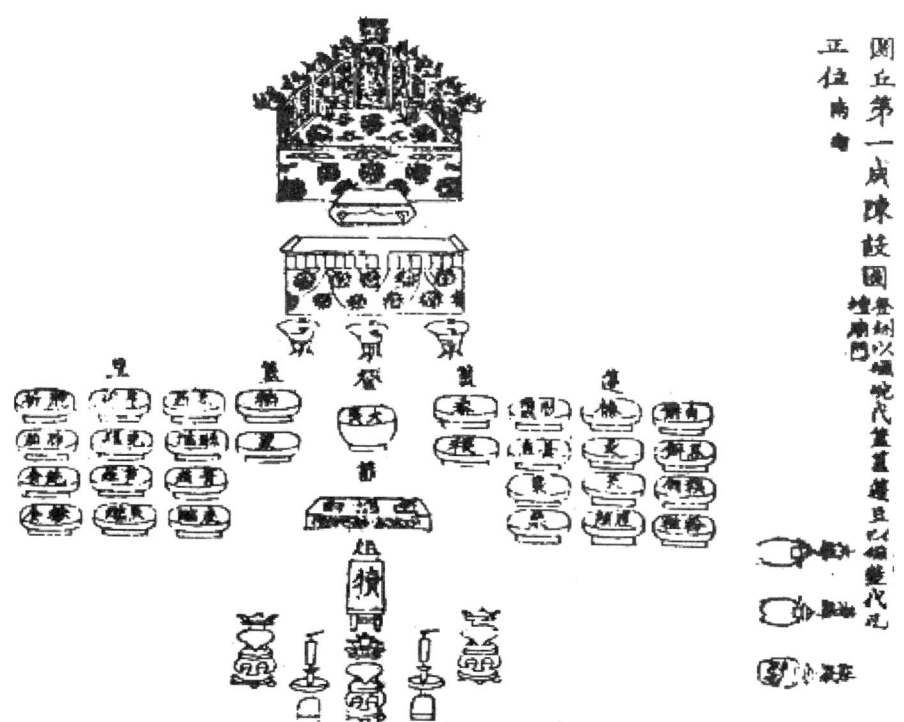

图2-1 《万历重修会典》中的"圜丘第一成陈设图正位（南向）"

较丰富，尤其是正史类著作，一般只录载在全国范围有一定影响力的人物，对于手工技艺的匠人，根本不可能被收录其中。而方志作为"一个地方的百科全书"，会将本地有一定影响力的人物收入，尽管有关陶瓷匠人的记录仍然极少，但这凤毛麟角的史料，对于陶瓷研究者而言，弥足珍贵。如嘉庆《长兴县志》对明末紫砂艺人沈子彻生平的录载，就补充了吴骞《阳羡名陶录》记述的不足。当然，目前有关方志中录载的人物或事件方面的陶瓷史料，整理还不够全面，挖掘也不够深入，利用更不够充分。如乾隆《鄞县志》录载的正德时期景德镇御器厂监陶官戴鷟的相关事迹，长期以来未被发现和利用。直到2011年，笔者撰写了《明代景德镇御器厂监陶官研究》一文，将这条史料的原文引录其中，才引起学界注意，后被多次传抄转引，足见其史料价值。

4. 收录了不少陶瓷专论文献

以乾隆四十八年版《浮梁县志》为例，它不仅收录了清人沈嘉征的《窑民行》、郑廷桂的《陶阳竹枝词》等陶瓷类诗歌，还收录了清代督陶官年希尧的《重修风火神庙碑记》、唐英的《龙缸记》等单篇陶瓷专论文献。其卷五又专设"陶政"一目①,卷末附有元人蒋祈的《陶记》,明人郭子章的《豫章大事记》、王宗沐的《江西省大志·陶书》,清人唐英的《陶成记事碑》《陶政示谕稿序》《陶冶图说》等陶瓷专论文献。这些陶瓷类诗歌或陶瓷专论文献内容丰富,价值极高,是陶瓷研究者不可或缺的必备参阅资料。

5. 对一些陶瓷相关术语作了阐释

如《禹贡会笺》卷四中对"埴"的解释:

蔡《传》(指南宋蔡沈的《书集传》)曰:土黏曰埴。埴,腻也。周有抟埴之工,老氏言埏埴以为器,惟土性黏腻细密,故可抟可埏也。笺按《周礼·草人职》:赤缇用羊,埴垆用豕。《考工记》:用土为瓦,谓之抟埴之工。注曰:埴,土黏也。

这一解释经受了长期的历史检验,至今仍被采用。如傅振伦译注的《陶说译注》《景德镇陶录详注》,杜斌校注的《陶说》《陶雅》,连冕编注的《景德镇陶录图说》等,均在注释文字中将"埴"释为"制作陶器(或瓷器)的粘土"。

又如乾隆《龙泉县志》卷一中对"百圾碎"的解释:

章生一所主之窑,其器皆浅白断文(通"纹"),号"百圾碎",亦冠绝当世。

明清时期,江西景德镇窑和吉州窑两处均在仿烧龙泉青釉制品,尤其是景德镇窑早期的仿品以"百圾碎"产品为多。但"百圾碎"究竟是什么样的产品,大家并不十分清楚。大多学者只是根据清人蓝浦《景德镇陶录》中的相关描述,进行推测。该书卷十有云:"陶瓷有以'圾'称者,俗作'件'。自五圾起,以至百圾、五百圾、千圾,如尊、罍、盆、缸之类。按字书:圾与岌通,危也。则以'圾'称,谓其危而成难也,故圾数愈增,则愈难陶成。"可见,这段史料只是对"圾"字作了解释和说明,并不能据此得出"百圾碎"的正确概念。而乾隆《龙泉县志》中的相关记述,即认为"百圾碎"是哥窑的专有名称,其特征是"浅白断文"。寥寥数字,就将"百圾碎"的含义予以了界定,简单直观,清晰明了。类似这样的文字,在地理类文献中时时出现。这些内容为我们阅读和理解陶瓷史料中遇到的一些难解字词和术语,提供了一把解读的钥匙。

由此可见,地理类文献,尤其是方志类文献中的陶瓷史料,在陶瓷史料整体匮乏的情况下,不仅编撰数量相对较多,而且涉及内容十分广泛,对于古陶瓷研究,具有特殊重要的价值和意义。章宏伟先生曾拿方志类文献同"廿四

---

① 据笔者考察,该版《浮梁县志》成书后不久,就有人将"陶政"一节单独析出,装订成册,刊行于世。该单行本问世后不久,就被《总目》著录其中,即《总目》称作《浮梁陶政志》一卷者。根据其提要,我们可以得知该节的编撰者是清人吴允嘉。

史""九通"①之类的文献作比较,仅就其中的陶瓷史料而言,他认为方志类文献的地位和作用,要比"廿四史""九通"之类的文献重要得多。这是由于"廿四史""九通"之类的文献,是以王朝为中心,只是记载有利于维护统治和服务秩序的事实和言论,很少关注平民的生活和活动;而方志类文献,则以社会为中心,举凡地理概貌、山川物产、民俗风情、人物艺文等,不详于"正史"记载的,幸得以方志保存下来。②可见,这类文献的史料价值是非常高的,理应引起足够的重视,并加以充分的挖掘和利用。

第五节 政书类

政书的编撰,源于正史中的"志",而后独立成书,其内容主要是介绍历朝历代政治经济方面的典章制度。从其体例上看,政书主要有会典和会要两类,会典一般以职官为目,多为官修;会要一般以类分编,多为私纂。《总目》设有"政书类",隶于"史部"之下,并在该类小序中说明了它收录文献的范围:

今总核遗文,惟以国政朝章、六官所职者,入于斯类,以符《周官》故府之遗。至仪注、条格,旧皆别出,然均为成宪,义可同归。惟我皇上制作日新,垂模册府,业已恭登新笺,未可仍袭旧名。考钱溥《秘阁书目》有"政书"一类,谨据以标目见,综括古今之义焉。

今从《总目》之例,将此类的陶瓷文献也独列为一类。乾嘉时期,此类文献颇多,其中大多涵括了陶瓷史料。今举其要者,列表如下。

表2-5 乾嘉时期"政书类"重要陶瓷文献一览表

文献名称	编撰者	涵括陶瓷史料概要
续通典	(清)嵇璜等纂修	记述了宋代至明代国内外窑口产瓷及贡瓷情况,录有礼仪用器中的陶瓷器物
续通志	(清)嵇璜等纂修	记述了宋代至明代与陶瓷有关的食用器、祭器、职官设置、人物传记等

---

①"廿四史",是指我们古代的二十四部正史,即《史记》《汉书》《后汉书》《三国志》《晋书》《宋书》《南齐书》《梁书》《陈书》《魏书》《北齐书》《周书》《隋书》《南史》《北史》《旧唐书》《新唐书》《旧五代史》《新五代史》《宋史》《辽史》《金史》《元史》《明史》。"九通",是指《通典》《通志》《文献通考》《续通典》《续通志》《续文献通考》《清通典》《清通志》《清文献通考》九部著作。

② 详文请参见梁宪华,翁连溪. 中国地方志中的陶瓷史料·章宏伟序言. 北京:学苑出版社,2008:16.

续表

文献名称	编撰者	涵括陶瓷史料概要
续文献通考	（清）嵇璜等纂修	记述了宋代至明代与陶瓷有关的礼仪用器、经济贸易、职官设置等
清通典	（清）嵇璜等纂修	记述了清初与陶瓷有关的职官设置、礼仪用器、朝贡贸易等
清通志	（清）嵇璜等纂修	记述了清初与陶瓷有关的礼仪用器、经济贸易、文献著录等
清文献通考	（清）嵇璜等纂修	记述了清初与陶瓷有关的器用制度、外使采购器物限数、职官设置、礼仪用器、朝贡贸易、民间贸易等
清会典	（清）胤祹等纂修	记述了清初与陶瓷有关的职官设置、礼仪用器、建筑用琉璃砖瓦等
清会典则例	（清）来保等纂修	记述了清初与陶瓷有关的祭礼用器、朝贡贸易、职官设置、建筑规格、琉璃砖瓦及其物件价值等
清通礼	（清）来保等纂修	记述了清初礼仪用器的相关情况，其中包括陶瓷器物
清律例	（清）三泰等纂修	文中有与陶瓷砖瓦烧造有关的法律制度
宋会要辑稿	（清）徐松纂辑	记述了宋代与陶瓷有关的礼仪用器、建筑规制、经济贸易、窑税税额、机构设置等
钦定八旗通志	（清）福隆安等纂修	记述了清初与陶瓷有关的职官设置、坛庙祭器、府邸建造规格等

从表2-5"涵括陶瓷史料概要"中可以看出，乾嘉时期成书的政书类文献主要记述了宋代至清初与陶瓷有关的职官设置、器用制度、朝贡贸易、建筑规格等，还涉及了与陶瓷砖瓦烧造有关的法律制度。如《清律例》卷二三记载：

凡山前山后各有禁限。若有……取土取石、开窑烧造、放火烧山者，俱照律分别首从拟断。

又卷三八记载：

凡官、司役使人工，采取木石材料及烧造砖瓦之类，虚费工力而不堪用者，其役使之官、司及工匠人役并计所费雇工钱坐赃论，罪止杖一百，徒三年；若有所造作及有所毁坏，如拆屋坏墙之类，备虑不谨而误杀人者，官司人役并以过失杀人论；采取不堪，造毁不备，工匠、提调官各以所由经手管掌之人为罪，不得滥及也；若误伤，不坐。

可见，这类文献中的陶瓷史料，对于了解我国古代的器用制度，认识古代建筑所用砖瓦的规格，探知陶瓷相关的典章制度，研究各个时期的陶瓷生产贸易状况等，具有一定的参考价值。这类史料目前整理得尚不多，挖掘得更不够，常被学界忽视，利用者较少。鉴于此，笔者切盼有志于此的学者，能对这类文献中的陶瓷史料进行全面收集和整理，并给予充分的挖掘和利用，以期更好地解决陶瓷研究中的一些问题，丰富和完善陶瓷研究中的相关内容。

第六节　目录类

关于"目录"一词的连用，最早当起于西汉刘向、刘歆父子整理图书之时。并且，刘氏父子因此而编撰的《七略》、《别录》，是目前我国有稽可查的最早的图书分类目录和提要目录。可惜的是，《七略》早已亡佚，现只能从《汉书·艺文志》中窥其大略。据《汉书·艺文志》记载："每一书已，向（指刘向）辄条其篇目，撮其旨意，录而奏之。"这里的"篇目"即指"目"，"旨意"指内容要旨，两者合起来就是"录"。可见，在汉代，"录"的含义覆盖了"目"，故"目录"又常被简称为"录"。后来，随着图书文献的增多，著录"旨意"的目录越来越少，遂将"录"之名统归于"目"，于是有篇目而无"旨意"者，也称为"目录"。久而久之，连只记书名而不录篇名者，也冒称"目录"之名了。[①]但是无论如何，随着学术文化的发展，文献编撰的繁盛，整理图书的目录越来越多，整体数量相当可观。据统计，清代以前，我国官书目录有60种，私家目录有77种，史志目录有14种，共计151种；清代以来，又新增155种，共计306种。[②]而乾嘉时期成书的目录中涵括陶瓷史料者，只有《总目》和《四库全书简明目录》两种，而《四库全书简明目录》又是《总目》的简录版，故以《总目》所录陶瓷文献最多最全，所录陶瓷史料最为完整。据笔者查知，《总目》共收录了《格古要论》《颜山杂记》《造砖图说》《浮梁陶政志》《西清砚谱》等数种与陶瓷密切相关的论著，对其卷数、编撰者、编撰过程、内容概要等进行了著录说明。以《浮梁陶政志》为例，《总目》对它的著录文字是：

《浮梁陶政志》一卷（编修程晋芳家藏本），国朝吴允嘉撰。允嘉有《吴越顺存集》，已著录。是书皆记江西景德镇官窑始末，凡七条，疏略殊甚。后为景德旧事十四条，而吴十九一条重出，又时代颠舛。《容斋随笔》一条以宋事列明

[①] 王欣夫．文献学讲义．上海：上海古籍出版社，2005：7．

[②] 曹之．中国古籍通史．武汉：武汉大学出版社，2006：30．

后,《池北偶谈》一条以国朝事列宋前,殊无条理。

这些目录都是我国古代图书的清单,其中录载的陶瓷史料,尤其是有关陶瓷专论文献的著录文字,对于梳理和研究我国古代陶瓷文献的编撰数量、内容体例、史料分布、存佚状况等,具有极其重要的参考价值。

第七节 金石类

金石类文献是指专门汇录钟鼎、碑刻、金石、砖瓦等载体上文字图案的文献。它最早始于南朝梁元帝萧绎集录碑刻文字而作的《碑英》,可惜此书早已亡佚。到了宋代,随着欧阳修《集古录》、赵明诚《金石录》等著述的相继出现,搜讨和著录金石之文者渐多。而至清代乾嘉时期,这类文献著述趋于繁盛,遂成为了专门之学。关于此类文献的分类著录,古代目录不尽一致,如《隋书·经籍志》《旧唐书·经籍志》《新唐书·艺文志》等将其统归入"小学类",而《宋史·艺文志》将其改入"目录类",随后渐成定例。《总目》亦是依从《宋史·艺文志》之例,将其归入"目录类",不过编排方式有所改变。它将金石类文献全部析出,独成"金石"一类,不再像《宋史·艺文志》那样,将此类文献杂糅于目录类文献之中,而是附于经籍类文献[①]之后。这可能是由于《总目》编撰者已经认识到如此划分的不合理性,正如他们在"目录类"小序中言,将"金石之文"附于经籍类文献之后,只是为了"并列此门",但"别为子目,不使与经籍相淆焉"。可见,将经籍、金石两类文献统归于"目录类",并不合适。今将金石类文献从"目录类"中析出,独列为一类,以示区别。就乾嘉时期而言,这类文献中涵括陶瓷史料者颇多。今举其要者,列表如下。

表2-6 乾嘉时期"金石类"重要陶瓷文献一览表

文献名称	编撰者	涵括陶瓷史料概要
金石契	(清)张燕昌	收录万岁砖、蜀师砖、汉画像砖、长生瓦、卫瓦等17种砖瓦,图文并茂,考证详审
秦汉瓦当文字	(清)程敦	收录了秦汉时期的瓦当,并对其尺寸、文字、收藏情况等进行了考证说明

[①] 其实,经籍类文献就是指目录类文献,两者均指收录图书目录的文献。但是,《总目》编撰者为了区分类目之间的隶属关系,只能将收录目录类文献的"目录类"改称"经籍类",以与"金石类"名目相并列,这样才能构成两类的上位类,即"目录类"。

续表

文献名称	编撰者	涵括陶瓷史料概要
两汉金石记	（清）翁方纲	收录了长生未央瓦、千秋万岁瓦、长勿相忘瓦、甲天下瓦、吴宝鼎砖等，对其尺寸、文字、收藏情况等作了考证说明
关中金石记	（清）毕沅	收录了秦、汉、隋等朝代的瓦当，并对其文字进行了考证说明
山左金石志	（清）毕沅、阮元	收录了大业砖文、南记砖文等，对其尺寸、文字、流传情况进行了说明
两浙金石志	（清）阮元	收录了汉建元砖、汉五凤砖、汉黄龙砖、晋太康砖、唐柳砖、吴越宝正砖、宋奉华堂澄泥砚等古代砖瓦数十件，对其尺寸、文字、收藏情况等进行了考证说明
闽中金石志	（清）冯登府	收录了汉甘泉宫瓦、晋永康砖、咸和砖、唐谢家砖、宋景定砖等，对其尺寸、文字、收藏情况等作了考证说明
续栝苍金石志	（清）李遇孙	收录了梁延圣寿塔砖、宋狮峰砖等，对其尺寸、文字等作了考证说明
益都金石记	（清）段松苓	收录了两件汉砖，对其尺寸、文字、收藏情况等进行了考证说明
江宁金石记	（清）严观	收录了晋张壮武祠砖、宋建康砖，对其尺寸、文字、收藏情况等作了考证说明
粤西金石略	（清）谢启昆	收录了晋龙编侯墓砖，对其尺寸、文字等作了考证说明
潜研堂金石文跋尾	（清）钱大昕	收录了《咸和四年砖文》《建康府砖》
授堂金石一跋	（清）武亿	收录了晋瓦甋，对其尺寸、文字、收藏情况进行了考证说明
枕经堂金石书画题跋	（清）方朔	收录了秦琅琊台千秋万岁残瓦、秦长生无极瓦、汉长乐未央瓦、汉河间献王君子馆砖、吴太平双鱼砖等，对其尺寸、文字、收藏情况作了考证说明
石经阁金石跋文	（清）冯登府	收录了一汉瓦当，对其文字作了考证说明

续表

文献名称	编撰者	涵括陶瓷史料概要
金石萃编	（清）王昶	收录了丰宫瓦当、兰池宫瓦当、长乐未央瓦当、延年瓦、长勿相忘瓦、便字瓦等，对其尺寸、文字、收藏情况等作了考证说明

从表2-6"涵括陶瓷史料概要"中可以看出，金石类文献主要录载了汉代至宋代各个时期的砖瓦，对其大小尺寸、文字图案、收藏情况等进行描述，并对砖瓦上的文字作了详细考证。以《两浙金石志》卷一收录的"汉五凤砖"和"汉黄龙砖"为例，其录载文字分别如下：

汉五凤砖，砖厚一寸三分，长四寸二分，文曰"五凤五年"四字。元（指《两浙金石志》的编撰者阮元）得此砖于海盐张氏，燕昌家藏，已制为砚，其上刻钱宗伯载铭记，释为"五凤三年"。后翁学士方纲见之，定为"五凤五年"，谓上五字中间二画直交，用隶势；下五字中间弯交，用篆势。今细审之，果然。汉五凤仅四年，其明年为甘露元年，此云五年者，甘露改元，尚在本年之冬。浙浒之地，去陕辽远，作砖月日尚早，故犹称"五凤五年"。

汉黄龙砖，砖厚二寸二分，长四寸四分，文曰"黄龙元年建"五字，侧面又有泉文一枚。案汉宣帝三十五年壬申，改元黄龙元年，是年十二月帝崩。此砖，元得于海盐张氏，与建元、五凤诸砖，同为浙中贞石之冠。

可见，这些陶瓷史料不仅有助于人们了解古代砖瓦的制作尺寸、技艺水平以及生产的大致规模，还有助于人们考订一些文字的源流变化，有助于人们补正历史研究中的部分漏讹。

第八节　艺术类

本书所指的艺术[①]类文献，主要依从《总目》的收录范围和方法，包括书画、琴谱、篆刻、杂技诸类。《总目》在"艺术类"小序中说明了该类收录文献的范围和如此划分的理由：

---

① 这里所言的"艺术"，其含义与今之"艺术"有所不同。今之"艺术"，主要是指通过塑造形象，再现社会生活，表达作者知觉、情感、理想、意念的一种审美性的社会意识形态。根据表现手段和方式的不同，艺术通常分为表演艺术（音乐、舞蹈）、造型艺术（绘画、雕塑、建筑）、语言艺术（文学）、综合艺术（戏曲、影视）。而古代所指的"艺术"，以《总目》所言为例，其覆盖的内容范围要小一些，主要包括书画、琴谱、篆刻、投壶、博弈、歌舞等。

古言六书后，明八法，于是字学、书品为二事。左图右史，画亦古义，丹青金碧，渐别为赏鉴一途。衣裳制而纂组巧，饮食造而陆海陈，踵事增华，势有驯致，然均与文史相出入，要为艺事之首也。琴本雅音，旧列乐部，后世俗工拨捩率造新声，非复清庙生民之奏，是特一技耳。摹印本六体之一，自汉白元朱，务矜镌刻，与小学远矣。射义投壶，载于《戴记》，诸家所述，亦事异《礼经》，均退列艺术，于义差允。至于谱博弈，谕歌舞，名品纷繁，事皆琐屑，亦并为一类，统曰"杂技"焉。

就乾嘉时期而言，这类文献中涵括陶瓷史料者不多，主要是书画和篆刻两类文献。今举其要者，列表如下。

表2-7 乾嘉时期"艺术类"重要陶瓷文献一览表

文献名称	编撰者	涵括陶瓷史料概要
书画说铃	（清）陆时化	文中对古瓷有少量的品评
绘事琐言	（清）迮朗	文中设有"磁器"小标题，主要列举了绘画需用的瓷器品种，详细描述了这些瓷器在绘画中的具体应用方法
石渠宝笈三编	（清）英和	收录的书画作品中有与陶瓷相关的器物及其文字描述
太平欢乐图	（清）金鄂岩	记述了浙江古代著名窑器秘不示人、民间日常用瓷皆取于江西景德镇以及古董店中所售铜瓷器物多赝品等，图文并茂
篆刻针度	（清）陈克恕	记述了古代"瓷印""宜兴紫砂印"的烧制情况
古今印说补	（清）沈清佐	记述了瓷印的刻制方法

从表2-7"涵括陶瓷史料概要"中可以看出，书画类文献中录载的陶瓷史料内容多不相同，如《书画说铃》中对古瓷进行了少量的品评：

论磁必柴、汝、官、哥，必花器、香器，釉足而光泽，则赴江西照古式新烧，以砂水挖浆，擦退其光而已。

而《绘事琐言》则在卷六专设了"磁器"一目，列举了绘画所用的瓷器品种，如大缸、中缸、小缸、大碗、中碗、小碗、大碟（一尺口）、中碟（七寸口）、小碟（三寸口）、大画碟（二寸五分口）、小画碟（一寸七分口）、大笔洗、小笔洗、大水注、小水注、大格碟、中格碟、小格碟、大盆、小盆、笔筒、印泥盒等，描述了它们在绘画过程中的具体使用方法，颇为细致、明确。

但最值称道的是，《太平欢乐图》中图文并茂地记述了浙江古名窑器秘不示人、民间生活用瓷皆取于江西景德镇的事实：

案浙江自昔工造窑器，越州之秘色窑，处州之龙泉窑、哥窑，其最著者。第诸窑在当时已珍秘，民间饮馔之具，皆取给于江西景德镇之饶窑。浙江乍浦近亦能烧造瓶、盂、杯、碗之属，瓷白花青，渐与饶窑相埒矣。

尤其是其中录载的这幅图片（图2-2），是专以民间瓷器贸易为题材的画作，在以往的绘画作品中很少见到，弥足珍贵。

而篆刻类文献主要记述了陶瓷印章的刻制方法，如《古今印说补》中载：

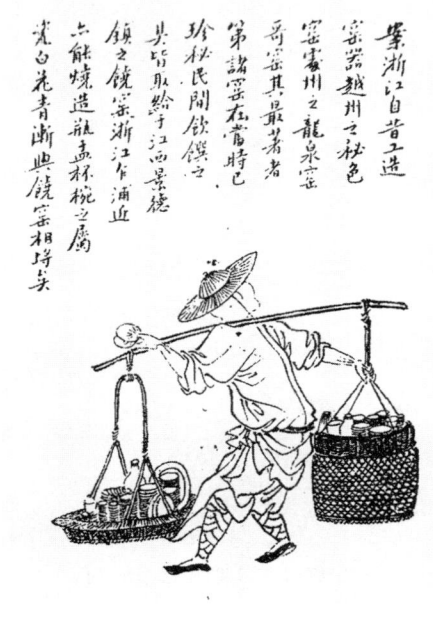

图2-2 《太平欢乐图》书影

磁印与玉同坚，须以艾火炙十数次，稍松可刻。

概而言之，艺术类文献中的陶瓷史料，多是在论述书画创作或篆刻工艺时，作为辅助性文字略作提及的，其内容反映了陶瓷器物在其他艺术创作中的广泛应用，对于了解和认识我国古代陶瓷器物的种类及其应用范围，具有一定的帮助作用。但是整体而言，这类文献不仅数量稀少，其中录载的陶瓷史料也不多，而且对于陶瓷研究来说，没有太大的参考价值，因此利用者较少。

第九节 谱录类

在古代四部分类体系中，谱录类收录的文献较为庞杂，覆盖内容十分广泛，举凡各种手工业、饮食器具、生物科学之类，应有尽有。当然，这与该类设置的目的，即"收诸杂书之无可系属者"密切相关。《总目》在该类小序中就阐述了该类设置的原因和收录文献的大致范围：

古人学问，各守专门，其著述具有源流，易于配隶。六朝以后，作者渐出新裁，体例多由创造，古来旧目遂不能该（同"赅"），附赘悬疣往往牵强。《隋志》（指《隋书·经籍志》）"谱系"本陈族姓，而末载《竹谱》《钱谱》《钱图》；《唐志》（指《旧唐书·经籍志》或《新唐书·艺文志》）"农家"本言种植，而杂列

《钱谱》《相鹤经》《相马经》《鸷击录》《相贝经》;《文献通考》亦以《香谱》入"农家",是皆明知其不安,而限于无类可归,又复穷而不变,故支离颠舛,遂至于斯。惟尤袤《遂初堂书目》创立"谱录"一门,于是别类殊名,咸归统摄,此亦变而能通矣。今用其例,以收诸杂书之无可系属者。

可见,谱录类是一个辨体类目,只认体裁,不看内容。如此收录文献,似乎不尽合理,但是为了遵从古代文献的分类习惯,方便查阅,本书依从《总目》之例,按照其著录"规则",编排涵括陶瓷史料的相关文献。根据《总目》的类目设置,谱录类下又设器物、饮馔、草木禽鱼三小类,而乾嘉时期涵括陶瓷史料者主要是器物和饮馔两类文献。今举其要者,列表如下。

表2-8 乾嘉时期"谱录类"重要陶瓷文献一览表

文献名称	编撰者	涵括陶瓷史料概要
随园食单	(清)袁枚	记述了陶瓷器具在饮食过程中的重要作用以及应注意的使用事项,反映了古人对饮食器具的讲究,是研究古代饮食文化的重要史料
西清古鉴	(清)梁诗正、蒋溥、汪由敦等	文中对周素缶的造型规格作了说明
西清砚谱	(清)于敏中、梁国治、王杰等	卷一至卷六收录了汉未央宫东阁瓦砚、汉铜雀瓦砚等55件陶砚,详细介绍了各件陶砚的形制、铭文、题诗等,图文并茂
陶说	(清)朱琰	阐述了中国古代陶瓷生产的发展演变和不同时期有代表性的器物,旁征博引,广采众说,并提出了自己的观点,是目前我国最早的一部陶瓷史论著
古铜瓷器考	(清)梁同书	设有"古窑器考"一节,《文房肆考图说》中的"古窑器考"多取于此。其中记述了古代名窑的所属区域、生产历史、制作品种及其风格等,提出了"陶器以青为贵""陶器画彩盛于明"的观点,并对釉水、火候、补瓷、防裂等工艺作了详细说明,是古窑古瓷研究的重要参考文献
文房肆考图说	(清)唐秉钧	其中记述的陶瓷史料,大多摘录于《古铜瓷器考·古窑器考》,只是在文前增补了"陶窑上古已作,非虞帝始"的一段观点论述,但在文后缺少了"清秘藏论窑器"一目

续表

文献名称	编撰者	涵括陶瓷史料概要
南窑笔记	（清）张九钺	简述了景德镇的制瓷史，详列了景德镇仿古名窑及明代御窑的生产品种及其特点，描述了景德镇制瓷的各种具体工艺，包括坯胎、灰釉、彩料、成型、烧窑等
阳羡名陶录	（清）吴骞	记述了宜兴紫砂制作的原料产地、泥料特征、造壶工艺、用壶方法、名人名匠等，摘录了《荆溪疏》《茶疏》《长物志》《博物要览》《池北偶谈》等中的紫砂资料，收录了周容的《宜兴瓷壶记》、周高起的《过吴迪美朱萼堂看壶歌兼呈贰公》、吴梅鼎的《阳羡茗壶赋》、高士奇的《宜壶歌答陈其年检讨》、吴骞的《叔未解元得时大彬汉方壶诗来属和》等重要紫砂文献，是宜兴紫砂研究的必备参考资料
景德镇陶录	（清）蓝浦撰，郑廷桂补辑	记述了景德镇的地理概况、制瓷工艺、制瓷历史、御窑厂设置、陶务条目、历代名窑、仿古名窑等，收录了《陶记》《容斋随笔》《敝帚斋余谈》《清波杂志》等中的陶瓷资料，全面阐述了景德镇陶瓷的生产情况，是我国第一部真正意义上的景德镇陶瓷史

从表2-8"涵括陶瓷史料概要"中可以看出，饮馔类文献主要记述了陶瓷器物在饮食过程中的重要作用以及应注意的使用事项，如《随园食单》卷一"须知单·器具须知"条载：

古语云"美食不如美器"，斯语是也。然宣、成、嘉、万窑器太贵，颇愁损伤，不如竟用御窑，已觉雅丽。惟是宜碗者碗，宜盘者盘，宜大者大，宜小者小，参错其间，方觉生色。若板，板于十碗八盘之说，便嫌笨俗。大抵物贵者器宜大，物贱者器宜小；煎炒宜盘，汤羹宜碗；煎炒宜铁锅，煨煮宜砂罐。

可见，古人在饮食器具选用方面是非常考究的，这也是我国古代饮食生活文化的一个重要反映。

与饮馔类文献相比，器物类文献不仅编撰数量较多，而且涵括的陶瓷史料极其丰富。这是因为它不仅仅收录了单篇（卷）或数篇（卷）陶瓷专论文献，如《西清砚谱》卷一至卷六"陶之属"、《古铜瓷器考·古窑器考》《文房肆考图说·古窑器考》等，还收录了独立成书的陶瓷专著，如《陶说》《南窑笔记》《阳羡名陶录》《景德镇陶录》等。这些陶瓷专论文献和陶瓷专著的史料价值极高，如《西清砚谱》卷一至卷六"陶之属"录载了古代陶砚55件，图文并茂地介绍了每件陶砚的形制、尺寸、铭文、题诗等，这不仅体现了清初宫廷用砚的规模和质量，还反映了当时皇帝大臣的书法水平和审美意趣，具有较高的史料价值；而《古铜瓷器考·古窑器考》《文房肆考图说·古窑器考》两则文献则记述了古代名窑的所属区域、生产历史、制作品种及其风格特点等，提出了"陶窑上古已作，非虞帝始""陶器以青为贵""陶器画彩盛于明"等观点，还对釉水、火候、补瓷、防裂等工艺做了考证说明，是研究古代陶瓷的重要参考资料。至于陶瓷专著，其重要性和价值更是自不待言。如《陶说》是我国第一部真正意义上的陶瓷史专著，《南窑笔记》是我国第一部以笔记体形式专门描述景德镇陶瓷工艺的专著，《阳羡名陶录》是继明代周高起《阳羡茗壶系》之后，我国又一部系统论述宜兴紫砂生产历史及其制作技艺的力作，《景德镇陶录》则是我国第一部全面论述景德镇陶瓷史的专著。它们对于陶瓷研究者来说，是置之案头、时常翻阅的必备参考文献，可与《辞海》《辞源》等工具书等同视之。由于后面会有专门章节对这些陶瓷专著进行详细探讨，此处就不再展开论述。仅就陶瓷史料的录载而言，此类正是有了这些陶瓷专论文献和陶瓷专著的加入，才使其重要性异常凸显。

第十节　杂家类

所谓"杂家"，《汉书·艺文志》有云："杂家者流，盖出于议官，兼儒、墨，合名、法。"可见，在汉代，杂家可与儒家、道家、墨家、法家、名家、纵横家、阴阳家、农家八家分庭抗礼，平等视之，它们合起来称为"九流"。但到了明清两代，各种官私目录将"杂家"视作"无所不包"的大杂烩。《总目》在"杂家类"小序中就指出了该类收录文献的"广泛"范围：

> 杂之义广，无所不包，班固所谓"合儒、墨，兼名、法"也，变而得宜于例为善。今从其说，以立说者，谓之杂学；辨证者，谓之杂考；议论而兼叙述者，谓之杂说；旁究物理，胪陈纤琐者，谓之杂品；类辑旧文，涂兼众轨者，谓之杂纂；合刻诸书，不名一体者，谓之杂编，凡六类。

可见，《总目》在杂家类下设有杂学、杂考、杂说、杂品、杂纂、杂编六小类。本书依从其例，但就乾嘉时期而言，这类文献中涵括陶瓷史料者，主要是杂考、杂说、杂品三类。今举其要者，列表如下。

表2-9 乾嘉时期"杂家类"重要陶瓷文献一览表

文献名称	编撰者	涵括陶瓷史料概要
考古略	（清）王文清	文中对"敦""簠""簋""登""铏"等形制作了考证
古玩正宗秘论	（清）石华	详细论述了宋明著名窑器，所论古砚、笔格、笔洗、水丞、水注、印色池、镇纸等古玩中也提及了陶瓷材质
茶余客话	（清）阮葵生	简述了瓷器制作的源流，录载了明清两代著名的陶瓷工匠
管城硕记	（清）徐文靖	文中对《考工记》"凡陶旅之事，髺垦薜暴不入市"中的"髺"字作了阐释
琉璃厂书肆记	（清）李文藻	琉璃厂因琉璃瓦窑而得名
五石瓠	（清）刘銮	收录了《宜兴壶谱》《昊十九》《唐以后各窑绝色》《铜雀瓦久亡》等
西清笔记	（清）沈初	记述了清代景德镇瓷器在仿制铜器方面的制作水平
桃溪客语	（清）吴骞	列举了明清时期宜兴紫砂制作的名工名品
榆巢杂识	（清）赵慎畛	记述了清代康熙时期刑部主事刘源为景德镇御窑厂设计数百种瓷器式样一事，还总结了康熙时期郎窑在仿烧古瓷方面的高超水平
夜谭随录	（清）和邦额	记述了平阳人多居砖窑、京江陈扶青家耕田得十二件瓦器等事
闻见瓣香录	（清）秦武域	文中有"瓦瓶""琴砖""瓦当砚"等器物的相关描述
痴学	（清）黄本骥	文中对"匏"的材质用途作了考证说明，其中有陶匏一类
礼耕堂丛说	（清）施国祁	文中对"陶人""旅人"的职责分工作了阐释，对汉晋砖文、吴天玺砖文、晋永嘉二砖文等作了考证说明
消夏闲记摘抄	（清）顾公燮	室内陈设中有官、哥、定等窑瓷器

这类文献由于内容庞杂，涉及面广，时常会有论及陶瓷的记述。尽管这些记述大多比较零散，缺乏系统性，但是某些史料的可利用价值颇高。这些史料对于古陶瓷研究的发展，起到了较好的推动作用，尤其是对古陶瓷研究中某些问题的解决，常能起到重要的补充作用。这里试举数例，以兹说明。

如《古玩正宗秘论》从鉴藏者的角度品评了宋明两代名窑，如汝窑、官窑、哥窑、均窑、定窑、永乐窑、宣德窑、成化窑、嘉靖窑等，详细论述了它们的生产品种、工艺特点以及真伪鉴定方法等。尤其是对清初仿品的盛行，作者通过大量真伪器物的对比，得出了许多鉴定真伪的方法。①这些鉴定方法和成果，属于鉴定学的研究内容，推动了鉴定学理论的研究和发展。并且，这些鉴定方法和成果，即使在今天实际的鉴定工作中，仍有较高的参考利用价值。

又如《西清笔记》卷二记述了一则清初景德镇用瓷器仿造铜器的事例：

裘文达尚书（指裘曰修）尝以《西清古鉴》铜器百余件，肖其形式，并青绿款识，一切摹仿，付景德镇造磁器。既成，择十余件以进。又摹御笔制磁炕屏，亦甚佳。云造炕屏最难，入窑百十，才得一二成者，盖火所炎热，长则难平。又有虽平而微有损者，亦无用也。

这则事例不仅体现了清初景德镇瓷工的高超技艺，还反映了当时宫廷刻意追求用瓷器仿制铜器、玉器、雕漆、木石等其他材质的事实。

又如《桃溪客语》卷三不仅列举了明清两代宜兴紫砂制作的名工名品，指出了它们的价值，"上者至与金玉等价"，而"时工所制，率粗俗不雅，或涂以丹黄，无一可入清玩者"，而且录载了一些紫砂艺人的生平事迹，这可补作者所撰《阳羡名陶录》内容之不足。以清初紫砂艺人陈鸣远为例，文中记述道：

国朝宜兴陈远，工制沙壶，形制款识，无不精妙。予目中所见，及家旧蓄者数器，意谓即供春、少山，无以远过也。远，字鸣远，号鹤峰，或称壶隐，挟其技以游四方，名人胜流竞相延结。海宁则杨晚研、曹廉让诸公，尤所契赏，故至今遗器独多；海盐则涉园张氏，假馆亦最久。

又如《榆巢杂识》卷下记述了清代康熙时期刑部主事刘源为景德镇御窑厂设计数百种瓷器式样一事，同时兼述了他的生平事迹：

康熙时，刑部主事刘伴阮源，河南祥符（今河南开封）人。性聪慧，异常人。尝于一筹墨上，刻《滕王阁序》一首、《心经》一部，字画靳然。在内廷供奉时，呈样磁数百种，制式极佳，所谓御窑者是也。龙宝拨蜡，多出其手，后卒于京。上遣内大臣奠茶酒，侍卫送柩出广宁门，赐金驰驿。

---

① 如文中论及永乐压手杯时，言其"式样精美绝伦，传用可久，值亦甚昂"，而"近时仿造，规制蠢厚，火底火足，略得形似，殊无足观"；论及宣德白釉器时，言其"内外釉水，如堆起白酥，足底于白色中隐映淡淡绿色，竟活泼异常"，而"时下仿造，周身火色，自不待言。而边口不能敦厚，釉水未免带青，橘皮棕眼亦竟能乱真。而求其底足中，于白色内隐映淡绿，活泼异常，则断不能也"；等等。如此鉴定之论颇多，这些都是古陶瓷鉴定研究的重要参考资料。

这则史料不仅可以证实《茶余客话》中的相关记述，即卷十中言"我朝御窑越超前代，规制款识多出秋官主政刘伴阮监制"，还补充了"异人"刘源的其他事迹，为全面研究刘源其人其学其艺提供了资料。

第十一节　类书类

所谓类书，顾名思义，是指按类编排内容的图书。具体而言，类书是指根据编纂的目的，将所需的资料从各类文献中辑录出来，然后按照一定的方式合理编排的图书。我国类书编纂历史悠久，一般将魏文帝曹丕组织编纂的《皇览》视为我国最早的类书。唐宋两代，类书编纂兴盛，出现了《初学记》《艺文类聚》《北堂书钞》《白孔六贴》《太平御览》《文苑英华》《册府元龟》等类书名著。明代朝廷组织编纂的《永乐大典》，是我国古代最大的一部类书，可惜后遭散佚，目前仅存800余卷；而清代朝廷组织编纂的《古今图书集成》，是我国现存最大的一部类书。两书编纂规模之大，汇集史料之多，均属历史之最。其他诸如《渊鉴类函》《骈字类编》《子史精华》《佩文韵府》《格致镜原》之类，不胜枚举。由此可见我国古代类书编纂之繁盛。可是，由于类书的内容过于庞杂，含有经、史、子、集各部内容的成分，人们无法确定它应统归于何部，这给古代四部分类法划分图书门类时带来了不少麻烦。即便是纪昀这样学识渊博的知名学者，也难以摆脱和化解这一困惑，最后不得不依从于传统，将它纳入"子部"。《总目》"类书类"小序中言道：

类事之书，兼收四部，而非经非史，非子非集，四部之内，乃无类可归。《皇览》始于魏文，晋荀勖《中经》部分隶何门，今无所考。《隋志》载入"子部"，当有所受之。历代相承，莫之或易。明胡应麟作《笔丛》，始议改入"集部"，然无所取义，徒事纷更，则不如仍旧贯矣。此体一兴，而操觚者易于检寻，注书者利于剽窃，辗转稗贩，实学颇荒。然古籍散亡，十不存一，遗文旧事，往往托以得存。《艺文类聚》《初学记》《太平御览》诸编，残玑断璧，至捃拾不穷，要不可谓之无补也。

正鉴于此，本书便不设四部，而将如"类书类"一样的类目，独列为一类，避免了它们"无部可归"的尴尬。从这则小序中还可以看出，类书类文献具有保存史料、方便查检、辑补文献等方面的功能。并且，正是由于这类文献内容广泛，上述所列类书中大多涵括陶瓷史料，尤其是唐宋类书中涵括的陶瓷史料，在当时陶瓷史料整体稀缺的背景下，显得弥足珍贵。这些史料对于了解和认识我国唐宋以前的陶瓷生产和使用情况，具有一定的参考价值。但就乾嘉时期而言，这类文献中涵括陶瓷史料者并不多，只有李大诰编的《海涵书钞》，厉荃辑、关槐续辑的《事物异名录》等数种。其中，《海涵书钞》"器用"条录载了《事物纪原》《弇州山人四部稿》《五杂俎》中的陶瓷史料；而《事物异名录》卷十九录载了《尔雅》《方言》《广韵》《博雅》《类篇》《资暇录》《演繁录》《清异录》《山家清事》《事物原始》《山堂肆考》《留青日札》等有关陶瓷器型（如注子、偏提、小海鸥、缶之类）的描述。这类文献根据编纂体例的需要，将各种文献中的陶瓷史料汇集在一起，并编排在相应的类目中，为读者查检和利用这些陶瓷史料提供了便利。同时，这类文献在编排和录载陶瓷史料时，大多标明来源出处，为读者核实这些陶瓷史料的内容提供了线索。而其中录载的已佚文献的陶瓷史料，幸赖此类文献的流传而得以保存。

第十二节　小说类

所谓小说，今指一种文学体裁，是以叙述为主，具体表现人物在一定环境中的相互关系、行为事件以及相应的心理状况、意识流动等，从不同角度塑造人物，表现社会生活。这和古代"小说"的含义不同。"小说"一词，最早出现于《庄子·外物篇》："饰小说以干县令，其于大达亦远矣。"这里的"小说"，是指那些不重要的、琐碎的、供人取乐的言语。而《汉书·艺文志》则记述了古代"小说"编撰的材料来源："小说家者流，盖出于稗官，街谈巷语、道听途说者之所造也。"在古代四部分类法中，常在"子部"下设"小说家类"，并在该类下设杂事、异闻、琐记三小类，以收录其相关文献。《总目》就是如此，它在"小说家类"小序中不仅阐述了小说编纂的演变，还明确了该类收录文献的范围：

［小说］其来已久，特盛于《虞初》耳。迹其流别，凡有三派，其一叙述杂事，其一记录异闻，其一缀缉琐语也。唐宋而后，作者弥繁中间，诬谩失真，妖妄荧听者，固为不少；然寓劝戒，广见闻，资考证者，亦错出其中。班固称小说家流，盖出于稗官。如淳《注》谓王者欲知闾巷风俗，故立稗官，使称说之。然则博采旁搜，是亦古制，固不必以冗杂废矣。今甄录其近雅驯者，以广见闻；惟猥鄙荒诞，徒乱耳目者，则黜不载焉。

正如其言，今之视为"小说"者，如唐代传奇《李娃传》《柳毅传》，明清小说《三国演义》《水浒传》《西游记》《红楼梦》等，均被《总目》编纂者视为"坊肆不经之书"，即"猥鄙荒诞，徒乱耳目者"，不在其收录之列。这在今天看来，很不合理，既不符合今人分类查阅的习惯，也不符合我国古代小说发展演变的实际情况。鉴于此,本书将古代类目中的"小说家类"改成了"小说类"。而在具体收录文献方面,虽然仍会参照古代类目收录的方法,但这里更注重今人分类查阅的习惯和古代小说发展演变的实际情况。但就乾嘉时期而言,小说类文献并不丰富,其中涵括陶瓷史料者只有寥寥数种。今举其要者,列表如下。

表2-10 乾嘉时期"小说类"重要陶瓷文献一览表

文献名称	编撰者	涵括陶瓷史料概要
红楼梦	(清)曹雪芹	文中提及了汝窑美人觚、汝窑花囊、大观窑盘、官窑脱胎填白盖碗、宣窑瓷盒、成窑五彩盖盅、粉定小碟等多种陶瓷器物
红楼复梦	(清)小和山樵	文中提及了青花粉底莲子盖碗、青花瓷盆、宜兴砂壶、古瓷花瓶等
后红楼梦	(清)佚名	文中提及了定窑白釉暗花荷花盆、青釉葫芦瓶等
补红楼梦	(清)娜嬛山樵	文中提及了瓷碗盏、官窑坛等器物
儒林外史	(清)吴敬梓	文中提及了宜兴砂壶、成窑宣窑的杯子
绿野仙踪	(清)李百川	文中提及了蓝瓷花瓶、白瓷盘等
三祥报	(清)陶炳南	文中提及了哥窑瓶

从表2-10"涵括陶瓷史料概要"中可以看出,这类文献仅在必要时提及了一些陶瓷器物,如汝窑美人觚、汝窑花囊、官窑脱胎填白盖碗、成窑五彩盖盅、粉定小碟、蓝瓷花瓶、宜兴砂壶等,偶会描绘其装饰风格和使用方法,当然这对人们了解古人的生活状态、器用规格以及对名窑名瓷的珍视程度,具有一定的辅助参考作用。但是整体而言,这类文献大多取材于传闻,"街谈巷语、道听途说"之言,不足采信。本书为了反映我国古代陶瓷史料在各类中的整体分布状况,才将其独列一类,适当加以叙述。

第十三节 诗文集类

诗文集类,在《总目》中隶属四部之"集部"[①],主要收录诗文之类的文献。这类文献涵括的陶瓷史料颇为丰富。从目前发现的史料来看,汉代邹阳《酒赋》

[①] 需要说明的是,《总目》"集部"下共设楚辞、别集、总集、诗文评、词曲五类,并无"诗文集"这样的类目名称。这里所言的"诗文集",是指专门收录诗文之类的文献,涵括了别集、总集、词曲三类。但就涵括陶瓷史料的诗文集而言,基本以别集类文献为主,总集和词曲类文献只是偶尔有之。

最早录载了吟咏陶瓷的诗句："醴醴既成，绿瓷既启。"唐宋两代，涵括陶瓷史料的诗文渐多，还出现了专论陶瓷的诗文，如陆龟蒙的《秘色越器》、徐夤的《贡余秘色茶盏》、杜甫的《又于韦处乞大邑瓷碗》等。到了明清两代，这类文献编撰数量剧增，其中涵括的陶瓷史料也更为繁多。但就乾嘉时期而言，这类文献中涵括陶瓷史料者的数量就相当可观。今举其要者，列表如下。

表2-11　乾嘉时期"诗文集类"重要陶瓷文献一览表

文献名称	编撰者	涵括陶瓷史料概要
随园诗草	（清）边连宝	收录了《闲居杂咏四绝句》，其中第三首绝句中有"郎窑茗碗薄于纱"之句
西阿先生诗草	（清）谷际岐	收录了《长生瓦砚歌和余永斋作二十韵》
雪村编年诗剩	（清）戴瀚	收录了《宜兴水滴》
翁比部诗钞	（清）翁树培	收录了《五代闽城砖歌》
濮川诗钞	（清）沈尧咨、陈光裕	收录了《古书砖》《古瓦瓶》
归愚诗钞	（清）沈德潜	收录了《宋磁注水匜歌为顾秀野太史赋》
棕亭诗钞	（清）金兆燕	收录了《景德镇》，描述了景德镇制瓷情形，比较了古今制瓷风尚的差异
五百四峰堂诗钞	（清）黎简	收录了《谢云隐所摹汉瓦头圆砚歌》《赵明府渭川以汉瓦当一枚及朱拓瓦当文三十款装十轴，益以钱氏题识二轴见寄为作歌》
即园诗钞	（清）李于阳	收录了《铜雀砚歌为邓君售之作》
复初斋集外诗	（清）翁方纲	收录了《〈瓶笙诗〉意犹未尽，更赋此篇示冯生，倒用前韵》《维丰草堂歌为钱既勤赋》等，其中提及了瓦鼓、古瓦等
朴学斋诗稿	（清）林佶	收录了《大司成汪公东川赋甘泉宫瓦诗为赠赋答》
陆堂诗集	（清）陆奎勋	收录了《慈仁寺登昆庐阁观变窑大士像，访东廊古松，仅存一本，生意亦尽，怅然而作》《喷壶》等
笥河诗集	（清）朱筠	收录了《碧色窑酒卮》
潜研堂诗集	（清）钱大昕	收录了《题侯官林氏所藏汉甘泉瓦拓本》
潜研堂诗续集	（清）钱大昕	收录了《题王定山所藏秦汉瓦当拓本》
红椆书屋诗集	（清）孙继涵	收录了《罗两峰携瓦瓶一，以注砚，类康壶无鼻状，敦牟少盖，高三寸，腹径四寸，口足敛约半，小饮微醉，戏以联句》

续表

文献名称	编撰者	涵括陶瓷史料概要
勉行堂诗集	（清）程晋芳	收录了《太白尊》《诸葛甑》
抱冲斋诗集	（清）斌良	收录了《蒙阴道中邮店间瓦盆植小桃，妍媚可爱，率题一绝》《隋兴隆寺瓦当砚》《姑苏道中》
师荔扉先生诗集	（清）师范	收录了《万铁峰中翰以饶窑瓶盏见遗，赋此谢之》《磁盂一形正方，径二尺有奇，深甫及三寸，蓄小鱼四头，游泳自如，浮沉任意，感而赋之》
御制诗集	（清）清高宗	收录了《咏哥窑葵花碗》《咏官窑纸锤瓶》《咏定窑花浇》《题宋澄泥虎符砚》等两百余首吟咏陶瓷器物的诗歌
御制文集	（清）清高宗	收录了《未央宫瓦砚铭》《铜雀台瓦砚铭》《澄泥虎符砚铭》《唐澄泥六螭砚铭》《宋澄泥伏虎砚铭》等文章
道古堂文集	（清）杭世骏	收录了《张芑堂金石契序》，其中提及了一些砖瓦铭文
缉斋文集	（清）蔡新	收录了《答方望溪先生议禁南洋商贩书》，其中论及了当时内陆与南洋的贸易往来，阐明了两者贸易互惠的重要性，所述贸易货物中就包括瓷器
七录斋文钞	（清）阮葵生	文中对"瓦甒""太尊"等器物形制作了考证说明
五研斋文钞	（清）沈赤然	收录了《铜雀瓦砚记》
半毡斋题跋	（清）江藩	收录了义士左军砖、许浦都统司砖、长乐未央瓦，对其尺寸、文字、收藏情况等作了考证说明
爱吾庐题跋	（清）吕世宜	收录了八风寿存当瓦、有万熹瓦、千秋万岁瓦、甘林瓦、沈松生龙文砖、沈松生汉砖等，对其尺寸、文字、收藏情况等作了考证说明
灵芬馆杂著	（清）郭麐	收录了《碎瓶记》，记述了青釉瓷瓶的尺寸、造型、釉色及破碎过程，表达了作者的爱物惜物之情
御选明臣奏议	（清）蔡新	收录了唐龙的《停差烧造太监疏》、李颐的《条陈御倭事宜疏》、王锡爵的《请减免织造钱粮疏》等与陶瓷有关的奏疏

续表

文献名称	编撰者	涵括陶瓷史料概要
全唐文	(清)董诰	收录了唐李辅的《魏州开元寺琉璃戒坛碑》、吴融的《古瓦砚赋》等
白华前稿	(清)吴省钦	收录了《韩瓶行》《观景德镇所造内窑瓷器》等
乐善堂全集	(清)清高宗	收录了《冬夜煎茶》《斗蟋蟀》,其中提及了"定州花瓷"
陶人心语及其续选	(清)唐英	收录了清初督陶官唐英所撰的诗文,这些诗文对于研究清初景德镇陶瓷制作技艺、生产分工、经济贸易、民风习俗等,具有重要的参考价值
陶文毅公全集	(清)陶澍	收录了《筹议稽查粮船夹带私盐折子》,其中言及了南方瓷器运到天津易盐的事情
柘坡居士集	(清)万光泰	收录了《和坤一咸和四年砖歌》
离垢集	(清)华岩	收录了《咏磁盆冬兰十六句》
瓠息斋集	(清)凌树屏	收录了《昆仑山人王叔承冢中磁碗歌》
鄱阳五家集	(清)史简	收录了《偶洁瓷鼎煮芽茶,可玉弟以〈云松吟稿〉至,且啜且哦,就成小绝,并以卷锦》
瓯北集	(清)赵翼	文中对"瓯"的名称形制作了考证说明,收录了《侯官林侗所藏甘泉瓦、王阮亭、朱竹垞、查初白皆有诗。翁覃溪学士视学粤东,侗子某复携来乞诗,覃溪既为作歌,又摹入素册,书前人诗于左,方而嘱余续貂于后,爰题长句就正》
冬青馆集	(清)张鉴	收录了《时大彬酒斗歌为刘丈琨作》《后奉华堂砚歌》
鉴止水斋集	(清)许宗彦	收录了《水仙花》,其中提及了秘色瓷

从表2-11"涵括陶瓷史料概要"中可以看出,诗文集类文献中的陶瓷史料主要包括以下四个方面的内容。

1. 收录了与陶瓷相关的诗歌资料

这类资料或仅有寥寥数字,对陶瓷只是略作提及,整体价值不高,但偶尔也会出现一些可参引的诗句。如《随园诗草》卷三收录的《闲居杂咏四绝句》之第三首绝句中有"郎窑茗碗薄于纱"之句,就反映了清代康熙时期郎窑茶碗的制作特点和工艺成就;或通篇论及陶瓷的,其中常有值得参考的重要史料。

如《白华前稿》卷二六收录的《观景德镇所造内窑瓷器》，就概述了清初景德镇陶瓷生产贸易的繁盛景象，尤其总结了景德镇在仿造古代名窑方面的工艺成就。其文云：

  鄱湖鬼吐青红烟，火龙十里无停鞭。百虫将军告薪尽，多钱巨贾徕鸣舷。街衢洞达万家聚，人不得顾车难还。人间伎巧系天象，兹直荧惑星文悬。居民烧瓷谢庞杂，瓷其禾菽窑其田。龙鸾花果斗新样，内窑入手尤精专。丛祠遍迎春秋社，桑主群题风火仙。维国六职工居一，埏埴制仅同杯棬。越窑夺翠昉唐代，烧进遂著婆留钱。十三州割据犹尔，矧乃赵宋金瓯全。官哥汝均定继起，到今应换车渠千。有明作者论时会，景陵茂陵归我妍。斗鸡缸教白波卷，斗蟀盆候金风旋。侯家庙市间有此，莱阳粉盏吟争传。方今圣德迈三五，岂数衣皂焚袭贤？汝侳稽首匠心巧，聊以官守申卷卷。白芨断纹妙钩锁，青天缺云映蝉媛。就中慎选当方物，包匦藉用兜罗绵。其余入肆尚高价，合贮广夏铺细旃。我稽五行演畴范，生于其地良弗迁。瑶流祗挹浮梁水，青料还购金华巅。祁门采石捣泥细，淳邨披沙结胎坚。伐毛洗髓理太酷，如人去滓来虚元。入窑而还善千变，火候那许毫厘偏。又如学士造道法，急火慢火心头然。遂令法物照青眼，赤手扶出琳枝鲜。盛朝醲化浃区宇，日月窟宠归陶甄。异物不贵贵用物，苦蘖间作非勤宣。《礼》云考工易尚象，将偕匏器郊格天。如珍商瑚宝轩鼎，金石贞吉随摩编。

而《棕亭诗钞》卷四收录的《景德镇》，也以诗歌的形式记述了清初景德镇陶瓷生产贸易的繁盛景象。其文云：

  中夜不能寐，厉响闻机舂。岂惟顽石碎，我心为撞捲。（沿岸水碓，舂石为瓷，声震人心。）舣舟见朝霞，烂若金芙蓉。黑烟忽蔽之，密障何重重。陶器古所尚，旗人有专攻。甄坯既有戒，苦蘖不何供。奈何后之人，淫巧遂接踵。汝青复定白，抟埴无春冬。内窑侈邵局，秘色珍柴宗。刑政苟不修，一器安所庸？试看老瓦盆，亦可饷村农。

如此之类的诗歌颇多，史料价值亦颇高。另值一提的是，据统计，清高宗弘历曾为陶瓷作诗两百余首，如《咏哥窑葵花碗》《咏官窑纸锤瓶》《咏定窑花浇》《咏宋龙泉无当尊》《题宋澄泥虎符砚》等，其内容虽有考证不当、记述失实之处，但却反映了当时宫廷对古代名窑名瓷的收藏情况、珍视程度以及乾隆皇帝的审美意趣等，是研究古代陶瓷，尤其是研究清初陶瓷生产和使用情况的重要参考资料。

2. 收录了与陶瓷生产相关的奏疏

奏疏往往代表了当时官员对某些事件或问题的看法、态度和建议，具有较

第二章　清代陶瓷文献的编撰状况及分类体系的建构——以乾嘉时期为例 | 53

强的现实针对性，其内容真实可靠，史料价值较高，是历史研究者经常查阅的重要文献。从表2-11中可知，乾嘉时期有关陶瓷的奏疏不多，只有寥寥数种。如《御选明臣奏议》中收录了明代正德十四年（1519年）唐龙撰写的《停差烧造太监疏》、万历二十年（1592年）李颐撰写的《条陈御倭事宜疏》、万历二十一年（1593年）王锡爵撰写的《请减免织造钱粮疏》等，其内容均涉及了江西景德镇的瓷器烧造情况。以唐龙撰写的《停差烧造太监疏》为例，疏中详细陈述了明代太监监陶之弊。其文云：

> 臣惟镇守太监一到地方，凡百供应役使与夫无名之征，岁该银几万两；奏带参随供奉，又该银几万两；至于烧造太监应办物料与供应役使之人，岁该银二万七千余两，通总计银十万余两，皆取于民。西江地方，被宸濠所虐，诛求殆尽。且连被灾旱，田无担石之收，室无升斗之积。官兵四集，民穷财尽，殆未有如今日者。设补镇守烧造太监，则前项银两何所出办？再念江西人稠俗黠，人稠则易集而难散，俗黠则易动而难安。况盗贼无种，起于饥寒；祸福无门，生于穷迫。即今鄱阳湖贼船数百，往来劫杀，各府州县非告白昼杀人，则诉黑夜劫夺，盗贼无处无之。兼之桃源、东乡、赣州、南安怀疑之辈，反侧未安，臣朝夕致虑。为今之计，惟有镇之以安静和平，庶几无虞。若地方稍加骚扰，则其变立起矣。前议查革，不蒙俞允。未几，镇守烧造太监相继差出，百姓闻之，相顾失色，且惧且泣，曰："人殃乃至乎！"顷蒙圣明，将邱得拿问，尹辅取回。百姓闻，皆私庆曰："人殃幸不来乎！"自兹良善乐业矣，官府不添科派矣，狱讼贼盗日可消矣！夫前项太监，初本为地方而设，今闻其来，忧愁惧泣，则若遇蛇蝎；闻其不来，则欢欣鼓舞，若脱水火。是诚何赖焉！且江西前此之民，止遇兵戈旱暵与宸濠之毒而已。加以淫雨无时，洪水迭至，禾稼湮溺，室庐倾圮，民之困苦比前尤甚。伏望查照天顺年间停差事例，将江西镇守太监崔和取回别用，一应地方事宜，俱责成巡抚三司等官综理，将烧造太监永久查革。磁器行令饶州府督造，起解供用。臣又惟今之太监，即古之阉、寺也。《周礼》阉人、寺人掌王宫门扫除之役，一切政事皆不预焉。太祖初定天下，百僚庶职无所不备，而独不立镇守太监，盖仿周为治也。其措意诚远，立法诚至。永乐间，始于紧关处暂设镇守，是时江西尚无。嗣后，乃不以原立者为成法，而以暂设者为旧规，甚至数人而营一缺，一年而更数人，以致横政肆出，纲纪荡然，民财蠹耗，海内多事。孝庙末年，深知其害，力与刘大夏商议罢之，后复中止，至今天下以为憾。夫求治者，必先去其妨治之源；爱民者，必先除其害民之本。镇守太监，诚今日妨治、害民之大者也。伏望断自宸衷，将各处镇守一并查革，以复太祖之规，以成孝宗之志，则天下之祸乱于是乎

塞，苍生荼毒于是乎除矣。

可是，当时的武宗皇帝并没有采纳唐龙的建议，仍于次年十二月己酉，"命太监尹辅往饶州烧造磁器"①，继续太监监陶、"为害一方"的历史，这一直到嘉靖九年（1530年），才有所改变。②

3. 收录了与陶瓷贸易相关的经济史料

这种经济史料在古代文献中较少，而从表2-11中可知，乾嘉时期诗文集类文献中有关陶瓷贸易的经济史料更少，只有蔡新的《答方望溪先生议禁南洋商贩书》、陶澍的《筹议稽查粮船夹带私盐折子》等数篇文献。以蔡新的《答方望溪先生议禁南洋商贩书》为例，该文收录于蔡新的《缉斋文集》卷四中，记述了当时中国与南洋的通商贸易往来情况，其中就论及了中国陶瓷的外销情况，指出了"禁商南洋"会给当时的中国带来多大的弊害，还提供了解决当时所遇问题的建议。其文略云：

南洋一禁，则沿海省郡，其害有不可胜言者。查闽、粤洋船不下百十艘，每船大者造作近万金，小者亦四五千两，一旦禁止，则此百十艘者，置之无用，已弃民间五六十万之业矣。开洋市镇，如厦门、广州等处，所积货物不下数百万，一旦禁止，则此数百万者，内地不能行消，势必亏折耗蚀，已弃民间数百万之积矣。洋船往来，无业贫民仰食于此者不下千百家，一旦禁止，则此千百家者，以商无赀，以农无产，势将流离失所，是又弃民间千百生灵之食矣。此其病在目前者也。数年之后，其害更甚。闽、广两省，所用皆番钱，民自幼至老，有不见纹色等银者。自正供、杂税以及关、盐等课，俱用番钱。输纳补足银水，一经炉匠之手，遂成足色。统计两省洋银，岁入内地约近千万。今天下各省，不闻有产金银以资民用者，而东南之银岁输西北者且数百万，其西北之流通东南者岁不过数十万耳。如此，而东南财力未至大匮者，恃南洋岁入之数也。若一概禁绝，则每岁既少千万之入，而输于西北者如故也。不独闽、广之民病也，磁器取诸江右，丝绸出自苏杭，办洋物者，所在多有。目前

---

① 据《明武宗实录》卷一九四记载："正德十五年十二月己酉，命太监尹辅往饶州烧造磁器。工部议覆：江西地方屡遭焚劫，复有宸濠之难，所在官民十处九空，优免赈济尚未苏息。若再差官烧造，廪给、柴薪、物料、工食所费不赀，诚恐激成他变。乞照弘治九年例，暂免差官，令镇巡三司等官查原欠之数，如式烧造，以次进用，庶官民两便，供应不误。上曰：'业已遣之矣。'"当时，景德镇归饶州府浮梁县管辖。这里所言的"饶州"，即指其管辖内的专供御器烧造的景德镇。

② 据万历《江西省大志·陶书》记载："陶监有官，先是中官（即太监）一员监督，嘉靖九年裁革，以饶州府佐贰官（即饶州府的副职官员）一员管督。"

之病，闽、广为甚，而渐移于江左右、浙东西。以上及于国计，商贾之困，民生之瘰，实重可忧也。……况欲概绝其往来之路，则烟茶、糖果、磁器、丝绸等物，积之内地不加多，而朱提、白镪，需之外洋者已绝少，诚恐数年之后，彼番之贫弱不可知，而内地之干枯则已甚矣。若夫东洋等国所产者，铜耳。又其性习悍狡诈，商贩不能多得利。往年，南洋既禁，商民之航东洋者，每于中途私往南洋。其间，水道之迂回，风涛之不测，每多覆溺。而入港之时，有私带南洋货物者，一被纠获，遂罹重罪。内地生计艰难，小民逐利若鹜，虽决性命，以为之不惜也。今若再禁，其势尽又复然。愚以为未须遽行议禁，且令沿海文武静加查察，今岁贩吧者自少。其有一二船愿往者，听其自便，明年回棹时，再加询问。果其悔悟，前非加意周旋，则是彼原不敢与汉商为难，而所杀戮者皆彼地之汉种。自外圣化者也，圣朝又何责焉？或果有轻扰汉商之事，则但禁吧贩，绝不与通。其余南洋诸国，如水师提臣所奏，啫呋、吗宋、蜡膀、柔佛、六昆等处，今年贸易者获利颇厚，似应听从民便，实于国计民生均有裨益矣。

可见，这类文献虽然论及陶瓷的文字不多，但是在整体编撰数量稀少的情况下，显得颇为珍贵，其内容是研究古代陶瓷经济贸易的重要史料。可惜的是，这类文献尚未引起人们的关注和重视，就拿蔡新撰写的这则史料来说，就很少有人知道，更谈不上参引使用。当然，这也与这类文献的挖掘、整理和利用的程度不够有关。

4. 收录了与"金石类"文献内容相近的砖瓦考证资料

由表2-11可知，乾嘉时期有关这样的文献颇多，有诗有文。诗类文献有翁树培的《五代闽城砖歌》，钱大昕的《题侯官林氏所藏汉甘泉瓦拓本》《题王定山所藏秦汉瓦当拓本》，万光泰的《和坤一咸和四年砖歌》等；文类文献有江藩的《半毡斋题跋》、吕世宜的《爱吾庐题跋》等。这些文献所表述的内容，与"金石类"文献大体相同，主要是对秦汉以来的砖瓦形制、尺寸、文字、图案、收藏情况等进行描述，并对砖瓦上的文字作了较为详细的考证说明，对于认识和研究古代砖瓦的制作尺寸、技艺水平以及生产的大致规模、功能用途等，具有一定的参考价值。

在乾嘉时期整个诗文集类文献中，最具代表性的成果当属《陶人心语》及其《续选》。它是由清初著名督陶官唐英于乾隆年间陆续编撰而成的诗文集，其中收录的诗文，大多与景德镇陶瓷生产密切相关。正缘于此，该集不仅是研究唐英生平及其督陶成就的重要史料，还是研究清初景德镇陶瓷制作技艺、生产分工、经济贸易、民风习俗、陶工生活等方面的重要史料。后面将设专节予以论述，在此不再赘言。

综上所述，笔者在参考传统四部分类法，主要是《总目》分类方法的基础上，结合当前科学的分类方法，根据陶瓷文献的实际存在状况，将乾嘉时期的陶瓷文献划分成了十三类，即六经类、小学类、历史类、地理类、政书类、目录类、金石类、艺术类、谱录类、杂家类、类书类、小说类、诗文集类。由于乾嘉时期是我国古代陶瓷文献编撰数量最多、涉及范围最广、类型最为丰富的时期，这十三类的划分，基本反映了我国清代乃至整个古代陶瓷文献的大致分布状况。从各类收录的情况来看，陶瓷文献在各类中的分布是不均衡的，以地理类和诗文集类最多；而谱录类由于收录了较多的陶瓷专论文献和陶瓷专著，其重要性异常突出，其价值和地位也最为凸显。从史料内容的录载来看，各类文献中涵括的陶瓷史料大多比较零散，常常是一些只言片语，少则一二句，多则数十言，形成系统的陶瓷专论文献凤毛麟角。据统计，清代乾嘉时期的陶瓷专论文献总共不过10余种，在浩如烟海的古代典籍中，简直是"九牛一毛"，但在整个古代陶瓷文献相对稀少，尤其是陶瓷专论文献极度匮乏的情况下，显得弥足珍贵，它们在我国古代陶瓷文献编撰史上具有特殊重要的地位和作用。综观它们的正文内容，其史料价值极高，常被传抄引用，是陶瓷研究者置之案头、经常翻阅的必备参考文献，可与《辞海》《辞源》等工具书等同视之。后面几章将对清代重要的陶瓷专论文献，如《陶冶图说》《陶说》《南窑笔记》《阳羡名陶录》《景德镇陶录》《景德镇陶歌》《匋雅》等，进行展开论述，系统探讨其编撰者、编撰特点、内容价值、版本流传等，以使人们更加清楚地认识到古代陶瓷文献史料的价值和重要性，并为人们更好地借鉴、参考和利用这些文献史料提供指导和帮助。

第三章　唐英与陶瓷文献编撰

第一节　唐英其人其学

唐英（1682—1756），字俊公（又作隽公），一字叔子，自号陶人，又号蜗寄老人，关东沈阳人，任内务府员外郎、淮安关监督、九江关监督、粤海关监督等职。关于其家世谱系，据乾隆九年（1744年）成书的《八旗满洲氏族通谱》卷七八记载："唐应祖，正白旗包衣旗鼓人，世住沈阳地方，来归年份无考。其曾孙唐英，现任员外郎兼佐领"。由此可知，唐英的曾祖父唐应祖，在清太祖努尔哈赤攻进沈阳地方后，成为了正白旗包衣旗鼓人①，并世住于此。到了顺治时期，"其祖从龙入关"，迁居北京，而唐英不忘祖籍，常常自称"沈阳唐英"。另据乾隆五年（1740年）唐英友人沙上鹤为其所作的《沈阳唐叔子蜗寄先生传》记载："［唐英］父讳为国，隐德弗售，以先生官赠通议大夫。先生为其叔子（第三子），生六岁而孤。……太淑人董，急欲其建功王家，不令卒举子业。"②由此可知，唐英的父亲唐为国，性情内敛，唐英六岁时（即康熙二十六年，1687年）就去世了。唐英的母亲董氏，急切盼望唐英能在皇家建功立业，就没让他走成名较慢的科举取业之路。唐英祖上一直被宫廷视为关东旧人，"隶籍内务府"③，直到唐英时仍是如此。

概括而言，唐英一生最大的成就是督陶制瓷。本书就围绕着唐英督陶制瓷的过程，将其生平事迹分为四个阶段进行叙述。

第一个阶段是从康熙二十一年（1682年）到康熙三十五年（1696年），即唐英十六岁以前，这是他入职内务府前的读书习字阶段。唐英生于康熙二十一年农历

---

① 包衣旗鼓人，又称包衣汉人或包衣汉军，是清代包衣旗下组织的所属成员。唐英家族属于汉姓包衣旗鼓人，其身份地位介乎满、汉之间，整体待遇要优于汉军旗人，略低于满洲八旗人。而隶属于清宫内务府的包衣旗鼓人，常因"从龙"的特殊身份，备受恩宠。
② 张发颖编. 唐英全集. 北京：学苑出版社，2008：1289.
③ 据唐英《陶务叙略碑记》记载："［唐］英，关东之沈阳人也。世受国恩，从龙日下，隶籍内务府。"本书采用雍正《江西通志》卷一三五所收录的唐英《陶务叙略碑记》，所依版本是《文渊阁四库全书》电子版，以下同用。

五月初五日①，六岁时父亲去世，家庭生计渐趋窘迫。七岁时入乡塾，"资性不敏，阅岁仅能识之无。迨十龄以后，问学之功虽浅，颇有观书作字之癖。书不甚解，开卷无昏昼。字无所师，执笔忘倦餍"。后因穷困辍学，但性好读书习字，所观之书"经籍庄雅居其半，而稗野僻诞居其半"，所作之字"手摩心画，率意疾书，非仅不能窃形似于今人，而响拓硬黄，并未根柢于古法"。②可见，此时唐英已不像正途举业士子那样诵读四书五经、制训诰文之类的图书，而是阅览自己感兴趣之书，这为他后来事业上取得骄人成绩打下了良好的知识基础。

第二个阶段是从康熙三十六年（1697年）到雍正六年（1728年）七月，这是唐英在宫廷任职的阶段。康熙三十六年，唐英十六岁，开始入内廷供役，供奉养心殿。据唐英《书法指南序》记载："[唐英]年十六，入直内廷服事。"《陶务叙略碑记》亦有类似记载："幼即供役于养心殿，二十余载。"到了雍正元年，唐英被擢升为内务府员外郎，在内务府造办处从事画样、稽查活计房各作当差人员、招募各作技匠艺人、参与配制珐琅彩料等事务。据《雍正元年记事档》："二月十三日，怡亲王交定磁小瓶一件，嘉窑小扁磁盒一件，白玉小水注一件，官窑花瓶一件，竹节式磁壶一件，定磁炉一件，白玉菱花式支壶一件。王谕：俱交唐英照样画样。……十四日，怡亲王交假官窑磁瓶一件，玉壶一件，汉玉水丞一件。王谕：交唐英画样。"同年"十一月二十六日，六品官阿蓝泰来说，为慈宁宫画画人等懒滑随事，启怡亲王。奉王谕：着沈崳照唐英例，每日稽查伊等。如有不来者，即行启我知道"。又据《雍正六年记事档》："正月初九日，将应召募匠艺十三名写得启折一件。郎中海望、员外郎沈崳、唐英启称，今拟定伊等每月所食钱粮银一两，再月米折银一两，每月每人共给银二两，用造办处银两发给等语，启怡亲王。奉王谕：准行。""正月十二日，郎中海望启称，为造办处成造活计行取钱粮等事，关系甚重。奴才若往圆明园去时，京内惟有沈崳一人画押办事，祈再派官一员帮着沈崳画押等语，启怡亲王。奉王谕：着员外郎唐英画押办事。"这一直持续到雍正六年七月。期间，唐英不仅刻苦好学，利用余暇阅读了大量图书，观览了宫廷秘藏的许多书画及各种工艺精品，还结识了当时见识广博的贤士大夫，与他们相处共事，探讨问题，既增进了学识，又开阔了眼界。③这些经历为唐英到景德镇御窑厂后督陶成就的取得做好了准备。

---

① 关于唐英的生辰年月，其诗文中有明确记载，本书后面也有证述。
② 张发颖编．唐英全集．北京：学苑出版社，2008：346-347．
③ 据沙上鹤《沈阳唐叔子蜗寄先生传》记载："内廷故多贤士大夫，见先生之少而好学，皆折节下交，因而笔墨诗文遂日以进，而声誉亦日以起。"

第三个阶段是从雍正六年八月到乾隆元年（1736年），这是唐英到景德镇御窑厂协理陶务的阶段。此时，总理御窑厂的督陶官是管理淮安板闸关务的年希尧，故而后人将这段时间的景德镇御窑厂称为"年窑"①。但是，唐英自雍正六年八月接旨受命、十月到达景德镇御窑厂后，名义上是"协理陶务"，实际上"一切烧造事宜，系由他一人经营"。唐英在"年窑"成就取得的过程中功劳最大，可以说是唐英造就了"年窑"的声名和美誉。但是，唐英初到景德镇时，对制瓷工艺茫然不知，正如他在《瓷务事宜示谕稿序》中言："陶固细事，但为有生所未经见，而物料火候与五行丹汞同其功。兼之摹古酌今，侈拿崇庳之式，茫然不晓，日唯诺于工匠之意旨。惴惴焉，惟辱命误公之是惧。"为了不辱使命，很好地完成御器烧造任务，唐英便下定决心学会这门土火交融的制瓷艺术，于是"用杜门，谢交游，聚精会神，苦心竭力，与工匠同其食息者三年。抵九年辛亥，于物料火候生克变化之理，虽不敢谓全知，颇有得于抽添变通之道。向之唯诺于工匠意旨者，今可出其意旨以唯诺夫工匠矣！因于泥土、釉料、坯胎、窑火诸务，研究探讨往往得心应手。至于赏勤儆怠，矜老恤孤，与夫医药棺椁、拯灾济患之事，则又仰体皇仁寓赈贷于造作中之至意，此微末小臣尽力宣劳之职也。更历五寒暑，器不苦窳，人不惮劳。迄雍正十三年，计费帑金数万两，制进圆、琢等器不下三四十万件。"②可见，唐英的努力付出，不仅使他从完全不懂陶艺的门外汉变成了精于此道的内行家，而且使他在协理陶务时取得了辉煌成就，这主要见于他在雍正十三年撰写的《陶务叙略碑记》。《陶务叙略碑记》包括《陶务叙略》和《陶成纪事碑记》两部分内容，是唐英对自己在景德镇御窑厂协理陶务八年的工作总结，也是研究雍正朝制瓷成就的重要文献。其中，《陶务叙略》评述了唐英自己协理陶务过程中的功过得失，强调了陶瓷"利于民生"的重要性，"且汙尊土簋，国家之俭德攸关，则陶器为世所必需，而制造亦为后所难免"；《陶成纪事碑记》则记述了御厂烧造的经费使用、工料物价、工役人数、大运瓷器品种及其数量、次色瓷器处理方法等信息，详列了当时御厂成功烧制的五十七种色釉，这是唐英于雍正朝协理陶务八年在仿古创新方面所取得的具体成果。唐英深知"陶固细事"，"得其道则事半功倍，失其道则公废人劳"，故而撰写此文，将其镌于石碑之上，立于御厂门前，一为宣扬帝王恩

---

① 清人蓝浦在《景德镇陶录》卷五《景德镇历代窑考》中对"年窑"的制瓷成就进行了概括总结："雍正年窑，厂器也，督理淮安板闸关年希尧管镇厂窑务，选料奉造，极其精雅。驻厂协理官（指唐英）每月于初二、十六两期解送色样至关，呈请岁领关帑。琢器多卵色，圆类莹素如银，皆兼青彩，或描锥、暗花、玲珑诸巧样，仿古创新实基于此。"
② 张发颖编. 唐英全集. 北京：学苑出版社，2008：99.

德，二使"后之继英董理者知所考稽审慎，共体我皇上恤民劝工之至意，庶无糜费扰众之弊"，"用述梗概，以自志感惕，并示后之君子，倘所谓耕问仆、织问婢者，其或不失此意乎"！

期间，唐英除履行协陶之责外，还肩负有"工匠疾苦宜恤，商户交易宜平"之责，故而他常常游走下层，走进百姓之中，关注民众生活，关心民生疾苦，这使他在文献编撰方面具有贴近民众、关心民生的思想。当然，唐英这种为百姓着想、为百姓谋利的积极努力，也得到了应有的回报。唐英协陶期间，受到了百姓的拥护和爱戴。如雍正十三年五月初五日端午节，这一天是唐英的生日，全镇商贾和匠户为感念唐英协陶期间的功德，立碑铭记，以传示人。其碑文曰："大人临镇以来，年年丰熟；大人采买物料，在在公平。疯癫孤客，得丹救而还乡；水陆行夫，免当差而逸乐。大人敬奉火神，而保众姓之清泰；虔供窑仙，而广磁玩之增华。且蒙窑价公发之外，添沾酒食；窑火老嫩之失，示谕解迷。是以我等感仁感谕，而愿公于三多之祝，非邀蓬岛诸奇之比套云耳。通厂工匠颂曰：大人体皇上之仁，教众工之善。每见匠有未悟者，授指致精而进其终身之益；勤能体谕者，额外奖赏而励其诸作之专。匠有疾病者，延医制药而急救；匠居窘窄者，买房赏住而安身。年迈匠人，另赐衣帛食肉；众餮余积，呼来童叟均分。兼惜匠之至亲，量才亦用；冬闻匠有债急，预叫领银。空囊而旅丧无依者，济以买棺买葬；将娶而未能团聚者，周其宜室宜家。于是共称我辈之佛爷，钦命南方之福寿主也。"①此外，唐英敏而好学，利用闲暇时间，阅览了大量典籍。正如他在《固哉草亭诗序》中言："迨后奉命督陶，陶署在深山中，无交游酬应之扰，官事外颇有余闲。凡圣贤经籍及历代诸史，旁及释老百家之言，始得极意搜览。蠹鱼之癖，历十年所。"②这也是他能在制瓷、书画、诗文、戏曲诸多事业上取得成就的重要原因之一。

到了乾隆元年，唐英因年希尧官职被罢免，奉旨前往淮安板闸关接管关务，暂停管理御窑厂事务。这是唐英驻景八年后的第一次离开，心中愁绪万千，对景德镇这块神奇的土地充满了不舍和依恋，临行时作了一首《留别珠山陶署》："自怜痴绝为多情，山署临歧百感生。半野半官栖八载，谁宾谁主寄孤隋。梁间燕垒分辛苦，槛外花枝负约盟。怪煞珠峰间鸟雀，依稀啼出别离声。西江八载赋皇华，淮海乘春又放槎。只为君恩天庶翻，直令臣役客忘客。古亭

---

① 江西省历史学会景德镇制瓷业历史调查组. 景德镇制瓷业历史调查资料选辑. 景德镇：内部印发，1963：4.
② 张发颖编. 唐英全集. 北京：学苑出版社，2008：101.

翠撷心裁句，珠阜香留手植花。风月有情管领在，宛其室矣不须嗟。"其中"客忘客"之句表明，唐英在心中已经淡忘自己只是景德镇的一名过客。①这一年，唐英还将协陶以来的瓷务事宜诸稿整理成秩，并作《瓷务事宜示谕稿序》，对自己八年的协陶事务作了一个总结。②

第四个阶段是从乾隆二年（1737年）到乾隆二十一年（乾隆十五年、乾隆十六年两年出任粤海关监督除外），这是唐英总理景德镇御窑厂的阶段。乾隆二年，唐英奉旨复办陶务，以淮安关税使监理陶务。由于淮安关离景德镇路途遥远，唐英鞭长莫及，虽为督陶官，但两年多来没能到过景德镇，根本无法像以前那样专心督陶，御厂事务只能遥领而已，这导致御器制作质量下降，数量减少。唐英因此受到了皇上的训责。据《乾隆三年十月记事档》："十月二十九日，太监毛团、胡世杰、高玉传旨：嗣后箸草瓶不必烧造均釉。再釉里红龙梅瓶，红龙颜色不好，往好里烧造。再渣斗不甚用，以后少烧造。……将唐英所进之磁器俱各送往圆明园，交园内总管安放在金鱼池。"并责问："今年送来磁器甚少，是何原故？著问送磁器人。"鉴于此，朝廷于乾隆四年将唐英改迁九江关监督，兼管陶务。九江离景德镇较近，只有三百余里，每年可春、秋二季巡视景德镇御窑厂，每次还可停留半月，这使御窑厂瓷器制作开始恢复。尤其是乾隆六年十二月朝廷任命催总老格协理陶务以后，御窑厂生产呈现出一派繁荣景象，烧造数量和质量较以往都有所提高，这可从唐英所作诗文中反映出来。如乾隆六年十二月二十日所作的《瓷鹿告成，喜成四绝句》："珍重宜春苑，铜牌已勒名。嘉宾诗载咏，头角出陶成。""头角出陶成，春游琼岛东。绣衣随玉辇，鸣已兆秋风。""鸣已兆秋风，青山久养茸。嶻然头角异，尧圃豢斑龙。""尧圃豢斑龙，时雍率舞逢。白云泉外侣，应自羡陶镕。"又如乾隆七年十一月给皇帝的奏折中言："奴才荷蒙皇上天恩，管理九江关税，仍兼窑厂烧造事宜。今于九月二十日将关务暂交九江府知府施廷翰查管。奴才亲身赴厂，查核一年造作，以便循例，于十月初一日停工。在厂一月有余，查核事竣，于十月二十五日回关。二十七日，行至中途，遇奴才家人，钦捧到御制诗一首，随于奴才家信中传奉谕旨：将此诗交与唐英，烧造在轿瓶上用。其字并宝，尔酌量收小，其安诗地方并花样亦酌量烧造。钦此。奴才跪接之下，于二十九日即复回到窑厂，时各作匠人只留得一二十名在厂，收拾未完之坯胎，重复传唤众多好手，奴才率领催总老格敬

---

① 唐英还作有一首《仲春珠山陶署即事》，其诗第一句就是"久客浑忘客，浮家且当家"。这表明在唐英心中，景德镇已被他视为自己的"第二家乡"。
② 唐英在《瓷务事宜示谕稿序》中明确言道："兹于今上龙飞之乾隆元年，承命权淮陶务告竣，爰将历年来事宜示谕诸稿，除散佚外，检其存者，汇缮成秩，以志九载办理之梗概"

谨监看。仰赖皇上洪福，天气晴暖，人情踊跃，坯胎、窑火、设色、书画，种种顺遂。轿瓶之样不一，奴才遵将睿藻敬安瓶上。字分四体，与瓶式配合，以避雷同。谨先成陆对进呈御览，伏冀皇上教导改正。"皇帝批复赞曰"所办甚好"！当然，唐英也有因故受到责问和处罚的时候。如乾隆十三年，他就因未能烧出窑变观音像而被斥责"工作不至诚"，因未能烧出新式样瓷而受到责问，并遭到呈进瓷器银两不准报销、只能自己赔补的处罚；乾隆十五年，因乾隆十四年所进瓷器内缺釉、毛边、足破甚多，也遭到呈进瓷器银两不准报销、只能自己赔补的处罚。

乾隆十五年、乾隆十六年两年，唐英被调至粤海关，乾隆十七年又被调回九江关，再次执掌陶务，并于该年三月二十五日抵达景德镇。暂别两年，唐英再次回到景德镇，心中感慨良多，并作《重临镇厂感赋志事》以记之。其诗序云："余于己巳［乾隆十四年］冬奉命由浔榷量移粤海，逾二载，岁壬申［乾隆十六年］复调回浔，于［乾隆十七年］三月初三日莅任九江，即于月之廿五日由陆路巡视窑工。抵镇日，渡昌江，阖镇士民工贾群迓于两岸，靡不咨嗟指点。叹余之龙钟老态者，且欢腾鼓舞，颇有故旧远归之意。余不禁怃然，口占里言，聊志情事。"其诗云："重来古镇匪夷想，粤海浑如觉梦乡。山面水心无改换，人情物态有存亡。依然商贾千方集，仍见陶烟五色长。童叟道旁争识认，须眉虽老未颓唐。"①这次督陶一直持续到唐英生命的终点。乾隆二十一年（1756年）七月二十九日，唐英因染患痰火病症，医治无效，在家中病故，享年75岁。②

从唐英的主要生平事迹中可以看出，唐英一生的辉煌成就与景德镇御窑厂瓷器的制作密不可分：唐英的勤奋努力造就了他督陶时期景德镇御窑厂瓷器制作的辉煌，而景德镇御窑厂的制瓷条件也促成了唐英个人成就的辉煌，人们将

---

① 张发颖编. 唐英全集. 北京：学苑出版社，2008：64.
② 据乾隆二十一年八月初二日江西巡抚胡宝瑔奏折："臣接准翰林院编修寅保呈称，职父唐英荷蒙皇上天恩，简畀九江关监督，历任多年，复命寅保随任帮助。不料职父于本年五月中染患痰火病症，两月医药罔效，今于七月二十九日在署病故。"

他督陶时期的景德镇御窑厂称为"唐窑"①，永铭于世。这是对唐英成就的最大肯定，也是对唐英个人的最高褒奖。

唐英督陶达二十七年之久，不仅在制瓷方面取得了骄人成绩，而且在文献编撰方面也留下了丰硕成果。具体而言，可将其编撰成果分为五类。

1. 制瓷专论

这主要包括《陶冶图说》《陶务叙略碑记》《瓷务事宜示谕稿》及各种督陶奏折等。这些制瓷专论文献是中国古代极其珍贵的陶瓷史料，对于了解和认识清初景德镇制瓷业的生产历史及其成就，尤其是对于研究清初景德镇御窑厂的制瓷工艺及其成就，具有极高的参考价值。

2. 自撰诗文

唐英所撰诗文主要收录于《陶人心语》及其《续选》中。其内容大多朴实无华，恬淡自然，与他督陶制瓷的经历密切相关，包括记述陶事、颂扬陶人、怜爱百姓、寄情山水、思乡念亲、叙史言志等。此外，唐英在他自制的瓷器上也常题写自撰的诗文。如他自制的粉彩山水诗文方形笔筒（图3-1）筒壁两侧上的诗文："天际晴云舒复卷，庭中风絮去还来。人生自在常如此，何事能妨笑口开。""懒视门前长者车，有山堪采水堪渔。是非不入东风耳，花落花开只读

---

① 清人蓝浦在《景德镇陶录》卷五《景德镇历代窑考》中对"唐窑"的制瓷成就进行了概括总结："乾隆年唐窑，厂器也，内务府员外郎唐英督造者。唐公以雍正戊申（即雍正六年，公元1728年）来驻厂协理，佐年著美。迄乾隆初榷准，八年移理九江钞关，皆仍管陶务。公深谙土脉火性，慎选诸料，所造俱精莹纯全。又仿肖古名窑诸器无不媲美，仿各种名釉无不巧合，萃工呈能，无不盛备。又新制洋紫、法青、抹银、彩水墨、洋乌金、法琅画法、洋彩乌金、黑地白花、黑地描金、天蓝、窑变等釉色器皿。土则白壤而填，体则厚薄惟腻，厂窑至此，集大成矣！既复奉旨恭编《陶冶图》二十页，次第作《图说》进呈。临川李巨来先生序公集云：独觐酌华实间，有得于心。而龙缸、均窑，追绝业，复古制；翡翠、玫瑰，更出新奇。是公之陶即公之心为之也。"而成书稍早的梁同书《古铜瓷器考·古窑器考》中亦对唐英的督陶成就作了详细描述："乾隆八年，内务府员外郎管理九江关务唐公名英，遵旨由内廷交出《陶冶图》二十张，次第编明，为作《图说》进呈御览。谨奉制造，所烧益精。……其规范，则定、汝、官、哥、宣、成、嘉靖、佛郎之好样，萃于一窑；其彩色，则霁红、矾红、霁青、粉青、冬青、紫、绿、金、银、漆黑、杂彩，随宜而施；其器则规之、万之、廉之、挫之，或崇或卑，或侈或弇，或素或彩，或堆或锥，又有瓜瓠、花果象生之作；其画染，则山水人物、花鸟写意之笔，青绿渲染之制，四时远近之景，规模名家，各有元本。于是乎戗金、镂银、琢石、髤漆、螺甸、竹木、匏蠡诸作，无不以陶为之，仿效而肖。则兹陶之一事，谓之洩造化之秘也可，谓之佐文明之瑞也可。有陶以来，未有今日之美备。"与此同时期成书的朱琰《陶说》卷一《说今·饶州窑》中也有类似的记载，只是两书尚未提出"唐窑"一词。

图3-1　唐英制粉彩山水诗文方形笔筒

图3-2　唐英制仿汝釉墨彩行书诗文圆形笔筒

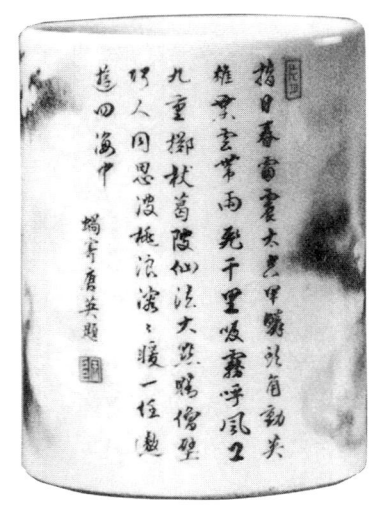

图3-3　唐英制墨彩开光山水诗文笔筒

图3-4　唐英制仿官釉墨彩行书诗文水丞

书。"又如他自制的仿汝釉墨彩行书诗文圆形笔筒（图3-2）筒壁上的诗文："兴致天然不减加，那关名胜与莺花。香山偶尔逢商妇，墙望何须完汗槎。事业昔贤难尚友，风骚老我自成家。会心得意讴吟外，且作痴人梦听琶。"再如他自制的墨彩开光山水诗文方形笔筒（图3-3）、仿官釉墨彩行书诗文水丞（图3-4）等瓷器上，也题有他自撰的诗文。

3. 改编戏曲

唐英喜欢戏曲，不仅爱听，而且善于改编剧本。唐英一生改编了许多曲目，目前传世的有十七种，它们是《虞兮梦》《英雄报》《女弹词》《长生殿补阙》《十字坡》《三元报》《佣中人》《梁上眼》《天缘债》《巧换缘》《芦花絮》《梅龙镇》《面缸笑》《双钉案》《转天心》《清忠谱正案》《笳骚》，收录于《古柏堂传奇》(又名《古柏堂戏曲集》《古柏堂传奇杂剧》《古柏堂乐府》《灯月闲情》等)中。根据唐英诗文中的记载，他至少还改编有《夜庆》《旗亭饮》两种曲目，可惜未见传本。从传世曲目来看，唐英改编剧本，犹如他督陶制瓷一样，不拘束缚，勇于革新。这不仅使他改编的剧本打破了以巩固政治统治、宣扬忠孝仁义为目的的正统昆曲的教化剧风格，大胆汲取了地方剧种诙谐的表达方式，引俗入雅，而且内容一改彰显才情、娱乐遣兴的才子佳人模式，将笔触拓展到真实的社会生活中，描写普通民众的喜怒哀乐。加上语言通俗自然，场面热烈活跃，舞台调度灵活巧妙，其曲目深受大众喜爱。之后，唐英改编的许多曲目又被改编成京剧，[①]广为传唱，影响深远。

4. 编释骈字

这是指乾隆十二年（1747年）唐英编释的《问奇典注》。该书是在明代张位《问奇集》二卷、清初李云书《问奇一览》二卷的基础上增补而成的，共计六卷，历时三年编成。该书虽是增补，但唐英并没有照搬两书的编排体例，而是根据骈字的特点，将从经史子集各类文献中搜集到的骈字，按照骈字中难字边旁进行编排。这在该书《凡例》中有明确描述："张本明分两例，一误读诸字，一奇字考。李本仍误读诸字之旧，而以异音骈字易奇字考，亦两例也。今此本但统收骈字为一例，并不立某例。所谓异音误读，皆散见骈字各典注内，颇了当，故不分。""张本随得随录，固罗列无序，难于检查。李本改依沈韵，次第联载，似稍称便，然字既误读，安得正音，亟思检阅之时焉。……此本微仿字汇部落，以本骈疑难字边旁为准，先低一行格，载明某部。若二字俱有疑义，又各次载边旁于右，亦低一行格。"[②]该书搜罗丰富，词条众多，考订详审，编排合理，是一部颇具参考价值的辞书。当时九江知府秦勇均在为该书所作的序中就曾言道："唐俊公先生以骈字之音义，世多舛误，得《问奇集》旧本，广其条目，详为注解，而成《问奇典注》一书。……余考历朝字学诸书，自《说文》《玉篇》《广韵》《集韵》而外，不下数百十家。其中就一

---

① 如《十字坡》被改编成京剧《武松打店》，《天缘债》被改编成京剧《一匹布》，《梅龙镇》被改编成京剧《游龙戏凤》，《面缸笑》被改编成京剧《打面缸》等。

② 张发颖编. 唐英全集. 北京：学苑出版社，2008：1028-1029.

字之音义，载及骈字以参证者，固间有之。而骈字之散见于经史百家，摘而取之，罗而列之，自然风雅矜贵，可以供人探奇于不穷者，尚阙有见。先生之为是书也，随所披阅卷帙，凡骈字之涉于疑似者，即字以审音，即音以辨义。究其原本，而典则以昭；别其异同，而讹谬以正。其于天文、地理、人事以及鸟兽、草木、虫鱼之属，无所不该，而六经、百子、史乘、杂著诸篇，悉经经纬纬，以灿著于其间。……是书固特其一隅，善学者得其意，而推类以求，将披卷寓目，皆可得六书之典要，而于天下之文字义理，渐以扩其识焉，则是书之津梁后学，其功正不浅也。"①可惜的是，该书从产生至今，并未引起学界重视，流传不广，几致湮没。

5. 辑刻诗文

这是指乾隆十二年（1747年）唐英辑刻的《辑刻琵琶亭诗》。它是我国现存第一部专门收录题咏琵琶亭的诗集。全书共一卷，首附唐英自绘的《琵琶亭图》，诗文前有唐英的题词、开泰的《重修琵琶亭记》、周学健的《重建琵琶亭碑记》、唐英的《重修琵琶亭自记》，还有唐英书写的白居易《琵琶行》和《辑刻琵琶亭诗小引》。该诗集收录了方梦骐、陈钟、方怡、方根茂、汪纯、沙上鹤等文人墨客对琵琶亭的吟咏，共计两百余首。所汇诗文按时间编排，始于乾隆八年，止于乾隆十二年。琵琶亭因唐代诗人白居易的一首长诗《琵琶亭》而建构，并因此而得名，千百年来多次被毁，多次重修。唐英是从乾隆七年开始捐款重修此亭，于乾隆八年二月九日竣工。②建成后，此亭被当时很多文人墨客赋诗题咏，唐英自己也留诗多首，并将这些诗文汇辑刊刻，即成此书。

此外，唐英还擅长书画，据清末李放编的《八旗画录》记载："《历代画史汇传》云：'[唐英]工宋山水人物，能书。'……《绘境轩读画记》云：'其画无体不工，兼擅分隶书。'"③从传世品来看，唐英在书法方面，各体均有功力，楷书工整俊秀，行书（图3-5）潇洒飘逸，隶书（图3-6）直追汉隶，于古拙中带有灵动之气，可谓自成一家。正如唐英自己所言，所作之字"手摩心画，率意疾书，非仅不能窃形似于今人，而响拓硬黄，并未根柢于古法"。④而在绘画

---

① 张发颖编. 唐英全集. 北京：学苑出版社，2008：1019-1020.
② 据《陶人心语》卷三《春游琵琶新亭唱和》诗序记载："琵琶亭，唐白香山遗迹也，在九江榷署之左，相距不里许。历久倾坏，间有古今题咏碑碣，半沦没于寒烟蔓草中，孤亭欹仄，旦晚莫支。余司榷江州，数至其地，不忍古迹荒落，因捐俸新其亭，更创小楼三楹，以供登眺。以冬春雨雪，未遽竣工，癸亥（指乾隆八年）二月九日，始得朗霁，而楼宇适成。"
③ 张发颖编. 唐英全集. 北京：学苑出版社，2008：1294.
④ 张发颖编. 唐英全集. 北京：学苑出版社，2008：346-347.

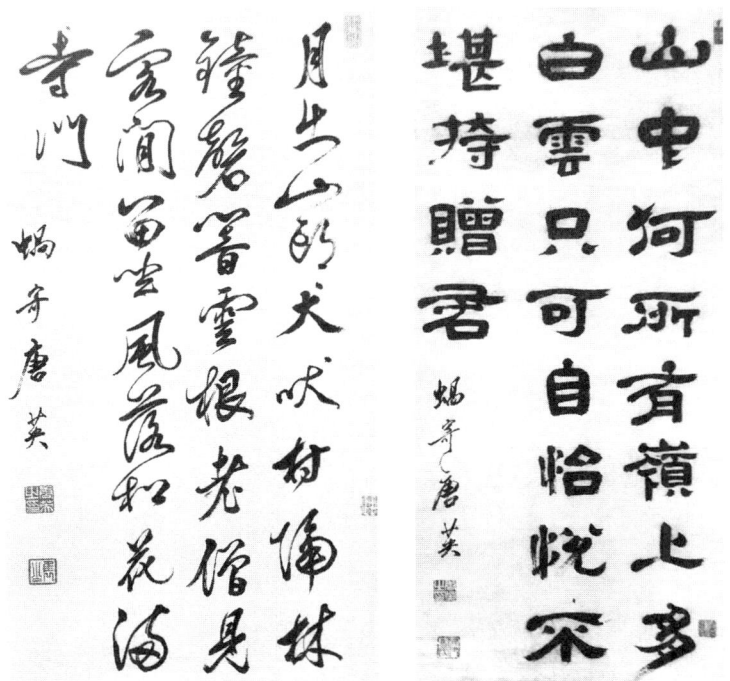

图3-5　唐英行书诗文立轴　　图3-6　唐英隶书陶弘景诗句立轴

方面，首先需要说明的是，根据本书前面对"文献"含义的界定，只有带有文字信息的绘画作品才能称之为文献，因此并非唐英所有的绘画作品都属于文献的范畴。尽管如此，由于唐英喜好在绘画作品上题咏诗词，故而带有文字信息的绘画作品还是挺多的。如雍正七年唐英所绘的《牧牛图》，其左上方就题有一首《踏莎行》："柳雨花风，春郊可爱，连天芳草黄畦菜。红尘飞不到山家，牧童归路横牛背。叩角堪歌，五殺不碍，饱帆骏马夸时辈。到头快意稳难期，输它巢父牛儿在。"

概言之，唐英的文献编撰成果主要集中在他督陶的这段时间，或是他督陶制瓷的心得体会或经验总结，或是他督陶期间情感激发的创作产物，均与他督陶制瓷的这段经历密切相关。

第二节　唐英陶瓷文献的编撰特点

唐英督陶达二十七年之久，他不仅在陶瓷事业上取得令人瞩目的成就，而且在文献编撰方面也有丰硕的成果。其陶瓷类著述主要包括《陶人心语》及其《续选》《陶冶图说》《陶务叙略碑记》《瓷务事宜示谕稿》等，还有一些督陶奏折。这些著述虽然编撰风格略有差异，但是有着相同或相近的编撰特点，共同体现了唐英的编撰思想。其中，《陶人心语》及其《续选》是单独成书的专著，内容丰富，涵盖面广，在唐英陶瓷著述中颇具代表性。因此，本书就以《陶人心语》及其《续选》为主要参引对象①，总结其编撰特点，探析其编撰思想。概括而言，这些陶瓷文献具有以下四个方面的编撰特点。

一、内容广泛，文发于心

唐英陶瓷文献题材多样，内容广泛。以《陶人心语》及其《续选》而论，其体裁有诗有文，诗有古体诗、五言律诗、七言律诗、五言绝句、七言绝句之分，文有序、说、则、记之别。内容涉猎更为广泛：有感激皇恩、励精图治的，如《自题渔滨课子图小照》《恭纪御制诗碑后敬赋小诗识事》等；有关心民生、贴近民众的，如《起蛟行》《赠篙工》《上元夜渡扬子江》《景镇视陶工归棹遇雨舟中口占》等；有思恋家乡、怀念亲人的，如《立秋日夜雨书怀二首》《中秋前珠山晚坐二首》《稚女》等；有赞美自然、吊古怀旧的，如《昌江夜过玉笋峰》《仲春日登观音阁》《琵琶亭看雨》《徐州吊古》等；有迎送友人、自述自嘲的，如《昌江官廨送方泳亭之南昌》《送西席华烟麓之任贵溪》《自题个中图小照》《忍字臆测八则》等。

唐英著述注重真情实感，强调文发于心，不虚言，不伪装，并以此作为诗文能否传世的重要标准。"诗何以传，传其性情之真而已。"唐英在《陶人心语·自序》中说得更为明确："夫存于内者为心，发乎外者为语，此固夫人而同之，又夫人而不同者也。盖富者心侈而语奢，贵者心傲而语夸，贫贱者心卑戚而语寒塞，大都因境而移其心，违心而异其语者比比皆是。至有撷拾浮言，铺张声势，语是而心非者，则又出于欺世盗名之流，皆有所为而为之，非所论于胼手胝足不识不知之陶人也。陶人有陶人之天地，有陶人之岁序，有陶人之悲欢离合、眼界心情，即一饮一食，衣冠寝兴，与夫俯仰登眺交游之际，无一不以陶人之心应之，即无一不以陶人之心发之于语以写之也。故有时守其心而无语，固澹澹漠漠，浑然一陶人也；有时藉其语以达其心，亦似耕而食，凿而饮，熙熙怡怡一陶人也。或陶人而语陶，故陶人之本色，即陶人而不语陶，亦未始不本陶人之心化陶人之语而出之也。"②可见，唐英反对那些"移心""违心""语是

---

① 需要说明的是，《陶人心语》及其《续选》只是主要的参引对象，并未全部的参引对象。文中会在必要时论及唐英其他的陶瓷文献，偶尔还会论及唐英的非陶瓷文献，以求更加全面地总结唐英文献编撰的特点和思想。

②（清）唐英：《陶人心语·自序》，清乾隆五年唐氏古柏堂刻本。

心非"之言，主张言为心声，语发乎心，唯有如此，才能内外呼应，心语相合，引起共鸣。

唐英言行一致，既是如此说，也是如此做。从其所作的诗文来看，唐英强调真性情，不浮夸，不附会，不虚言，语发于心，心语相合，受到了同辈们的高度评价。如乾隆十二年吕德芝在为《陶人心语》所作的跋中这样写道："今得唐公蜗寄先生《陶人心语集》读之，汪洋光焰，莫可津涯。凡旬有六日，而后卒业。不禁叹曰：是岂今之诗人窃苏、陆之唾余者哉？才思之浑厚，则春云出岫、絪缊蔚荟也；志意之皎洁，则秋水寒潭、明月澄澈也；音节之高亮，则九皋之鸣鹤、午夜之清钟也。是性情本自中和，而又镕铸于六艺，且沉涵以数十年之阅历而后有此也。拟其品诣，则得陶彭泽之真醇，孟襄阳之冲静，韦苏州之浑雅，而更剂以杜少陵之雄奇悲壮者也。"①吕氏将唐英与陶渊明、孟浩然、韦应物、杜甫四大名家并称，且言其诗兼得其善，虽有过誉之词，但有理有据，令人信服。可见，唐英诗文因其真性情，受到了同辈们的高度夸赞。

此外，这种"文发于心"的观点，在唐英给他人诗文集所作的序中也有体现。唐英常以诗文是否发乎真情，来品评其优劣。如他在《西湖渔唱序》中言道："夫潘江陆海，固贵典赡，而堆砌饾饤，芜秽浮冒，则邻于浊矣！与其晦言之阴沉昏冗，何如显言之光明洞澈之为愈乎？淡秋白水，自足宣乾坤默运之文章，斯清之当尚也。若夫喜怒哀乐，发乎性天，殆真之谓乎？故有诸内，形诸外，宁实毋虚，宁质毋文，语出于心，心传于口，有其语即有其事，有其事即有行，语不厌多，而尤期于寡。此记所以有立诚之旨，而不敢自欺于伪也。……惟诚以居心，敬以矢口，口可以对世人，心足以质神鬼。乐不敢淫，哀不敢伤，即此眼底之鸢飞鱼跃，月露风云，尽足以陶养性灵、舒写吟啸而有余矣。其香奁闺怨、狭邪游仙、无题等语，则骚人之寄托，余自惟鄙拙，不惟不愿。"②唐英善于追求心灵深处的本真，主张"心贵真而正，语贵清而雅"，"宁实毋虚，宁质毋文，语出于心，心传于口，有其语即有其事，有其事即有行"，反对浮冒虚言，批判违心之作。又如他在给友人姚莹《环溪草堂诗集》所作的序中言道："若夫饾饤为富，雕琢为工，食古人之糟粕，而自汩其性真，进不足与论世，退不足与淑身，纵穷工极巧，诗云乎哉？先生之诗平奇浓淡，无美不臻，而真心之所流露，一皆本忠厚和平之旨以出之，盖古风人之遗，岂余浅疏者所能窥其底蕴，然窃有志而愿学焉。"③唐英对姚诗发乎真心，"本忠厚和平之

---

① 张发颖编．唐英全集．北京：学苑出版社，2008：357-358．
② 张发颖编．唐英全集．北京：学苑出版社，2008：258-259．
③ 张发颖编．唐英全集．北京：学苑出版社，2008：110-111．

旨以出之"的做法极为赞赏，而对那些只求工整精巧、不求性情所至的诗文进行了严厉批判。

二、不拘成法，勇于革新

唐英做事行文反对墨守成规，善于另辟蹊径，倡导革新，这不仅表现在他的制瓷实践上，他曾根据瓷器制作的特点，进行各种釉彩调配的试验，创制出洋紫、法青、抹银等新品种，还表现在他的文献撰述上。唐英写诗作文，敢于突破固有格律的束缚，大胆革新，主张性情所至，有感而发。因此，其诗文初读时偏口语化，通俗易懂，若细细品读，真实生动，耐人寻味。如"何事垂垂老，天涯羁旅臣。风尘中学者，冠盖里陶人。才拙将勤补，诗粗发性真。向荣同草木，沾被总阳春"；"劳劳六十年，尽已敢求全。继志书贻子，存心命信天。随缘随地足，不受不知怜。迂拙凭人笑，枯荣自坦然"；等等。

唐英这种勇于革新的编撰思想，还体现在他的戏曲创作和字书体例编排上。唐英一生改编了许多戏曲，遗存至今的至少有十七种。从这些曲目的内容上看，唐英打破了正统昆曲的教化剧风格，汲取了地方剧诙谐的表达方式，其内容大多贴近民众，语言通俗自然，场面热烈活跃，舞台调度灵活巧妙，达到了雅俗共赏的艺术效果，在古代戏曲发展史上占有重要的一席之地。唐英还编有一部字书《问奇典注》，这是唐英在《问奇集》《问奇一览》两书内容的基础上增补而成的。前已有言，此书虽是增补，但唐英并没有按照两书的体例直接续补，而是根据骈字本身的特点，对该书的编排体例做了较大改动。正如唐英在该书《凡例》中言："张本明分两例，一误读诸字，一奇字考。李本仍误读诸字之旧，而以异音骈字易奇字考，亦两例也。今此本但统收骈字为一例，并不立某例。所谓异音误读，皆散见骈字各典注内，颇了当，故不分。"在骈字具体的著录方法上，唐英也不拘成法，勇革张、李二书编排之弊："张本随得随录，固罗列无序，难于检查。李本改依沈韵，次第联载，似稍称便，然字既误读，安得正音，亟思检阅之时焉。……此本微仿字汇部落，以本骈疑难字边旁为准，先低一行格，载明某部。若二字俱有疑义，又各次载边旁于右，亦低一行格。"由此可以看出，唐英勇于革新的思想贯穿于他各种文献的编撰之中。

三、重视实践，勤于考订

唐英作为督陶官员，不仅善于管理，而且勤于实践。督陶之初，唐英为求制瓷之尽善尽美，深入调查各个制瓷工序，"用杜门、谢交游、聚精会神、苦心竭力，与工匠同其食息者三年"，学习制瓷方法，探索制瓷原理，使自己"向之唯诺于工匠意旨者，今可出其意旨以唯诺夫工匠矣"，即从一个完全不懂瓷艺制作的门外汉变成了一个精于此道的内行家。唐英学成制瓷后，不仅用于监督和管理工匠制瓷的质量，而且亲自参与实践，世上至今仍留有他不少的自制瓷。另外，唐英还善于总结前人的制瓷经验，学习先进的制瓷方法，即使在自己公务繁忙、无法分身之时，也会派人实地考察，绝不闭门造车。如雍正七年（1729年），即他到景德镇协理陶务的第二年，就委派幕友吴尧圃前往钧州调查钧釉配制方法，并作诗赠别，以示重视。唐英坚持不懈的制瓷实践，使他对制瓷工艺有了全面认识和深刻体会，进而不断总结出自己的制瓷思想和制瓷理论，这集中体现在他于乾隆八年（1743年）奉旨编写的《陶冶图说》中。《陶冶图说》是我国第一部系统论述清初景德镇制瓷工艺的理论之作，在陶瓷文献编撰史上占有极其重要的地位。正是唐英坚持实践于具体的制瓷工作之中，才使他对制瓷工艺有了较为深刻的感受，才使他"陶人"的身份名副其实，才使他写出了传世著述，才使他督陶时的景德镇御窑厂达到了我国古代制瓷工艺的高峰！

　　唐英爱好交游，搜奇探险，"凡云霞之出没，草木之荣悴，与夫候虫时鸟，嘉卉异石，僧寮古刹，靡不入其毫端，而增其才思"[①]。唐英又勤于思考，对所到之处的名胜古迹大都详加考订，如所作《四女祠》《游石钟山小记》等篇，既是游历之作，又是考订之作。即使是对残破的旧物和未见的新物，唐英有时也会遍览群籍，旁征博引，探其源流，如所作《龙缸记》《倒垂莲说》等篇，就是如此。此外，唐英这种勤于考订的编撰特点，还体现在《问奇典注》的编写上。前已有言，此书不仅收罗丰富，"凡属奇字，蒐罗殆尽，音切解注，点画悉辨，了如指掌"[②]，而且考订精审，"凡骈字之涉于疑似者，即字以审音，即音以辨义。究其原本，而典则以昭；别其异同，而讹谬以正。其于天文、地理、人事以及鸟兽、草木、虫鱼之属，无所不该，而六经、百子、史乘、杂著诸篇，悉经经纬纬，以灿著于其间"，"诚文苑之圭臬、案头之宝鉴矣"[③]！此书不仅补正了张、李二书的漏讹，而且所有骈字的注解均载明出处，以存其实。即使是唐英自己发表的评论，文前也必加"蜗寄子云"字样进行标识，以便读者区分辨认。倘若注解有疑问时，则并存各家之说，绝不主观臆断，擅自揣测。这种求实存信、认真负责的态度，至今值得学习和提倡！

---

① 张发颖编. 唐英全集. 北京：学苑出版社，2008：5.
② 张发颖编. 唐英全集. 北京：学苑出版社，2008：1022.
③ 张发颖编. 唐英全集. 北京：学苑出版社，2008：1018.

四、强调学以致用,富有传世意识

致用性是文献编撰的灵魂。如果一部著述失去了致用性,那就犹如一潭死水,毫无生机!作为督陶官的唐英,在文献编撰时处处体现着"学以致用"的思想,并将官、学、技三者巧妙地融合在一起。如所作《陶冶图说》《陶务叙略》《瓷务事宜示谕稿》等,对当时的制瓷技艺发展情况进行了概括总结,对后世产生了重要影响;所编《古柏堂传奇》,无论是自编还是改编,都打破了正统昆曲的束缚,将昆曲和地方戏曲有效地融合在一起,各取所长,推动了我国戏曲朝着雅俗共赏的方向发展。唐英勤学好思,多才多艺,将诗文、书画、制瓷有机地结合在一起,不仅为书画题诗,还将书画、诗文施技于制瓷上,既使人领略其制瓷技艺,又使人品味其诗文书画。

致用性还是著作传世的重要条件!唐英强调学以致用,不仅是为了治事利世,还有一个更重要的目的,那就是传世。如所作《瓷务事宜示谕稿》,就是为了使后来的督陶官能有所采择,自己的子孙能永世珍藏:"兹于今上龙飞之乾隆元年,承命榷淮,陶务告竣,爰将历年来事宜示谕诸稿,除散佚外,检其存者,汇缮成帙,以志九载办理之梗概。缘以良工心苦,惨淡经营,并未扑责一人,贻误一事,卒之陶务得以有成者,实非偶然。使后之董是役者,或有所采择,未必不备竹头木屑之用。至于吾之子孙,尤宜什袭藏之,不惟识此胼胝九载之心,且堪备异日奴耕婢织之问,未可知也。"①

唐英不仅具有较强的传世意识,而且对著作能否传世有着自己的见解。他认为传世之作有两种:一是真性情之作。唐英在《固哉草亭诗序》中明确言道:"诗何以传,传其性情之真而已。穷通贵贱之故无与于诗,得失之数也。诗盛于三唐,夷考其时,上至庙堂,下逮山林草泽,以诗名家者不更仆数。如元、白之身都卿相而诗传,郊、岛之屈抑下僚、坎坷沦落而诗亦传,虽有丰腴寒瘦之不同,要皆不失性情之真,如天籁自鸣,故同历百世而不可磨灭也。……第论其幼穷于遇,长富于才,而能不为遇困,不以才炫,以自陶淋于诗书。其所著作不规抚于古而自合,盖其性情之真有以自见,非屑屑拾人牙后慧者所可比也。……又云任情率易,诗家之体裁格调未或前闻,此又余向所谓不事规抚而天籁自鸣者。先生虽以此作逊谢语,余谓先生之诗之传当即在是。"②二是机缘相合之作。唐英信佛,精通禅理,善信因缘,表现在文献编撰上,即"作得其人,人得其事",方可流传后世:"天地万物,皆因缘也。……若夫匡君之庐,卒以

---

① 张发颖编. 唐英全集. 北京:学苑出版社,2008:100.
② 张发颖编. 唐英全集. 北京:学苑出版社,2008:100-101.

名山；远公之莲，永以传社。三笑著虎溪，栖贤存梵刹，而石钟鹿洞，烟水琵琶，迄今荒烟蔓草，断壁颓垣，犹足引游屐而动咏叹。人传事，事传人，呼之欲出，垂之不朽者，予所谓天人作合之因缘也。"①

第三节 《陶冶图说》的内容价值

《陶冶图说》，又称《陶冶图编次》《图次纪略》，是唐英于乾隆八年奉旨为《陶冶图》二十张编写的文字说明。据《乾隆八年记事档》记载："四月初八日，催总白世秀来说，太监胡世杰、高玉交《陶冶图》二十张。传旨：着将此图交与唐英，按每张图上所画系做何技业，详细写来。话要文些，其每篇字数要均匀，或多十数字，或少十数字亦可。其取土之山，与夫取料、取水之处，皆写明地名。再将此图二十幅按陶冶先后次第编明送来。钦此。""四月十一日，司库白世秀将缮写得《陶冶图》上谕折片一件持进，交太监高玉等转奏。奉旨：将此改正折片与《陶冶图》，俱交唐英。钦此。"唐英于乾隆八年闰四月二十二日接到旨意后，立即着手办理，用了不到一个月的时间，就编写完成。

《陶冶图说》首附引言，简要概述了我国古代制瓷的工艺流程，强调了每道工序的作用和重要性，并对二十张《陶冶图》进行了四字命名和顺序排列，即"采石制泥、淘练泥土、炼灰配釉、制造匣钵、圆器修模、圆器拉坯、琢器做坯、采取青料、拣选青料、印坯乳料、圆器青花、制画琢器、蘸釉吹釉、旋坯挖足、成坯入窑、烧坯开窑、圆琢洋彩、明炉暗炉、束草装桶、祀神酬愿"②。该书全文不足3500字，每段文字字数均匀，都在160字左右，符合当时皇帝旨意的要求。该书虽文字不多，但言简意赅，取舍得当，内容丰富，考订精审，对我国古代制瓷工艺的实践经验进行了高度概括和总结，是目前我国第一部系统完整地记述清初景德镇制瓷工艺的论著，具有极高的研究价值。具体而言，其内容价值主要体现在以下几个方面。

一、工艺学价值

从内容上看，《陶冶图说》的前十九则图说涉及坯料的开采与淘练、釉料的配制与涂施、匣钵的制作、胎体的成型与修整、青料的获取与拣选、釉下彩和

---

① 张发颖编. 唐英全集. 北京：学苑出版社，2008：107.
② 需要说明的是，本书所引《陶冶图说》之文，均以《文渊阁四库全书》本为底本，以宫廷院画本的影印本为参校本。后面凡引《陶冶图说》之处皆同，不再一一标注。

图3-7 《陶冶图说》之"炼灰配釉"

釉上彩的装饰、满窑、烧窑、开窑等具体的制瓷工艺,较为完整地记述了当时景德镇制瓷的工艺流程和每道工序的具体操作方法。从这个意义上讲,《陶冶图说》可谓是我国第一部陶瓷工艺学专著,其工艺学价值显而易见。

笔者通过反复研读《陶冶图说》的图文内容,从中总结出我国古代制瓷工艺具有经验性、技巧性、继承性和创新性四个特点。这些特点也是《陶冶图说》工艺学价值的具体体现。

经验性是我国古代各种工艺制作呈现出的最基本特点,贯穿于整个古代工艺制作的始终。我国古代工艺十分注重经验性的认识和总结,"它所体现的是对自然世界的直观感受和一般的数据关系,因而缺乏必要的分析和推理过程"[1],也很难形成完整的科学理论。在《陶冶图说》所记述的工艺中,处处体现着这一特点。如记述配釉工艺(图3-7)时,"泥十盆,灰一盆,为上品瓷器之釉;泥七八,而灰二三,为中品之釉;若泥灰平对,或灰多于泥,则成粗釉";记述吹釉工艺(图3-8)时,"以径寸竹筒截长七寸,头蒙细纱,蘸釉以吹,俱视坯之大小与釉之等类,别其吹之,遍数有自三四遍至十七八遍者"。这些约数只是一般的数据关系,不是确定的比例或数值,具体操作时很难界定,只有依靠丰富的经验,才能很好地完成。又如记述拣选青料(图3-9)时,"料之黑绿润泽、光色俱全者,乃为上选,于仿古霁青、青花细瓷用之;色虽黑绿而鲜润泽者,为市卖粗瓷之用;至光色全无者,性薄炼枯,悉应选弃。至用料之法,画于生坯,罩以釉水,过窑烧出,俱成青翠;若不罩釉,仍是黑色;如窑火稍过,则

---

[1] 赵宏. 清唐英《陶冶图说》中的工艺观. 景德镇陶瓷, 1999 (4): 40.

蘸釉吹釉

圓琢各器凡青花與官哥汝等均係上釉入窰上釉之法古制將琢器之方長稜角者用毛筆搨釉搨每失於不勻至大小圓器及渾圓之琢器俱於缸內蘸釉其弊又失於體重多破故全器倍為難得今惟圓器之小者仍於缸內蘸釉其琢器與圓器大件俱用吹釉法以徑寸竹筒截長七寸頭蒙細紗蘸釉以徑俱視坯之大小與釉之等類別其吹蘸遍數有自三四遍至十七八遍者此吹蘸所由分也

图3-8 《陶冶图说》之"蘸釉吹釉"

揀選青料

青料煉出後尤須揀選有料戶一行專司其事料之黑綠潤澤光色俱全者為上選於仿古霽青花細瓷用之色雖黑綠而鮮潤澤者為市賣粗瓷之用若光色全無者性薄煉枯恚應選棄至用料之法畫於生坯罩以釉水過窰燒出成青翠若不罩釉仍是黑色如窰火稍過則兩畫青花多致散渙惟青料中有韭菜邊一種獨為清楚入窰不改故細描必用之圖內筐盛匣缽乃屬煆煅非選料正意

图3-9 《陶冶图说》之"拣选青料"

所画青花多致散漫。惟青花中有韭菜边一种，独为清楚，入窑不改，故细描必用之"，也是长期试验和细心观察的结果；记述技艺要求较高的彩绘装饰（图3-10）时，对工匠的技艺要求更为苛刻，"须选素习绘事高手，将各种颜料研细调合，以白瓷片画染烧试，必熟谙颜料、火候之性，始可由粗及细，熟中生巧，总以眼明、心细、手准为佳"，只有那些有经验的眼明、心细、手准的绘瓷高手才能很好地完成。另在记述满窑、烧窑、开窑、装桶等工艺时，也是强调需要通过长期的实践经验，才能熟能生巧，真正掌握这项技艺。可见，经验性已渗透到《陶冶图说》记述的各项工艺之中，是我国古代工艺制作和传承的最

图3-10 《陶冶图说》之"圆琢洋彩"

基本特征。即使是在记述古代工艺制作所呈现的其他特点（如技巧性、继承性、创新性等）时，也常常带有经验性的言语，甚或本身就是由经验性所引发或导致的结果。

技巧性就是与经验性密不可分的我国古代工艺记述中的另一个重要特点。所谓技巧性，是指"在技术过程中，对某些规律的认识及运用这些规律的能力"①。在《陶冶图说》所记述的工艺中，多处体现了这一特点。如记述拉坯工艺（图3-11）时，"车如木盘，下设机局，俾旋转无滞，则所拉之坯方免厚薄偏侧，故用木匠随时修治。另有泥匠，抟泥融结，置于车盘，拉坯者坐于车架，以竹杖拨车，使之轮转，双手按泥，随手法之屈伸收放，以定圆器款式，其大小不失毫黍"；记述旋坯工艺时，"作内设有旋坯之车，形与拉坯车相等，惟中心立一木桩。桩视坯为粗细，其顶浑圆，包以丝绵，恐损坯里也。将坯扣合桩上，拨轮转旋，用刀旋削，则器之里外，皆得光平。其式款粗细，关乎旋手之高下，故旋匠为紧要之工"；记述烧窑开窑（图3-12）时，"计入窑至出窑，类以三日为率，至第四日清晨开窑。其窑中套装瓷器之匣钵，尚带紫红色，人不能近。惟开窑之匠，用布十数层制成手套，蘸以冷水护手，复用湿布包里、头、面、肩、背，方能入窑搬取瓷器"。这些工艺的技巧性，都是在长期实践经验的基础上获得的，与经验性相伴始终。

关于《陶冶图说》工艺记述的继承性，主要从两个方面来体现：一是从工

---

① 潘鲁生. 中国民间美术工艺学. 南京：江苏美术出版社，1992：83.

图3-11 《陶冶图说》之"圆器拉坯"

图3-12 《陶冶图说》之"烧坯开窑"

艺记述思想上看,唐英秉承了我国古代"天有时,地有气,材有美,工有巧,合此四者,然后可以为良"的基本造物思想。如制瓷的坯料乃是"天时、地气"等客观条件促成的,但各地所产又有差异,制作用途自然有别:"石产江南徽郡祁门县,距窑厂二百里,山名坪里、谷口,二处皆产白石。开窑采取,剖有黑花如鹿角菜形。……色纯质细,制造脱胎、填白、青花、圆琢等器。别有高岭、玉红、箭滩数种,各就产地为名,皆出江西饶州府属各境,……止可供搀合制造之用,于粗厚器皿为宜。"因此,明悉各种原料的优劣、选取合乎要求的原料是非常重要的,这是制瓷工艺中关键性的第一步。但是,即使"天时、地气、材美"三者均满足要求，如果没有工匠的高超技艺，终难制成良器。唐英深晓此理，在记述制瓷工艺过程中，多处强调"工巧"的重要性，强调人与自然、工艺与艺术的和谐统一，认为"天时、地气、材美、工巧"四者缺一，便难成佳品。同时，唐英还继承了明末清初"学以致用"的著述思想，借鉴了《天工开物》的编排方式和编撰方法，图文并茂，重实践，求实用，强调工艺记述的可操作性。而《陶冶图说》所记述的工艺内容，较《天工开物》更为具体，更为细致。二是从具体工艺的记述上看，《陶冶图说》记述的工艺多是由古代工匠通过口耳相传、口传心授的方式一代一代留传下来的，这种方式只不过被唐英改以文字流传的方式，其内容仍多是古人长期实践的结果和集体智慧的结晶。如记述施釉工艺时，"古制，将琢器之方长棱角者，用毛笔拓釉，弊每失于不匀。至大小圆器及浑圆之琢器，俱在缸内蘸釉，其弊又失于体重多破，故全器倍为难得。今圆器之小者，仍于缸内蘸釉；其琢器与圆器大件，俱用吹釉法"。可见，唐英鉴于古代施釉方法的弊端，抛弃了"失于不匀"的拓釉法，采取了"琢器与圆器大件俱用吹釉法"，但也继承了古代蘸釉法的长处，"小件圆器仍用蘸釉法"。这种因器施釉的方法，即根据不同类型的器物采用相适应的施釉方法，既是唐英对古人施釉方法的批判继承和总结，也是唐英长期观察和实践探索的结果。由此亦可看出，工艺记述的继承性与经验性也是密切相关的。

关于《陶冶图说》工艺记述的创新性，也是有必要说明的。唐英善于创新，同时强调"肇新务审其渊源"，即创新是在继承基础上的创新，是在实践基础上的创新。这不仅仅表现在他督陶期间创制了许多新式瓷器，在文献编撰方面也有体现。仅就《陶冶图说》所记述的工艺而言，其创新性主要体现在淘练泥土、施釉方法等具体的操作工艺上。唐英十分重视泥料的淘练，认为"盖制瓷所需在泥土，而泥土之细在淘澄"。唐英在长期实践过程中总结了明代泥料浮沉淘练法[①]的利弊，认为此法太过简单，难以达到淘练精细泥料的目的，于是在此基础上增加了马尾细箩、双层绢袋等过筛工序，使泥料的淘练较明代更为精细："多以水缸浸泥，木钯翻搅，标起渣沉，过以马尾细箩，再澄双层绢袋，始分注过泥匣钵，俾水渗浆稠，用无底木匣，下铺新砖数层，内以细布大单将稠浆倾入，紧包砖压吸水，水渗成泥，移贮大石片上，用铁锹翻扑结实，以便制器。"

---

① 据明末宋应星《天工开物》卷中《陶埏》记载："造器者将两土（即文中记述的"粳米土和糯米土"）等分入臼，舂一日，然后入缸水澄。其上浮者为细料，倾跌过一缸，其下沉底者为粗料。细料缸中再取上浮者，倾过为最细料，沉底者为中料。既澄之后，以砖砌方长塘，逼靠火窑，以借火力。倾所澄之泥于中吸干，然后重用清水调和造坯。"

至于施釉方法，前已有言，唐英也是在批判继承前人施釉方法的基础上有所创新，采用因器施釉的方式，即"圆器之小者，仍于缸内蘸釉；其琢器与圆器大件，俱用吹釉法"，还记述了"吹釉法"的操作细节："以径寸竹筒截长七寸，头蒙细纱，蘸釉以吹，俱视坯之大小与釉之等类，别其吹之，遍数有自三四遍至十七八遍者。"此法至今仍在使用，只是将"人工吹釉"改进成了"机器喷釉"，更加省工省时，但两者施釉后的效果基本相同。

此外，唐英在总结制瓷经验的过程中，还初步探讨了制瓷工艺的科学原理，如记述修模工艺（图3-13）时，"其模子必须与原样相似，但尺寸不能计算放大，则成器必较原样收小。盖生坯泥松性浮，一经窑火，松者紧，浮者实，一尺之坯，止得七八寸之器，其抽缩之理然也。……凡一器之模，非修数次，其尺寸、式款烧出时，定不能吻合。此行工匠务熟诸窑火、泥性，方能计算加减，以成模范"。这说明当时修模工匠已经认识到了坯体在干燥和烧成时的抽缩原理，只是这种认识还是比较初级的，带有明显的经验性。因此，即使所有工匠都知道了这个原理，但也不是所有工匠都能做好，"景德一镇，群推名手，不过两三人"。又如记述满窑工艺（图3-14）时，"凡安放坯胎者，量釉之软硬，以配合窑位"。这说明当时满窑工匠已经根据胎釉原料的性质，初步掌握了釉料的熔融温度，并以釉料的软硬加以判别。尽管这种判别还带有较强的经验性，但在完全没有现代仪器测试的情况下，确属难能可贵。总之，《陶冶图说》中记述的制瓷工艺原理是比较初级的，带有明显的经验性烙印，但它对制瓷技术理论内因的探讨，对古代制瓷技艺的提高乃至整个造物工艺的发展都是有益的；

图3-13 《陶冶图说》之"圆器修模"

图3-14 《陶冶图说》之"成坯入窑"

而它所反映出的科学思想，对人们了解清初的科学思想也是有益的。

当然，"陶务为琐屑工作"，工艺十分复杂，所谓"共计一坯工力，过手七十二，方克成器，其中微细节目，尚不能尽也"。唐英受《陶冶图》的限制，只能按图编说，"图既未备，编亦不能详列"。从正文内容来看，唐英所言不虚，许多制瓷工艺在《陶冶图说》中未能提及，如各种颜色釉料的配制，高温颜色釉瓷的烧制，瓷雕的制作，不同器型的彩绘装饰方式等。

二、民俗学价值

《陶冶图说》的民俗学价值，主要体现在第二十则"祀神酬愿"（图3-15）的记述上。其文曰："景德一镇，僻处浮梁邑境，周衮十余里，山环水绕，中央一洲。缘瓷产其地，商贩毕集，民窑二三百区，终岁烟火相望，工匠人夫不下数十余万，靡不藉瓷资生。窑火得失，皆尚祷祀。有神童姓，为本地窑民，前明制造龙缸，连岁弗成，中使严督，窑民苦累，神跃身窑突中，捐生而缸成。司事者怜而奇之，于厂署内建祠祀焉，号曰'风火仙'。迄今屡著灵异，窑民奉祀维谨，酬献无虚日，甚至俳优奏技，数部簇于一场。"由此可以看出，景德镇民众大多以制瓷售瓷为生，"民窑二三百区"，"工匠人夫不下数十余万"。这些工匠为了烧出理想的瓷器，大多祈求神灵庇佑，"窑火得失，皆尚祷祀"。

制瓷是一门"火的艺术"，烧窑工艺是制瓷工艺中最为关键的一环。它的好坏，直接决定着瓷器制作的成败。俗语云"孕在配方，生在成型，是生是死在烧成""一火二土三细工"，古代文献中也常有"瓷器之成，窑火是赖""釉水色

图3-15 《陶冶图说》之"祀神酬愿"

泽全资窑火"等记载。但它又是最难控制的一道工艺,尤其是在制作全靠手工的古代,人们很难控制这变幻莫测的窑火。正如明末詹珊在《重建勅封万硕师主佑陶庙碑记》中言:"夫天地间生育民物惟五行,五行之运各有神司。陶司于火,取成于烈焰煅烁之中,人奚容其力,非神之功,其曷能济?"[1]只能依靠神灵呵护。而《陶冶图说》中提到的"风火仙",就是景德镇瓷业崇拜中最重要的一个神。

风火仙,又称风火仙师、广利窑神、火神。唐英到景德镇督陶的第二年(即雍正七年,1729年),就曾作《火神童公传》,以示纪念和敬仰。其文云:"神姓童氏,名宾,字定新,饶之浮梁县人。性刚直,幼业儒。父母早丧,遂就艺。浮地利陶,自唐宋及前明,其役日益盛。万历间,内监潘相奉御董造,派役于民。童氏应报火,族人惧不敢往,神毅然执役。时造大器,累不完工,或受鞭棰,或苦饥羸。神恻然伤之,愿以骨作薪,勾器之成,遽跃入火,翌日启窑,果得完器,自是器无弗完者。家人收其余骸,葬凤凰山。相感其诚,立祠祀之。"[2]随后不久,唐英为了尊重景德镇当地的习俗,将"火神"封号重新改回了"风火仙"。因此,《陶冶图说》中仍称"风火仙"。从其传文中可知,风火仙是一个人格神。他本是一名烧窑工匠,姓童名宾,字定新,景德镇里村人,"生

---

[1] 此文录自于乾隆四十八年版《浮梁县志》卷四中。
[2] 此文录自于雍正《江西通志》卷一四二,《文渊阁四库全书》电子版。

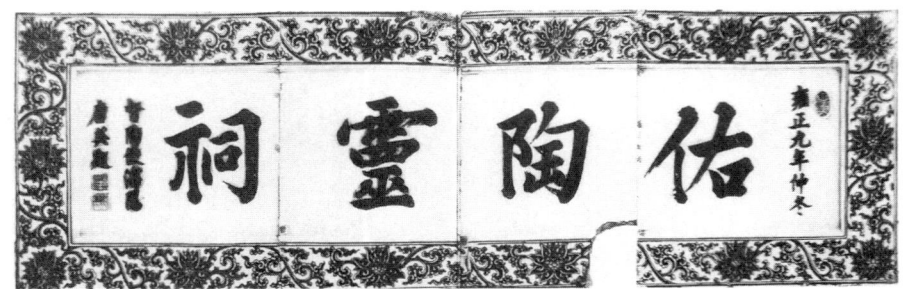

图3-16 唐英制"佑陶灵祠"青花瓷匾

于隆庆丁卯年（即隆庆元年，1567年）五月初二日午时，祖匠籍"①。性情刚直，父母早亡，幼年习儒，随后弃儒学艺，投身窑业，专攻烧窑技术。万历年间，太监潘相奉旨督造龙缸，久不成功，工匠因此遭到鞭笞毒打。②童宾怜悯工匠劳苦，愤而跳入火中，以示抗议和不满，而龙缸竟成。潘相感其心诚，并为平息民愤，稳定民心，迫于压力，朝廷在景德镇御器厂东侧建祠祀奉（图3-16）。而工匠们为了缅怀童宾这种勇于为大众牺牲的精神，于每年六月举行隆重的祭拜仪式。祀神酬愿时，"酬献无虚日，甚至俳优奏技，数部簇于一场"，热闹非凡。这种祭拜活动逐渐成了景德镇瓷业的一种习俗。据乾嘉时人郑廷桂《陶阳竹枝词》记载："五月节迎师主会，六月还拜风火仙。龙缸曾读唐公记，成器成人总靠天。""青窑烧出好龙缸，夸示同行新老帮。陶庆陶成齐上会，酬神包日喝单腔。"③并且，这种祭拜活动一直被景德镇窑匠视为是灵验的，故而香火不断，延续至今。④

当然，景德镇瓷工祭拜的行业神远不止"风火仙"一个，还有师主赵慨、

---

① 江西省历史学会景德镇制瓷业历史调查组.景德镇制瓷业历史调查资料选辑.景德镇：内部印发，1963：46.
② 唐英于雍正八年作《龙缸记》，专门记述了这一事件。另据《明实录》《明通鉴》等文献记载，御马监潘相于万历二十七年初到景德镇监理陶务，督造龙缸。潘相监陶期间，横征暴敛，经常鞭笞工匠，压榨百姓，"深为地方之害"，并于万历三十年二月激起民变，致使御器厂被毁。
③ 此文录自于乾隆四十八年版《浮梁县志》卷十一中。
④ 据乾隆时人朱琰《陶说》卷一《说今·陶冶图说》记载："窑民岁祀［风火仙］，惟谨拟之社方（指土地神）也。……当兹惠民通商，利工便俗之世，其效灵宜也。"又据嘉道时人龚鉽《景德镇陶歌》记载："龙缸有衔自前朝，风火名仙为殉窑。博得一身烟共碧，至今青气总凌霄。"自注曰："万历时，龙缸无底，旧置衙隅。唐观察（指唐英）举安佑陶祠，有记。陶神，童姓，窑工祀之甚虔。"

华光神、天后娘娘、关帝、钱大元帅等,基本上瓷业各行都有祭拜的行业神。受《陶冶图》的限制,《陶冶图说》仅记述了"风火仙",未能提及其他的行业神。但"风火仙"是景德镇行业神中最重要的一个,通过记述祭祀"风火仙"的活动,也足以看出景德镇瓷工对瓷业祭祀习俗的重视。

除了"祀神酬愿"外,《陶冶图说》中还记述了其他民俗资料。如记述乳料工艺(图3-17)时,"乳用研钵,贮于矮凳,凳头装有直木,上横一板,镂孔以装乳槌之柄,人坐于凳,握槌乳之"。这道工艺比较简单,许多老幼残疾之人也能操作,其"工价每月三钱,亦有两手乳两钵,夜至二鼓者,工值倍之",足可保障他们的生活。因此,这项工作是当时景德镇弱势群体赖以生存的主要手段,具有维稳安民、济弱扶贫的社会功能。又如记述束草工艺时,言"其匠众多,以茭草为名目",说明束草工作有自己的行业行规,任何束草工匠都要入行才能工作,即在"茭草行"的名义下工作。否则,将被视为违规,轻则按照行规予以惩罚,重则让官府责令其离开景德镇。这反映了景德镇瓷业的行规行俗。

三、艺术学价值

《陶冶图说》是一部由多人合作完成,集书法、绘画、叙说、编辑于一体的图编类著作,具有较高的艺术学价值。这首先体现在《陶冶图》的图画绘制和《陶冶图说》的文字书写方面。据乾隆十年(1745年)成书的《石渠宝笈》卷二三记载:"院本《陶冶图》,戴临书《图说》一册,次等,地一,素绢本,右方着色。画凡二十则,末幅款云'臣孙祐、周鲲、丁观鹏恭画',左方戴临书

图3-17 《陶冶图说》之"印坯乳料"

《陶冶说》，款云'臣戴临敬书'。册前空幅书序，并录画目，后署'督理九江钞关内务府员外郎臣唐英恭编'十七字。书、画各二十幅。"另有乾隆三十二年成书的《皇朝通志》、嘉庆二十一年成书的《国朝院画录》等文献中亦有类似记述。①可见，唐英奉旨编写的《陶冶图说》是依据当时宫廷画家孙佑、周鲲、丁观鹏三人合作绘制的《陶冶图》进行的，当《陶冶图说》编辑好后，又由宫廷书法家戴临题写文字。

孙佑，一作"孙祜"，江苏人，擅画山水和人物，作品有《秋山楼阁》《仿王维关山行旅》等，与其他宫廷画家合作绘制了《寒谷先春图》《清明上河图》《庆丰图》等。周鲲，字天池，江苏常熟人，亦擅画山水和人物，作品有《河山献瑞图》《升平万国图》《山水画册》等，多收录于《石渠宝笈》中，且被乾隆帝咏诗多首②。丁观鹏，北京人，历经康熙、雍正、乾隆三朝，"克传家学"③，亦擅画山水和人物，尤工佛道画像，作品有《说法图》《宝相观音图》《无量寿佛图》《摹丁云鹏罗汉》《中秋月色图》等，与其他宫廷画家合作绘制了《新丰图》《蓬阆云纵》《丹台春晓图》等。可见，三人都是当时著名的宫廷画家，擅画山水和人物，曾合作绘制了《汉宫春晓图》《十八学士图》等。《陶冶图》也是他们合作绘制的作品，其中大多以人物为主体，同时又有山水的表现，可以从中看出当时宫廷绘画的高超技艺、风格特点及其思想，具有较高的艺术研究价值。

戴临，生平不详，只知他"官户部郎中，以工书供奉内廷"④。又据清代宫廷档案记载，戴临曾帮乾隆帝抄写过佛经，并在雍正、乾隆两朝多次被要求在珐

---

① 据《皇朝通志》卷一一三《图谱略·陶冶图》记载："谨按是图，画院臣孙佑、周鲲、丁观鹏所绘，督理九江钞关内务府员外郎臣唐英恭编成帙，藏诸御府，备见《考工》挦墌之遗意。"而《国朝院画录》中有关《陶冶图》的文字记载，与《石渠宝笈》中的文字记载几近相同。
② 笔者通过查阅乾隆帝的《御制诗集》，其中题咏周鲲画作之诗共计九首，分别是《题周鲲山水》《题周鲲山水画》《题孙祜周鲲丁观鹏仝画十八学士图》《题周鲲山水册页》《题周鲲画帧》《题周鲲山水八帧》《题周鲲画因书赐之》《周鲲山水十帧》《题周鲲仿唐寅终南十景图》。
③（清）胡敬：《国朝院画录》卷上，《续修四库全书》本。
④（清）震钧：《国朝书人辑略》卷五，《续修四库全书》本。

图3-18 《陶冶图说》之"圆器青花"

琅彩瓷上题写诗文。[①]可见,戴临在当时宫廷书法家中还是有一定地位和影响力的。从他书写的《陶冶图说》来看,其书法工整清秀,俊雅飘逸,具有较高的书法造诣,反映了当时宫廷书法家的书法水平。这对于认识和研究当时宫廷的书法风格、特点及其思想,具有一定的参考价值。

此外,从《陶冶图说》的正文来看,有些内容也有一定的艺术学价值。如记述"圆器青花"(图3-18)时,"青花绘于圆器,一号动累百千,若非画款相同,必致参差互异。故画者止学画而不学染,染者止学染而不学画,所以一其手而不分其心。画者、染者各分类聚处一室,以成其画一之功。其余拱锥、雕镂,业似同而各习一家;釉红、宝烧,技实异而类近于画。至如器上之边线青箍,原出旋坯之手;其底心之识铭书记,独归落款之工"。说明清初景德镇御窑厂有着精细的分工,即使是青花图案的绘制,都有画者、染者的区别,"画者止学画而不学染,染者止学染而不学画"。这种精细的分工,很好地保证了御器制作的质量,但御窑厂生产瓷器的样式、釉色、图案、款识,都是严格遵照宫廷颁发的木样或画样来完成的,不许注入个人的思想情感,完全比葫芦画瓢。因此,所绘图案往往趋于程式化,拘谨呆板,不够洒脱,缺乏灵气。在这道工艺

[①] 据《雍正九年记事档》记载:"四月十七日,内务府总管海望持出白磁碗一对。奉旨:着将此碗上多半面画绿竹,少半面着戴临撰字言诗句题写地章,或本色,或合配绿竹淡红,或何色,酌量配合,烧法琅。""五月二十六日,内务府总管海望持出无釉白磁碗四件。奉上谕:着将无釉白磁器上做洋漆,半边或画寸龙,或梅,或竹,或山水,半边着戴临写诗句。"

记述的末尾又言,"花、鸟、禽、鱼,写生以肖物为上;宣、成、嘉、万,仿古以多见方尊,此青花之异于五采也"。说明青花和五彩是瓷器上两种不同的装饰技法,制作工艺有所区别,绘画风格也有所不同。文中简括了当时青花图案绘制的风格特点,至今仍有可借鉴之处。又如记述"圆琢洋采"时,"圆琢白器,五采绘画,摹仿西洋,故曰洋采"。说明清初御窑厂工匠在绘画瓷器时已经注意到中西技艺的融合。盛行于雍正、乾隆时期的粉彩,即文中所说的"洋采",就是中西技艺融合的产物。它是在我国传统五彩制作的基础上,引入西方珐琅彩的原料和画法,创制出的一种新的瓷器装饰技法,在我国陶瓷绘画发展史上具有重要的地位。

四、哲学价值

《陶冶图说》的哲学价值主要体现在"制画琢器"(图3-19)的记述上。其文曰:"琢器之式,有方圆棱角之殊;制画之方,别采绘镂雕之异。仿旧须宗其典雅,肇新务审其渊源。器自陶成,矩规悉遵古制;花同锦簇,采色胜上春台。观、哥、汝、定、均,抔污之仪则非远;水、火、木、金、土,洪钧之调剂维神。或相物以赋形,亦范质而施采。功必藉夫埏埴,出自林泉;制不越夫罇罍,重均彝鼎。炉烟焕色,虽瓦缶亦参橐籥之权;彩笔生花,即窑瓷可验文明之象。"这段文字寓哲理于艺术之中,阐明了唐英的艺术哲学思想,体现了《陶冶图说》的哲学价值。它首先明确了继承和创新的关系,认为"肇新务审其渊源",即创新必须是建立在继承基础上的创新。又言"或相物以赋形,亦范质

图3-19 《陶冶图说》之"制画琢器"

而施采"，即根据物体的实际存在状态来表达其形式，根据物体的不同形质来涂饰相适应的彩画。这说明唐英具有"物质决定意识，意识反映物质"和"因地制宜"的朴素唯物主义思想。当然，由于时代的局限性，唐英尚未脱离崇神观念的影响，认为"水、火、木、金、土，洪钧之调剂维神"，即人们在五行运转调控方面是完全无能为力的，只有依靠神灵才能做到，否定了人们在改造自然过程中的主观能动性。

此外，《陶冶图说》记述的内容中，还涉及次色变价制度的具体实施，即"所有三色、脚货即在本地货卖"。据乾隆八年二月唐英给皇帝的奏折中言，乾隆七年以前，"将此次色脚货按件酌估价值，造成黄册，于每年大运之时一并呈进，交贮内府。有可以变价者，即在京变价；有可供赏赐者，即留备赏用"。说明当时景德镇御窑厂生产的所有瓷器都要解运至京，即使是需要变价处理的三色或脚货瓷器，也要在京变价。到了乾隆七年六月二十三日，皇帝下旨：嗣后脚货不必来京，即在本处变价。此后，所有三色或脚货瓷器均在景德镇变价货卖，这渐渐成为一种制度。而《陶冶图说》写于乾隆八年，文中言及的三色和脚货瓷器的处理办法，反映了乾隆七年制定的次色变价制度的落实情况，这对于研究景德镇御窑厂的生产管理制度，具有一定的参考价值。但是，唐英在奏折中还曾建议将落选的黄釉瓷器和带五爪龙纹的瓷器仍解送至京，以防止民间影射仿造，僭越用瓷等级。皇帝批示曰："黄器如所请行。五爪龙者，外边常有，仍照原议行。"可见，乾隆七年以后，并非所有的三色和脚货瓷器都在景德镇变价处理，《陶冶图说》中的记述不够严谨，有些失实。

概言之，《陶冶图说》是我国第一部系统完整地记述清初景德镇制瓷工艺的专论之作，内容丰富，图文并茂，具有较高的工艺学研究价值；而文中记述的部分内容，还具有一定的民俗学、艺术学、哲学等研究价值。《陶冶图说》编成后，被《陶说》《景德镇陶录》等多部著作传抄转引，至今仍有较高的利用率，可见其参考价值之高、影响之深远。

第四节　唐英督陶奏折的内容价值

唐英督陶达二十七年之久，期间向皇帝递呈了许多奏折，其中有关陶务的奏折有40余份。最早的一份是乾隆二年六月初九日撰写的《乾隆元年分淮安关税课奏销折》，最晚的一份是乾隆二十一年七月二十七日撰写的《因病仰祈解任折》，详见表3-1。这些奏折是唐英为了阐述某种事实或说明一些情况，向皇帝建奏请示的原始记录，真实反映了唐英督陶时期景德镇御窑厂的生产管理情况，是研究清初乃至整个清代御窑厂生产管理情况的珍贵史料。因此，有必要对其内容价值作以评析，以供读者参考使用。从表3-1"内容概要"中可知，这些奏折主要涉及御窑厂的烧造、管理、经费使用与核销、瓷器运解方式、次色变价处理、人事调动安排等内容，本书就从这几个方面对其价值进行评析。

表3-1　唐英督陶奏折一览表

奏折名称	撰写时间	内容概要
乾隆元年分淮安关税课奏销折	乾隆二年六月初九日	记述了乾隆元年淮安关税课的收入与支出情况，其中包括用于御器生产的火耗银的拨付与消耗情况
烧造瓷器用费折	乾隆三年正月二十八日	唐英为了完成御器的烧造任务，向皇帝申报两万两的烧造经费，并建议从户部划拨，由内务府查核，并报户部备案
遵旨赴景德镇窑厂专司陶务折	乾隆四年正月二十三日	记述了唐英前赴景德镇御窑厂前榷关事务的交接情况和将从景德镇运至淮安关的上色和次色瓷器运往京城的情况
奏请改由九江关动支银两经办陶务折	乾隆四年正月二十三日	唐英改任九江关监督兼任景德镇御窑厂督陶官后，为了方便管理，提高效率，建奏瓷器烧造经费从淮安关盈余银两内划拨，改从九江关盈余银两内划拨一万两；并且，还奏凡瓷器烧造、配座、装桶等事均在江西省内办理，从九江关直接解运至京城，无须先绕道到淮安关配座、装桶后，再解运至京城
奏到景德镇窑厂日期折	乾隆四年三月初六日	唐英于乾隆四年二月初二日从淮安关起身，至二月二十八日抵达景德镇御窑厂，并于三月初一日开工
奏请赴窑厂经理陶务由九江知府照管关务折	乾隆四年六月二十五日	唐英督陶期间，每年于御器烧造最紧要的春、秋两季巡视御窑厂，而九江关务暂由九江知府照管
遵旨敬谨办理陶务折	乾隆六年五月二十四日	阐述了去年御窑厂瓷器烧造粗糙的原因
六十三赴厂办理陶务折	乾隆六年五月二十四日	记述了六十三赴厂查核以前瓷器烧造费用情况

续表

奏折名称	撰写时间	内容概要
乾隆五年分九江关税课奏销折	乾隆六年六月十七日	记述了乾隆五年九江关税课的收入与支出情况，其中包括乾隆四年和乾隆五年用于御器烧造费用的情况
遵旨呈报历年动支钱粮及陶务清册折	乾隆六年十一月初七日	记述了唐英奉旨呈报雍正十年至十三年、乾隆元年至五年瓷器烧造费用拨付与消耗情况
乾隆六年分九江关税课奏销折	乾隆七年九月初一日	记述了乾隆六年九江关税课的收入与支出情况，其中包括该年用于御器烧造费用的情况
遵旨烧造诗文轿瓶折	乾隆七年十一月十七日	记述了唐英奉旨烧造御制诗文轿瓶的情况
奏请专办陶务折	乾隆七年十一月二十九日	唐英榷九江关期将满，为了慎重瓷务，专心陶政，圆满完成御器烧造的任务，建奏不再担任九江关监督，专司陶务
请定次色瓷器变价之例以杜民窑冒滥折	乾隆八年二月二十日	记述了次色瓷器处理的演变情况。为了维护社会的等级制度和皇家的权威尊严，防止民间仿造皇室专用的黄釉器和五爪龙纹器，唐英建奏这两类次色瓷器不能变价货卖
恭进奉发及新拟瓷器折	乾隆八年闰四月二十一日	记述了唐英按照宫廷颁发式样烧造瓷器及自行拟造新式瓷器的情况
遵旨编写《陶冶图说》呈览折	乾隆八年五月二十二日	记述了唐英奉旨为宫廷发送的二十张《陶冶图》编写说明的情况
乾隆七年分九江关税课奏销折	乾隆八年九月初一日	记述了乾隆七年九江关税课的收入与支出情况，其中包括该年用于御器烧造费用的情况
恭进御制诗瓶及自拟新样瓷器折	乾隆八年九月十七日	记述了唐英按照原有御制诗瓶式样烧造瓷器及自行拟造新式瓷器的情况
遵旨赔补烧造瓷器损失等事折	乾隆八年九月十七日	记述了唐英因乾隆早期瓷器制作粗糙而被问责及勒令赔补的情况

续表

奏折名称	撰写时间	内容概要
恭进万年甲子笔筒折	乾隆八年十二月初一日	记述了御窑厂烧造万年甲子笔筒的情况
恭进上传及偶得窑变瓷器折	乾隆九年二月初八日	记述了唐英按照宫廷颁发式样烧造瓷器及偶然烧成窑变瓷器的情况
奏办奉发盖罐情形折	乾隆九年七月十三日	阐述了宫廷送来的缺釉成窑天字盖罐不宜补色的原因,并记述了唐英根据此罐款式、大小、釉色进行仿造的情况
乾隆八年分九江关税课奏销折	乾隆九年八月二十二日	记述了乾隆八年九江关税课的收入与支出情况,其中包括该年用于御器烧造费用的情况
奏请老格留厂协造折	乾隆十年二月二十五日	明确了御窑厂协造官与笔帖式职责范围上的区别,强调了协造官在瓷器烧造过程中的重要作用,记述了协造官老格任职期间的良好表现。由于老格任期将至,因此唐英建奏皇上让他继续留厂担任协造官
遵旨攒造青花白地瓷五供折	乾隆十年四月初八日	记述了唐英奉旨烧造青花白地瓷五供及瓷苓芝花的情况
恭进上传及新样瓷器折	乾隆十年四月初八日	记述了唐英按照宫廷颁发式样烧造瓷器及自行拟造新式瓷器的情况
乾隆九年分九江关税课奏销折	乾隆十年八月初九日	记述了乾隆九年九江关税课的收入与支出情况,其中包括该年用于御器烧造费用的情况
乾隆十年分九江关税课奏销折	乾隆十一年十月十八日	记述了乾隆十年九江关税课的收入与支出情况,其中包括该年用于御器烧造费用的情况
乾隆十一年分榷务期届奏请解任折	乾隆十一年十月十八日	记述了唐英榷关任期将满时恳请皇上另择差事或专司陶务的情况
乾隆十一年分九江关税课奏销折	乾隆十二年六月十六日	记述了乾隆十一年九江关税课的收入与支出情况,其中包括该年用于御器烧造费用的情况

续表

奏折名称	撰写时间	内容概要
乾隆十三年分九江关税课奏销折	乾隆十四年七月十二日	记述了乾隆十三年九江关税课的收入与支出情况，其中包括该年用于御器烧造费用的情况
到任九江接管九江关务陶务折	乾隆十七年三月二十一日	记述了唐英从粤海关调回九江关的情况。唐英于乾隆十七年正月十七日从粤起身，三月初三日抵达九江，开始再次督理御窑厂陶务
为惠色乾隆十六年分九江关任内税课奏销折	乾隆十七年九月十五日	记述了乾隆十六年惠色权九江关任内税课的收入与支出情况，其中包括该年用于御器烧造费用的情况
乾隆十七年分九江关税课奏销折	乾隆十八年十一月二十一日	记述了乾隆十七年九江关税课的收入与支出情况，其中包括该年用于御器烧造费用的情况
乾隆十八年分九江关税课奏销折	乾隆十九年十一月二十一日	记述了乾隆十八年九江关税课的收入与支出情况，其中包括该年用于御器烧造费用的情况
乾隆十九年分九江关税课奏销折	乾隆二十年十一月十五日	记述了乾隆十九年九江关税课的收入与支出情况，其中包括该年用于御器烧造费用的情况
恭报回九江关任事折	乾隆二十一年三月十七日	记述了唐英回到九江关后奉圣训教导其子寅保学习瓷务的情况
次色瓷器变价销售不能年清年款折	乾隆二十一年四月二十四日	记述了乾隆七年以来次色瓷器在景德镇变价销售的总体情况，分析了次色瓷器变价销售不能年清年款的主要原因
恭缴次色黄器及次色祭器折	乾隆二十一年七月初七日	记述了次色黄器及次色祭器恭缴的情况
因病仰祈解任折	乾隆二十一年七月二十七日	记述了唐英因突发严重的咽喉疼痛之疾，无法正常工作，不得不请求解任的情况

一、关于御窑厂的烧造

这主要体现在《遵旨敬谨办理陶务折》《遵旨烧造诗文轿瓶折》《恭进奉发及新拟瓷器折》《恭进御制诗瓶及自拟新样瓷器折》《恭进万年甲子笔筒折》《恭

进上传及偶得窑变瓷器折》《遵旨攒造青花白地瓷五供折》《恭进上传及新样瓷器折》这几份奏折中。

从《遵旨敬谨办理陶务折》中可知，从乾隆元年到乾隆六年这段时间内，唐英督造的瓷器较为粗糙，质量逊于雍正朝，由此受到乾隆帝的严词责问。尽管唐英在奏折中极力辩解："伏查上年间正值监造催总默尔森额抱病之时，奴才又距厂三百余里，不能逐件指点，以致所得瓷器不无粗糙。至运解到京，一路换船前进，几经扛抬搬运，未免动摇磕触，致有破损之件。此皆奴才料理未周，疏忽之咎实难自逭。"但是乾隆帝仍然不依不饶，继续严加追责，并派六十三查核唐英近年来的经费收支情况。这反映了唐英在这段时间内，因其

图3-20　清乾隆蓝地粉彩开光墨彩御制诗文轿瓶

督造瓷器粗糙，引起乾隆帝的极大不满，甚至遭到一些猜忌和不信任。

经过这次斥责之后，尤其是乾隆六年十二月催总老格担任协造官以后，御窑厂的生产渐趋好转，烧造数量和质量较以往都有所提高，这可从《遵旨烧造诗文轿瓶折》中反映出来。乾隆七年十月二十九日，唐英奉旨烧造御制诗文轿瓶（图3-20），由于天气晴朗，坯胎、窑火、设色、书画等各项工艺制作顺遂，唐英圆满地完成了这次任务，令乾隆帝十分满意，受到"所办甚好"的夸赞。不过这样的夸赞，也就仅此一次。从其余几份奏折中可知，自此以后，乾隆帝对唐英督造的瓷器，不论它是多么地新奇巧妙，包括唐英自拟的新式样瓷和作为"祥瑞之征"的窑变釉瓷，都是以"览"字批复，再也没有任何夸赞之词，可见皇帝要求之严苛。

但正是这种严苛的要求，促使督陶官唐英一直保持兢兢业业、勤勉自励、精益求精的处事态度和工作作风，不断提高御器制作的质量，从而铸就了乾隆早期御器生产的辉煌。

二、关于御窑厂的管理

这主要体现在《奏请赴窑厂经理陶务由九江知府照管关务折》《奏请专办陶

务折》《遵旨赔补烧造瓷器损失等事折》这三份奏折中。

《奏请赴窑厂经理陶务由九江知府照管关务折》记述了督陶官唐英虽在九江关遥领陶务，但每逢春、秋两季，都会到御窑厂巡视，每次在厂时间以半个月为率。届时，唐英会亲自督办陶务，还会参与瓷器的设计、制作和烧造，以求圆满地完成御器生产任务，而九江关务暂由九江知府照管。究其每年到厂巡视的原因，唐英在奏折中有详细描述："其最关紧要之时，在春则于二三两月，秋则于八九等月。盖二三月间，当开工之始，所有器皿各样俱须定准。至调停釉水、配搭颜料，皆于此时料理。其八九月之候，风日高燥，于坯胎、火候均为合宜，正当陶成各器之时，拣选讲究，尤在熟谙之人亲身经理。今奴才管理九江关务，原为就近窑厂，可以及时照看。除今岁三月间奴才在厂亲自办理外，拟于八月内届窑工正盛之时，奴才再行赴厂，以经理其事。惟是关厂往返，兼之拣选讲究，须在厂数天，计以半月为率。在关务日有标单、收兑、放关诸事，势必需员经管，方免疏虞。奴才伏念关署紧傍府城，若奴才赴厂之日，得委九江府知府就近暂为照管，彼此俱无废事，而于厂务、关务亦均有裨益。"可见，每年的春、秋两季是南方烧造瓷器的关键时期：春季是每年的"开工之始"，其设计、备材、造坯、配釉、调色、彩画等重要工艺的制作都在此时完成，属于"始条理之事也"；秋季"风日高燥"，是瓷器烧造的最佳时期，唐代诗人陆龟蒙就有"九秋风露越窑开，夺得千峰翠色来"的描述，属于"终条理之事也"①。因此，唐英每逢这两个季节都要到厂巡视半个月左右，亲自督理陶务，以便不辱使命，圆满完成御器烧造任务。之后，这便成为唐英巡视管理陶务的常例。

《奏请专办陶务折》记述了唐英榷九江关期将满，为了慎重瓷务，不愿再兼管九江关务，建奏专司御器烧造。唐英在奏折中言道："烧造瓷器工作琐屑，必熟谙泥土火候之性者，始能通变办理。况造成瓷器上供御用，办理之员尤宜专一。今奴才管理九江关，计距厂三百余里，虽每年可以赴厂两次，并得九江知府暂管关务，奴才每次赴厂可以多住时日料理瓷务，但道里往返，一年工作只得一两月监看，究不能逐件检点，殊非专一敬事之意。奴才为慎重瓷务起见，谨跪请圣慈俯准奴才所请，另差管关之员，俾奴才得于来年三月关务任满之日，俟新差交代，即前赴窑厂专司烧造。"此奏折写于乾隆七年，这一想法还与乾隆六年唐英因瓷器烧造粗糙而被严词问责有关。唐英不愿身兼多职，只想专

---

① 据万历《江西省大志·陶书》记载："盖造坯彩画，始条理之事也；入窑火候，终条理之事也。"

理陶务，努力提高瓷器制作质量，圆满完成御器烧造任务。但是，这一建奏并没有得到乾隆帝的同意，只被允许在窑厂多住几日。由此可以看出，此时的乾隆帝已对唐英的工作能力趋于信任和认可。

《遵旨赔补烧造瓷器损失等事折》记述了唐英因乾隆早期瓷器制作粗糙而被问责后，又被勒令赔补银二千一百六十四两五钱五分三厘三丝五忽二微。可见，督陶官在御窑厂的责任和压力重大，凡是御器制作粗糙的，督陶官则要赔补，唐英督陶期间就时有发生，这体现了御窑厂严格的管理制度。唐英在这份奏折中还言及核减工价物价之事，并阐述了自己的看法："伏查立厂之初，一应派累当官旧弊全行革除。凡工价物价，俱以粗细高下定为等次，照本地窑民雇工买物之例，画一办理，久经著为成规，即阊镇之工匠铺户通行相安。今虽核减于元、二两年，若于援此以为定例，恐于制造民情多有掣肘，故不但从前节年以来循照办理，即现嗣后均有不能更改之处。至次色一项，原为火中取物，不能概登上选，今议以照上色之工费加倍核减，亦似难援为常年定例。"可见，唐英认为按照上色工费核减工价物价的做法是欠妥的。

三、关于御窑厂经费的拨付、使用与核销

这主要体现在《烧造瓷器用费折》《奏请改由九江关动支银两经办陶务折》《遵旨呈报历年动支钱粮及陶务清册折》《乾隆元年分淮安关税课奏销折》《乾隆六年分九江关税课奏销折》《乾隆七年分九江关税课奏销折》《乾隆八年分九江关税课奏销折》《乾隆十三年分九江关税课奏销折》等奏折中。

从这些奏折中可知，雍正年间，每年御窑厂的烧造费用多来自于火耗银，约计八千两，若不足用，可用饭食银添补，因此年希尧督陶近十年来烧造费用颇足使用。但自年希尧因事被革后，饭食银被废除，一切烧造费用均从火耗银中划拨，如不足用，再从盈余银两中开支。据《烧造瓷器用费折》记述，乾隆元年，因烧造瓷器不多，共用银一千二百三十余两；乾隆二年，因减半烧造，共用银九千四百四十八两，当然这只是减半烧造后的用费。若按正常数量烧造，则费用严重不足。后经准唐英的建议，自乾隆二年年底，将御窑厂的烧造费用增至两万两，从淮安关盈余银两中开支，以供窑工、南匠及传办公事之用，但每年必须造册，呈送内务府核销。"如有余存，亦解交内务府收用，一面报[户]部存案。如此按年清销，庶办差不致有误，动用亦易稽查矣"。

乾隆四年，尽管唐英开始管理九江关税务，但是御窑厂的烧造费用仍从淮安关盈余银两中开支两万两，作为窑工并办差之用。后经内务府大臣海望议覆，将烧造费用减至一万两，仍从淮安关盈余银两中开支，若不足用，再另行

添支。唐英为了方便管理，节省时间，建奏御窑厂的烧造费用改从九江关盈余银两中开支。他在《奏请改由九江关动支银两经办陶务折》中言道："窃以从前动用淮关银两，缘江西所造瓷器先运至淮关署内，配成匣座，转运进京，所以动用淮关银两庶觉便易。……［今］凡烧造之器配座、装桶、解运，奴才俱在江西一手办理，直送京师，以免由淮绕道，耽延时日。既不在淮配座、解运，似不必专需淮关银两。况淮关去江西二千余里，从前淮关解银到厂，俱咨明两江督臣沿途拨兵护送，夜则寄贮地方官库，未免文案声扬，且恐传造器多，每年一万两不敷所用。奏准之后，再移淮请领，往返动经数月，匠作人等不能停工以待，且今再用淮关银两，不无远不及济之虞。奴才思江西有九江一关，附近窑厂二百四十里，移取甚便，或于九江关盈余内每年动支一万两，如不敷用，再行奏请添支，年满报销。淮安、九江两关均属盈余钱粮，一转移之间，不独于公事有济，且免护送声扬之繁。"此奏得到了乾隆帝的批准。此后，每年御窑厂的烧造费用改从九江关盈余银两中开支一万两，并渐成定例。这还可从唐英撰写的各年经费奏销折中得到证实：乾隆四年，御窑厂的烧造费用除了正常拨付的一万两外，"因不敷制造，于九江关四年分盈余项下动支一千十七两七钱，以为添补之费"，因此该年的烧造费用为一万一千十七两七钱；乾隆五年，御窑厂的烧造费用为一万两；乾隆六年，御窑厂的烧造费用为一万两；乾隆七年，御窑厂的烧造费用为一万两；乾隆八年，御窑厂的烧造费用为一万两；乾隆九年，御窑厂的烧造费用为一万两。此后，唐英督理御窑厂时的烧造费用均为一万两。①

四、关于御窑厂瓷器的运解方式

这主要体现在《遵旨赴景德镇窑厂专司陶务折》《奏请改由九江关动支银两经办陶务折》这两份奏折中。这两份奏折均写于乾隆四年正月二十三日。

《遵旨赴景德镇窑厂专司陶务折》中记述了乾隆四年二月以前御窑厂瓷器的运解方式："现将江西解淮上色瓷器九千三百七十五件，业于正月十二日由陆路运送进呈。尚有次色瓷器两万一千余件，奴才攒造册籍，收拾装桶，由水路运送进京。"可见，乾隆四年二月以前，御窑厂生产的瓷器在景德镇由昌江经鄱阳湖，入长江运至淮安关。淮安关位于今江苏省淮安市楚河区，京杭大运河畔，

---

① 需要说明的是，这里不包括乾隆十五年、乾隆十六年御窑厂的烧造费用。这两年，唐英被调往粤海关，九江关税务及御窑厂烧造由惠色接管。关于这两年的烧造费用，仍是从九江关盈余银两中开支，乾隆十五年开支一万两，乾隆十六年开支七千两。

距景德镇市一千余里。在淮安关将瓷器配座、装桶后,再由陆路或水路运至京城。

《奏请改由九江关动支银两经办陶务折》中记述了乾隆四年二月以后御窑厂瓷器的运解方式:"凡烧造之器配座、装桶、解运,奴才俱在江西一手办理,直送京师,以免由淮绕道,耽延时日。"此奏得到了乾隆帝的批准。可见,乾隆四年二月以后,御窑厂生产的瓷器不再绕道运至淮安关,而是在景德镇由昌江经鄱阳湖,入长江运至九江关。九江关位于今江西省九江市境内,距景德镇市约三百里。在九江关将瓷器配座、装桶后,由水路运至京城,这样缩减了路程,节省了时间。而《遵旨赴景德镇窑厂专司陶务折》中记述的上色、次色瓷器应是最后一批通过淮安关转运至京的瓷器。

五、关于御窑厂次色瓷器的处理情况

这主要体现在《请定次色瓷器变价之例以杜民窑冒滥折》《次色瓷器变价销售不能年清年款折》《恭缴次色黄器及次色祭器折》这三份奏折中。

《请定次色瓷器变价之例以杜民窑冒滥折》记述了御窑厂次色瓷器处理的演变情况:"窃奴才于雍正六年奉差江西监造瓷器,自十月内到厂,即查得有次色脚货一项,系选落之件。从前监造之员,以此项瓷器向无解交之例,随散贮厂署,听人匠使用,破损遗失,致烧成之器皿与原造之坯胎,所有数目俱无从查核。……奴才辗转思维,实不便遗存在外,以蹈亵慢不敬之咎。随呈商总管年希尧,将此次色脚货按件酌估价值,造成黄册,于每年大运之时,一并呈进交贮内府。有可以变价者,即在京变价;有可供赏赐者,即留备赏用。自奴才到厂之后,于雍正七年为始,迄今总属如此办理。今于乾隆七年十二月十二日,接到养心殿造办处来文,内有传奉本年六月二十三日谕旨:嗣后脚货不必来京,即在本处变价,钦此。"可见,雍正七年以前,御窑厂次色瓷器"随散贮厂署,听人匠使用",基本上处于无人管理的状态。实际上,这主要是指明代隆庆以后至雍正六年这段时间内御窑厂次色瓷器的处理情况。而隆庆以前的洪武至嘉靖时期次色瓷器的处理情况并非如此,这段时间大多采用打碎埋地的处理方法,这可从景德镇珠山明代御窑遗址发掘的大量碎瓷片层中得到证实。

唐英于雍正六年十月到厂协理陶务后,鉴于"厂造瓷器,上供御用,理宜敬谨办理。虽所造之器出自窑火之中,不能保其件件全美,每岁每窑均有选落之件,计次色、脚货及破损等数,几与全美之件数相等。此项瓷器必须选落,不敢上供御用,但款式制度有非民间所敢使用者",便决定改变这种无人管理的状况。从雍正七年开始,"按件酌估价值,造成黄册",随同上色瓷器一同运

京,"有可以变价者,即在京变价;有可供赏赐者,即留备赏用"。这种处理方法一直持续到乾隆七年六月。

乾隆七年六月,皇帝下旨"嗣后脚货不必来京,即在本处变价",即次色瓷器在景德镇变价销售。唐英接到旨意后,诚惶诚恐,仔细思索后,觉得如此处理有所不妥,于是上奏言道:"惟是国家分别等威,服物采章俱有定制,故厂造供御之瓷则有黄器及锥拱彩绘五爪龙等件。此等器皿,非奉赏赐,凡在臣下不敢珍藏擅用,以滋违制之戾。至如观、哥、汝、定、宣、成等釉,以及无关定制之款式、花样等器,亦有官窑、民窑之别。官窑者,足底有年号字款;民窑则例禁书款,久经奉行查禁。此奴才于始行监造之日,即不敢将此次色脚货存留于外之由也。今若将每年之次色脚货于本地变价,则有力之窑户皆得藉端影造,无从查禁,恐一二年间不但次色脚货一项,其影造之全美者,亦得托名御器以射利。俾伪造之厂器充盈海内,无论官器日就滥觞,而厂内选落之器转致壅滞,而不能变价,则每年之次色约计价值不下二三千两,更恐难于按年变缴,是官器与钱粮两无裨益。此奴才战兢惕栗,不得不鳃鳃计及者也。至于黄器及五爪龙等件,尤为无可假借之器,似未便以次色变价,致本处窑户伪造僭越,以紊定制。奴才愚昧之见,请将此选落之黄器、五爪龙等件照旧酌估价值,以备查核,仍附运进京,或备内廷填补副余,或供赏赐之用,似可以尊体制而防亵越。至如余外选落之款釉、花样等件,凡属官造,向亦在查禁之列,不许民窑书款仿造,然于国家之制度等威尚无关涉,似不妨在外变价。奴才请将此项次色脚货仍按年估计造册,呈明内务府,俟核覆到日,听商民人等之便,有愿领销者,许其随处变价,仍不许窑户影射伪造,以杜滥觞壅滞,则此选落之无关定制者既易销售,而黄器、五爪龙之选落者亦得所用,不致流布民间,以滋亵越矣。"皇帝批复曰:"黄器如所请行。五爪龙者,外边常有,仍照原议行。"可见,从乾隆七年六月开始,御窑厂次色瓷器除黄器运至京城处理外,其余次色瓷器均在景德镇变价销售。

《次色瓷器变价销售不能年清年款折》《恭缴次色黄器及次色祭器折》这两份奏折反映了乾隆七年六月以后次色瓷器处理规定的落实情况。《次色瓷器变价销售不能年清年款折》记述了除黄器之外的其余次色瓷器的处理情况:"每年选落次色器皿,于乾隆七年按照烧造成本估计,即在本处变价,所得变价银两例应按年解送内务府,年清年款。"可见,唐英严格按照旨意行事,将除黄器之外的次色瓷器均在景德镇变价销售。但是,这些瓷器虽是次色,"究系官窑瓷件,釉料既高,工价亦倍,"即成本较高,价格昂贵,"非比民间常用器皿易于销售",因此很难做到年清年款。直到乾隆二十一年,唐英才将乾隆七年至乾隆十四年间的次色瓷器变价销售完毕，而乾隆十七年复理陶务后的"应行变价次色器皿又已积下四五年"。"伏查次色器皿悉系动支钱粮烧造，则变价银两即与正项钱粮无异，今因各器不能按年销售，以致变价银两不能年清年款"。《恭缴次色黄器及次色祭器折》则记述了次色黄器运送至京的处理方法："至娇黄次色，自应遵旨恭缴。查自乾隆七年至乾隆十四年次色黄器总共一万一千七十九件，理应开造清册，照例交广储司按册查收。"可见，"次色黄器不许变价"的规定得到了很好的落实。

六、关于御窑厂管理者的人事调动安排

这主要体现在《遵旨敬谨办理陶务折》《六十三赴厂办理陶务折》《奏请老格留厂协造折》《乾隆十一年分榷务期届奏请解任折》《到任九江接管九江关务陶务折》《恭报回九江关任事折》《因病仰祈解任折》等奏折中。关于御窑厂督陶官唐英的人事调动情况，在表3-1中已经有所表述，这里不再赘言。下面就重点阐述一下这些奏折中有关协造官的任命、调动和职责等情况。

从史料记载来看，清代御窑厂管理者都是官员，再无明代太监监陶的现象。并且，从雍正五年开始，御窑厂管理者除了督陶官外，还增设了协造官一职。协造官多是从内务府官员中调任，初始无固定任期，到了乾隆朝才得以明确，即和督陶官任期一样，一般是三年一届，能否连任，须呈皇帝裁定。唐英在《奏请老格留厂协造折》中记述了协造官和笔帖式在职责范围上的区别，强调了协造官在御器烧造中的重要作用："窃奴才于雍正六年奉差江西监造瓷器，一切烧造事宜俱系奴才经管。另有笔帖式一员，止司买办物料并钱粮出入之事。维时以奴才常在厂署职司监造，而笔帖式无烧造之责，可不必经久熟练，故例得三年更调。嗣因奴才钦奉恩命管理关务，虽窑厂烧造仍系奴才兼管，但不能常在厂内料理，是以将笔帖式掣回，改换协造之员。是协造之员，即有监造之责，必得经久熟练，方知泥土物料之性，火候釉水之宜，始于瓷器有益，而钱粮亦不致糜费。此协造之员似难引笔帖式之例三年更换者也。"可见，协造官比笔帖式的职责范围要大：协造官不仅负有买办物料及钱粮出入之责，还负有监造御器之责；而笔帖式只负有买办物料及钱粮出入之责。

从这些奏折中可知，唐英督陶时期的御窑厂协造官先后共有三人：默尔森额，任职时间为乾隆二年至乾隆六年；六十三，任职时间为乾隆六年；老格，

任职时间为乾隆六年至乾隆十四年，乾隆十七年至乾隆二十一年①。其中，以老格协造最为得力，屡次受到唐英的夸赞。每当老格三年任满时，唐英就会上奏请旨让其继续留任，故而他任职时间最长，协陶成就最大。以乾隆十年二月二十五日撰写的《奏请老格留厂协造折》为例，此时老格驻厂协陶三年期满，唐英便在这份奏折中言道："今查协造之催总老格，于乾隆六年十二月内到厂，初管瓷务，未谙烧造。奴才每岁于春、秋二季，自九江关赴厂两次，除查看釉水颜色、出样定款之外，与彼细加讲究。老格亦留心学习，颇能领会，迄今三年，渐就熟谙。故奴才虽不能常在窑厂，而近年瓷务亦得稍免歧误。今老格已满三年，若引从前笔帖式三年更换之例，再换生手，则火候、物性工作细事茫无知觉，又须从头学习，于瓷务难免贻误。奴才伏念瓷器上供御用，理宜敬慎办理。老格在厂三年，为人安静，办事谨饬，不但烧造钱粮经手无误，而于造作事宜亦渐致娴熟，在窑厂实有裨益，况与止司置买钱粮之笔帖式不同。奴才为瓷务起见，仰恳圣恩，可否免其更调，仍留窑厂协造，容奴才再为逐一指点，则于现在之瓷器，不致以生手贻误，而于日后之造作，亦可得一熟谙之员矣。"皇帝批复曰："老格着再留三年，该衙门知道。"由此可见唐英对老格为人处事的赏识和协陶成就的肯定。

此外，唐英这些督陶奏折都有明确的撰写时间，这为了解唐英的生平事迹提供了线索，为明晰唐英各个时期的督陶成就提供了依据。如《奏到景德镇窑厂日期折》中记述了唐英于乾隆四年初从淮安关调至九江关后，前往御窑厂的详细日程："于二月初二日自淮起身，至本月二十八日抵达江西窑厂，随于三月初一日开工。"并且明确了唐英自乾隆元年正月离开御窑厂后，三年间从未回去过的事实。又如《遵旨编写〈陶冶图说〉呈览折》中记述了乾隆八年唐英奉旨编写《陶冶图说》的情况：乾隆八年四月初八日，由内廷交出《陶冶图》二十张，皇帝下旨让唐英按图编写说明。唐英于乾隆八年闰四月二十二日接到旨意后，便着手编写，于五月二十二日编写完成。这些明确的时间表述，是梳理唐英生平事迹及其督陶成就的重要史料，弥足珍贵。同时，这些督陶奏折呈上后，大多有皇帝的批复。如乾隆帝在《遵旨敬谨办理陶务折》后对唐英责问的批复："不但去年，数年以来所烧者，远逊雍正年间所烧者，且汝从未奏销。旨

---

① 这里指唐英督陶时期御窑厂协造官的任职时间。实际上，老格因其协造得力，受到多位督陶官的夸赞，任职时间从乾隆六年开始，一直持续到乾隆三十四年，直到他年老患疾，不能劳作方退。可见，老格一共做了28年的协造官，辅助过唐英、惠色、尤拔世、舒善、海福、瑸琦、伊龄阿七位督陶官，是清代任职时间最长的协造官。唐英只是老格协助过的督陶官之一。

到，可将雍正十一二三等年所费几何，所得几何，乾隆元年至五年所费几何，所得几何，一一查明，造册奏闻备查，仍缮清单奏闻。"又如乾隆帝在《遵旨烧造诗文轿瓶折》后对唐英夸赞的批复："所办甚好！知道了。"这些批复表达了乾隆帝对唐英督陶工作的评价，既有批评，又有表扬，体现了乾隆帝对御器制作的重视和严格要求，有些批复还反映了乾隆帝的审美倾向。这些批复对于督陶官唐英来说，虽偶有一些鼓励和夸赞的言词，但更多的是一种警示和鞭策。

概言之，唐英督陶奏折是记述唐英督陶时期御窑厂生产管理的第一手资料，具有极高的参考使用价值和学术研究价值，对于了解清初乃至整个清代御窑厂的生产管理情况具有重要意义，对于当前的陶瓷生产管理也有一定的借鉴意义。

第五节 《陶人心语》的内容价值

《陶人心语》是唐英撰写的个人诗文集，由其幕友顾栋高整理编排，于乾隆五年（1740年）刊印出版，[①]全书共五卷。唐英随后又有续作，经整理编排后，成《陶人心语续选》十四卷，可惜后五卷今已不见，现存文本收录的唐英诗文的写作时间截至乾隆十二年。幸运的是，唐英于乾隆十三年至乾隆十五年间撰写的《陶人心语》手稿留存于世，将其诗文的写作时间延存到乾隆十五年。唐英去世十六年后，即乾隆三十七年，其子寅保委托华岳莲重新整理编排，成《陶人心语》六卷，其中选录了唐英乾隆十五年以后所作的诗文。[②]这是《陶人心语》及其《续选》的诗文收录及版本流传的大致情况，后将有专文论述，在此仅作简要提及。

这些文献基本涵括了唐英现存的全部诗文，为全面研究督陶官唐英提供了可靠翔实的珍贵史料。李绂在《陶人心语·序》中就曾言道："读《起蛟行》及《甲寅五月》诗，见公忧国爱民之心；读《除夕忆禁中直宿》诗，见公不忘君恩之心；读《悼亡》诗四章及《忆两兄》诗，见公笃于人伦之心；读《崔节孝》诗、《施贞孝赞》，见公重节孝、端风化之心；读《龙缸记》，见公好古之心。"当然，李绂之言只是稍作总结，并不完整。根据其内容及写作时间来看，这些诗

[①] 此书虽初刻于清乾隆五年，但后又增补了乾隆六年赵大鲸、乾隆七年金德瑛等人为《陶人心语》所作的序文。这可能是由于私人刊刻图书，比较灵活自由所致。
[②] 可见，当时《陶人心语续选》十四卷本尚保存完整。华岳莲曾翻检查阅，并选录了后五卷中的部分诗文，入其编排的《陶人心语》六卷本中。

文大多撰于唐英协陶督陶之时，不仅记述了唐英协陶督陶时的生平事迹、思想性情、为官之道、制瓷成就等内容，还反映了当时百姓生产生活的一些情况，具有较高的研究价值。下面就对这些诗文的内容价值分别加以阐述。

一、了解唐英生平交游的重要史料

唐英诗文多带时间，这为梳理唐英的生平事迹提供了重要线索和依据。目前所见有关唐英传记或年谱的编写，如民国郭葆昌编的《唐俊公先生陶务纪年表》，王重民写的《跋〈陶人心语〉兼记唐英的事迹》，今人傅振伦、甄励编的《唐英瓷务年谱长编》等，大多依据于此。从《陶人心语》及其《续选》的内容来看，唐英诗文所带时间的表现方式主要有以下四种：

（1）诗文目录后备注写作时间，这主要体现在《陶人心语》及其《续选》各卷卷首的诗文目录中。在各卷卷首的诗文目录中，大多诗文题目后注有写作时间，如《龙缸记》后备注"雍正八年五月初一日"；《奉命入觐归路风沙中口占四截》后备注"乾隆二年二月初五日"；《景镇视陶工归棹遇雨舟中口占》后备注"乾隆五年三月初六日"；《厂署珠山文昌阁碑记》后备注"乾隆七年十月初十日"等。

（2）诗文题目本身带有记事时间，如《甲寅五月望日，浮梁北乡霪霖起蛟，昌水汜溢，两岸田庐漂没殆尽。越十有二日，予入城经过旧游处，断草黄沙，不胜今昔沧桑之感，赋此志之》《丙寅立秋后三日，琵琶亭即景二首》《癸丑元旦书怀十六韵》《庚午清和月之六日，舟泊青山候风，登道华寺峰，望鄱阳湖匡庐即景有作》等。

（3）诗文小序中带有记事时间，如《雨窗题吴尧圃画山水歌》小序记述了雍正七年正月十五日元宵节这一天，唐英为吴尧圃所画山水图题诗的情形；《渡水志事》小序记述了乾隆十三年六月唐英奉旨北上，途经江苏省境内时，遭到大雨侵袭，山水泛涨，"不惟桥梁冲没，竟至平地汪洋，溪涧沟浍多成巨浸"，一路艰难前行的情形；《重临镇厂感赋志事》小序中记述了唐英阔别两年后，于乾隆十七年三月二十五日再次回到景德镇时，全镇百姓热情欢呼的场面。

（4）诗文正文及其注释中带有时间，如《厂署珠山文昌阁碑记》简要概述了唐英乾隆七年以前的督陶历程，《书法指南序》则较为详细地记述了唐英乾隆十二年以前的生平事迹。此外，根据诗文正文及注释中所带时间的相关信息，还可推知一些有关唐英的重要事件的发生时间。如根据《书怀》诗文"陶山兼榷水，花甲已逢壬"和注文"马齿六十又一，前壬戌迄今，乃本生年也"，通过查阅清代历史纪年表可知，前壬戌是指康熙壬戌年，即康熙二十一年，而今花甲之年（人到六十岁时称"花甲"），又逢壬戌，此壬戌是指乾隆壬戌年，即乾隆七年。由此可知，唐英生于康熙二十一年；再据《九月廿八日和方老崔初度自寿原韵三首》的第三首诗末尾的注文"端午日（即农历五月初五日）为余诞辰"，由此可知，唐英生于康熙二十一年农历五月初五日。另据《壬子五日初度口占，时寓西江陶署，马齿五十又一》《癸亥端阳六十二初度自寿二首》等诗题内容，也可推知唐英生于康熙二十一年农历五月初五日。

唐英诗文中还涉及唐英的家世情况。唐英有案可稽的妻妾有三个，即赵氏、马氏和张氏可姬。①其中，赵氏、马氏为妻，张氏可姬为妾。由于资料有限，有关赵氏、马氏的生平事迹不甚详细。《悼亡四首》注文中有一些相关描述："予年二十九丧元配赵淑人，继以今淑人马氏，相庄十八载。"由此可知，唐英二十九岁时，即康熙四十九年，元配赵氏去世。后娶马氏，到写此诗时，两人已相守十八年。另据《可姬小传》记载："己酉秋八月②，予奉使督陶江右，时家难叠兴，内子复婴疾，缠绵三载，卒不救。"③由此可知，马氏于雍正六年患疾，缠绵三年后，不治而亡。而有关张氏可姬的生平事迹，主要见于唐英专门为其所作的《可姬小传》。据记载，可姬姓张，原姓名不详，生于康熙五十年（1711年），北京通州人。幼丧父母，由其祖父母抚养成人。少时常被当作男孩养育，十三岁时还女扮男装，出外游玩，无人能辨。十六岁时，其祖父因故获罪，家业倾荡，资生莫措。可姬见此，便决定鬻身相救，在唐英夫人马氏的协助和撮合下，被唐英收纳为妾。可姬在唐英家中，"勤身操作，一如厮养，无生涩态"，做事"务竭勤殚智，不遗余力"，因此受到唐家上下的尊敬和怜爱。尤其是与唐英夫人马氏的相处十分融洽，两人情同姊妹，"饮食兴居，跬步必偕，凡脂螺钏珥之素所珍畜者尽贻之，亲为梳裹，作时样妆"。唐英于雍正六年（1728年）八月奉命到景德镇协理陶务后，由于地震灾害，加上家族纷争，唐英家中财产几乎尽失，加上马氏患疾，家中一切事务均由可姬一人打理。而可姬任劳任怨，毫无苦言，即使在雍正十年随同家人从京城抵达景德镇后，当唐英问及家中劳苦时，也仅以"忘之矣"轻描回应，绝口不提"苦"字，令唐英十分钦佩和感动。来到景德镇后，唐英便教她读诗习字，"一两年来，长短成诵至三百余首，因解字义。他如方名、算数、沦茗、评花，无不执掌瞭然。至蒸梨

---

① 唐英的这三个妻妾在乾隆朝以前相继去世，但其四子万宝出生于乾隆五年，可见唐英在可姬死后又有续弦，只是其生平事迹不见于文献记载。
② 此处时间记述有误，己酉指雍正七年，而唐英奉命督陶的时间是雍正六年戊申，故"己酉"应为"戊申"之误。
③ 张发颖编. 唐英全集. 北京：学苑出版社，2008：122.

剥枣、女红纺绩之事，又其分也"。雍正十二年七月二十日，可姬产下一子，取名珠山。①但产后不久，可姬因疾不幸去世，年仅23岁。死后，唐英根据其人其事其品行，"敏捷可以备使令，服御可以慰寒暄。情性之平，可以洽侪伍；巾帼之见，可以俾丈夫。生而鬻身，可报其大父；死而遗子，可酬予主人。"为她取名可姬，专门为她立传，并作悼亡诗多首，②亲自为她烧制瓷骨灰罐，以表达他对可姬一生的高度评价和对她逝世的无限哀思。

唐英诗文中还记述了他的几个儿子，长子文保，次子寅保，三子珠山，四子万宝。但因三子珠山早夭③，未被世人列入齿叙，故而常把四子万宝当作三子对待，今姑且从之。有关文保、寅保的生平事迹，主要见于《自题渔滨课子图小照》和《厂署珠山文昌阁碑记》中。据《自题渔滨课子图小照》记载："至乾隆丙辰，为今上龙飞之元年，特奉谕旨量移淮安司榷，时余年五十又五矣。长子文保年二十二，次子寅保年十四，以失母故相随宦撤读书于淮榷官舍。虽同胞兄弟，而气质体度各有差别。……越十有五年，文保继余旧职，供奉内廷。寅保于辛酉科得预乡荐，又附戊辰会榜末，叨充馆选。"又据《厂署珠山文昌阁碑记》记载："是年（指乾隆四年，1739年），文保蒙恩，特赐执事，供奉内廷，从此报酬有阶而咕哔无暇矣。独寅保读书日有进益，其所为文，每为诸先达奖掖许可。予窃喜于望外，实尚疑于分内也。六年辛酉，寅保已年十九矣，以回京扫墓，请且位宾兴之期，欲乘便就试，予笑而领之。乃未几，竟以捷报。嘻！予自少有志，以选入养心殿，遂未逮。小子何知一出而滥掇科名，以成父志乃尔耶？"由此可知，乾隆元年，文保22岁，寅保14岁，则文保的生年应是康熙五十四年，寅保的生年应是雍正元年。由于唐英元配赵氏死于康熙四十九年，妾可姬于雍正五年才被纳入，因此文保和寅保应是同胞兄弟，均为马氏所生。文保于乾隆四年受赐执事，供奉内廷，和唐英早年一样，供职内务府造办处，直到乾隆十五年仍是如此。寅保则勤奋好学，读书日有进益，并于乾隆六

---

① 唐英在珠山出生的那一天，甚是欢喜，曾作《三子生，小诗志喜》以记之，诗题后备注其写作时间"雍正十二年七月二十日"。由此可知，珠山的出生时间是雍正十二年七月二十日。由于珠山早夭，有关他的资料十分有限，这是一条极为少见的有关他生平的珍贵资料。
②《陶人心语》中收录了《姬人生子甫三日暴殇，赋一章悼之》《和汪秀才见慰原韵》《再悼亡姬一首》《悼亡姬二截》等数篇有关悼念可姬的诗文。
③ 顾栋高在为《可姬小传》所作的序中，曾把可姬比作宋代大诗人苏轼的爱妾王朝云，其文曰："昔坡公有侍妾朝云，生子遯，未晬而夭，复朝云亦殁。……余观可姬事与朝云绝类。"既然是"绝类"，那么可姬的事迹应与朝云基本相同，都是产子后不久，母子相继而亡。这从唐英悼念可姬的诗文中亦可得知。

年中举人，乾隆十三年中进士。由于唐英自己因少时被选入养心殿，未能走上科举取业之路，感到十分遗憾，因此他对寅保参加科举之事非常重视，得知寅保高中时，喜出望外，甚是欣慰，曾作《辛酉榜发时，正奉使浔阳，闻寅儿获隽，漫成二首示勉》。乾隆十五年后，皇帝下旨让寅保随同唐英前往广东，"帮助伊父办理关务"，从此寅保便一直伴随在唐英左右，直到唐英去世。由于《陶人心语》成书时，三子万宝还很年幼，因此有关他的生平事迹并不多。但是唐英老来得子，抑制不住自己兴奋激动的心情，连续作了《三子生，小诗志喜》《庚申中秋后三日，三子生于江州使署，赋以识之》《三子万宝以八月十八日生于江州使署，友人贺以诗，因次其韵》等数首诗文。在万宝周岁生日时，唐英还作了一首《豚儿万宝晬盘有作》。从这些诗文来看，万宝小名豚儿，生于乾隆五年八月十八日，备受唐英宠爱。此外，乾隆十五年唐英在好友汪焘为他石镌的小照序文中还提及了"稚子长春保"，此时万宝11岁，该稚子是否就指万宝，还是万宝之后的又一"稚子"？目前限于资料，尚不能得出结论。

有关唐英女儿的生平事迹，由于资料十分有限，只能从《孀女远来慨成二章》《稚女》等诗文中窥知一二。据《孀女远来慨成二章》诗文注释云："予奉差后，长婿夭折，次女亦亡"，"有一外孙女，是年新殇"，"有一外孙，留伺其祖"。由此可知，唐英至少有三个女儿，待他于雍正六年八月奉命到景德镇协理陶务后，家中遭受重大挫折，至雍正九年全家从京城迁往景德镇时，二女儿和大女婿已亡，一外孙女也刚刚夭折，还有一外孙未随家人前往景德镇，而在京城照顾他的祖父。当时，只有大女儿和小女儿随同家人来到景德镇，唐英见此，心中凄然万分，并作下这些愁伤之诗。

有关唐英两位兄长的生平事迹，唐英诗文中并无描述，只能从《儿女远来，天涯团聚，遥忆两兄，神飞万里，和泪浑成，存殁志痛》注文"一松，仲兄堂额也"中得知，唐英仲兄的堂额名曰"一松"，我们姑且把他称作"一松堂主人"。而有关唐英侄子的生平事迹，有稽可查的是庚保和天保。据雍正九年七月十九日作的《庚儿初抵厂署，以水土不服，偶致微疴，口占二首示之》可知，庚保至迟在雍正九年，便随同唐英家人来到景德镇，由唐英照顾抚养。从《语庚儿》《甲寅除夕雨窗守岁》等诗文内容来看，唐英对他关怀备至，呵护有加，如同亲子。天保生平事迹不详，唐英仅有一首《寄勉六侄天保》，来激励他勤奋读书，操存自爱。由此诗题可知，唐英至少有六个侄子。此外，从《陶人心语》各卷卷末校勘者名录来看，唐英孙辈有凌云、书鲁、玉珠、玉亭、玉书、玉笙、玉麟等人，曾孙辈有奎联。

唐英爱好广泛，尤嗜读书，又善交游，跋山涉水间，与友人共赏美景，谈诗作文，甚有雅兴。根据其诗文内容，唐英与友人的交往情况主要有：为友人画作题诗，如《题戴延仲采芝图小照》《题朱寻源墨写白牡丹》《题戴寅谷持竿图小照》等；为友人著作写序，包括为友人家谱（如《刘氏宗谱》）写序，为友人诗集（如《积翠轩诗集》）写序，为友人曲目（如《梦中缘》）写序，为友人医书（如《医学全书》）写序等，可谓题材广泛，类别多样，由此可见唐英涉猎之广博；与友人唱和，如《和汪秀才新秋原韵》《和徐大川留别原韵二首》《和王耐庵司马见赠原韵》等；祝贺友人，如《贺老友白沙邨七十四添丁》《长至日，闻龙眠方泳亭生子，再为其尊人亮书写抚孙图，并题长歌奉寄》祝贺友人生子添孙，《南昌令顾孝威夫妇五十双寿，友人制屏索诗，为赋七律二首》祝贺友人五十寿辰；迎送友人，如《刘铁邃翁自淮阴抵浔见访，相与吟诗作画，倾倒兼旬，喜赠二章》《昌江官廨送方泳亭之南昌》《送西席华烟麓之任贵溪》等。从这些诗文内容中可知，唐英交友真挚，每当友人来访时，他都喜出望外，出门相迎。而当友人离别时，他都依依不舍，情意绵绵，"长啸一声归去来，万绪千言不在口"；悼念亡友，如乾隆六年正月，当闻知幕友默尔森额不幸客死他乡时，唐英肝肠寸断，老泪纵横，并作《默同事旅榇北归，成哀词二章，哭送之情神惨淡中，不暇计工拙也》，以示悼念。又如乾隆十一年十一月，当闻知能仁寺方丈云籽上人去世时，唐英作了挽词绝句十二首，以抒发自己内心的伤痛和对逝者的无限哀思，并祈盼逝者来世仍有"山云水月天"，永享极乐。

二、认识唐英思想性情的重要史料

唐英虽宦海一生，却淡泊名利，崇尚自然。唐英喜爱游览名胜古迹，寻访道观寺庙，投诸大自然的怀抱，并能真正乐享其中，陶冶性情。从唐英大量写景诗文来看，他几乎每到一处，就会留下一些作品。尤其是他多年驻扎的景德镇和九江两地，其名胜古迹几近遍览，有些地方还不止去过一次，如观音阁、阳府山、琵琶亭、能仁寺、九峰山等，被唐英反复吟咏。唐英曾作诗来抒发自己崇尚自然的情怀："偷闲结伴兴春容，名胜今探第二重。医俗甚于医病急，爱山还比爱官浓。旧游过眼随湾水，好景盟心耐冷松。蒲涧濂泉留客意，溪山雨障白云封。"[①]唐英喜爱自然风光，向往山林野趣的生活，并以"医俗甚于医病急"作比，表达自己淡泊名利的性情。唐英在乾隆十二年正月初五日，曾作《自问吟》两首，以总结和反思自己督陶二十年来的所作所为："白发青衫蜗寄生，西江二十岁华更。诗成老大诗天淡，宦到陶渔宦境清。云暖水新鱼雁国，花香

---

① 张发颖编．唐英全集．北京：学苑出版社，2008：61．

柳翠锦官城。阳春假我文章好，触目风光引胜情。""过分功名愧不宜，随缘逐境太平时。春新自有花开眼，宦冷曾无事锁眉。老腕拙书神尚健，觥诗冲口句偏奇。廿年陶榷樵渔队，浪博虚声远近知。"可见，唐英一生虽身处官场，却尽心竭力，忠于职守，且不计名利，淡泊得失，闲暇时读书习字，吟诗作文，寻山觅水，探野访胜，全然不见官场勾心斗角、尔虞我诈、欺上瞒下、鱼肉百姓的恶习。

唐英写景的同时，常常寓情于景，寓理于景，使情、景、理、趣相统一。如《徐州吊古》："形势中原第一城，千秋事业几纷更。雄图云散今西楚，霸气烟销古大彭。滚滚黄河天堑壮，昀昀绿野地维平。东山鹤去空亭在，风雅流传尚有名。"诗文描述了古时徐州"中原第一城"的雄阔霸气，感叹如今"霸气烟销""人去楼空"的苍凉。又如《题自画墨莲花》："志洁行清老不慵，苦心直节自为容。金壶墨洒莲塘雨，化作参天华岳峰。"诗文既描述了莲花的形态，又以拟人的手法赞誉莲花出淤泥而不染，"志洁行清"、"苦心直节"，即使遭受风雨侵袭，也仍然昂首挺立，犹如华岳高峰，一身浩然正气。唐英画莲颂莲，借莲言志，抒发情感，将情、景、理、趣熔于一炉，韵味隽永。唐英借物言志之诗颇多，如《画兰吟》赞誉兰花"清新脱俗，素净高雅"；《月梅》赞誉梅花"坚贞冰洁，不屈苦寒"；《斗室长松》赞誉长松"心志顽强，傲视雪霜"；《小阳月昌江官舍对菊》赞誉菊花"持之以恒，力保晚节"；等等。唐英借物言志，喻物明心，以颂物之高尚品格，不断激励自己，超然尘世之外。其博大广阔之胸襟、淡泊高远之品行、坚贞不屈之节操，由此可窥一斑。

此外，唐英的思想性情还表现在"思乡念亲"方面。唐英于雍正六年八月奉命到景德镇协理陶务，刚到之初，抑制不住对家乡亲人的牵挂和思念。每当夜雨来临，这种情愫变得更加浓郁，唐英只能将此心境付诸笔端，化作诗语，以遣相思之苦。如《立秋日夜雨书怀二首》："炎凉经两度，远客意悠悠。暑减连朝雨，风来一线秋。旅思常作病，良药不医愁。北雁生堪憎，乡书隔岁投。""地好亦思家，潘丝感鬓华。炎威欺北客，急雨闹山衙。触目南归雁，惊心绕砌花。明河秋皎洁，何日泛回槎。"到了雍正九年，唐英家人因故相继前来投靠唐英，全家便在景德镇相聚。当闻讯家人从京城赶来时，唐英悲喜交织，思绪万千，连续作了《文儿携家远来，客有遇诸途者还告，喜赋兼以志慨，时六月廿四日也》《八口远来，悽然相向，万绪千愁，付之一叹，始知黯然销魂，江郎不止为别离赋也》《孺女远来慨成二章》《稚女》《乳媪》等数首诗文，情真意切，令人感动。随着家人团聚时间的增多和生活相处的融洽，唐英心中渐感欣慰，那种思乡念亲之情不再那么浓烈，并开始习惯这里的生活，"心安客即家",即渐渐把景德镇当成了他的第二家乡。正如唐英在《仲春珠山陶署即事》中言:"久客浑忘客,浮家且当家。卷帘通燕垒,洗耳报蜂衙。有限寒随雨,无边春到花。陶渔成宦隐,须鬓任年华。"唐英这种思乡念亲之情,正是他爱恋家人的一种表现,也反映了他淳厚朴实、重情重义的品性。

三、探析唐英为官之道的重要史料

根据唐英的生平经历,可将他的为官之道用三个词来概括:忠君、能臣、隐士。

唐英祖上从龙入关后,世受皇恩。唐英十六岁时便蒙恩供奉内廷,四十二岁时被擢升为内务府员外郎,四十七岁时被调到景德镇御窑厂协理陶务,后又担任海关监督兼理陶务。唐英为感念皇恩浩荡,将其铭记于心,"篇什之下,每饭不忘",辛勤劳作,力图报效,"但思力为君亲竭,不分心因老病空",一心只想报效君恩,无暇顾及个人安危,可见唐英忠君之诚、矢志之坚。唐英有关报效君恩之类的诗文很多,如"总为恩深难报称,须眉看镜寸心惊","恩承格外愁难报,犬马心坚矢不磨","一官七十拌劳形,酬报心如醉未醒"等。"从龙家训在,忠孝外无传",唐英秉承祖训,以身作则,宣扬忠孝,教化子孙。

唐英十六岁供奉内廷时,任职养心殿,二十多年来尽心竭力,办事几无差错,故而康熙帝每次出巡时,他都能伴随左右;四十二岁被擢升为内务府员外郎后,由于为人沉稳,办事干练,深受怡亲王的赞赏;四十七岁被调到景德镇御窑厂协理陶务后,为了不辱使命,他更是尽心尽力,通过三年刻苦的学习实践,由一个完全不懂瓷艺的门外汉,变成了精于此道的内行家,督陶成就显著,"仿肖古名窑诸器无不媲美,仿各种名釉无不巧合,萃工呈能,无不盛备。又新制洋紫、法青、抹银、彩水墨、洋乌金、法琅画法、洋彩乌金、黑地白花、黑地描金、天蓝、窑变等釉色器皿。土则白壤而填,体则厚薄惟腻,厂窑至此,集大成矣"!唐英既是御厂管理者,又是具体实践者,在他的带领下,我国古代制瓷工艺达到了历史高峰。由此可见唐英办事能力之强,是一个当之无愧的能臣。

唐英既是一个忠臣能吏,又是一个隐士。前已有言,唐英崇尚自然,淡泊名利,不计得失,"热境清凉都是福,淡心得失不成魔"。"榷关初驻节,名胜慰生平",唐英将榷关督陶的巨大压力,遣解于江南的秀丽山水间,并与渔樵为伍,"皇华陶榷使,踪迹近樵渔",向往清新朴实的闲逸生活,这渐渐培养了他的"宦隐"情怀,即亦宦亦隐,半官半野。唐英有关这方面的诗文随处可见,如"宦矣常栖野,僧乎何处山";"萧散官如隐,浑忘外事侵";"宦也居然隐,樵渔共一天"等。这种宦隐情怀通常不被世人理解，甚至遭到讥讽嘲笑，但是唐英不以为然，"半官半野凭人笑，江上沙鸥解此情"，既然人间知音难觅，不如诉之沙鸥，这既表现了唐英受人讥讽后的无奈，又反映了唐英不受外界干扰，坚持己路，自得其乐。他于乾隆五年八月曾作诗对自己的这种宦隐情怀作了总结："宦兴天涯半未删，半官半野半忙闲。半生鞅掌风尘吏，半在庐山栗里间。"唐英宦隐一心，藏于陶海，自我满足，自得其乐，这是古代很多仕途文人难以实现的梦想，至今仍令人钦慕向往之。

四、总结唐英督陶成就的重要史料

前已有言，唐英督陶达二十七年之久，在制瓷方面取得了显著成就。《陶人心语》及其《续选》中也有相关描述，主要体现在《春暮送吴尧圃之均州》《龙缸记》《瓷务事宜示谕稿序》《重修浮梁县志序》《恭纪御制诗碑后敬赋小诗识事》《瓷鹿告成，喜成四绝句》等诗文中。笔者根据其所述内容，将其分为四个方面进行阐述。

1. 仿宋钧釉配方的研制

这主要见于《春暮送吴尧圃之均州》："絮落花飞春已暮，几欲留春春不住。离筵黯黯趁春开，春风引客均州路。山山水水几许长，帆樯云树愁苍茫。沧浪濯足岘首泪，酒材诗本携轻装。丈夫出门各有道，知己情深在怀抱。此行陶冶赖成功，钟鼎尊罍关国宝。玫瑰翡翠倘流传，搜物探书寻故老。君不见，善游昔日太史公，名山大川收胸中。陶镕一发天地秘，神工鬼斧惊才雄。文章制度虽各别，以今仿古将毋同。不惜骊驹三叠唱，内顾无忧行色壮。荆襄一水游有方，不比天涯成孟浪。荷香蒲绿棹归舟，倚闾白发颠颠望。"此诗写于雍正七年三月，即唐英到景德镇协理陶务的第二年，他就派幕友吴尧圃前往钧州调研钧釉配方。从诗文内容来看，唐英对吴尧圃此行极为重视，也充满期待，倘若调研成功，便可将这项千古秘而不传的绝技流行于世，再度烧出钧瓷精品，"陶镕一发天地秘，神工鬼斧惊才雄"，即使是才华出众者，也会感到惊叹。唐英在诗文中还提供了"搜物探书寻故老"三种调研方法，即搜讨实物标本，查阅文献记载，拜访老艺人，并叮嘱吴尧圃路上切莫贪恋景色，耽误工作，而应在完成工作的基础上合理安排游玩，最后盼望他顺利完成任务，早日归来。

据《雍正七年记事档》记载："闰七月十六日，据圆明园来帖内称，郎中海望持出均窑双管瓜棱瓶一件。奉旨：着将鳅耳乳耳三元炉木样镟做几件，并此瓶俱交年希尧，照此瓶上釉水烧造些来。……本月十九日，太监胡庆寿交来仿均窑釉瓶一件。""八月初七日，据圆明园来帖内称，闰七月三十日，郎中海望持出菊花瓣式宜兴壶一件。奉旨：做木样交给年希尧，照此款式做均窑，将霁红、霁青釉色烧造。"可见，在吴尧圃去钧州调研后不久，皇帝就开始索要仿钧釉瓷，并且景德镇御窑厂已能烧制出一些仿钧釉瓷。又据《雍正八年记事档》："十月十八日，内务府总管海望将内务府总管年希尧烧造来的仿均窑磁炉大小十二件呈览。奉旨：此炉烧造的甚好，传与年希尧，照此样再多烧造几件。"至迟到雍正八年十月，景德镇御窑厂就已成功烧制出质量较好的仿钧釉瓷，受到了皇帝的夸赞。由此推知，吴尧圃之行必是学成归来，圆满完成了唐英交代的钧釉调研任务。仿钧釉瓷的烧制成功，是唐英协陶时期的一项重要成就。

2. 明代龙缸残品的处理

这主要见于雍正八年五月唐英所作的《龙缸记》。据记载，此龙缸径三尺，高二尺强，环以青龙，四下作潮水纹，墙口俱全，底脱，是万历时期烧造龙缸时落选的次品。唐英不忍见它被弃置于僧寺墙隅，便派人把它移至风火神庙堂的西边，并为它搭建高台，与碑亭相对峙。至于这样处理的原因，唐英明确写道："夫古之人之有心者之于物也，凡闻见所及，必考其时代，究其款识，追论其制造之原委，务与史传相合，而一切荒唐影响之说，不得而附和之。或以人贵，或以事传，或以良工见重，每不一致，要不敢亵昵云尔。故子胥之剑陈之庙堂，扬雄之匦置之墓口，甄邯之威斗殉之寿藏，盖其人生所服习，死所裁决，虽历久残缺，而灵所凭依，将在是矣。况此器之成，沾溢者，神膏血也；团结者，神骨肉也；清白翠璨者，神精忧猛气也。其人则神，其事则创，其工则往，古奉御之所遗留，而可不加之珍重乎？由志所云，万历己亥到今雍正庚戌，相去凡一百三十二年，其不沦于瓦砾者，必有物焉，实呵护之。"其言感情真挚，语词恳切，让人信服。另外，文中还反映了唐英的神技观念。前已有言，景德镇窑工大都崇拜窑神，而唐英尤其推崇风火仙师，曾为它重修风火神庙，烧制"佑陶灵祠"青花瓷匾，撰写《火神童公传》等，凡是他能力所及，他都不惜去做。《陶冶图说》中的"祀神酬愿"，就描述了当时御窑厂窑工们祭拜风火仙师的场景。其实，龙缸的烧制在明代并不成熟，只是偶有烧成，且多有缺陷。到了清初，多次烧造也未成功，直到唐英协陶时才有所突破，[①]这可从现存实物中得到证实。大龙缸的烧制成功，是唐英协陶时期的又一项重要成就。对于仿钧釉、大龙缸的烧制成功，李绂曾夸赞道："公斟酌华实间，龙缸、均窑追绝业，复古制，而未尝稍近于奇技淫巧，盖公之陶政即公之心为之也。心正，则器亦正矣！"

---

① 据清人蓝浦《景德镇陶录》卷十记载："自国初烧造龙缸未成，至唐窑始复其制。"

3. 督陶习瓷过程及其成就的总结

这主要见于乾隆四年唐英所作的《瓷务事宜示谕稿序》和《重修浮梁县志序》两文。据《瓷务事宜示谕稿序》记载,唐英初到景德镇御窑厂协理陶务时,对制瓷工艺一无所知,"日唯诺于工匠之意旨,惴惴焉,惟辱命误公之是惧"。为了不辱使命,他闭门谢客,聚精会神,苦心竭力,与工匠同吃同住三年,"抵九年辛亥,于物料火候生克变化之理,虽不敢谓全知,颇有得于抽添变通之道。向之唯诺于工匠意旨者,今可出其意旨以唯诺夫工匠矣!因于泥土、釉料、坯胎、窑火诸务,研究探讨往往得心应手",即从一个门外汉变成了一个内行家。至于其督陶成就,两文都有记述。如《瓷务事宜示谕稿序》中言:"至于赏勤儆怠,矜老恤孤,与夫医药棺椁、拯灾济患之事,则又仰体皇仁寓赈贷于造作中之至意,此微末小臣尽力宣劳之职也。更历五寒暑,器不苦窳,人不惮劳。迄雍正十三年,计费帑金数万两,制进圆琢等器不下三四十万件。"《重修浮梁县志序》中言:"虽岁糜帑项几及万金,而所得之大小瓷器,则岁亦不下数十万件,间有巨作,亦从未惊扰民间,而器卒以成。计躬亲其事者八载,幸而工辑民安。"两文都概括总结了唐英协陶八年来的制瓷成就,可以相互印证。

4. 临时传办瓷器的烧制

这主要见于《瓷鹿告成,喜成四绝句》《恭纪御制诗碑后敬赋小诗识事》等诗文中。《瓷鹿告成,喜成四绝句》记述了乾隆六年十二月,瓷鹿烧成,形象逼真,惟妙惟肖,宾客纷纷前来道贺,吟诗歌颂,唐英也作了这四首绝句,以记其事。诗中将瓷鹿比作斑龙,以赞誉窑工们的高超技艺和杰出成就。《恭纪御制诗碑后敬赋小诗识事》则记述了乾隆七年十月二十七日,唐英巡视景德镇窑务后,在往返九江关的途中,收到了烧造御制诗文轿瓶的旨意,他随即折回御窑厂,同老格诸人一起研制烧造。由于天气晴朗,坯胎、窑火、设色、书画等各项工艺制作顺遂,唐英很快完成了这次任务,烧造御制诗文轿瓶十二件。从唐英奏折上皇帝"所办甚好"的批复来看,这次烧造相当成功,受到了乾隆帝的夸赞。

此外,唐英还在诗文中总结了他多年来的督陶事业:"蒙茸白发倩风缫,肯为龙钟兴不豪。诗境狐禅聊自悟,名心宦隐敢鸣高。江湖事业十年榷,水火工夫半世陶。独愧遭逢非分想,梦魂忍学楚臣骚。"①可见,唐英以督陶半世颇感自豪。但令人不解的是,唐英咏瓷的诗文并不多,这与他吟诗作文的爱好和督陶半世的经历并不相称。

---

① 张发颖,刁云展. 唐英集. 沈阳:辽沈书社,1991:283.

五、反映当时民众生活的重要史料

唐英为人宽厚仁慈,善于体察民情,关注百姓生活。渔樵耕圃、乡风村情,农车农具等,都成为了唐英撰写诗文的重要素材。从《陶人心语》及其《续选》收录的内容来看,这类诗文颇多。如描写春暖天晴、万物复苏、百姓开始一年的忙碌时,"锣鼓村村迎社火,犁杷处处动春耕。一年好景占丰稔,倦眼尘胸对此清。""荐鲜芦笋堆盘日,应候鱼苗上市时。更喜朝来新雨霁,忘机鸥鹭浴涟漪。"呈现了一派生机勃勃、欣欣向荣的春耕景象;描写山农插秧时,"雨足山农爱日长,玉田镜水插针秧。夕阳西下未归去,不似风尘俗吏忙。"以俗吏作比,赞誉山农不误农时,辛勤劳作;描写渔民捕鱼时,"丝纶在手更渔权,江上生涯水上家。也有闲情妻子乐,艄舷秋意载黄花。""溪上人家近水居,江山如画筑茅庐。此中多少丝纶手,万巧千奇乐在鱼。"赞誉渔民心灵手巧,捕鱼有方,村景如画,水色迷人,俨然一幅渔家喜乐图;描写农用水车时,"奇器装成似转环,辘轳鸣处激潺湲。凌波人蹴涛飞雪,饮涧虹拖雨过山。津要轮番通脚底,清流汲引达田间。卖龙咒井夸神术,溥润无闻只等闲。"将水车视为"奇器",引水浇田视为"神术",赞誉它便捷实用,利济功深;描写村民观剧时,"豆棚瓜圃立排场,村俏如云野兴狂。踏碎月明都不管,奔驰放眼作周郎。""粗兰袄子淡红裙,草草梳妆掠乱云。早约邻姑明月下,开场消息听招军。""佳节新晴月到窗,推篷来听土人腔。恨他蒲传齐东辈,锣鼓声中闹打降。""村社村歌唱野村,驮儿携凳出柴门。悲欢科诨怡神处,归路咨嗟绕梦魂。"中秋月圆之夜,村民出门观剧,沉浸其中,回味无穷,反映了当时村民的业余文化生活。唐英撰写这类诗文,既反映了他对百姓生产生活的关注、体察入微,也反映了他对这种清新朴实生活的向往,还体现了他乐民之乐、忧民之忧的高尚情操。

此外,唐英还关心民众疾苦,这主要体现在他有关描写民众受灾的诗文中。如雍正十二年五月十五日,浮梁北乡遭受重大洪灾,房屋被毁,田园被淹,百姓尸漂遍野,九死一生。唐英见此,心中万分凄然,作《甲寅五月望日,浮梁北乡霪霖起蛟,昌水泛溢,两岸田庐漂没殆尽。越十有二日,予入城经过旧游处,断草黄沙,不胜今昔沧桑之感,赋此志之》和《起蛟行》两诗。尤其是所作《起蛟行》,以深切同情的口吻记述了当时民众遭受洪灾的摧残境况,并以愤怒的心情描写了洪灾凶手蛟龙的可憎行为,非常渴望能用利剑斩断蛟龙,永远消除洪灾:"起蛟起蛟天茫然,好生好杀敢问天。一蛟方生万户死,江左江右常若此。蛟也幸矣民堪怜,江邨溪堡填深渊。蛟生于天何功德,民死于蛟何冤愆。将欲珍恶彰天讨,洪涛谁见分愚贤。更谓民孽应浩劫,狂蛟司命天无权。天不见,苍头黔首虿虿子,骨肉漂流一时死。岂追捉月水仙游,怀沙惨葬鱼腹里。攀流触浪命悬丝,呼救号天声卖征。纵使万死漏一生,庐舍田园空逝水。今宵新鬼昨宵人,昨日富室今孤贫。一草一木天生意,忍驱赤子饱鲸鳞。问天天高听渺渺,问水水落波粼粼。安得周处当年剑,驭神寰海搜穷滨。尽斩蛟头扫种孽,安澜永靖无沉沦。"唐英身为督陶官,无管理地方事务之责,却常常尽己之力,给百姓力所能及的帮助。从唐英诗文中可知,他确实做了不少利国利民的好事。如乾隆十年,为了百姓交通的便利,唐英自捐五十金重修新桥;乾隆十一年,为了保存名胜古迹,他出资帮助重修琵琶亭。

当然,唐英对百姓的辛勤付出,也得到了应有的回报。如乾隆十七年,唐英从粤海关被调回九江关,重新执掌陶务,于三月二十五日抵达景德镇时,"阖镇士民工贾群迓于两岸,靡不咨嗟指点,叹余之龙钟老态者,且欢腾鼓舞,颇有故旧远归之意",受到了当地百姓的热情欢呼和广泛拥护。作为一名督陶官,唐英能够获得百姓如此的尊敬和爱戴,应是对他辛勤付出的最好回报。

唐英诗文中还涉及唐英及其好友的一些书画作品,如《题自画菊扇赠始北山人》《偶画墨龙并缀小诗》《题自画清秋独立图》《题自画鸲鹆说》《雨窗题吴尧圃画山水歌》《题芝云图小照》《题戴大传画鸡奉其乃尊鹭山》等,为全面研究他们的书画作品及其风格提供了重要线索。另有一些哲理性诗文,如《自题个中图小照》《茅山梦截句十七首赠何澹庵》《忍字臆测八则》《蜗寄图说》等,为研究唐英的哲学思想和为人相处之道提供了重要参考。也有一些颇似名言警句类的诗文,如"未能随俗惟求己,除却读书都让人","不如意处勤修省,到遂心时戒满盈"等,读起来通俗易懂,朗朗上口,发人深省。由于时代的局限性,唐英诗文中也有一些宣扬三纲五常、礼教伦理的封建思想,如《题陈萝岑秀才五伦诗序》中强调纲常伦理的重要性,赞颂陈诗"于伦常恺切,词意胗诚"。但是,瑕不掩瑜,《陶人心语》及其《续选》是全面研究督陶官唐英的重要史料,同时对于认识和研究清初景德镇的制作技艺、生产分工、经济贸易、民风习俗、陶工生活等,也具有较高的参考价值。

第六节 《陶人心语》的版本流传

《陶人心语》及其《续选》是全面研究督陶官唐英的重要史料,也是各领域学者研究唐英的必读之书。目前,由于学界对此书的版本流传情况认识不清或重视不够,使研究者遗漏了不少有用的信息,甚至出现了引用不当的情况。因此,很有必要对其版本流传情况作以考察和探析。

在考察之前,本书先列举两则有关《陶人心语》及其《续选》的著录信息。

一则见于《钦定八旗通志》卷一二〇《艺文志》:"《陶人心语》五卷,《续选》十四卷,《补遗》一卷,唐英撰。英,内务府正白旗汉军,官至内务府造办处郎中。是集,英所自编。一卷至四卷,以古今体诗分类,又各分五言、七言,五卷为杂文。《续选》一卷、二卷为诗,附杂文一篇,排纂殊无体例。三卷至十卷,皆诗,题曰'浔江著',又《入觐草》一卷,亦题卷十,亦颇重复。十一卷亦题'浔江著',而别题子目,曰《望洋集》。十二卷前半题'浔江著',后半题'粤东著'。十三卷前半题'粤东著',后半及十四卷又题曰'浔阳著'。大抵一官一集,以编年为次,而限于篇帙,遂割裂如斯。其诗则绰有清思,不失雅则。其曰《陶人心语》者,以久司官窑于江西,而吟咏则直抒胸臆,故立是名云。"《钦定八旗通志》于乾隆五十一年开始编纂,于嘉庆年间汇辑成书,距唐英去世时间仅有三十余年,其记述较为可信。

另一则见于现代著名文献学家王重民先生《跋〈陶人心语〉兼记唐英的事迹》:"唐英的著作还有《瓷务事宜示谕稿》和《陶冶说》,均无刻本。诗文集叫《陶人心语》,正集五卷,续选二卷,都是顾栋高选订的。始雍正六年,至乾隆四年,括有这十二年内所作的诗文。都是乾隆五年施雨田写刻的。续选今本凡九卷,止于乾隆十二年,盖是乾隆五年以后,每年续作续选续刻的。别有一个六卷本,凡诗五卷,文一卷,末附《可姬传》一卷,止于乾隆十八年,是乾隆十八年以后他的儿子文保、寅保校刻的。"

从这两则文献中可知,《陶人心语》最早由唐英幕友顾栋高整理选订,正集五卷,续选二卷,于乾隆五年由施雨田写刻而成。乾隆五年以后,唐英每年续作续选续刻,共成《续选》十四卷。根据王重民先生的考察记述,民国三十六年时《续选》仅存九卷,后五卷已不知去向,收录了唐英乾隆十二年以前的诗文。唐英死后,其子文保、寅保又进行了选录校刻,成《陶人心语》六卷,而《钦定八旗通志》中未曾提及此本。这两则文献对《陶人心语》及其《续选》的版本流传情况的考证说明并不详细,也不完整,但颇具参考价值,故列出说明之。

笔者通过查阅和比对中国国家图书馆和清华大学图书馆藏的数种《陶人心语》及其《续选》的内容及版本信息,参考上述两则文献的相关记述,认为该书共有"顾编本""自编本""合刻本""稿本""华编本"五种版本。现对其内容及版本信息分别考证如下:

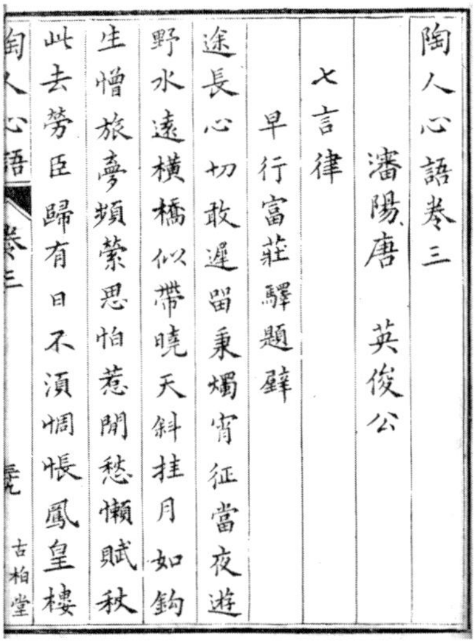
陶人心語卷三

瀋陽唐　英俊公

七言律

早行富莊驛題壁

途長心切敢遲留，秉燭宵征當夜遊。

野水遠橫橋似帶，曉天斜挂月如鈎。

生憎旅夢頻縈思，怕惹閒愁懶賦秋。

此去勞臣歸有日，不須惆悵鳳皇樓。

陶人心語　卷三　古柏堂

图3–21 《陶人心语》顾编本书影

1. 顾编本

《陶人心语》最早由唐英幕友顾栋高整理选录，于乾隆三年编成。据顾栋高所作《陶人心语·序》中言：“先生（指唐英）之诗甚夥，余为删取其精者，得百数十余首。”该本共五卷，卷一至卷四为诗，以五言古诗、七言古诗、五言律诗、七言律诗、五言绝句、七言绝句分类，卷五为杂著，每类下按其写作时间顺序编排。收录诗文的写作时间，始于雍正六年八月，止于乾隆四年三月。该本于乾隆五年由唐英弟子施雨田写刻，由唐氏古柏堂出版。中国国家图书馆和清华大学图书馆均有藏，且版本信息相同：每页16行，每行14字，小字双行编排。[①]白口，四周双边，单鱼尾，乌丝栏，版心下方题“古柏堂”三字。（图3–21）首有序[②]，末有乾隆三年黄祐跋。

但是，唐英对此本诗文的选录似乎不太满意，于乾隆三年再次邀请顾栋高在筛选后的诗文中重新选订，成《陶人心语续选》二卷。据顾栋高所作《陶人心语续选·序》中言：“蜗寄先生《陶人心语》，余既择其尤者若干首，都为一编。已复浏览全集，若赋物游山，及寻常酬应之作，俱萧疏跌宕，出人畦径之外。残膏剩馥，不忍委弃，因复录而传之。”该本承续《陶人心语》五卷本的编排方式，只收录诗歌，其诗仍按古今体诗分类，又分五言、七言，每类下按其写作时间顺序编排。收录诗歌的写作时间，始于雍正六年十二月，止于乾隆三年九月。中国国家图书馆藏有此二卷的单行本，版本信息与《陶人心语》五卷本相同。该单行本

① 需要说明的是，古籍排版一般采用竖排方式，我们现在所称的“一行”，其实是界行之间的“一列”，但习惯上仍称“一行”；古籍装订时，通常会把完整的一页，从版心中缝处对折成两个半页，而在记述版式信息时，一般采用“每页×××行”或“每半页×××行”两种方式。本书采用前者，即以“每页×××行”的方式记述其版式信息，以下皆同。

② 目前所见的《陶人心语》五卷本，并非最初刊刻的单行本，而是合刻本中收录的《陶人心语》五卷本。这些版本已改变了单行本中原有序文的编排，增入了乾隆五年以后撰写的序文，因此只能根据时间推测，哪些序是《陶人心语》五卷单行本中的序，如高斌序、李绂序、凌燽序、谢济世序、顾栋高序、唐英自序等，但是无法确定。故而这里仅写该本“首有序”，不提及序作者。

前有乾隆三年顾栋高序，后附《可姬小传》一卷。而《可姬小传》前有乾隆三年顾栋高序、徐梁栋序、乾隆三年华西植序、沙上鹤序，无跋。因此，顾编本包括了《陶人心语》五卷、《续选》二卷和《可姬小传》一卷。

2. 自编本

顾编本刊刻后，唐英又有续作，每积一两年诗文，便选录成册，结集出版，终成《陶人心语续选》十四卷。除了前二卷外，其余十二卷均由唐英自选自刻，属于唐英自编本。可惜的是，目前仅存前九卷，后五卷已不得见。中国国家图书馆藏有《续选》九卷单行本。此本前两卷和《续选》二卷单行本的收录内容、编排方式、版式信息等完全相同，应是直接使用《续选》二卷单行本的底版刊刻而成。两本不同之处在于，九卷本在附文《可姬小传》之后，增加了雍正十三年汪澎跋、白长庚跋、乾隆五年施雨田跋，在末尾处有“文保、寅保校字”的信息。

该本卷三至卷九，其版本信息与《续选》二卷单行本大体相同：每页16行，每行14字，小字双行编排。白口，四周双边，单鱼尾，乌丝栏，版心下方题“古柏堂”三字。但在这七卷的各卷次下题有“浔江著”三字，版心中间亦题“浔江著”三字。（图3–22）从出版方式来看，该本卷三至卷九，是唐英每积一两年的诗文，便结集出版的，一卷一册。这正好印证了王重民先生之言，《续选》卷三至卷九，“盖是乾隆五年以后，每年续作续选续刻的”。其收录诗文的写作时间，始于乾隆四年四月，止于乾隆十二年十二月。至于其编排方式，已与《续选》二卷单行本大不相同，它完全按照写作时间顺序编排，诗文杂糅。可能是由于仓促成书，其编辑比较草率，校阅亦颇为粗糙，诗文质量参差不齐，不像顾编本那样诗文质量基本保持在一致的水平。诚如华岳莲在《陶人心语·跋》中言：“家（指唐英）本畜工匠，有时属草未定，或道路偶占，侍者所纪录，辄持去付梓，未尝覆省。”该本后有乾隆十二年吕德芝跋，由此也可证实，该本确实同《续选》二卷单行本一样，曾以单行本的形式流传于世。之后，唐英又有续作，可能另出《续选》十四卷单行本。但因后五卷今已不见，无法探知其秘。

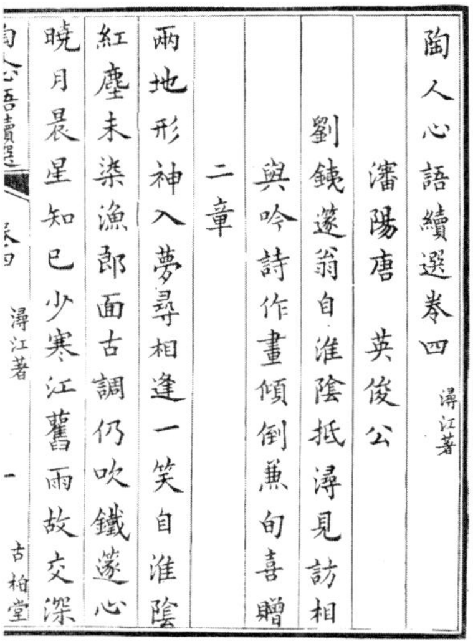
陶人心語續選卷四 潯江著
瀋陽唐 英俊公
劉鏡蓬翁自淮陰抵潯見訪相
與吟詩作畫傾倒兼旬喜贈
二章
兩地形神入夢尋相逢一笑自淮陰
紅塵未染漁郎面古調仍吹鐵蓬心
曉月晨星知已少寒江舊雨故交深
陶人心語續選 卷四 潯江著 一 古柏堂

图3–22 《陶人心语》自编本书影

关于后五卷的版本信息，仅能从《钦

定八旗通志》的相关记述中窥知一二：卷十题曰"浔江著"，又名《入觐草》；卷十一亦题"浔江著"，又名《望洋集》；卷十二前半题"浔江著"，后半题"粤东著"；卷十三前半题"粤东著"，后半及十四卷又题"浔阳著"。

3. 合刻本

中国国家图书馆藏有《陶人心语》五卷、《续选》九卷和《可姬小传》一卷的合刻本。其中，《陶人心语》五卷为顾编本，《续选》九卷和《可姬小传》一卷为自编本。不过，该合刻本前有乾隆三年高斌序、乾隆四年李绂序、乾隆四年凌燽序、乾隆十二年李根云序、乾隆五年谢济世序、张师载序、乾隆六年赵大鲸序、乾隆七年金德瑛序、姚孔鍂序、顾栋高序、刘珂序、唐英自序，还附有沙上鹤的《沈阳唐叔子蜗寄先生传》。这些序文中，有些是乾隆五年以前撰写的，它们很可能是《陶人心语》五卷本的原序。至于乾隆五年以后撰写的序，很可能是随着诗文的"续作续选续刻"，唐英每遇知己好友，便将诗集相示，索求序文，于是陆续产生，最后汇刻于此。该本仅收录了乾隆十二年以前的序文，乾隆十二年以后是否又有序文增入，由于资料有限，现已无从查知。

值得一提的是，清华大学图书馆藏有《陶人心语》五卷、《续选》七卷和《可姬小传》一卷的合刻本。其中，《陶人心语》五卷也为顾编本，《续选》七卷和《可姬小传》一卷也为自编本。只不过该合刻本收录的《续选》是七卷本，而中国国家图书馆所藏的合刻本是九卷本，但从该本末页所题"乾隆十三年岁在戊辰四月清和，古燕七十九老人读竟，书之安平"（图3-23）来看，该本并非残本，而是一套完整的合刻本。由此也可以看出，乾隆五年以后，唐英诗文确实是"续作续选续刻"的，每积一两年，便结成一卷，刊印成册。当累计到一定数量，就合刻出版，流布于世。这很可能是由于私刻图书比较自由灵活造成的。该本收录唐英诗文的写作时间，止于乾隆十年十二月，因此该本很可能于乾隆十一年出版。而此时《续选》卷八、卷九尚未编撰，"七十九老人"不可能看到，该本也不可能收录乾隆十二年李根云撰写的序。这是该本与中国国家图书馆所藏合刻本的又一不同之处。

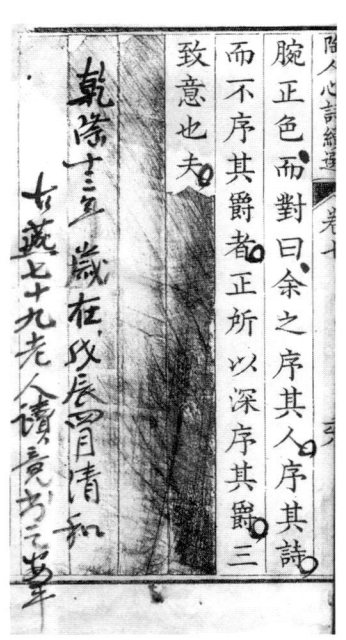

图3-23 清华大学图书馆藏《陶人心语》合刻本书影

4. 稿本

中国国家图书馆藏有《陶人心语稿》二卷。查阅该本，发现文中并无明显的分卷，即没有"卷一""卷二"的字样，只是从编排格式上看，该本应为二卷。第一卷应从"乾隆十三年岁次戊辰正月起"开始，题下有"居浔著"三字，止于乾隆十三年十二月；第二卷则从"乾隆十四年岁次己巳正月起"开始，题下也有"居浔著"三字，止于乾隆十五年十二月。其版本信息为：手写稿，每页10行，每行21字，小字双行编排。根据《钦定八旗通志》的记述，唐英于乾隆十三年后陆续又有诗文选录刊刻，而此稿本很有可能是《续选》卷十、卷十一或卷十二的底本。由于《续选》后五卷已佚，我们无从知晓它的选录内容和编排方式，因此也无法确定两本之间具体的承继关系。不过有此稿本传世，能使今人领略到唐英于乾隆十三年至乾隆十五年间所写的诗文，也使唐英诗文的写作时间延存至乾隆十五年。此稿本中的部分诗文，如《四女祠》（乾隆十三年八月十二日作）、《题自画墨莲花》（乾隆十四年三月二十五日作）等，后被华岳莲选入《陶人心语》六卷本中。但这些诗文也可能是华氏从《续选》十四卷本中选录的，倘若真是如此，那就可以断定此稿本确为《续选》卷十、卷十一或卷十二选录的底本。

5. 华编本

唐英去世十六年后，即乾隆三十七年，其子寅保（时任杭州织造）委托恩师华岳莲将其诗文重新选录编排，成《陶人心语》六卷。华岳莲在《陶人心语·跋》中记述了唐英诗文重新选订的原因："虎侯先生（指唐寅保）出公集，属为校订，曰：先人（指唐英）著述至富，不甚惜，杂投故纸中，遗逸蟫蚀者过半，今所存若干卷，非尽惬意笔。家本畜工匠，有时属草未定，或道路偶占，侍者所纪录，辄持去付梓，未尝覆省，不但鲁鱼亥豕，祈一为校之。余浅陋，无能为役，然翰墨因缘，公固先启之矣，何能辞，谨为编次如右。"可见，该本是唐英之子寅保为了弥补《陶人心语》初编本的缺憾，在顾编本和唐英自编本的基础上重加选订润色、刊刻出版的。

中国国家图书馆藏有此本，其编排方式基本上沿用了顾编本的编排方式，只是该本收录诗文较多，内容比顾编五卷本多了一卷。卷一至卷五为诗，以五言古诗、七言古诗、五言律诗、七言律诗、五言绝句、七言绝句分类，卷六为杂著，每类下大致按写作时间顺序编排，不过不像顾编本那样严格，没有诗文目录，也未标明诗文的写作时间。因此，很难判定该本收录唐英诗文写作的起止时间，但可以推测该本应是针对唐英所有诗文的精选本。从版式上看，该本每页18行，每行18字，小字双行编排。白口，左右双边，单鱼尾，乌丝栏。（图

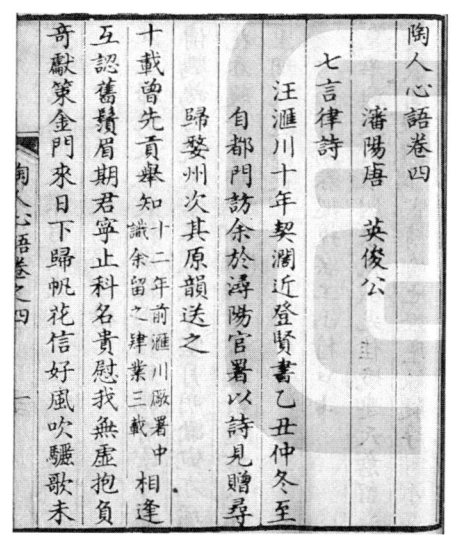

图3-24 《陶人心语》华编本书影

3-24）首有乾隆四年李绂序、乾隆七年金德瑛序、顾栋高序、乾隆六年赵大鲸序、唐英自序，各卷卷末有校阅者的姓名。后附《可姬小传》一卷，其文前有乾隆三年顾栋高序、乾隆三年华西植序、徐梁栋序、沙上鹤序、汪澎序，后有"文保、寅保校字"的信息，但无跋。该本后被收录于《四库未收书辑刊》中，但在卷首补入了乾隆三年高斌序，在《可姬小传》的末尾补入了乾隆五年施雨田跋和乾隆三十七年华岳莲跋。从华岳莲跋文的落款"乾隆壬辰岁（即乾隆三十七年，1772年）秋杪锡山后学薄舨华岳莲"，可以推知，华编本初刻的大致时间应在乾隆三十七年年底。而文中没有"古柏堂刊刻"的任何标示信息，因此该本是否为唐氏古柏堂刊刻，尚待商榷。

值得注意的是，华编本对唐英诗文的原有文字进行了润色加工。以《起蛟行》为例，圆括号中为华编本修改后的文字："天不见，苍头黔首虫虫子，骨肉漂流一时死。岂追捉月水仙游，怀沙惨薤鱼腹里。（六卷本无此句）攀流触浪命悬丝，呼救号天声变征（天不理）。纵使万死漏一生，庐舍田园空逝水。今宵新鬼昨宵人，昨日富室今孤贫。一草一木天生意，忍驱赤子饱鲸（鬐）鳞。问天天高听渺渺，问水水落波粼粼。（六卷本无此句）安得周处当年（斩蛟）剑，驭神寰海搜穷滨（遍搜溪谷穷涯津）。尽斩蛟头扫种孽，安（狂）澜永靖（尽）无沉沦。"[①]可见，一首诗竟被修改了八处之多，且有两句诗文直接被华氏删去。尽管华编本修改后的诗文更加讲究对仗工整，富有文学性，但这并不能完全反映唐英诗文表达的最初想法，甚至有点违背唐英作诗"发乎性真，不重技巧"的本意。类似情形颇多，引用时须格外注意。

值得一提的是，今人张发颖和刁云展两位先生长期致力于唐英著作的搜集和整理工作，先后编辑出版了《唐英集》和《唐英全集》。两书都收录了《陶人心语》及其《续选》《唐英手稿》《古柏堂传奇》《问奇典注》以及一些有关唐英

---

① 经过核对，两本中"天不见"前的诗文文字是相同的。由于《起蛟行》全文，前已有录，为了简洁，这里只摘取两本文字不一致之处。

的传记、奏折等。其中,《唐英集》除了《问奇典注》采用影印本外,其余均是简体横排标点本;而《唐英全集》除了有关唐英传记、奏折等资料采用繁体竖排标点本外,其余均是影印本。因此,《唐英集》属于普及性读物,而《唐英全集》可供专业人士研究和参考。笔者通过查阅《唐英全集》收录的《陶人心语》及其《续选》,发现了两点不足之处:

(1)《唐英全集》收录的《陶人心语》,选用的是华编本。前已有言,华编本是在顾编本和唐英自编本的基础上选订的,因《续选》后五卷亡佚,幸有华编本得以部分保存,这是选用该本的长处。但是,华编本毕竟是选订本,既与《续选》九卷本中收录的诗文有很多的交叉重复,造成编排的混乱,又遗漏了《陶人心语》五卷本中很多的内容。仅《陶人心语》的序跋而言,就有很多未被采录,这种史料采录的不完整性,可能会使研究者在全面研究唐英及《陶人心语》时,得出不完善或不正确的结论。因此,笔者不吝笔墨,从《陶人心语》五卷本中,将其遗漏的序跋全文抄录,并加以标点,供读者查阅,详见本书附录。当然,除了遗漏的序跋外,《唐英全集》收录的《陶人心语》还遗漏了部分诗文,如《三子生,小诗志喜》《悼亡姬二截》《再悼亡姬一首》《登风火仙师座文》《祭佑陶仙师文》等,这些都有待以后重新整理唐英诗文者补录齐全。

(2)《唐英全集》收录的《陶人心语》华编本,是辽宁省图书馆藏本。该藏本并非善本,部分卷中文字已模糊不清,甚至无法辨识,并且有页码缺失的现象。如《陶人心语》卷二第22页后共二十首诗"阙如,因原本无法采用,此次出版按照普及版《唐英集》抄录补齐,实属憾事"。此外,该藏本与其他图书馆所藏华编本在内容上也有些出入,如该藏本在唐英自序后多了英和的《唐俊公榷使诗集序》,令人不得其解。其实,中国国家图书馆就藏有华编本的善本,文字清晰,内容完整,倘若按此藏本影印出版,必能弥补整理者的缺憾,也更有功于学界。

由于《唐英集》选用的版本与《唐英全集》基本相同,故而《唐英全集》中存在的问题同样适用于《唐英集》。此外,《唐英集》多是手抄后的点校本,比影印出版又多了抄写、点校、审疑、考辨、录入等过程,致使其错漏之处较《唐英全集》更多。以唐英《陶人心语·自序》为例,圆括号中是《唐英集》抄录错漏之处:"……客有不得其解(详)而问者……无一不以陶人之心应之,即(《唐英集》无此句)无一不以陶人之心发之于语以写之也。……有时藉(借)其语以达其心,亦(每)似耕而食,凿而饮,熙熙怡怡一陶人也。或陶人而语陶,故(固)陶人之本色,即陶人而不语陶(《唐英集》无此字),亦未始不本陶人之心化陶人之语而出之也。其故奈何?生逢盛世,陶铸成全(金),熏陶渐摩于其中者，盖十年于陶矣，此《陶人心语》义也。客之览《心语》者，脱以诗目之，是不知陶人之心，无惑虖不知（《唐英集》无"不知"二字）陶人之语，而反为予陶人诽笑耳。"因此，笔者建议在参引唐英著作时，不可贪图简体标点本方便易读，最好还是使用原本、善本，至少应该使用影印本。

但是，瑕不掩瑜，两书至今仍是研究督陶官唐英及其著作（包括《陶人心语》及其《续选》）最为完整、最易获取、利用率最高的文献资料。为此，笔者对两先生的辛勤整理之功表示由衷的钦佩和感谢。

通过梳理和比较《陶人心语》及其《续选》的各种版本，笔者忽有将唐英诗文重新整理编排的想法，还思考了重新整理编排的方法，希望有朝一日能付诸实践。其编排方法是：先将顾编本、自编本、合刻本、稿本、华编本五种版本的诗文进行罗列和查重，相同诗文只留一首。因华编本有对唐英诗文内容修改之处，故当它与其他版本录有相同的诗文时，应以其他版本为准。查重完毕后，将所余诗文按照顾编本的编排方式进行编排，即先诗后文，诗又按五言古诗、七言古诗、五言律诗、七言律诗、五言绝句、七言绝句分类，每类下按其写作时间顺序编排。对于没有写作时间的诗文，能推测其写作时间的，置于该类该年的最后；无法推测其写作时间的，置于该类的最后。如此编排，既能将唐英诗文全部录入，又可避免重复，方便读者查阅，还尽可能地保存唐英诗文的原貌，一举三得，希望后来的唐英诗文整理者能加以采用。

第四章　朱琰与《陶说》

第一节　朱琰其人其学

朱琰（1713—1780），字桐川，号笠亭，又号樊桐山人，浙江海盐县人。于康熙五十二年，出生在当地的一个望族家庭。①其曾祖朱载黄，字穀修，清静力学，与世无争，晚年隐居山村，后赠荣禄大夫；祖父朱亮彩，字衒雯，以举人官浙江慈溪县教谕，政绩有声，后被擢升为岳阳县令；父亲朱铤，国子监生，赠文林郎；生母王氏，为朱铤侧室，赠孺人。

朱琰为朱铤长子，出生时值家道中落，生活困窘。幼年聪颖好学，读书能过目成诵，十九岁入县学，二十三岁补邑庠生，②科试、岁试屡获一等，但乡试却屡试不中。二十三岁时，父亲不幸去世，母亲又体弱多病，朱琰为求读书生计，不得不辗转他乡，寄人篱下，其诗作中常有生活艰辛、独力难支的感叹。③乾隆十二年，他的母亲也因病去世，三十五岁的朱琰不得不回到海盐，居家读书。此时，他与同里夏銮、殷本诚、陆登选、李常吉、王曾厚、朱丕基相互唱和，希风前贤，结成诗社，号称"瀛洲七子"。乾隆十六年，乾隆南巡召试，朱琰被列二等，获赏缎匹、荷包等物。同年六月，赴杭州参修《幸浙盛典》，期间与张栋、沈初等人唱和吟咏，探研书画，受益良多。朱琰善画山水，精于鉴赏，应与这段经历密切相关。正如他在《书画船集·自序》中言："余于学古之暇，有书画癖，喜购名流真迹，以供习赏。又喜钞纂故籍，贪多欲速，未遑规橅笔法，独于画为近。"《幸浙盛典》修完后，于乾隆十八年秋参加杭州乡试，可惜又没中，遂回海盐。此时"瀛洲七子"诗社已散，朱琰不久又与同里夏銮、董潮、陆以谦、嘉兴李集、李旦华、平湖沈初、朱芳蔼，结成诗社，号称"嘉

---

① 据清代朱彭寿《安乐康平室随笔》卷六记载，朱氏一门"自明及清，科第相属，其驰声艺苑者，代不乏人"。
② 张燕昌《笠亭朱先生传》中言朱琰"十四岁补邑庠生"，不确。经查《海盐士林录》卷二"雍正十三年乙卯科试一等"的名单中有"朱琰"，其名字下注释"补廪"。补廪，即补邑庠生。雍正十三年，朱琰二十三岁。今据此改正。
③ 如《得家书传》诗云："艰难久旅食，骨月费相思。母老还多病，门衰竟独支。不堪经梦想，只是数归期。况得乡关信，倚闾望几时。"

禾八子"，吟咏成集，主持江南风雅。这些交游唱和，多少排解了朱琰心中的一些苦闷。

乾隆十九年，朱琰应友人程尚质之邀，前往桐乡任程家塾师，这一待就是十余年。身为塾师，不仅可以微薄收入维持家计，还为朱琰著述提供了宝贵的时间。他在《桐花集·自序》中记述了这十余年的生活与著述经历："桐乡程抱朴尚质意明，岁招余至桐乡，课抱朴子侄。余正忧读书无伴，欣然从之。余时方少壮，馆课之暇，抄撰书册，夜漏下三鼓始安枕，辨色即兴，率以为常。而里中东亭（指董潮）自课整密，言论风采颇能激发人志意，每相见，必订读何书，作何文字，隔日月，丹黄灿然，可质验。余亦锐志于笔札，故其时著述稍富。"正如其言，朱琰许多编辑类著述，如《全唐诗钞》《明人诗钞》《唐试律笺》《词林合璧》《学诗津逮》等，成于此时。这些著述为《陶说》"旁征博引"古代文献史料打下了良好基础。但是，朱琰也因此积劳成疾，严重时竟至呕血，疗养数日，才有所恢复，然而精神已大不如前。

这种安静清贫的塾师生活，虽使朱琰有时间潜心著述，却仍然无法使他摆脱科举连挫的苦闷。朱琰曾在《书画船后集·自序》中总结了他三十余年诸生的痛苦经历："余自为诸生来，困顿场屋者，积岁累日，束缚青衫之中，不能走四方，历览名山大川，结交天下豪俊，兴到挥毫，或诗或画，倾写胸臆，以相与证其所得。局缩趑趄，方隅往来，良可慨也。"直到乾隆二十七年，朱琰才渐获喜讯，先是妾李氏生子春暹，这是朱琰唯一的儿子；后成岁贡，[①]终于摆脱了诸生的身份，准许参加顺天府乡试。但当时朱琰家境窘迫，囊中空空，"外无行李之资，内乏妻孥之养，徘徊较计，进退维谷。未出门，而望衡随湘之帆，百步九折之阪，已盘旋辘轳于寸肠中矣。郁郁者久之，意不能止"[②]。无奈之下，朱琰只能将家中珍藏的名贵字画，如赵松雪的《枯树赋》长卷，黄子久、沈石田的山水立轴，陈白阳的《墨花》卷子等，割舍变卖，得钱若干，加上亲朋好友的一些资助，便决定北上应试。

"功夫不负有心人"，朱琰于乾隆三十年参加顺天府乡试，成举人。又于

---

① 岁贡，与恩贡、拔贡、优贡、副贡一起，并称"五贡"，均属科举正途。岁贡系从府、州、县学中选送"食廪年深"（十年以上）者，拔次出贡。清制岁贡生，府学每一岁贡一人，州学三岁贡两人，县学两岁贡一人。诸贡生大多升入太学肄业，以积三十六月为满期，但亦有参加廷试，成绩优异而授官职者。朱琰当时能成为岁贡生，可见其学识已备受肯定。

②（清）朱琰：《书画船后集·自序》，录自于（清）朱琰：《笠亭诗集》，清乾隆三十八年樊桐山房刻本。

次年春参加会试，中二甲四十一名进士，留京需次。不久，受江西巡抚吴绍诗之聘，成为他的幕僚。朱琰利用职务之便，获悉景德镇制瓷工艺，参考古今文献，旁征博引，分门别类，于乾隆三十二年撰成《陶说》一书。三年后，又受金华知府顾小韩之聘，任金华丽正书院山长，严立条规，勤于授业，"士之被熏陶而得成就者，盖不可以枚举"①。乾隆四十一年，赴京谒选。当时朝廷初开四库馆，诏征天下儒士，时任礼部侍郎王杰素知朱琰名望，欲以编修荐之于朝，可惜被礼部右侍郎沈初极力阻止，未果。转授直隶阜平知县，次年赴任，此时朱琰已65岁，终于尝到"学而优则仕"的滋味。他为政清廉谨慎，卓有功绩，曾捐建学宫，培养人才，劝民植稻，百姓获益，还拟修县志，②因劳疾未成。乾隆四十五年，朱琰卒于任上，享年68岁。

朱琰一生笔耕不辍，"著述之念未尝一日忘"，致使其著述宏富，影响至今。从编撰方式来看，其著述主要有编辑、撰述两类。编辑类著述主要有《全唐诗钞》《明人诗钞》《金华诗录》《学诗津逮》《唐试律笺》《律赋夏课》《古文清英》《词林合璧》等；撰述类著述主要有《毛诗说》《说文翼》《金粟逸人逸事》《陶说》《笠亭诗集》《笠亭诗选》《笠亭文集》等。但因家境贫寒，朱琰许多著述未能及时付梓出版，如《全唐诗钞》《毛诗说》《说文翼》等。另有一些著述因流传不广，终致湮没无闻，遂至消亡。如李集在为朱琰《笠亭诗选》所作的序中言道："笠亭著述甚富，有《诗录》《诗诂》《诗解》《诗辨》《古文清音》等书，又尝取汉魏以下十二代诗甄综之，手自抄撮，积数十百卷，将渐出以问世。"其中，《诗录》《诗诂》《诗解》《诗辨》四书不见于其他文献记载，只能根据张燕昌《笠亭朱先生传》中言，《幸浙盛典》修毕后，朱琰与同里夏銮、族孙朱丕基分经研究，"先生得《毛诗》焉"，大致推测这四种书应与《毛诗说》在同一时间内成书，即于乾隆十七年以后成书，可惜因流传不广，现已不存。朱琰著述中，《陶说》是一部颇具影响力的陶瓷专论之作。它是第一部系统完整地记述我国陶瓷史的论著，在我国陶瓷文献编撰史上具有特殊重要的地位，是陶瓷学习者和研究者的必备参考文献。下面就重点探讨一下该书的编撰特点、内容价值、版本流传等，以指引世人研究和使用。

---

① （清）朱瑞椿：《叔祖笠亭公传》，录自于（清）朱丙寿：《海盐朱氏族谱》卷三，清光绪十七年刻本。
② 清代张燕昌撰写的《笠亭朱先生传》中言阜平"故无志，[朱琰]思创为之"，其实不然。乾隆三十年，时任阜平县知县的邹尚易在巫翼汝的协助下，曾纂修《阜平县志》四卷。首附李宗文序和邹尚易自序，卷首有图和凡例，第一卷为皇帝宸章，后三卷为土地、人民、政事三部。该书在2001年被影印收录于《故宫珍本丛刊》中。

第二节 《陶说》的编撰特点

综观《陶说》的正文内容，结合朱琰的其他著述，其编撰主要呈现出以下两方面的特点。

一、旁征博引，阐发己见

《陶说》取材丰富，征引广泛。据笔者查阅，该书参引了十三经、小学、二十二史、诸子百家、类书、政书、方志、艺术、考古、格物、笔记、小说、诗文集等，涉及经史子集各类文献，可见作者学识之广博，用力之勤奋。但是，朱琰并不仅仅局限于陶瓷史料的罗列，还在"按语"中阐发自己的见解，表达自己的想法。如在卷二"说古"中考证后周柴窑的窑址时，在罗列了《夷门广牍》《博物要览》《事物绀珠》《清秘藏》等文献中的相关记载后，便在"按语"中大胆推测柴窑当在河南省境内，很可能是在其都城汴州（今河南开封）："后周都汴，唐属河南道。考《唐书·地理志》，河南道贡瓷石之器，是其地本宜于陶也。宋政和官窑亦起于汴，汝亦唐河南道所辖之州，柴窑当即在其都内。"柴窑相传是五代后周世宗时专门烧制宫廷用器的窑口，传世品罕见，明时就有"片柴值千金"的说法，但窑址一直未被发现。因此，朱琰的观点正确与否，尚待进一步证实，但这种有根据的大胆推测的精神和意识值得提倡。

朱琰在阐发自己的见解时，往往言有出处，立论有据。如在卷二"说古"中考证陶器制作的起源时，对"始于皇帝"说、"始于昆吾"说、"始于舜帝"说等进行了文献考证，对合理之处予以强调，对穿凿之言予以批判，并陈述自己的原因，表达自己的见解："《左传》云：炎帝以火纪官。然则治火之利者，必炎帝也。故瓦器托始于神农。必举一以实之，凿矣。""《古史考》食谷烧石之上，当是燧人时事，神农时当有釜甑也。碗碟之名后起，《物原》亦附会之言。""陶始于炊器，大抵如今黄沙之质。至虞而泰尊、甒大，详及礼器，其制略备，当有精粗之别，故曰上陶。其后虞阏父入周为陶正，陈敬仲奔齐为工正，亦或以上陶之裔故也。""周制：陶、旅分职。陶人所掌，皆炊器，惟庾是量名。旅人所掌，皆礼器。其制度必有精粗不同，后世分窑分作因之。……愚谓陶之由来，详于虞，而备于周。"可见，朱琰认为陶器的制作托始于神农，始创于舜帝，完备于周朝。其说至今仍有可借鉴之处。而当朱琰无法给出结论性的观点时，或并存诸说，或阙略存疑。如在卷四"说器"中记述"簠、豆"时，对《山堂考索》中言"旅人不言簠"提出了质疑，认为"簠、簋是相将之物，亦应制在旅人"。但由于"经无明文"，朱琰"不敢于簠、豆之间杂出簋名"，只能"附其说于此",这样既表达了自己的观点,又不把己说强加于世人。

当然,朱琰在考证文献记述是否正确时,往往采用单一的文献考证法,即以文献证文献,缺乏必要的考古发掘和实物材料的调查。如此得出的结论,固有一些可取之处,但却存在较大的局限性。如在卷四"说器"中考证东瓯瓷器时,根据杜毓《荈赋》"器择陶拣,出自东瓯",认为"当时亦不止一窑,此乃其精焉者耳"。它从文献记述的内容出发,适当加以分析,推测当时窑器的生产概况,固有其合理之处,但这种单一的文献考证法,无法给出"为何不止一窑""其他窑址在哪"等问题的答案,甚至还会发表一些不正确的言论。如在卷三"说明"中论述"正德窑"时,由于缺乏考古发掘和实物材料的调查,就曾得出"终孝宗十八年,不言窑事"的错误观点。[①]因此,这种从文献到文献的单一考证法,很难有正确的创见,即使有所创见,也显得证据不足。倘若考证或征引不当,还会导致以讹传讹,误导世人。这是古人治学研究的通病。

二、注重实用,强调创新

朱琰主张学以致用,认为只有"学而求其实用,有裨于国计民生者",才能真正体现学问的价值。他于乾隆三十二年应江西巡抚吴绍诗之聘,成为其幕僚。这使他有幸获悉景德镇制瓷工艺,并使他产生撰写一部记述陶瓷发展史的想法。可惜的是,他在查阅陶瓷史料时,发现古代窑器并无专书,仅散见于《格古要论》《清秘藏》等数则文献中,这与陶瓷关乎人们日用的重要地位严重不符,令他深以为憾。为了弥补这一缺憾,他便"以亲见之事,参诸旧闻",撰成《陶说》六卷,"此书允推创制",补前人所未备。前已有言,朱琰在该书中记述古代窑器时,往往以文献证文献,缺乏必要的实地考察;但在"说今"方面,他却利用职务之便,多次前往景德镇实地考察,寻访老艺人,这使他在记述清初制瓷工艺时,多有创见。如他分析"窑器方为难"的原因时,鞭辟入里,十分到位:"出火后,[方器]多倾欹坼裂之患,无疵者尠。造坯之始,当角者廉之,当折者挫之,当合者弥缝之。隐曲之处,虑其不和,上下前后左右,虑其不均,故曰'方为难'。若圆器浑成,固由手法之准,而车已当人力之大半,

---

[①] 无论是从明代珠山御窑遗址出土物中,还是从现存的传世品中,都可找到弘治官窑瓷器。由此可见,弘治时期,御器厂仍有烧造宫廷用瓷,并非朱琰所言的"终孝宗十八年,不言窑事"。只是根据文献记载,弘治帝颇能体察民情,顺应民意,并虚心纳谏,多次下诏减少或停止烧造瓷器,故而这一时期的御器厂时烧时停。

不如方棱之全资乎人巧也。"如果没有实地的考察，他是很难获知如此精细的工艺的。

朱琰的创新意识还表现在他的其他著述中。如他于乾隆二十三年编成的类书《词林合璧》，虽依《佩文韵府》之例进行编排，但在内容著录方面，却不拾人牙慧，多补《佩文韵府》之缺。又如他于乾隆二十五年编成的《明人诗钞》，不仅在史料内容上重视乡邦文献的搜集，增补了很多本地诗人的生平事迹及诗文作品，还革新了明诗整理的编排体例："选一代之诗者，必以人叙次，方可辨一代诗体。然多或数十首，少或一二首，多寡不均，高下迭奏，恐读者耳目易混，未能别白。今钞大家名家诗为一编，曰正集；其余诸家之堪为羽翼者，别为一编，曰续集。分集以载，庶几犂然有当。"如此编排，不仅突出了大家名家的诗坛地位，而且兼顾了明诗发展的完整性，既比较合理，又颇具新意。

第三节 《陶说》的内容价值

《陶说》是我国一部颇具影响力的陶瓷专论之作，在陶瓷文献编撰史上有着特殊重要的地位，是陶瓷研究者不可或缺的重要参考文献，其内容具有较高的参引和研究价值。具体而言，其价值主要体现在以下几个方面。

一、史学价值

《陶说》是我国第一部系统记述陶瓷史的论著，其史学价值显而易见。清人裘曰修在为该书所作的序中曾评价道："桐川此书，谓之为陶人之职志可也，谓之为本朝之良史可也。后之视今，因器以知政，固不独为博雅君子讨论之赀矣。"从其内容上看，《陶说》确实是以史家之笔、史学思想进行编撰的。卷一"说今"、卷二"说古"、卷三"说明"就是按照溯古探源的编撰思想，从陶器的起源开始写起，然后论述唐宋元各朝诸窑，最后详细记述明清景德镇窑。只不过朱琰为求实用，侧重当代，在编排顺序上，先"说今"后"说古"，将记述清初景德镇窑的相关内容放在了前面，以突出其重要性。而卷四、卷五、卷六"说器"则是严格按照史家笔法进行编撰的，从唐虞三代开始写起，经周、汉、魏、晋、南北朝、隋、唐、宋、元诸朝，一直延续写到明代，记述了各个时期陶瓷器物的种类、命名缘由、器型演变、功能用途、相关记载、品质优劣等内容，可谓是一部系统记述我国古代陶瓷器物发展演变的专门史，对于研究我国古代器物的命名和器型的演变，具有重要的参考价值。

二、文献学价值

朱琰在编撰《陶说》时，搜集整理了大量的陶瓷史料。这些史料来源于经史子集各类文献，计有十三经、二十二史、诸子百家，还有《说文解字》《玉篇》《方言》《茶经》《坦斋笔衡》《格古要论》《留青日札》《稗史类编》《博物要览》《事物绀珠》《事物纪原》《乐府杂录》《高斋漫录》《夷门广牍》《五杂俎》《清秘藏》《春风堂随笔》《六砚斋笔记》《陶冶图说》《江西省大志·陶书》以及唐至清代的诗文集。就专门的陶瓷文献整理而言，朱琰是最早的实践者。笔者就《陶说》编撰以前的陶瓷文献整理情况，梳理总结如下。

我国古代陶瓷文献的整理方式主要有类书和丛书两种。所谓类书，顾名思义，是指按类编排内容的图书。具体而言，类书是指根据编纂的目的，将所需的资料从各类文献中辑录出来，然后按照一定的方式合理编排在一起，以备寻检和征引的工具书。它是我国古代百科全书式的资料汇编，材料之丰富，内容之广博，位居各类工具书之首。《四库全书总目提要》言其"兼收四部，而非经非史非子非集，四部之内乃无类可归"。所谓丛书，是将多种文献按照一定的顺序编排在一起，以便阅读和研究的图书。其特点是对所收文献的内容不进行裁分，保持原始文献的完整性，这正是它与类书的最大区别。

由于我国古代"重经史轻理艺""重道轻器"等思想的影响，导致我国古代陶瓷史料整体稀少，而且分布散乱，遍及经史子集各类文献之中。要想对其进行搜集整理，并不是一件容易的事，而在查检极不便利的古代，更是困难。因此，我国古代陶瓷文献整理类著述凤毛麟角，即使有相关整理的著述，也只是略有提及，独立成类的很少，收录内容亦颇为简略。如宋代四大类书之一的《太平御览》，首先列出"砖""瓦""琉璃"条目，收录了《诗》《礼记》《史记》《晋书》《宋书》等文献中的砖瓦琉璃资料。明清时期，类书编纂渐渐增多，收录内容也较为庞杂，但收录陶瓷史料并不丰富，如明王世贞编的《汇苑详注》中仅设有"陶匠"条目，收录了《礼记》《史记》等文献中的陶匠资料，以及韩愈、柳宗元等人的相关诗文；清张玉书等编的《佩文韵府》中设有"窑""瓦""坯"等条目，胤禄等编的《骈字类编》中设有"瓦"和"瓷"，这是较早将"瓷"作为条目，收录了《宋史》中有关瓷器的记载，以及唐宋诗人的相关文句。但这些著述只是在正文中设立了几个相关条目，并不是专门整理陶瓷文献史料的。在《陶说》编撰以前，有关陶瓷文献整理的丛书尚未出现，这可能是由于当时陶瓷专论之作极少，加上流传不广等原因造成的。

《陶说》既不是类书，更不是丛书，甚至不能算是严格意义上的陶瓷文献整理类著述，但它正文中所列的小标题，都是从相关文献记载中提炼出来的，并在小标题后详列了陶瓷史料的内容和出处，这是它与类书颇为相近的地方。只不过它在小标题的最后，大多附有"按语"，对史料内容予以相关的评析，表达了自己的观点，这正是它不能归入类书的主要原因。但是，朱琰毕竟搜集整理了大量的陶瓷史料，为陶瓷文献整理做出了积极贡献，并以文献整理的方式编撰了《陶说》六卷。从某种意义上讲，《陶说》是一部从文献整理的角度编撰我国陶瓷史的论著。

此外，《陶说》除了未录《陶冶图说》中二十张《陶冶图》外，基本照录了《陶冶图说》的文字内容，这使它具有了《陶冶图说》所体现的工艺学、民俗学、哲学等研究价值。不仅如此，它还在此基础上有所拓展。如卷三"说明"中详细记述了明代景德镇所用陶土、釉料、青料、彩料等各种制瓷原料的配制方法，堆器、锥器、描金、五彩等多种装饰技法的制作工序，青窑、匣窑、缸窑等不同窑制的烧造方法，工匠的种类、分工等内容，补充完善了《陶冶图说》中的相关记述，使其具有更高的工艺学研究价值。又如卷一"说今"记述了清初景德镇的制瓷情况，其中有言："于是乎，戗金、镂银、琢石、髹漆、螺甸、竹木、匏蠡诸作，无不以陶为之，仿效而肖。近代一技之工，如陆子刚治玉，吕爱山治金，朱碧山治银，鲍天成治犀，赵良璧治锡，王小溪治玛瑙，蒋抱云治铜，濮仲谦雕竹，姜千里螺甸，杨埙倭漆，今皆聚于陶之一工。"这段文字记述了乾隆时期景德镇工匠在模仿其他材质方面的高超技艺，体现了当时宫廷的审美取向，具有一定的艺术学和美学研究价值。乾隆时期，艺术创作崇尚仿古，追求不同材质间的相互模仿，而瓷器制作在这方面有着独特的优势，表现得尤为突出，模仿制品往往惟妙惟肖，一眼望去，真仿难辨，但这并没有成为艺术发展的推动力。（图4-1至图4-3）恰恰相反，正是由于一味追求外观上的仿肖逼真和显示工艺上的高超技巧，工匠在制作瓷器时往往拘谨做作，显得呆板沉闷，失去了艺术创作自由洒脱的气韵，使得乾隆制瓷艺术呈现出衰退的趋势。民国许之衡曾在《饮流斋说瓷·概说第一》中言道："至乾隆，则华缛极矣！精巧之致，几于鬼斧神工，而古朴浑厚之致，荡然无存，故乾隆一朝为有清极盛时代，亦为一代盛衰之枢纽也。"因此，朱琰的这段记述对于研究乾隆时期的整体艺术风格和宫廷审美取向，具有一定的参考价值。另值一提的是，《陶说》中还记述了部分国外窑口的瓷器生产情况，并将它们与国内窑口的瓷器生产作了比较，这为我们了解古代中外陶瓷文化的交流情况提供了一些史料。

当然，由于各种条件的限制，《陶说》在内容记述上也有一些不足之处。朱文藻在为《陶说》所作的跋中就曾指出其缺漏："鄙意闻见所及，尚有数事，可

图4-1 清乾隆 仿竹刻夔龙纹笔筒

图4-2 清乾隆 仿斑花石釉粉彩人物故事图盖盒

图4-3 清乾隆 仿剔红雕漆釉盘

资采择者。若吾杭新平镇素瓷，唐贞观时名于天下，今其地久废，其说犹存。他若宜兴供春所制之茶壶，流传海内，例所宜广。武林绣谷吴氏所藏百八酒器，一时名宿各有诗歌，亦可胪陈其形式，而备其说。杨中丞雍建尝监窑事，其酌定事宜，见于文集者，亦有可采。至书瓷一节，仁和邵远平尝禁绝之，以为敬圣惜字之一端。而世宗时亦有请书年号，以垂永久者，谕旨：不允其请。凡巨细各条，当俟暇时稍为辑录，以正有道。"可惜朱文藻并未付诸实践，仅留下这五条建议，以俟后人补辑。笔者通过研究《陶说》，也发现了它的一些缺漏。如该书对唐代以前的窑口几无涉猎；对明清时期景德镇窑以外的窑口，如磁州窑、宜兴窑、德化窑、龙泉窑等，几无提及；对高温色釉的烧制、珐琅彩料的配制、陶瓷雕塑的制作等少有描述；对窑民被迫反抗朝廷之事多语焉不详，如万历三十年二月，景德镇窑民不忍江西税监潘相的欺凌压榨，被迫发动起义，捣毁御器厂，此事在当时朝野引起了极大轰动，而《陶说》中却只字未提；等等。尽管如此，它仍不失为陶瓷研究的一部力作，曾被后来的《文房肆考图说》《景德镇陶录》等多部著作传抄引用,[①]至今仍被视为陶瓷研究者的必备参考文献,影响力颇大。

第四节 《陶说》的版本流传

《陶说》成稿于乾隆三十二年,初刻于乾隆三十九年。据鲍廷博为《陶说》所作的跋文记载,他曾受朱琰之托,于乾隆三十九年校订整理《陶说》,并由知不足斋刊印出版。这就是后人常称的"鲍刻本",也是《陶说》最早的单行刻本。其版本信息为:每页18行,每行21字,小字双行编排。细黑口,左右双边,无鱼尾,乌丝栏。封页题名"陶说",篆体书写。首有裘曰修序和《陶说》目录,末附乾隆三十九年朱文藻跋和乾隆三十九年鲍廷博跋。鲍廷博不仅是乾嘉时期的知名学者,还是当时著名的藏书家和出版家,曾编辑整理了《知不足斋丛书》,但不知为何,《陶说》当时并未被收录其中,而经后人增补的《知不足斋丛书》,才将其补入。2002年,上海古籍出版社整理出版了《续修四库全书》,将该本影印收录,只是文中多了"沈树镛印""郑斋""郑斋校藏金石书籍""铁沙沈树镛鉴藏印"等收藏者印章。(图4-4)从这些印章内容来看,该本曾被清末藏书家沈树镛收藏过,后经辗转流传,现藏于上海图书馆。

"鲍刻本"问世后,因其为陶瓷专书备受重视,后来被多次校刻重印,衍生出众多不同的版本。下面就对这些"衍生本"逐一进行论述。

1. 乾隆五十二年刻本

该本的正文内容和版本信息,与鲍刻本基本相同。唯一变化的是,该本在鲍廷博跋后多了"乾隆五十二年黄锡蕃跋",这也是该本最大的版本价值所在。

2.《龙威秘书》本

乾隆五十九年,马俊良校订刊刻《龙威秘书》,将《陶说》收入该丛书的第五集中。该本的正文内容及其版式,亦与鲍刻本基本相同,具体版本信息为:每页18行,每行21字,小字双行编排。细黑口,左右双边,无鱼尾,乌丝栏。(图4-5,图4-6)封页题有"龙威秘书戊集第三册""陶说""国朝朱琰笠亭"等字样。首有裘曰修序和《陶说》目录,只是序文前比鲍刻本多了"原序"二字,

---

① 值得一提的是,与朱琰同时期的梁同书曾撰《古铜瓷器考》一书,其中"古窑器考"一节,与《陶说》卷一"说今·饶州窑"、卷二"说古·古窑考"、卷三"说明·饶州窑"的内容重复较多。根据梁同书所撰的自序,《古铜瓷器考》应撰成于乾隆三十二年,这和《陶说》的成书时间是在同一年。两书不知孰先孰后,是否互有参照,目前限于资料,尚不能作出论断,故而存疑于此。

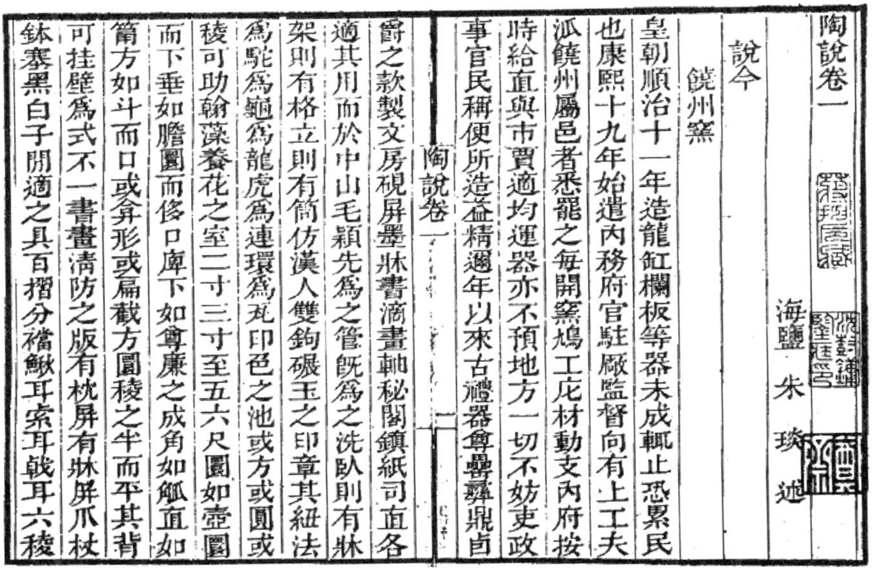
陶說卷一
海鹽朱琰述
說今
饒州窯
皇朝順治十一年造龍缸欄板等器未成輒止恐累民
也康熙十九年始遣內務府官駐廠監督向有上工夫
派饒州屬邑者悉罷之每開窯鳩工庀材動支內府按
時給直與市賈適均運器亦不預地方一切不妨吏政
事官民稱便所造益精邇年以來古禮器尊罍彝鼎卣
陶說卷一
爵之款製文房硯屏墨牀書滴畫軸秘閣鎮紙司直各
適其用而於中山毛穎先爲之管既爲之洗臥則有牀
架則有格立則有筒仿漢人雙鉤碾玉之印章其紐法
爲駝爲龜爲龍虎爲連環爲瓦印色之池或方或圓或
稜可助翰藻養花之室二寸三寸至五六尺圓如壺圓
而下垂如膽圓而侈口庳下如尊廉之成角如觚直如
筒方如斗而口或弇形或扁截方圓稜之半而平其背
可挂壁爲式不一書畫清防之版有枕屏有牀屏爪杖
鉢褰黑白子閒適之具百摺分襦鰍耳索耳戟耳六稜

图4–4　《续修四库全书》影印收录的《陶说》鲍刻本书影

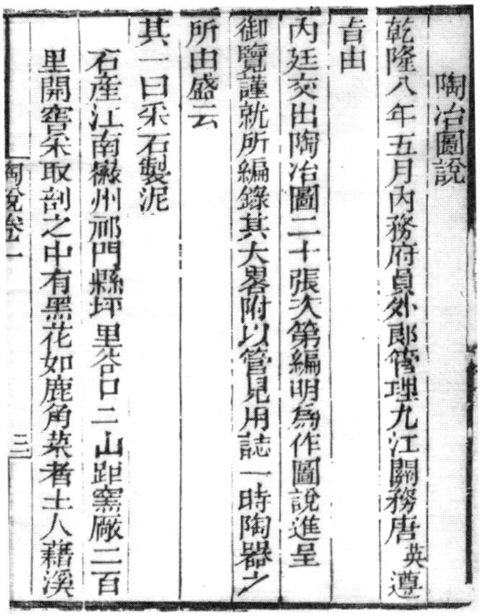
陶冶圖說
乾隆八年五月內務府員外郎管理九江關務唐英遵
旨由
內廷交出陶冶圖二十張次第編明爲作圖說進呈
御覽謹就所編錄其大畧附以管見用誌一時陶器之
所由盛云
其一曰采石製泥
石產江南徽州祁門縣坪里谷口二山距窰廠二百
里開窰采取剖之中有黑花如鹿角菜者土人藉溪
陶說卷一　三

图4–5　《陶说》之《龙威秘书》本书影一

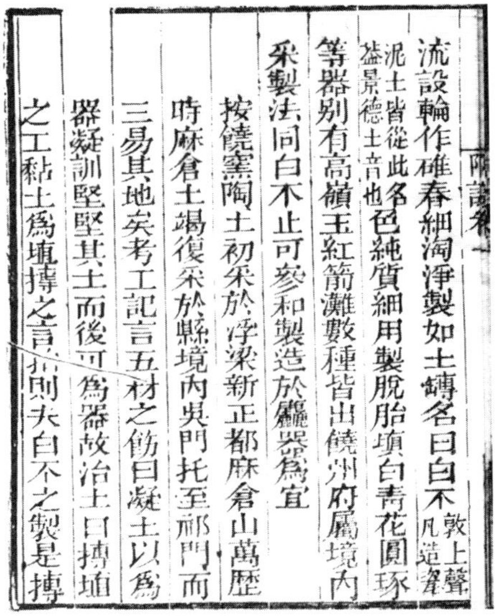
陶說卷一
流設輪作碓舂細淘淨製如土磚名曰白不敦上聲凡造窰
泥土皆從此名蓋景德土音也色純質細用製脫胎填白青花圓琢
等器別有高嶺玉紅箭灘數種皆出饒州府屬境內
采製法同白不止可參和製造於粗器爲宜
按饒窰陶土初采於浮梁新正都麻倉山萬歷
時麻倉土竭復采於縣境內吳門托至祁門而
三易其地矣考工記言五材之飭曰凝土以爲
器凝訓堅堅其土而後可爲器故治土曰摶埴
之工黏土爲埴摶之言拍則夫白不之製是摶

图4–6　《陶说》之《龙威秘书》本书影二

末附乾隆三十九年朱文藻跋和乾隆三十九年鲍廷博跋。该本后被台北新兴书局《笔记小说大观丛刊》和台北新文丰出版公司《丛书集成新编》影印收录。

3. 清末抄本

该本流传极少，目前仅见藏于清华大学图书馆。其版本信息为：每页20

行，每行20字至21字不等，小字双行书写。白口，四周单边，单鱼尾，乌丝栏，版心下方题"范湖草堂"四字。（图4-7）无封页，无目录，首有裘曰修序，序文前有"陶说序"三字，末附乾隆三十九年朱文藻跋和乾隆三十九年鲍廷博跋。文中有"范湖居士""存泊""周闲印倍日富""范湖草堂图书""不露文章世下惊"等印，由此可见，该本是由范湖草堂主人周闲抄写而成。周闲（1820—1875），字存伯，一字小圆，号范湖居士，浙江秀水（今浙江嘉兴）人，清末著名词人、书画家，其"书法遒劲，兼及丹

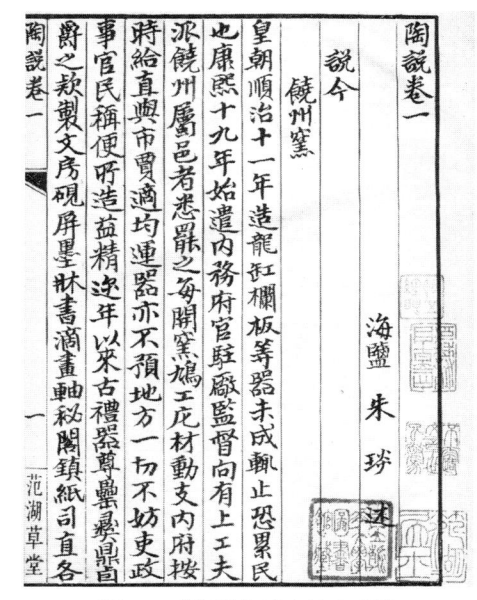

图4-7 《陶说》清末抄本书影

青，所作花鸟皆超逸有致"，著有《范湖草堂词》《范湖草堂诗文稿》《范湖草堂题画诗》等。他主要活动于道光、咸丰、同治年间，抄写《陶说》也应在这段时间，故而每当他书写朱琰的名字时，为了避嘉庆帝颙琰的名讳，都会将"琰"字的最后一笔略去。① 至于他抄写《陶说》的确切时间，由于资料十分有限，笔者尚不能得出结论。

4.《翠琅玕馆丛书》本

光绪十年，冯兆年校订刊刻《翠琅玕馆丛书》，将《陶说》收入该丛书的第一集中。该本的正文内容及其版式，与《龙威秘书》本基本相同，具体版本信息为：每页18行，每行21字，小字双行编排。细黑口，左右双边，无鱼尾，乌丝栏，版心下方题"翠琅玕馆丛书"六字。封页正面有邓骥英的书名题字"陶说"，篆体书写，背面有牌记"光绪十年甲申冬十二月羊城翠琅玕馆校刊"字样。（图4-8，图4-9）首有裘曰修序和《陶说》目录，序文前有"原序"二字，末附乾隆三十九年朱文藻跋和乾隆三十九年鲍廷博跋。该本书版后被保粹堂主人黄任恒购得。黄任恒于民国五年重新编辑了该丛书，并按原有书版刊刻印制，更名为《艺术丛书》，流布于世。其中收录的《陶说》，只有一点与《翠琅玕馆丛书》

---

① 其实，凡是嘉庆年间或嘉庆以后刊刻的朱琰著作，甚或有关他的生平事迹，在提及他的名字时，为了避嘉庆帝颙琰的名讳，都会将"琰"字缺笔略写，或替换成"炎""□"等。

图4-8 《陶说》之《翠琅玕馆丛书》本书影一　　图4-9 《陶说》之《翠琅玕馆丛书》本书影二

本不同,那就是《翠琅玕馆丛书》本中封页背面的牌记信息被黄任恒略去。随后,黄任恒又将该书版转赠给了他的姨甥黄肇沂。黄肇沂于民国二十四年依此书版重印,并将它收入《芋园丛书》中。其中收录的《陶说》,只有一点与《艺术丛书》本不同,那就是《艺术丛书》本中版心下方题的"翠琅玕馆丛书"字样被黄肇沂略去。由此可见,《翠琅玕馆丛书》《艺术丛书》《芋园丛书》收录的《陶说》,其正文内容完全相同,版式信息虽稍有差别,但不影响它们基本相同的整体版式,三者属于同版的重印本。

5.《美术丛书》本

民国三年,邓实、黄宾虹两人校订续辑《美术丛书》续集,并由上海神州国光社铅字排印出版,《陶说》被收录于该丛书的"续集第七集"中。其版本信息为:每页20行,每行29字,小字双行编排。细黑口,四周单边,无鱼尾,乌丝栏,版心下方题"续集第七集"五字。(图4-10,图4-11)无封页,首有裘曰修序(该本误将"曰"字刻成"日"字)、乾隆三十九年朱文藻跋、乾隆三十九年鲍廷博跋和《陶说》目录。将跋文置于目录之前,这是该本异于众本之处。民国十七年,邓实、黄宾虹两人校订续辑《美术丛书》第四集时,将《美术丛书》前三集一并重刻再版,《陶说》自然亦被收录其中。该本收录的《陶说》的正文内容、类目设置和编排体例,均与民国三年续集本完全相同,但版本格式略有变动,除了将版心下方题的"续集第七集"改成了"二集第七辑"外,其文字

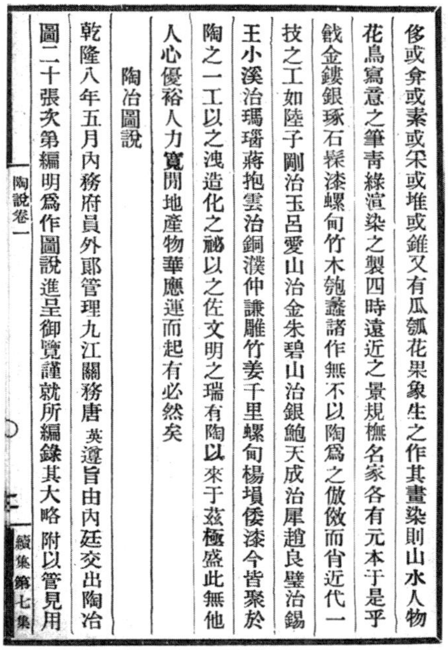

侈或弇或素或采或堆或錐又有瓜瓠花果象生之作其畫染則山水人物
花鳥寫意之筆青綠渲染之製四時遠近之景規橅名家各有元本于是乎
戧金鏤銀琢石髹漆螺甸竹木匏蠡諸作無不以陶爲之倣傚而肖近代一
技之工如陸子剛治玉呂愛山治金朱碧山治銀鮑天成治犀趙良璧治錫
王小溪治瑪瑙蔣抱雲治銅濮仲謙雕竹姜千里螺甸楊塤倭漆今皆聚於
陶之一工以之洩造化之祕以之佐文明之瑞有陶以來于茲極盛此無他
人心優裕人力寬閒地產物華應運而起有必然矣

陶冶圖說

乾隆八年五月內務府員外郎管理九江關務唐英遵旨由內廷交出陶冶
圖二十張次第編明爲作圖說進呈御覽謹就所編錄其大略附以管見用

陶說卷一 續集第七集

图4-10 《陶说》之《美术丛书》民国三年印本书影一

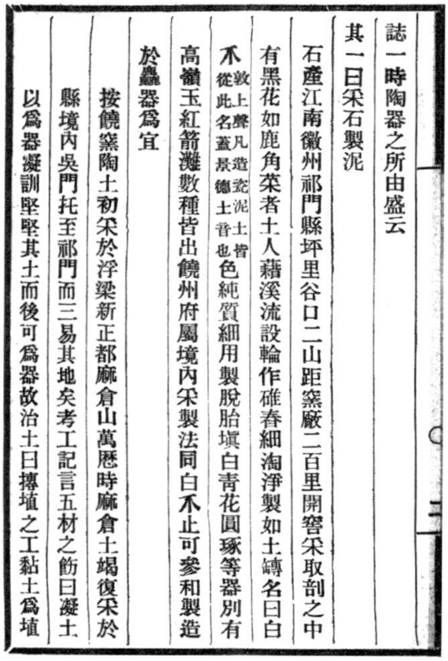

誌一時陶器之所由盛云

其一曰采石製泥

石產江南徽州祁門縣坪里谷口二山距窯廠二百里開窨采取剖之中
有黑花如鹿角菜者土人藉溪流設輪作碓舂細淘淨製如土墼名曰白
不敦上聲凡造瓷泥土皆從此名蓋景德土音也色純質細用製脫胎填白青花圓琢等器別有
高嶺玉紅箭灘數種皆出饒州府屬境內采製法同白不止可參和製造
於麤器爲宜

按饒窯陶土初采於浮梁新正都麻倉山萬歷時麻倉土竭復采於
縣境內吳門托至祁門而三易其地矣考工記言五材之飭曰凝土
以爲器凝訓堅堅其土而後可爲器故治土曰摶埴之工黏土爲埴

图4-11 《陶说》之《美术丛书》民国三年印本书影二

段落排版格式也有一些变动：如乾隆三十九年朱文藻跋文和乾隆三十九年鲍廷博跋文的段落编排，民国三年续集本每行前都空一个汉字字符，而民国十七年重刻本都顶格编排；正文中“按”字开头的段落编排，民国三年续集本每行前都空三个汉字字符，而民国十七年重刻本每行前仅空一个汉字字符。（图4–12，图4–13）尽管如此，该本收录的《陶说》的版本信息，还是与民国三年续集本大体相同的。之后，上海神州国光社又相继于民国二十五年、民国三十六年两次再版重印。新中国成立后，又有出版社将全套《美术丛书》影印出版，如1986年江苏古籍出版社、1998年北京古籍出版社、2013年浙江人民美术出版社等。其中收录的《陶说》，其正文内容、编排体例、版本格式等，均与民国十七年重刻《美术丛书》本完全相同。

6．文友本

民国三年，文友堂主人魏经腴校订整理《陶说》，铅字排印出版，这是民国时期刊印最早的单行本。其版本信息为：每页24行，每行24字，小字双行编排。白口，四周双边，单鱼尾，乌丝栏。封页中间有陆湘的书名题字“陶说”，楷体书写，两端有“民国三年重印”“陆湘题”字样。（图4–14，图4–15）首有裘曰修序和《陶说》目录，该本序文前不仅有“原序”二字，而且整篇序文改用侈或弇或素或采或堆或錐又有瓜瓠花果象生之作其畫染則山水人物花鳥寫意之筆青綠渲染之製四時遠近之景規撫名家各有元本于是乎戧金鏤銀琢石髹漆螺甸竹木匏蠡諸作無不以陶爲之倣傚而肖近代一技之工如陸子剛治玉呂愛山治金朱碧山治銀鮑天成治犀趙良璧治錫王小溪治瑪瑙蔣抱雲治銅濮仲謙雕竹姜千里螺甸楊塤倭漆今皆聚於陶之一工以之洩造化之祕以之佐文明之瑞有陶以來于茲極盛此無他人心優裕人力寬閒地產物華應運而起有必然矣

陶冶圖說

乾隆八年五月內務府員外郎管理九江關務唐英遵旨由內廷交出陶冶圖二十張次第編明爲作圖說進呈御覽謹就所編錄其大略附以管見用

陶說　卷一　二　二集第七輯

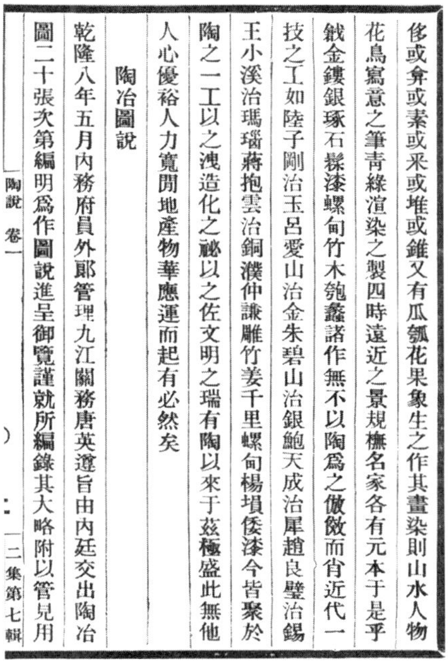

图4–12　《陶说》之《美术丛书》民国十七年印本书影一

誌一時陶器之所由盛云

其一曰采石製泥

石產江南徽州祁門縣坪里谷口二山距窯廠二百里開窖采取剖之中有黑花如鹿角菜者土人藉溪流設輪作碓舂細淘淨製如土磚名曰白不（敦上聲凡造瓷泥土皆從此名蓋景德土音也）色純質細用製脫胎填白青花圓琢等器別有高嶺玉紅箭灘數種皆出饒州府屬境內采製法同白不止可參和製造於蠡器爲宜

按饒窯陶土初采於浮梁新正都麻倉山萬歷時麻倉土竭復采於縣境內吳門托至祁門而三易其地矣考工記言五材之飭曰凝土以爲器凝訓堅堅其土而後可爲器故治土曰摶埴之工黏土爲埴摶之言拍則夫

陶說　卷一　二

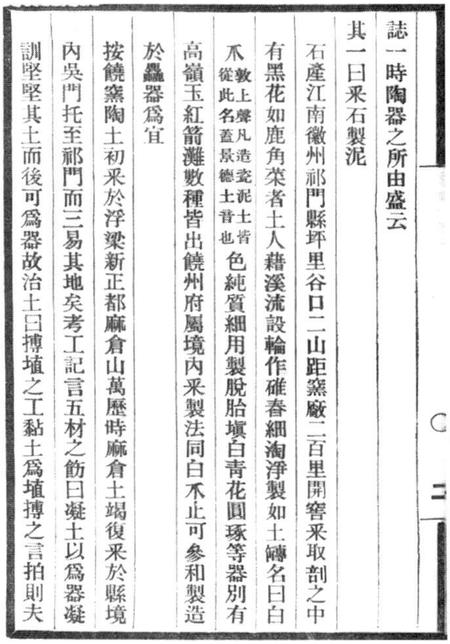

图4–13　《陶说》之《美术丛书》民国十七年印本书影二

图4–14　《陶说》民国三年文友本书影一

花果象生之作其畫染則山水人物花鳥寫意之筆青綠渲染之製四時遠近之景規橅名家各有元本于是乎戧金鏤銀琢石髹漆螺甸竹木匏蠡諸作無不以陶爲之倣傚而肖近代一技之工如陸子剛治玉呂愛山治金朱碧山治銀鮑天成治犀趙良璧治錫王小溪治瑪瑙蔣抱雲治銅濮仲謙雕竹姜千里螺甸楊塤倭漆今皆聚於陶之一工以之洩造化之秘以之佐文明之瑞有陶以來于茲極盛此無他人心優裕人力寬閒地產物華應運而起有必然矣

陶冶圖說

乾隆八年五月內務府員外郎管理九江關務唐英遵旨由內廷交出陶冶圖二十張次第編明爲作圖說進呈御覽謹就所編錄其大略附以管見用誌一時陶器之所由盛

陶說　卷一　二

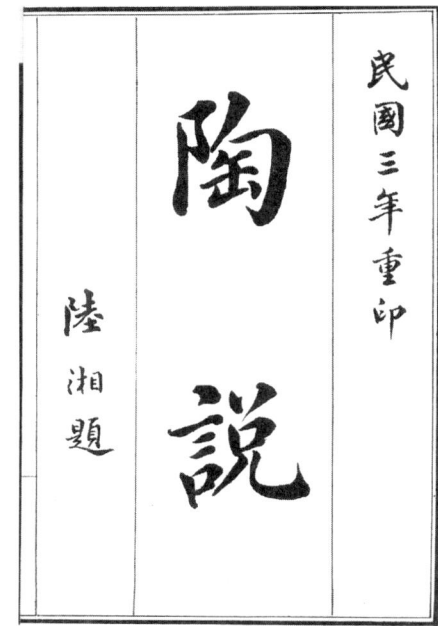

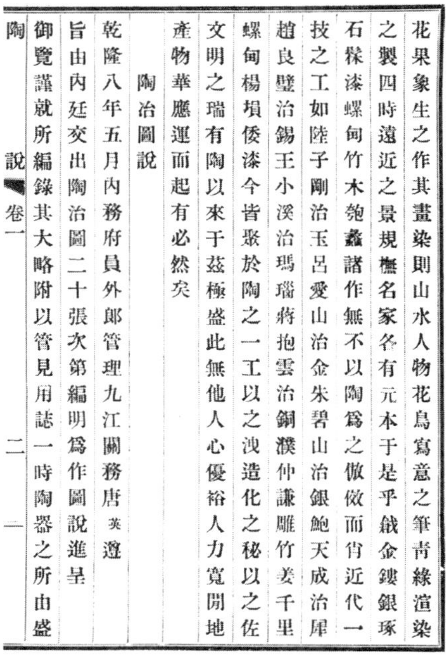

图4–15　《陶说》民国三年文友本书影二

行书抄写，这是它与众本不同之处；末附乾隆三十九年朱文藻跋和乾隆三十九年鲍廷博跋。

民国二十年，鉴于铅印本存量不多，为了方便世人查阅，魏经腴便嘱托其子魏桂辰，依据鲍刻本重加校订，并改用木刻本行世。该木刻本的正文内容及其版式，与铅印本基本相同，即每页24行，每行24字，小字双行编排。白口，四周双边，单鱼尾，乌丝栏。但封页正面中间改用傅增湘的书名题字"陶说"，两端改书"仿鲍氏本翻印""沅叔傅增湘题"字样，背面有牌记"辛未元月重校印行，版藏北平文友书坊"字样。（图4-16，图4-17）首有裘曰修序和《陶说》目录，序文版式与铅印本相同，即序文前有"原序"二字，整篇序文用行书抄写；但文末附跋除了乾隆三十九年朱文藻跋和乾隆三十九年鲍廷博跋外，还增补了乾隆五十二年黄锡蕃跋和民国二十年魏经腴跋。因此，该木刻本与铅印本相比，校订更为精审，内容更为完整。1993年，桑行之等编的《说陶》将该本影印收录，只是缩编排印，并把原本封页正面傅增湘的题字"仿鲍氏本翻印"、封页背面的牌记、页面版心的相关信息和民国二十年魏经腴跋等略去。

7.《说库》本

民国四年，上海文明书局编辑整理《说库》，铅字排印出版，将《陶说》收录其中。其版本信息为：每页28行至29行不等，每行32字，小字双行编排。细

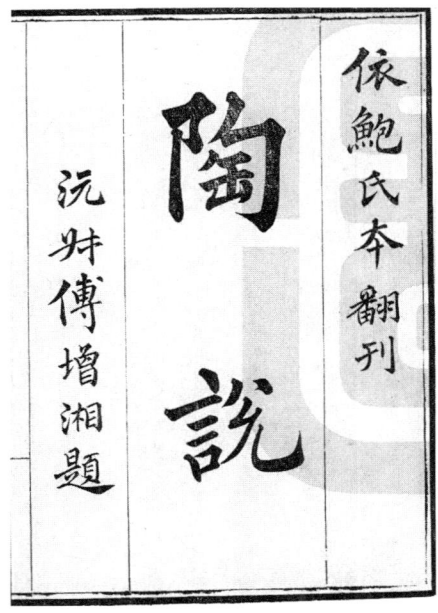

图4-16 《陶说》民国二十年文友本书影一

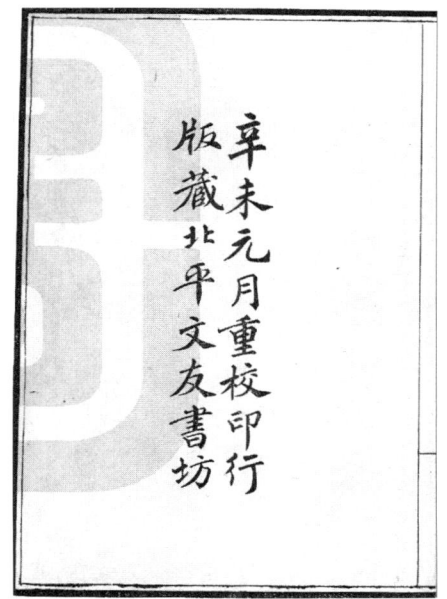

图4-17 《陶说》民国二十年文友本书影二

黑口，四周双边，双鱼尾，乌丝栏。无封页，首有裘曰修序（该本误将“曰”字刻成“日”字）和《陶说》目录，末附乾隆三十九年朱文藻跋和乾隆三十九年鲍廷博跋。文中有圈点，即断句符“○”。（图4–18）此外，该丛书前录有各书提要，其中对《陶说》的表述是：“考工之书，撰述颇罕。是编专详陶器，共六卷，说今一卷，说古一卷，说明一卷，说器共三卷，为先生客游饶州时所作。著论有裨民生实用，固非钟鼎彝器记录侈博者可比也。”

8. 商务本

民国二十四年，王云五组织编纂《国学基本丛书》，由上海商务印书馆刊刻出

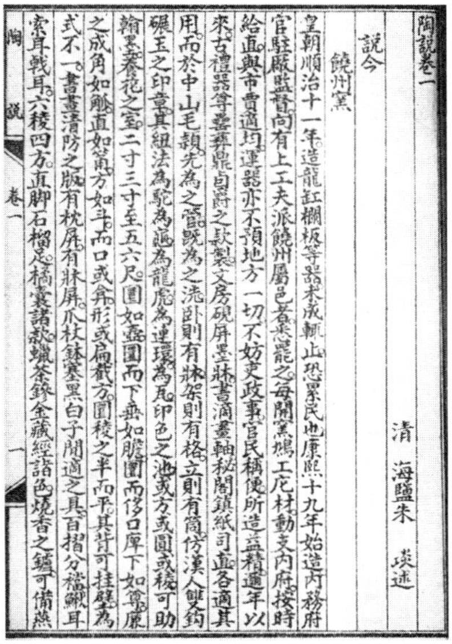
陶說卷一
清 海鹽朱 琰述
說今
饒州窯
皇朝順治十一年。造龍缸欄板等器。未成輒止。恐累民也。康熙十九年。始造內務府
官駐廠監督。向有上工夫派饒州屬邑者。悉罷之。每開窯。鳩工庀材。動支內府。按時
給直。與市賈適均。運器亦不預地方。一切不妨吏政事。官民稱便。所造益精。邇年以
來。古禮器等。盉彝鼎卣爵之款。製文房硯屏墨牀書滴畫軸秘閣鎮紙司直。各適其
用。而於中山毛穎。先為之管。既為之洗。卧則有牀。架則有格。立則有筒。仿漢人雙鉤
碾玉之印章。其紐法為駝為龜為龍虎為連環。為瓦印色之池。或方或圓或稜。可助
翰墨養花之室。二寸三寸至五六尺。圓如壺。圓而下垂如膽。圓而侈口庳下。如尊廉
之成。角如觚。直如筩。方如斗。而口或弇。形或扁。截方圓稜之半而平。其背可挂壁。為
式不一。書畫清防之版。有枕屛有牀屛。爪杖鉢塞。黑白子閒適之具。百摺分襠。鍬耳
索耳戟耳。六稜四方。直脚石榴足。橘囊諸款。蠟茶鈔金藏經諸色。燒香之鑪。可備燕
陶說　卷一　一

图4–18 《陶说》之《说库》本书影

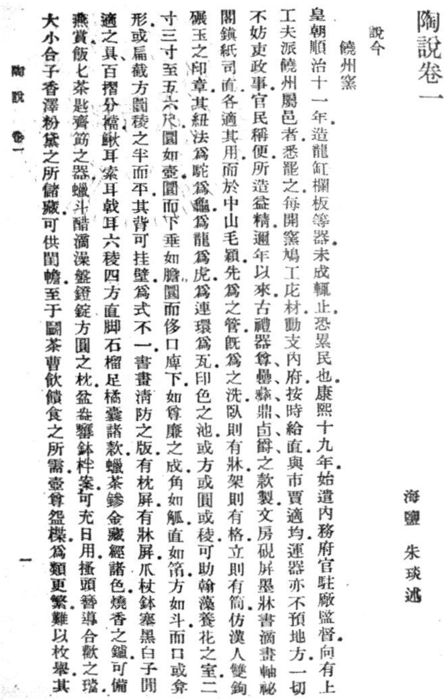
陶說卷一
海鹽 朱琰述
說今
饒州窯
皇朝順治十一年。造龍缸欄板等器。未成輒止。恐累民也。康熙十九年。始遣內務府官駐廠監督。向有上
工夫派饒州屬邑者。悉罷之。每開窯。鳩工庀材。動支內府。按時給直。與市賈適均。運器亦不預地方。一切
不妨吏政事。官民稱便。所造益精。邇年以來。古禮器尊、罍、彝、鼎、卣、爵之款。製文房硯屏墨牀書滴畫軸祕
閣鎮紙司直。各適其用。而於中山毛穎。先爲之管。旣爲之洗。臥則有牀。架則有格。立則有筒。仿漢人雙鉤
碾玉之印章。其紐法爲駝爲龜爲龍爲虎爲連環爲瓦。印色之池。或方或圓或稜。可助翰藻養花之室。二
寸三寸至五六尺。圓如壺。圓而下垂如膽。圓而侈口庳下。如尊廉之成。角如觚。直如筩。方如斗。而口或弇
形。或扁截方圓稜之半而平。其背可挂壁。爲式不一。書畫清防之版。有枕屛。有牀屛。爪杖鉢塞。黑白子閒
適之具、百摺分襠、鍬耳索耳戟耳六稜四方直脚石榴足橘囊諸款。蠟茶鎏金藏經諸色。燒香之鑪。可備
燕賞。飯匕茶匙齊筯之器。蠟斗醋滴澡盤鐙錠方圓之枕。盆盎罌鉢枓案。可充日用。搔頭簪導合歡之璫。
大小合子香澤粉黛之所儲藏。可供閨幨。至于鬬茶曹飲饋食之所需。壺尊盌楪爲類更繁。難以枚舉。其
陶說　卷一　一

图4–19 《陶说》商务本书影一

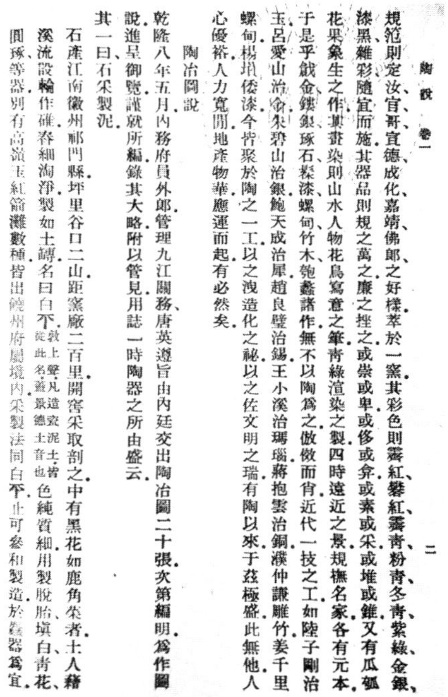
陶說　卷一　二
規範則定、汝、官、哥、宣德、成化、嘉靖、佛郎、之好樣。萃於一窯。其彩色則霽紅、礬紅、霽青、粉青、多青、紫綠、金銀、
漆黑、雜彩。隨宜而施。其器品則規之萬之。廉之挫之。或崇或卑。或侈或弇。或素或采。或堆或錐。又有瓜瓠
花果象生之作。其畫染則山水人物花鳥寫意之筆。青綠渲染之製。四時遠近之景。規橅名家。各有元本。
于是乎戧金、鏤銀、琢石、髹漆、螺甸、竹木、匏蠡諸作。無不以陶爲之。倣倣而肖。近代一技之工。如陸子剛治
玉。呂愛山治金。朱碧山治銀。鮑天成治犀。趙良璧治錫。王小溪治瑪瑙。蔣抱雲治銅。濮仲謙雕竹。姜千里
螺甸。楊塤倭漆。今皆聚於陶之一工。以之洩造化之祕。以之佐文明之瑞。有陶以來。于茲極盛。此無他。人
心優裕。人力寬閒。地產物華。應運而起。有必然矣。
陶冶圖說
乾隆八年五月。內務府員外郎。管理九江關務、唐英遵旨由內廷交出陶冶圖二十張。次第編明。爲作圖
說。進呈御覽。謹就所編。錄其大略。附以管見。用誌一時陶器之所由盛云。
其一、曰石采製泥。
石產江南徽州祁門縣。坪里谷口二山。距窯廠二百里。開窨采取。剖之。中有黑花如鹿角菜者。土人藉
溪流設輪作碓。舂細淘淨。製如土塼。名曰白不。敦上聲。凡造瓷泥土。皆從此名。蓋景德土音也。色純質細。用製脫胎、填白、青花、
圓琢、等器。別有高嶺玉紅箭灘數種。皆出饒州府屬境內。采製法同白不。止可參和製造。於粗器爲宜。

图4–20 《陶说》商务本书影二

版,《陶说》被收录其中。其版本信息为:每页14行,每行40字,小字双行编排。白口,无边栏,无鱼尾,无界行。(图4-19,图4-20)首有裘曰修序和《陶说》目录,序文前有"原序"二字,末附乾隆三十九年朱文藻跋、乾隆三十九年鲍廷博跋、乾隆五十二年黄锡蕃跋和民国二十年魏经腴跋。文中有断句符,或顿号"、",或句点".",还有极少量的分号";"。该本问世后不久,有单行另刻的,还有影印再版的。

此外,《陶说》出版后,不仅在国内产生了积极影响,而且引起了英国、法国、日本等国家的重视,并相继出现了外译本。如1856年,法国人儒莲(M.S.Julien)有节译本;1891年,英国人布希尔(S.W.Bushell)有全译本,1910年印行;1944年,日本人盐田力藏有注译本;等等。

综而观之,这些版本多有文字不同之处,使用者应根据正文内容的原意,罗列众本,比较异同,辨析正误,合理采用。现代整理本中,如傅振伦译注的《〈陶说〉译注》、杜斌校注的《陶说》、《中国陶瓷古籍集成》收录的《陶说》等,在版本校勘方面均取得了一定的成果,可作为参考之用。这些现代整理本均以

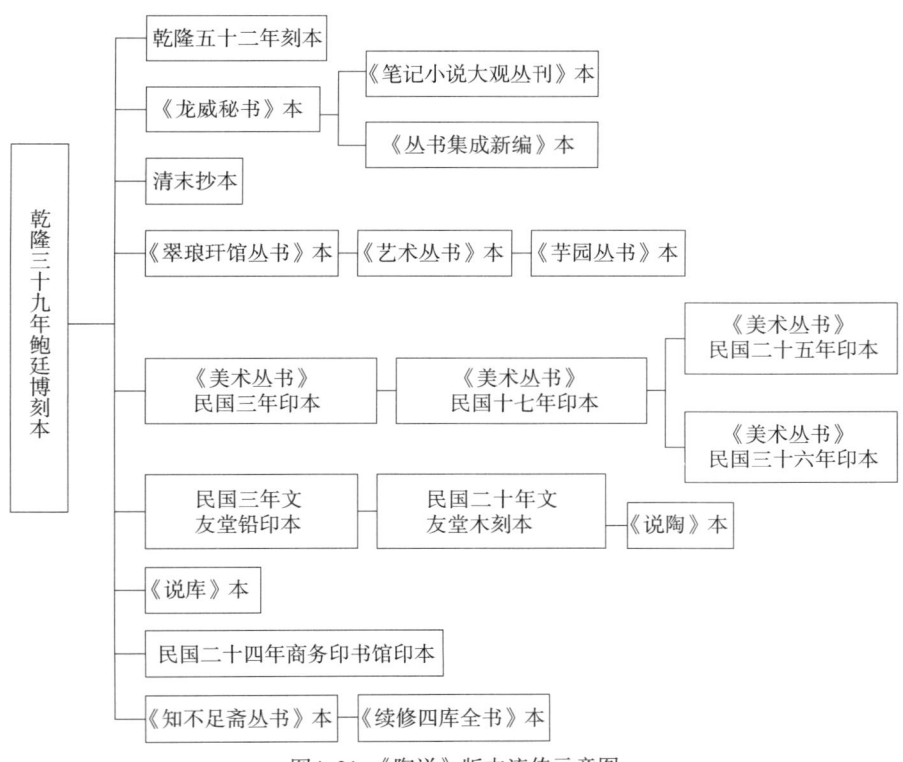

图4-21 《陶说》版本流传示意图

简体字编排，对正文内容进行了点校和关键词注释，方便阅览。其中，尤以傅译注本和杜校注本为佳。傅译注本不仅对鲍刻本、《龙威秘书》本、《美术丛书》本、《芋园丛书》本、《说库》本、文友本、商务本等多种版本进行了文字校勘和关键词注释，还对《陶说》全文进行了翻译；而杜校注本成书于傅译注本之后，并且只有校勘记和关键词注释，但它并没有照抄傅译注本的整理内容，而是另择角度，不仅在版本校勘和关键词注释方面对傅译注本多有补充，而且在正文中增加了图例，图文并茂，更易于读者理解。今人查阅《陶说》，可将两本互为补充，合理参照使用。

第五节 《陶说》与《陶冶图说》的承继关系

前已有言，《陶冶图说》是督陶官唐英于乾隆八年奉旨为《陶冶图》二十张编写的文字说明。该书言简意赅，取舍得当，内容丰富，考订精审，是目前我国第一部系统完整地记述清初景德镇制瓷工艺的论著。而朱琰于乾隆三十二年撰写《陶说》时，为了反映当时景德镇制瓷工艺的情况，在卷一"说今"中抄录了《陶冶图说》的主要内容，并按照《陶冶图说》的原有次序进行编排，包括采石制泥、淘练泥土、炼灰配釉、制造匣钵、圆器修模、圆器拉坯、琢器做坯、采取青料、拣选青料、印坯乳料、圆器青花、制画琢器、蘸釉吹釉、旋坯挖足、成坯入窑、烧坯开窑、圆琢洋彩、明炉暗炉、束草装桶、祀神酬愿，共计二十则图说，只是文字表述上略有变化而已[①]，符合他"录其大略"的抄录思想。

但是，朱琰并不仅仅局限于抄录，在每则图说的后面都加以按语，或补充说明，或深入阐释，或再度强调，或发表见解，在《陶冶图说》记述的基础上有所完善和发展。这些按语正是《陶说》内容编撰的创新之处及价值所在。笔者通过分析总结，将这些按语分成了以下四种情况。

1. 对《陶冶图说》所述内容进行补充说明。这种情况出现较多，可将其分为四类进行论述。

①对《陶冶图说》所述内容中的专业术语进行字义解释。如其三"炼灰配釉"之后的按语，对"油""釉""泑"等字的含义及其来源作了解释说明，对

---

① 如朱琰在抄录第二十则"祀神酬愿"时，就用"候火如候晴雨，望陶如望黍稯，故重报赛"之句，替换了《陶冶图说》中"窑火得失，皆尚祷祀"之句。其实，两句所表述的意思基本相同，都是为了反映古代窑工对祭祀窑神活动的高度重视。

陶瓷器上"釉"字使用的演变情况作了列举归纳，并表述了自己的看法："从古则油为是，通俗则釉为近。釉之利用在于光，油含光义，采言光采。"其余或丧失本旨，或字体太繁，均不宜作通用字。于是，他将"釉"字作为其通行字，适用于《陶说》一书。

②对《陶冶图说》所述工艺的历史演变进行补充说明。如其一"采石制泥"后的按语，对景德镇窑所用陶土原料的产地演变作了概括总结："饶窑陶土，初采于浮梁新正都麻仓山。万历时，麻仓土竭，复采于县境内吴门托，[今]至祁门，而三易其地矣。"又如其八"采取青料"后的按语，对宋代及其以前青瓷的釉色称谓进行了梳理总结："晋曰缥瓷，唐曰千峰翠色，柴周曰雨过天青，吴越曰秘色。其后宋瓷虽具诸色，而汝器宋烧者，淡青色；官窑以粉青为上；哥窑、龙泉窑、色皆青"，并得出"古瓷以青为贵"的观点。另对明代所用青料也有相关描述："明宣德用苏泥勃青，嘉靖用回青。"这与《陶冶图说》所述清初青料的开采情况正好承接，以此便可明晰我国古代青料使用的演变情况。此外，其九"拣选青料"后的按语，对明代回青料拣选方法作了补充说明；其十四"旋坯挖足"后的按语，对宋代以来诸窑底足的工艺特征作了概括总结；等等。

③对《陶冶图说》所述内容进行延续论述。如其十三"蘸釉吹釉"后的按语，承接《陶冶图说》之文，继续进行论述，指出宋瓷釉多莹厚，乃是反复蘸釉所致，容易产生小疵，而"吹釉之法，补从前所未有，用之良便"，且"用今吹釉之法补旧，补处可使无迹"。又如其十五"成坯入窑"后的按语，承续《陶冶图说》之文，对其未曾提及的烧窑火候的变化进行补充陈述："陶器入窑，初曰溜火，欲习于火而无赢。既曰紧火，欲孰于火而无缩。"并引用《江西通志》之言，"造坯彩画，始条理也；入窑火候，终条理也"，强调火候在瓷器制作过程中的重要性。然而，朱琰深知在完全凭靠人工烧柴的古代，掌控窑火的温度是极其困难的，但"瓷器之成，窑火是赖"，烧窑的好坏直接决定着瓷器制作的成败。在欲控、难控之间，促使瓷器烧造可能出现各种"无法预见"的效果，这正是其魅力所在。

④对古代文献中的相关记载进行考证推断。如其五"圆器修模"后的按语，对《考工记》所载"抟埴之工，器中膊，豆中县"作了详细考证，并由此引发了作者合理性的思考："今之模子，其亦中膊中县之遗意欤？"又如其十一"圆器青花"后的按语，对《考工记》所载"画、缋、钟、筐、巟"五种设色工匠的分工作了阐释说明，联系到《陶冶图说》所述的"画者学画不学染，染者学染不学画"的分工，便促使他做出合理性的推断："画，即画也；缋，为染采之事，即染也。分为二作，聚处一室，其即古'别官同职'之义欤？"

2. 略去《陶冶图说》的部分文句，而在相应"按语"的撰写中，另辟蹊径，变换角度，达到和《陶冶图说》略去文句一样的目的和效果。

如摘录"淘练泥土"时，略去了《陶冶图说》中有关强调淘练工艺重要性的文句，即"造瓷首需泥土，淘练尤在精纯。土星石子定带瑕疵，土杂泥松必至拆裂"，而是直接抄录"淘练之法"，但在按语中另辟蹊径，从陶、匋、窑、淘等字源字义的角度，强调"淘练之功重矣"。这样既不拾人牙慧，又更具说服力。又如摘录"制画琢器"时，略去了有关造瓷须遵古制的文句，即"器自陶成，矩规悉遵古制；花同锦簇，采色胜上春台。观、哥、汝、定、均，抔污之仪则非远；水、火、木、金、土，洪钧之调剂维神。……功必藉夫埏埴，出自林泉；制不越夫罇罍，重均彝鼎"。但在按语中变换视角，从记述古代器物的刻画情况入手，总结分析了明代瓷器彩画的相关状况，认为"《三礼图》《博古图》《古玉图》，画法略备，钟鼎款识，具载于薛尚功之书。能仿古为之，当鞍定辄汝，驰官骤哥，而与尊彝并重矣"，以此强调"仿旧须宗雅则，肇新务审渊源"的重要意义。这与它略去的《陶冶图说》之文，有异曲同工之处。

3. 从不同角度论述同一内容，反复强调《陶冶图说》所述的重要性，以引起读者的重视。

与第二点不同之处在于，它除了全录《陶冶图说》的内容外，还从其他角度论述《陶冶图说》内容的重要性。如抄录"制造匣钵"时，除了全录《陶冶图说》中所言"瓷坯入窑，最宜洁净，一沾泥渣，便成斑驳，且窑风火气冲突，易于伤坏，此坯胎之所必用匣钵套装也"，以说明瓷器烧造需用匣钵的原因外，还在按语中以铸铜用模的相同原理，再度强调了瓷器烧造使用匣钵的重要性。

4. 对《陶冶图说》所述内容进行扩充类比。

朱琰善于类比，发散思考，由此及彼，抒发己见。如其十"印坯乳料"后的按语，就由《陶冶图说》记述的乳料工艺，联想到画家用料，然后进行类比，从而得出自己的观点："画器调色，与画家不同。器上诸色，必出火而后定。配合调剂，前人有经验之方，毫厘不得差。又须极细极匀，则色透骨而露彩。古瓷五彩，成窑为最。其点染生动，有出于丹青家之上者。"以此来突出乳料工艺的重要性。又如其十八"明炉暗炉"后的按语，由《陶冶图说》记述的白瓷施彩后用炉复烧的工序，联想到"宣炉"①的造法，并认为两者属于"同一法也"。此外，其十九"束草装桶"后的按语，由《陶冶图说》记述的瓷器出窑后出现的不同成色，即上色、次色、三色、脚货，并以此定值高下，这使朱琰对瓷器制作过程进行了深入思考，通过查阅《稗史类编》《江西通志》等文献的相关记载，结合自己的走访调查，总结出"三干三细"的制瓷经验："窑干、坯干、柴干，则少拍裂沉暗之患；土细、料细、工夫细，则无粗糙污滓之患。又必火候均匀，釉色光荧，器自完好。"也就是说，欲使瓷器制作精良，必须做到"三干三细"，还要火候均匀。这一制瓷经验的总结，即使在今天看来，仍是瓷器生产过程中尤其值得注意和重视的问题。

当然，朱琰"按语"中也有考证不足的地方。如其二十"祀神酬愿"后的按语，虽对《陶冶图说》记述的明代中官苛索工匠一事进行了补充论述，还以此推测风火仙师童宾舍身赴火以成龙缸之事大体也因如此，但未能考证出这一事件发生的时间。其实，这一事件详载于《重修风火神庙碑记》《龙缸记》《火神童公传》数篇文献中。这些文献均出现于朱琰生活时期的雍正年间，即使距他撰写《陶说》的时间，也不过三十余年，而他未能查考引用，不免有些遗珠之憾。

---

① 据《宣德鼎彝谱》记载，宣德三年三月，鉴于郊坛太庙内廷所用鼎彝式样鄙陋，不合古制，皇帝下令命工部尚书吴中，仿照《宣和博古图录》及《考古》诸书和宫廷所藏秦汉以来鼎彝炉器和柴、汝、官、哥、钧、定各窑器皿款式，铸造铜器一百一十七款，计三千三百六十五件，以供郊坛太庙内廷之用。这里所言的"宣炉"，就是指这一时期仿造的铜炉。

第五章 《南窑笔记》的编撰

第一节 《南窑笔记》的著者及成书时间

目前,《南窑笔记》的通行本是民国初年邓实、黄宾虹两人编辑整理的《美术丛书》本。该本在卷端题名"南窑笔记"下仅注其依据的底本"旧抄本"三字,没有提及著者及成书时间,这使引用者常将其著者视为"佚名",将其成书时间限定在不太确切的"雍正、乾隆时期"。随后口口相传,以讹传讹,逐渐成了"定论",很少有人再探其究竟。笔者通过查阅《南窑笔记》及其相关研究成果,寻访《南窑笔记》所依据的"旧抄本",终于找到有关其著者及成书时间的线索,并按图索骥,认为该书很可能是由清代学者张九钺编撰而成,初稿于乾隆四十二年(1777年)。现将其证据罗列如下:

一是从史料记载来看,张九钺的侄孙张家杙所撰的《陶园年谱》中,明确记载了《南窑笔记》的著者及成书时间:"乾隆四十二年丁酉,[张九钺]五十七岁,复之南昌,寓秋燕巢书屋,撰《南窑笔记》。"邓显鹤所作的《陶园年谱·传》中亦称张九钺著有《南窑笔记》。这两条史料是目前有关《南窑笔记》著者及成书时间的最早记载,也是笔者立论的直接证据。

二是从正文内容来看,《南窑笔记》主要记述了清初(尤其是雍正、乾隆时期)景德镇的制瓷工艺,这是该书的成书时间常被限定在"雍正、乾隆时期"的重要原因。但从古代文字避讳的角度来看,文中小标题"成宏窑"中的"宏"字,本应为"弘"字,指明代的弘治时期,而文中却写成"宏"字,很明显是为了避乾隆帝弘历的名讳。由此看来,该书不可能成于雍正时期,而只能成于乾隆时期。张九钺历经康熙、雍正、乾隆、嘉庆四朝,尤其在乾隆中期,曾在江西诸县治政五年,完全有机会有条件到景德镇调查制瓷工艺;而作为文人学者,又完全有能力将这些调查结果付诸文字,笔之于书,撰成《南窑笔记》这样的著述。

三是《南窑笔记》稿本与张九钺所撰的《晋南随笔》稿本相比,两者在编排体例、流藏经过、装帧形式、书法风格等方面大体相同。从编撰形式来看,两书均采用一条一记、随写随录、每条内容前设一小标题的编撰形式;从流藏经过来看,两书常被私人同时收藏,如清末书法名家何绍基、当代文献学家王贵忱等，只是《晋南随笔》后被张家杙刊入《陶园外集》中，出现了刻印本，而《南窑笔记》仍以稿本形式流传；从装帧形式及书法风格来看，两书均以竹丝栏格纸、行草书体撰写而成，笔意醇净朴厚，颇有大家风范。正如王贵忱先生所言，张九钺善行草书，于湘中孚盛名，其书法"既无馆阁体势，亦无后世所谓金石家气味，直承晋唐人家法，笔意醇净朴厚，堪称为大家手笔也"①。由此可见，《南窑笔记》应与《晋南随笔》一样，出自张九钺之手。

四是通过查阅张九钺所作的诗集可知，他曾在乾隆四十二年至乾隆四十三年间撰成《豫章三集》（又名《秋燕巢集》），该集收录了《风火仙庙青花金鱼缸歌》。诗中论及的"风火仙师童宾舍身赴火而器成"一事，与《南窑笔记》之文"复有龙缸、栏板、带盒等项，巨器兴作，费繁而成，官民受累，遂使童姓火师殉窑死焉"，相互印合。此诗几乎与《南窑笔记》同时而作，很可能是张九钺在景德镇调查制瓷工艺时，看到御窑厂风火仙庙中残破的青花鱼缸，触景生情，有感而发。这说明张九钺确实亲身前往过景德镇调查制瓷工艺，也从侧面反映出他对景德镇瓷业生产的关注和重视。

综上所述，《南窑笔记》很可能就是由清代学者张九钺于乾隆四十二年写录而成。"知学先知人，因人以究学"，下面对张九钺的其人其学进行简要论述。

张九钺（1721—1803），字度西，号陶园，晚号紫岘山人，又号罗浮花农、红梅花长、梅花驿使、岸花亭长等。先祖世居湖北襄阳，明末因战事迁入湖南湘潭，随后定居于此。张九钺于康熙六十年八月三十日，出生在当地的一个望族家庭，书香门第。其曾祖张熹宦，字君爵，明朝衡永都督同知，入清后授山东文登县知县，赠文林郎；祖父张文炳，初名士龄，字质夫，号南麓，晚号槐园，又署潭上老农，康熙二十六年湖广举人，曾任浙江仙居、山东文登二县知县，赠中宪大夫，以诗文显名，有"诗坛名宿"之誉，著有《邻岳诗集》《南岳堂文集》等；父亲张垣，字前五，号潭村，乾隆九年顺天举人，曾任贵阳州学正、云南河西县知县，授儒林郎，亦以诗文显名，有"陶园诗老"之称，著有《潭上草堂诗草》《桂源草》《贵阳闻见录》等。正如清人邓显鹤所言，"名父之子，名子之父，同怀兄弟，昆龙季虎，雄视一时，皆著作才也"②。如此浓厚的家学渊源，为张九钺以后在文献编撰方面取得显著成就奠定了良好基础。

张九钺生而聪慧，少负仙才。七岁读《楚辞》，便仿其体作诗。九岁通览《十三经》及《史鉴大略》，始习制义策论。十岁专精纲鉴古文。十二岁成诸生，

---

① 王贵忱. 可居丛稿. 广州：广东人民出版社，2011：147.
②（清）邓显鹤：《沅湘耆旧集》卷九二，清道光二十三年邓氏南村草堂刻本。

入县学，被视为"神童"。同年，其父张垣入府学，"一时舆论翕然，比之眉山父子（指宋代文学家苏洵、苏轼、苏辙父子）"①。十三岁时，游采石矶，登太白谪仙楼，醉作长歌，深得当时学者袁枚的夸赞，名震江南，被誉为"太白再世""青莲后身"等。十四岁时，试古学三湘赋，得一等七名，名公巨卿争相延纳。十五岁时，被选拔成贡生，六年后又被选拔成贡生。当时学使倪穟畴曾评价道："湘潭拔贡，自癸卯至今，张氏一门，四经入彀。……凡张氏试卷，尽检高阁，因试古学。时值初春，自饔至飧，洋洋洒洒，文不加点而就。"②乾隆七年四月，京城朝考，试太和门，张九钺中一等一名，入太学肄业，并考取正黄旗官学教习。教习期间，试作《燕山八景赋》，深受好评。乾隆九年秋，参加顺天府乡试，不中。次年，因教习期满，本该外用充任一地知县，他却请辞归里。此后十余年间，张九钺大部分时间在家著述，相继完成了《历代诗话》《苔华杂记》《双虹碧传奇》等；偶尔受友人之邀，畅游南昌、南京、杭州、钱塘等地，每至一处，都留有诗篇。乾隆二十三年，张九钺再次入京，次年考补正红旗官学教习。

乾隆二十五年，奉命征讨回部的西师凯旋入京，朝廷行郊老礼，命筑郊老台，建东、西二坊，请张九钺题字，东坊曰"六幕归仁"，西坊曰"万方送喜"。行礼当天，乾隆帝穿越城内，前往郊老台，看到民居商店张贴的凯旋庆词几千余路，十分欣喜。这些庆词皆由张九钺所作，"一日夜挥就"。他于嘉庆元年所作《元旦》诗中有"回思拔帜登坛日，正有声名动紫宸"之句，正指于此；其曾孙婿何绍基在为《陶园年谱》所作的题词中有"名满天下，声闻帝廷"之句，也指于此。同年秋，参加顺天府乡试，得副榜第一名。另因教习期满，欲以部铨福建某县知县，可惜未被授用。两年后，张九钺再次参加顺天府乡试，中举人，次年参加会试，中明通榜第三名。③乾隆二十九年，被拨发江西任知县，先后任南丰、峡江、南昌三县知县，颇有政声。如知南丰时，正赶上此地粮食歉收，百姓饿饥，张九钺不顾上司的严檄切责，打破赈灾放粮的"存七粜三"的旧例，平粜县仓存米，并劝乡绅捐助，牒买邻县米，积极救灾民于哀鸿遍野之中；知峡江时，纂修《峡江志》；知南昌时，修贡院，赈洪灾，筑长堤，浚旧沟，敛棺尸，五大政绩，被当地百姓广为称颂，立祠祀之。乾隆三十三年，因

---

① （清）张家栻：《陶园年谱》，清刻本。
② （清）张家栻：《陶园年谱》，清刻本。
③ 据《陶园年谱》记载，张九钺初被拟定为进士第三名，后因有人专摘其疵，被改置成明通榜第三名。

其政绩显著，被擢升为吉安府莲花厅直隶同知，但因守孝归里，未能赴任。三年后，被重新启用，仍以知县调任广东，先后任始兴、保昌、海阳三县知县，亦颇有治声。后因海阳盗案牵连落职，辞官归里。

"官既罢，贫不能自存"，橐笔游历于南昌、南丰、扬州、徽州、镇江、杭州、永安、开封、嵩山、洛阳、巩县等地，著述甚丰。如乾隆四十二年，五十七岁的张九钺再次回到南昌，寓秋燕巢书屋，撰成《南窑笔记》；乾隆四十九年，其妾何氏卒，张九钺悲痛万分，乃取苏东坡与王朝云的轶事，谱写成《六如亭记》。《六如亭记》，又称《六如亭传奇》，全剧共三十六出，在湖南戏曲史上具有一定的影响力。此后数年，相继完成了《晋南随笔》《山川考略》等多部著作，并受多地官员之聘，纂修地方县志，主讲周南书院、临淮书院。乾隆五十六年十二月，时任湖广总督的毕沅为会武昌节略，聚集学士名流，于苏轼生日那一天，修祀赋诗。张九钺受邀前来，挥笔作长歌，四座叹服，一时鄂城纸贵。次年三月，主讲澧阳书院。两年后，受湘潭县令李华黼之聘，主讲昭潭书院，之后十余年一直待在此地。门人从游者甚众，科举中第者颇多，"作育人才，一时称盛"①。可见，其晚年生活大多以修志讲习、吟诗作赋为主。嘉庆八年九月十九日，张九钺因病不治，卒于家中，享年83岁，敕授奉政大夫。

综观其一生，张九钺不仅为官清正，政绩有声，而且博学多才，著作等身。其著述成果主要有《陶园诗集》《陶园文集》《陶园外集》《历代诗话》《六如亭记》《得瓠轩记》《束鹿县志》《峡江县志》《偃师县志》《巩县志》《山川考略》《晋南随笔》《南窑笔记》等。其中，尤以诗文显名，常被世人夸赞。正如张家枨所总结的那样："先生（指张九钺）生有异禀，七岁能诗文，九岁通《十三经》《史鉴》，十三岁从兄北游，读其诗者，辄呼'青莲后身'。及贡成均，与名卿大夫游，得尽读东观未见书，学愈闳，才愈肆，奋其气之所至，绝不傍人门户，亦不屑当时名流标榜，故能俯视一切，以成一代大手笔。论者谓文宗唐人，赋争两汉，诗则上窥汉魏，中轹唐宋，根柢深，故光焰独长；又谓先生之诗，性灵清洒，才气磅礴，当为乾隆朝一大宗。是二论者，诚不诬也。"而张九钺在江西诸县治政五年，经常到景德镇调查制瓷工艺，进而撰成《南窑笔记》一书，这也是他不可忽视的一项学术成就。该书是一部记述清初景德镇制瓷业的札记类著作，其内容对明晰清初景德镇多项制瓷工艺有着重要的参考价值，在我国古代陶瓷文献编撰史上也有着一定的地位，是一部颇具影响力的清代陶瓷专论之作。因此，有必要对该书的编撰特点、内容价值、版本流传等情况作以探讨。

---

①（清）张家枨：《陶园年谱》，清刻本。

第二节 《南窑笔记》的编撰特点

从编撰体例和正文内容来看，《南窑笔记》的编撰主要具有以下两方面的特点。

一、一条一记，适当编排

《南窑笔记》的编撰，采用一条一记、随写随录的方式。全书共计35条，除引言外，每条内容前都设有标题，分别是柴窑、汝窑、观窑、哥窑、定窑、龙泉窑、均窑、永乐窑、宣窑、成宏窑、正德窑、嘉万窑、厂官窑、釉炉、彩色、黄绿、金银、法蓝、不子、高岭、合泥、釉、灰、配釉、坯胎、圆器、琢器、雕削、印器、镶器、画作、匣钵、窑、料。[①]从正文内容来看，这些标题的顺序是经过作者适当编排的，其记述顺序依次为景德镇仿制的古代名窑，低温窑炉的搭建及装烧方法，各种釉彩的配制方法，景德镇所用胎釉原料的产地、性能、用途及配方，各种坯体制作的分工情况，匣钵坯料的产地及烧制方法，高温窑炉的搭建及装烧方法，青花料的产地、优劣及配制方法等。这样的编排，并不像《陶冶图说》那样按照制瓷工序进行的，似乎不尽合理，略有混乱之感。如低温窑炉的搭烧方法和低温釉彩的配制方法，应与高温窑炉的搭烧方法和青花彩料的配制方法紧密承接，置于它们记述之后，而不应置于胎料记述之前。

二、大胆推测，敢于立论

受乾嘉时期考据之风的影响，张九钺的许多著述，如《山川考略》《晋南随笔》《字音考异录》等，都具有旁征博引、考订精审的编撰特点，就连《百美人诗》在引证时也颇有此范。唯独所著《南窑笔记》，不太具备这一特点，不仅所引史料数量较少，未标明出处，而且记述颇多失实之处。如在引言中言明代"宣窑始有青花"，其实不然。从传世品及出土物来看，明代自洪武年间就承续元代青花瓷的烧造，永乐时期有了较大发展，至宣德时期达到生产的高峰，"开一代未有之奇"，不仅数量多，而且质量精，被视为青花制作的黄金时期。这些记述

[①] 需要说明的是，本书所引《南窑笔记》之文，均以广西师范大学出版社2012年影印的清稿本为底本，以《美术丛书》本为参校本。后面凡引《南窑笔记》之处皆同，不再一一标注。至于《南窑笔记》中的标题设置，两本的记载不尽相同。清稿本中原无"官窑"标题，而《美术丛书》本的编者根据正文内容，增设了这一标题，使得该本中的标题有35个。本书依从清稿本，不计入"官窑"标题。

的漏误，很可能是由于该书属于札记类著述，缺乏严谨的考证所致。

但也许正因如此，张九钺在《南窑笔记》的编撰中颇能破题立新，大胆推测，提出了许多创见。如该书中率先提出景德镇瓷器闻名中外的缘由："景德陶之著名，则在于宋，盖因陶工制'景德'年号于器底，故天下咸知有景德之窑。"此说后被乾隆四十八年版《浮梁县志》《景德镇陶录》等多部文献转录，至今仍常被引用；首次提出"斗彩"一词，并从工艺和鉴赏的角度对斗彩、填彩、五彩进行了概念区分："先于坯上用青料画花鸟半体，复入彩料，凑其全体，名曰'斗彩'。填者，青料双勾花鸟人物之类于坯胎，成后复入彩炉，填入五色，名曰'填彩'。其五彩，则素瓷纯用彩料画填出者是也。"这种区分对于人们认知不同的彩瓷品种，具有重要的参考意义；首次对均窑瓷器底部所刻数字的意义进行了推测，认为这些数字是"配合一副之记号"。这一推测对于人们更清楚地了解均窑瓷器的生产，具有积极的推动作用。此外，该书还常在陶瓷工艺实践的记述中进行理论性的总结，如在配釉工艺的记述中总结道："盖釉之本质，取之于石，色泽则发以水也。""凡釉多陈，贮久愈妙。""盖釉无灰，则枯槁无色泽矣。凡一切釉，俱入灰为本，如销银不离于硝也。""盖釉之青白不同者，在灰之添减多寡。凡配各种釉，约数十余种，俱以灰为主，如调百味，必须盐也。"

当然，这些创见中，有不合史实之处，也有与今人看法矛盾之处。如所言的"斗彩"概念，在今人看来，应属于青花五彩的范畴，并非严格意义上的斗彩；而所言的"填彩"概念，才是今人眼中的"斗彩"[①]。至于均窑瓷器底部所刻数字的意义，今人通过认真比对均窑窑址出土的标本，认为它们是用来区分器物大小的标记，数字越小，器物越大，即器底刻"一"的，是同类器物中最高或口径最大的；器底刻"十"的，是同类器物中最低或口径最小的。这与《南窑笔记》中所言的这些数字是"配合一副之记号"，并不相同。尽管如此，张九钺这种大胆推测、敢于立论的精神和胆识还是颇值称道的，这也是《南窑笔记》编撰的又一重要特点。

---

① 所谓斗彩，是一种将釉下青花和釉上彩绘相结合的装饰工艺，即先用青花料在胎体上勾勒出图案的轮廓，罩釉高温烧成后，再于釉上在青花轮廓线内填绘各种彩料，以完成彩色图案，复入彩炉低温烧成。釉下青花和釉上彩绘，两种装饰内外相应，争奇斗艳，故名。这与《南窑笔记》所言的"填彩"概念，正相吻合。

第三节 《南窑笔记》的内容价值

《南窑笔记》是一部记述清初景德镇制瓷业的札记类著作，其内容具有较高的参考和研究价值。具体而言，其内容价值主要体现在以下两个方面。

一、工艺学价值

《南窑笔记》同《陶冶图说》一样，记述了清初景德镇的多项制瓷工艺，其工艺学价值比较突出。笔者通过梳理总结，将其概括为以下四个方面。

1. 古代名窑的仿制工艺

这主要体现在仿烧宋代汝窑、观窑、哥窑、定窑、龙泉窑、均窑和明代永乐窑、宣德窑、成化窑、弘治窑、正德窑、嘉靖、万历窑、厂官窑的制作工艺上。尽管该书在记述这些名窑的生产概况时，多摘抄旧书，缺乏必要的考证，不仅过于简略，还有不少错误，[①]但是它所记述的内容价值重在"今仿"，不在"古作"。如记述仿制汝窑工艺（图5-1）时，言"今景德镇仿做，用里乐釉入青料少许，以不泥为骨，多鱼子纹者，略得遗意矣"；记述仿制哥窑工艺（图5-2）时，言"今之做哥窑者，用女儿岭釉加椹子石末，间有可观。铁骨则加以粗料，配其黑色"；记述仿制宣窑甜白、霁红、霁青"三大上品"（图5-3）时，言"今仿宣间亦有可观，霁红釉用白釉、麻仓釉为主，入红铜米、紫英石配合，加乐平绿石、火青少许，宜烧于秋冬风霜窑，百不得一，故一切釉水以霁红为难。……霁青用元子料配釉，甜白以麻仓为主，俱为难得者"。这些仿制工艺的记述，不仅反映了当时仿古之风的盛行，而且显示了清初景德镇仿制技艺的高超，即使是当时景德镇新创的品种，也多是在仿制技艺的基础上发展而来的。如康熙时期出现的郎窑红釉瓷（图5-4），就是在仿制宣德霁红釉瓷的基础上创烧出来的新品种。

2. 各种原料的配制工艺

这主要包括清初景德镇所用坯料、釉料、釉上彩料和青花料的配制工艺。《南窑笔记》在这方面的记述，多补《陶冶图说》之缺。如记述瓷石与高岭土配合制坯时，言"不子性软，高岭性硬，用二种配合成泥，或不子七分，高岭三分，或四六分，各种配搭不同"，而《陶冶图说》仅言两者可以配合制坯，并未

[①] 如"柴窑"条将柴窑的生产时间五代后周的"显德年间"误写成唐代的"武德年间"，"观窑"条将北宋观窑和南宋官窑混为一谈，"龙泉窑"条将唐代越窑和宋代龙泉窑混为一谈，等等。

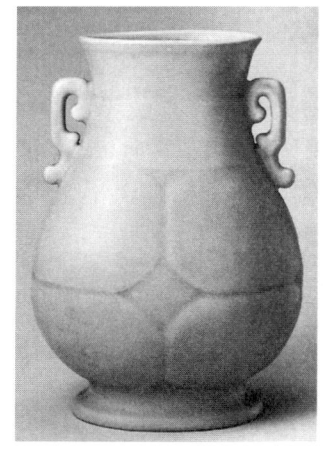
图5-1 清雍正 仿汝釉双耳扁瓶

图5-2 清雍正 仿哥釉双耳炉

图5-3 清康熙 仿宣德祭红釉僧帽壶

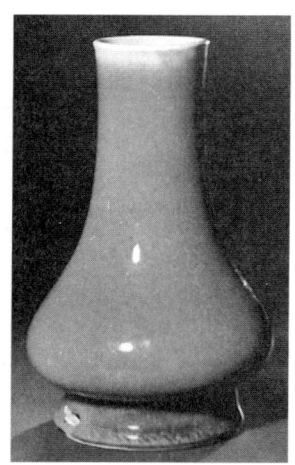
图5-4 清康熙 郎窑红釉穿带瓶

提及两者的性能，也未给出两者的配制比例；记述炼灰配釉时，言"将釉与灰淘洗极细，各注一缸，或合甜白釉，用釉十五盆，入灰一盆。如合成窑釉，用釉八盆，入灰一盆。灰多则釉色青，灰少则釉白"，较《陶冶图说》的记述更为具体；记述釉上彩料时，涉及了矾红彩、黄彩、绿彩、紫彩、金彩、银彩等许多彩料的配制工艺，而《陶冶图说》仅记述了洋彩一种，几乎没有提及其余彩料的配制工艺；记述青花料时，该书不受《陶冶图说》的局限，另辟蹊径，不仅记述了青花料的多个产地，比较它们之间的异同优劣，而且记述了青花料的乳料之法"选择好者，洗净入窑，燥一昼夜，乳极细，去其土锈，即今画碗之青花料也"和配料之法"浙料为主，佐以紫料，然不若元子，独用为全耳"，这些记述多补《陶冶图说》之缺，亦较《陶冶图说》更为详细。

3. 匣钵的制备工艺

这主要体现在"匣钵"条的记述中。与《陶冶图说》相比，《南窑笔记》不仅记述了匣钵的原料产地、配制方法和做匣工种，而且详细记述了匣钵制作过程中的注意事项："凡匣极宜选土做造，务令坚厚为上，瓷内渣滓、硫黄点等疵，皆匣不选土做之故。最忌油土太多，以致松脆，不能耐火，多有脱底漏笼之害。"这些注意事项在具体的制作过程中是非常重要的，需要引起高度的重视，这样可以避免多种瑕疵的出现。而这些注意事项的记述，是《陶冶图说》所阙略的。

4. 高低温窑炉的搭制及其装烧工艺

这主要体现在"釉炉"条和"窑"条的记述中。其中，《南窑笔记》有关低温窑炉（包括明炉和暗炉）的搭制及其装烧工艺的记述，与《陶冶图说》内容相近，只是文字表达上略有不同。而有关高温窑炉的搭制及其装烧工艺的记述，则较《陶冶图说》更为细致，不仅详细记述了高温窑炉"葫芦窑"的搭制方法和装烧工艺，还十分强调了窑火的重要性："窑形似卧地葫芦，前大后小，如育婴儿鼎器也。其制用砖周围结砌，转篷如桥洞。其顶有火门、火窗、库口、对口、引火处、牛角抄、平风起、未墙、火眼、过桥处、鹰嘴、余堂、靠背，以至烟冲。深一丈五尺，腹阔一丈五尺。架屋以蔽风雨，烟冲居屋之外，以腾火焰。凡坯入窑，俱盛以匣，上下四围俱满粗瓷卫火，中央十路位次俱满细瓷。火用文武，经一昼夜，瓷将熟时，凡有火眼处，极力益柴，助火之猛烈十余刻，名曰'上烨'。用铁锹从火眼出坯片，验其生熟，然后歇火，缓去门砖，俟冷透开之，便无风裂惊破之患矣。每窑计柴三百余担，盖坯胎精巧，成于各工，物料人力可到。而釉水色泽，全资窑火，或风雨阴霾，地气蒸湿，则釉色黯黄惊裂，种种诸疵，皆窑病也。必使火候、釉水恰好，则完美之器，十有七八矣。"

概言之，《南窑笔记》在记述清初景德镇制瓷工艺方面，继承了《陶冶图说》的部分内容，但在某些工艺的记述上，则较《陶冶图说》更为具体，更为细致，是对《陶冶图说》工艺记述的完善和补充。两书都是研究清初景德镇制瓷工艺的必备文献，读者利用时可以相互参照。

二、鉴藏学价值

作为文人的张九钺，对陶瓷器物的关注和记述，多是从鉴藏的角度入手的。所著《南窑笔记》在记述清初景德镇所仿的古代名窑时，就从鉴藏的角度品评了诸窑器物的优劣。如言哥窑"釉色仿佛观窑，纹片粗硬，隐以墨漆，独成一宗"，言弟窑"不堪珍贵"，言龙泉窑"有梅子青、冬青色者，可与观窑争艳，间有纹片者，俱堪珍贵"，言欧窑"不堪赏鉴"，言均窑"釉水葱蒨肥厚，光彩夺目"，言广均"胎骨轻脆，不堪赏鉴"，言宣德窑"［青花］用料有浓淡，墨势浑然而庄重。……又有霁红、霁青、甜白三种，尤为上品"，言正德窑"多黄地绿龙、青花龙凤，不如宣、成远矣"，言嘉靖窑"料用回青，故浓翠红艳，多龙凤、梵书、鱼鸟花样，但画工精重，不能比于宣、成窑"，言万历窑"又次于嘉窑"，等等。

即使在记述当时仿作这些名窑的制备工艺时，也多是从鉴藏的角度进行评析的。如言仿作的定瓷"滑石合泥作骨子，纯用碁子釉，不减古釉，花样精致过之"，言仿作的龙泉瓷"肥润翠艳，亚于古窑"，言仿宣德窑的霁红、霁青、甜白三个品种"俱为难得者"，言仿成化窑的斗彩"增入洋色，尤为鲜艳"，言仿嘉靖窑的青花"只能依其款范、花样，虽有青料，不逮于回青远矣"，等等。

此外，该书在记述当时景德镇制瓷的基本工序时，也常从鉴藏的角度适当地加以评析。如记述洋彩的配制工艺时，就从鉴藏的角度品评了各色的特点："今之洋色，则有胭脂红、羌水红，皆用赤金与水晶料配成，价甚贵。其洋绿、洋黄、洋白、翡翠等色，俱人言硝粉、石末、硼砂各项炼就，其鲜明娇艳，迥异常色。使名手仿绘古人，可供洗染、点缀之妙。又有水墨一种，尤为逸品也。"记述国产青花料时，则从赏析的角度比较了各地所产青花料的优劣："其浙料有元子、紫料、天青各种。而江西有筠州丰城，至本朝则广东、广西，俱出料，亦属可用，但不耐火，绘彩入炉，则黑矣。故总以浙料为上，重则浓红、轻则淡翠，入炉不辨老少。……若江西料，差次于浙料，而广料又次于江西矣。"

可见，作为文人的业余爱好，张九钺对陶瓷器物及其制作工艺的关注和记述，基本上是从鉴藏的角度入手的，这使《南窑笔记》具备了一定的鉴藏学价值。我们可以从中了解到当时一些文人士大夫的审美品位和审美趣向。

第四节 《南窑笔记》的版本流传

《南窑笔记》撰成于乾隆四十二年（1777年），初为作者手抄的稿本。该稿本用竹丝栏格纸行草书体撰写，每页7行至9行不等，每行21字至23字不等，金镶玉装帧，文中有圈点。封页题名"南窑笔记抄"，署"图书渊主人手录"，而卷端题名"抄南窑笔记"。（图5-5，图5-6）全书不分卷，只设篇目标题，计有

第五章 《南窑笔记》的编撰 | 153

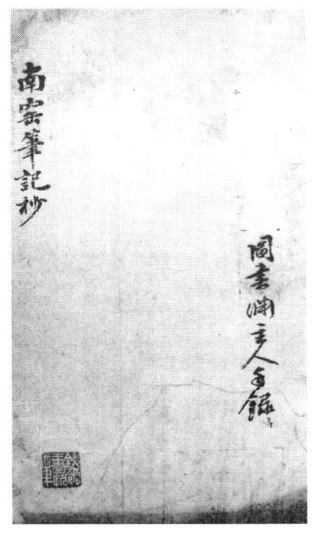

图5-5 《南窑笔记》
稿本书影一

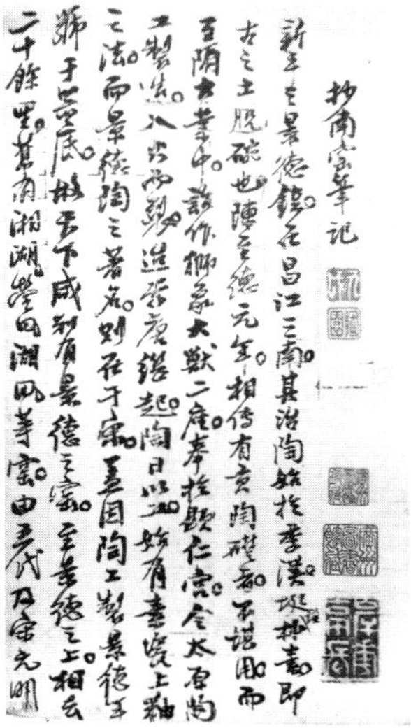

图5-6 《南窑笔记》
稿本书影二

"柴窑""汝窑""观窑""哥窑""定窑""龙泉窑""均窑""永乐窑""宣窑""成宏窑""正德窑""嘉万窑""厂官窑""釉炉""彩色""黄绿""金银""法蓝""不子""高岭""合泥""釉""灰""配釉""坯胎""圆器""琢器""雕削""印器""镶器""画作""匣钵""窑""料"34个标题。文中钤有"九戈""陶园""岸华亭长""铁岭王贵忱印""铁岭王贵忱章""贵"等印章。该稿本曾先后被清末书法名家何绍基、当代文献学家王贵忱所得,现藏于广州图书馆。该稿本一直被私人秘藏,未能刊刻出版,故而流传不广,渐致湮没无闻。

宣统三年(1911年),邓实、黄宾虹两人开始校订整理《美术丛书》,起初出版的第一集、第二集、第三集均未收录《南窑笔记》。直到民国十七年(1928年),邓实、黄宾虹两人续辑《美术丛书》第四集时,才将《南窑笔记》收录其中。该丛书由上海神州国光社铅字排印出版,《南窑笔记》被编排在该丛书的第四集第一辑中,这是《南窑笔记》面向公众的最早刊印本,也是《南窑笔记》的现行通行本。

该本收录的《南窑笔记》共11页,每页20行,每行29字。细黑口、四周单边、无鱼尾,乌丝栏,版心中间题"南窑笔记"四字,版心下方题"四集第一辑"五字。(图5-7,图5-8)无封页,卷端题名"南窑笔记",下注有小字"旧抄本",没有提及著者姓名,这致使引用者常将其著者视为"佚名",随后口口相传,渐渐成为"定论",很少有人再作深入探究。"知书而不知人,书传而人不传",岂不惜哉!该本与稿本的编排方式相近,全书不分卷,只设篇目标题,不过在原有34个篇目标题的基础上,根据正文内容的需要,增设了"官窑"标

南窰筆記舊抄本
新平之景德鎮在昌江之南其治陶始於季漢埏埴朴素卽古之土脫碗也
陳至德元年相傳有貢陶礎者不堪用而至隋大業中始作獅象大獸二座
奉於顯仁宮令太原陶工製造入火而裂迨李唐繼起陶日以工始有素甆
上釉之法而景德陶之著名則在于宋蓋因陶工製景德年號于器處故天
下咸知有景德之窰至景德之上相去二十餘里舊有湘湖𦊁田湖田等窰
由五代及宋元明出映花素甆其邊口無釉者爲是蓋覆口而燒也今之舊
甆有滋胎口鑲以銅邊者卽湘湖𦊁田湖田三窰所出之器繼以三窰處於
山僻挽運維艱故不久傳惟景德舟車物力通便爲兩江都會而業陶者多
於是居焉有明以來始命官監督立廠珠山興作供御諸器歷成宣嘉萬製
南窰筆記　四集第一輯

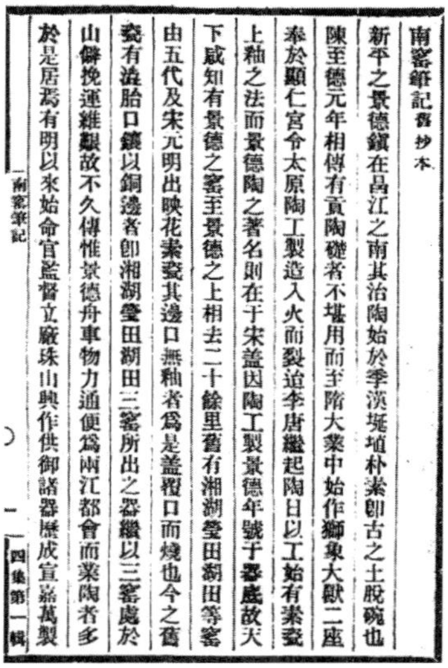

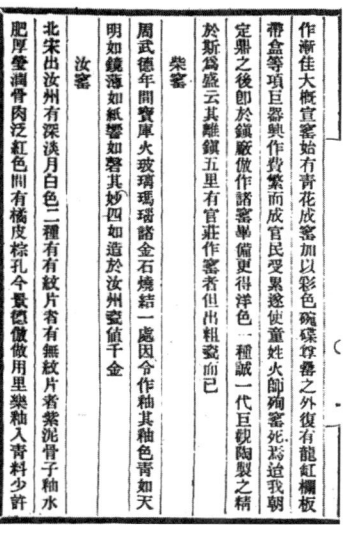

图5–7 《南窑笔记》之《美术丛书》本书影一

作漸佳大槪宣窰始有靑花成窰加以彩色碗碟彝器之外復有龍缸欄板
帶盒等項巨器興作費繁而成官民受累遂使童姓火師殉窰死焉迨我朝
定鼎之後卽於鎭廠倣作諸窰畢備更得洋色一種誠一代巨觀陶製之精
於斯爲盛云其離鎭五里有官莊作窰者但出粗甆而已
柴窰
周武德年間寶庫火玻璃瑪瑙諸金石燒結一處因令作釉其釉色靑如天
明如鏡薄如紙響如磬其妙四如造於汝州甆値千金
汝窰
北宋出汝州有深淡月白色二種有有紋片者有無紋片者紫泥骨子釉水
肥厚瑩潤骨肉泛紅色間有橘皮棕孔今景德倣做用里樂釉入靑料少許

图5–8 《南窑笔记》之《美术丛书》本书影二

题，共计35个篇目标题。此外，该本对稿本中的一些文字也进行了改动，如将引言中的“诏”改成了“始”，将“定窑”条中的“碁”改成了“碪”，将“均窑”条中的“黯”改成了“暗”，将“彩色”条中的“铅石粉本”改成“铅粉石末”。当然，这些改动有合理之处，也有不当之处，需要读者认真甄别，合理利用。

该本出版后，供不应求，不久就被销售一空。上海神州国光社为了满足研究者的需要，又相继于民国二十五年、民国三十六年两次再版重印。新中国成立后，又有出版社将全套《美术丛书》影印出版，如1986年江苏古籍出版社、1998年北京古籍出版社、2013年浙江人民美术出版社等，另有一些陶瓷文献汇集类著述，将《美术丛书》收录的《南窑笔记》析出，影印收录其中，如1993年桑行之等编的《说陶》、2003年中国国家图书馆编的《中国古代陶瓷文献辑录》、2012年景德镇陶瓷大学中国陶瓷文化研究所编的《中国古代陶瓷文献影印辑刊》等。这些再版重印本和影印出版本收录的《南窑笔记》，其正文内容、编排体例、版本格式等，均与《美术丛书》民国十七年收录本基本相同。此外，熊寥、熊微于2000年编纂的《中国陶瓷古籍集成（注释本）》中也收录了《南窑笔记》，该本以《美术丛书》收录本为底本，对《南窑笔记》的正文内容进行了重新排印，不仅改繁体字为简体字，还进行了点校和注释。这是目前最早对《南窑笔记》进行点校注释的现代整理本，既适用于陶瓷专业人士，又适用于普通大众读者。可惜的是，该本没有参校稿本，文字录入错误较多，点校也有不当之处，使用时须注意。

另值一提的是，广州图书馆主编、王婧点校整理的《南窑笔记》，由广西师范大学出版社于2012年1月出版，这是目前唯一的《南窑笔记》单行本。该本以张九钺手抄的稿本为底本，以《美术丛书》收录本为参校本，在参阅诸家研究成果的基础上，对《南窑笔记》进行了点校整理。右面为

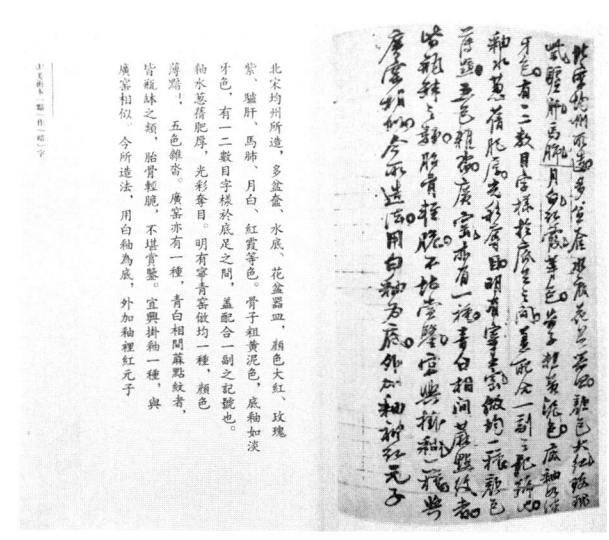

图5-9 《南窑笔记》王婧点校整理本书影

稿本的影印原文，左面为点校整理后的对应文字，还以页下注的形式做了"校勘记"，并对稿本中的文字漏误做了修改说明，可见整理者用力之勤、用功之深，为《南窑笔记》的广泛传播做出了积极贡献。（图5-9）该本图文对照，崇信唯实，对《南窑笔记》的流传起到了正本清源的作用。稍有遗憾的是，该本仍用繁体字进行编排，对于古文功底较差的普通大众来说，辨识文字就是一项艰难的工作，很多读者会因此"望而却步"，这不利于《南窑笔记》更为广泛地传播。

有鉴于此，笔者建议后来整理者能以张九钺手抄的稿本为底本，以《美术丛书》收录本为参校本，在参阅诸家研究成果的基础上，对《南窑笔记》进行全面整理，冀以简体字排印，并加以点校、注释和全文翻译。这样既可供专业人士使用，也可为普通大众服务，尽可能地扩大其影响力。

第六章　吴骞与《阳羡名陶录》

第一节　吴骞其人其学

吴骞（1733—1813），字槎客，一字葵里，幼字益郎，号愚谷、兔床、墨斋、兔床客、桃溪客、沧江漫叟、三归亭长、兔床山人、后因居士、临安志百卷人家、小桐溪上人家、西施亡国人家等。祖籍安徽休宁，至高祖时迁至浙江海宁，从事盐业生意，遂入籍于此。①雍正十一年十月二十一日，吴骞出生在一个世守礼仪、崇古尚义的盐商家庭中。据吴骞《愚谷文存》卷十二《桐阴日省编上》记载："吾家先世业儒，自伯祖诚庵公（指吴奇广）与理学诸公相往还，屏绝异端，故大父玉方公（指吴奇庆）及先考愚斋公（指吴玫中）并有遗诫，身后勿作佛事，违者以不孝论，愿子孙无违此训。"可见，吴骞先世虽经营盐业，却贾而好儒；虽不甚显贵，却颇重文修。这样的先世家风对吴骞人生观、价值观和处世观的形成具有深刻影响。因此，在叙述吴骞生平事迹之前，有必要对其家世情况作以简要梳理。

吴骞曾祖吴应鹤，字尔鸣，与两兄吴应凤、吴应凰俱敦信仁厚，行善于乡。喜爱泉石，醉情山水，"尝筑小圃于小桐溪之上，葛布野服，日与二三同志徜徉其间，人谓有高世之风焉。"平时喜好读书，授子儒业，却不慕功名，"顾以先世多隐德，未尝语及求名事。"②

吴骞祖父吴奇庆，字玉方。少而好学，对河洛数理之学颇有研究，对星命家言亦有独得之奥。为人端恭严毅，以"义"教授子弟，门庭秩序井然。夙有知人之鉴，喜欢奖掖后进，常对从孙吴正纯讲授新安家祠之制；抚养外甥项守约，衣食教诲与亲生无异，后守约赖公兴其家。一生向善，诺爱施与，虽困乏

---

① 据吴骞编的《休宁厚田吴氏宗谱》卷四《世传·第三十三世定宇公》记载，吴骞高伯祖吴万镇，字定宇，为人慷慨，重义气，尚气节，艺勇绝人，以义侠闻名江南。明代天启年间，受好友陈祖苞中丞之邀，前往浙江海宁县东新仓里创办盐场，于是携母及弟吴万钟（字达宇，吴骞高祖）由安徽休宁移家至浙江海宁，居海宁县东新仓里之小桐溪，并入籍于此。

②（清）吴骞：《休宁厚田吴氏宗谱》卷四《世传·第三十四世尔鸣公》，清乾隆五十二年赐锦堂刻本。

不倦；好读儒书，尊崇信义，屏斥异端。晚年得风眩疾，遗命后人"勿作佛事，敛以时服，丧祭一遵朱子家礼，识者韪之"①。

吴骞父亲吴玫中，字心安，号愚斋。天资聪慧，不苟言笑，弱龄有成人之度。少而博闻强识，读书过目成诵，深受伯祖诚庵公的赏识，被誉之为"吾家千里驹"。为人诚谨，注重内修，温恭克让，存心一主忠信，口不言人之过，亦不扬己之长，有先世隐德之风。侍奉双亲，事必躬亲，备极孝敬，万事不敢违逆，即使犯了小错，也被责以长跪，涕泣请罪，不命之起则不起。年少时为了偿还债务，协助父亲综理盐务，重振家业；父母病时，更是不畏艰辛，千里寻医，侍护时常衣不解带，目不交睫，殚竭心髓，毫无怨言。对待弟弟吴玫丰，十分友爱，不仅与他均分财物，还因他无子，将自己的次子吴嵘过继给他，吴嵘早逝后，又代他抚养其孙，真是至情至性，感人至深。生平喜闻忠孝节义之事，遇之则终日忘倦，坚决不读非圣之书，摒弃佛道之言，嫉绝异端之说，尝作《不惑论》以辟之。虽以赤手复兴家业，却轻财利，重仁义，最乐周人之急，施予无倦，胸怀坦荡，不设城府，"故旧远近仰府君以给者甚众"。持家勤俭朴素，食不兼味，衣无纨绮，治家严而有礼，门庭秩序井然。教子慎择师友，训诫之言皆为立身行己之要。据吴骞在《先考行略》中的记述："为不孝等择师，务访求学行兼著之儒，俾从受业。其于取友亦然。设见一二，非端人与处，必严声色，诲责不少假。尝诫不孝等曰：人生穷达有命，富贵在天，不假强为学者，当修己励行，希法圣贤。苟立脚一错，非特丧身家、隳名节为可忧，就使贵儗金张、权压田窦，吾无取焉。"性爱恬静，喜欢出游，遇有佳山好水，常常流连忘返；善吹洞箫，风晨月夕，或泛舟野处，兴起时辄作数弄，悠然自得，颇有遗世之响。晚年得风眩疾，告诫后人"丧葬悉遵朱子家礼，止作佛事及一切世俗妄费"。

吴骞母亲程氏，名长凤，浙江海盐县人，候选司马程韶之长女。少而娴淑，知守礼仪。因母亲早逝，抚二妹一弟，不辞辛劳，勤俭刻苦。出嫁前，父亲不幸去世，只能独支门户，经营丧纪，兼御外侮，艰辛备至。待葬父、嫁妹、托孤弟于叔父等事安排妥当后，方才嫁入吴家。出嫁后，佐夫兴家，教子业儒，毫不懈怠；奉养公婆，照料舅姑，十分孝敬。曾因双亲去世，昼夜哭泣，致使双目失明；常思为司马公立后，变卖钗珥首饰为父母叔弟营葬，乡人皆称其为"孝女"。

---

① （清）吴骞：《休宁厚田吴氏宗谱》卷四《世传·第三十五世玉方公》，清乾隆五十二年赐锦堂刻本。

概括而言，吴骞先世遗有这样的传统家风：喜好读书，却不慕科举，淡泊名利；经营生意，却乐善好施，接济穷困；尊崇儒学，摒斥异端，尤忌佛道之说；孝敬父母，友善兄弟，勤俭刻苦，治家有道；敦信仁厚，宽以待人，注重情义，救人缓急；性爱恬静，怡情山水，心胸旷达，平和致远。这样的传统家风对吴骞的人生观、价值观和处世观产生了深刻影响。综观吴骞的一生，其不事科举、不逐名利、痴迷藏书、醉情山水的"隐逸之志"，多得益于此。下面就对吴骞的生平事迹作以详细论述。

吴骞天资聪慧，负有异禀，读书过目成诵。受传统家风的濡染，自幼勤奋好学，尤爱诵读诗文，自《诗》三百篇至古今诸名家集，吟咏不辍。吴骞六十岁时曾回忆道："忆自羁丱之岁，辄性耽声《诗》三百篇而外，凡古今诸名家集，多方构致，日夕沈吟探讨，几废寝馈。稍长，出与当世词人学士相游从，见往复酬唱之什，益心慕之。"①在吴骞交游的词人学士中，对他影响至深的是诗坛名宿杭世骏。据吴寿照、吴寿旸撰的《吴兔床府君行述》记载："[吴骞]少时订交于仁和董浦太史（指杭世骏），极见称许。"受到诗坛大家的称许，并与之结交，对当时的吴骞来说，是莫大的鼓舞。这不仅使他年少时在诗歌创作上有了诗学理论的指导，所作诗文"典雅清丽，足可药空疏而式浮靡"，"词必己出，而不入于俚俗；言必择雅，而不流于姚冶"，而且为他以后诗才飚发、擅名浙西起到了良好的推动作用。

可惜的是，吴骞读书方面的过人才华，并没有用来科举取业。乾隆十三年，吴骞十六岁，他的父亲吴玫中鉴于吴霖、吴嵘二子皆以习儒为业，无人照料家务，而吴骞自幼体弱多病，便令吴骞放弃儒业，负责综理盐业生意。这使吴骞一生只获得了贡生"明经"的身份，但他嗜书的癖好并未因此而消减，反而愈来愈浓烈，尤其是遇到经典秘本，常令他如痴如醉，直以衣食视之。他曾刻一藏书印，印文曰："寒可无衣，饥可无食，至于书，不可一日失。此昔人诒厥之名言，是可为拜经楼藏书之雅则。"其痴迷程度由此可窥一斑。

吴骞先世虽以经商为业，鲜有藏书，但均好儒，颇爱读书，当传至吴玫中一代时，家中多少积存了一些典籍。吴骞六十三岁时曾回忆道："吾家先世颇鲜藏书，予兄拙巢先生（指吴霖）始稍稍购置，然尚不多。予乃有独嗜，盖由束发及壮，无日不以此为事。奈所居僻左，邻里又乏同志者，每出游过通都大道，恒遍阅于市肆，日夕忘返，比归必载数簏以还，置之瓦屋东西，以借对床之乐。乾隆岁在庚辰（即乾隆二十五年，1760年），先君子以食指殷繁，为予兄

---

① （清）吴骞：《拜经楼诗集·自序》，清嘉庆八年刻本。

弟析箸，凡资产器物三股分授，而书籍、字画、碑帖亦均作三股阄分，大房得口字号，二房得口字号，三房得仁字号。予既受而藏之，念门类未广，乃益多方搜觅，又常苦力有不足，往往摒挡称贷，仅而获酬。间闻人有异书，则必展转借录，露抄雪购，具费苦心。盖自少迄老，孜孜矻矻，数十年如一日，亦不自知其所以然。昔人方诸衔姜之鼠、穴纸之蝇，殆不为虚语矣。每自顾姿禀凡平，不能沉研精讨，为淹通博贯之儒，良用内愧。忽忽年逾耳顺，精力日衰，学殖益落，一切世味皆淡漠视之，惟嗜书之癖如故。今年（指乾隆六十年，1795年）春，与儿辈逐加点检，先成《草目》，以备寻觅，约可三四万卷，九千余册，虽不为多，亦一生心力之所萃也。"①由此可见，吴骞藏书大多来源于他不遗余力的苦苦搜讨，或出资购买，或借录手抄，日积月累，渐趋繁多，"皆节衣缩食，竭平生之精力而致之者也"②。

吴骞藏书过程中，十分重视宋元秘本的搜讨，遇之则"倾囊购之弗惜"。尤其是他对宋刻秘本的喜爱，达到近乎痴迷的程度，这也使他藏书生涯中出现了许多书林趣事。如乾隆三十六年，吴骞偶得宋刻本《周礼纂图互注重言重意》，恰适其次子吴寿旸出生之日，于是为他取字"周官"③；乾隆五十一年，吴骞购得宋刻本《王梅溪集百家注东坡先生诗集》，便以苏诗名其藏书处曰"苏阁"，后又将此书赠其次子吴寿旸，寿旸遂以"苏阁"为号；嘉庆十三年，吴骞因富藏宋代临安三志，包括《乾道临安志》三卷、《淳祐临安志》六卷、《咸淳临安志》九十五卷，共计百余卷，十分欣喜，也颇为自豪，遂刻一印，曰"临安志百卷人家"。从这些书林趣事中，亦可看出吴骞的风雅逸致。

乾隆四十五年，吴骞的藏书楼建成，题名"拜经"④，主要用于庋藏他的五万余卷藏书，"丹黄甲乙，排列几筵，又有图绘、碑铭、鼎彝、剑戟、币布、圭璧、印章之属，丹漆、陶旊、象犀、竹木之器，充牣其中，皆辨其名物制度，稽其时代款识，著之谱录"⑤。这些丰富的典籍文献及古玩器物，是吴骞成为地方名人的重要原因，也是吴骞学术成就取得的主要源泉。拜经楼建成后，吴骞便以楼为伴，以书为友，常年坐卧其中，"博览载籍，校雠精审，好学之勤，

---

① 郑伟章．文献家通考．北京：中华书局，1999：372.
②（清）吴骞：《愚谷文存》卷十三《桐阴日省编下》，清嘉庆十二年刻本。
③《周礼》，在古代又称《周官》、《周官经》。
④ 关于题名"拜经"的缘由，钱大昕在《拜经楼诗集·序》中给予了说明："[吴骞]聚书数万卷，寝馈其间，颜所居之楼，曰'拜经'。盖取东莞臧氏之例，楼所储书，百氏具焉，独言经者，统于尊也。"
⑤（清）吴骞：《愚谷文存》卷十三《桐阴日省编下》，清嘉庆十二年刻本。

鲜有其匹。虽当俗务纷沓之时，执一卷书，手不忍释，萤窗雪案，更阑烛而犹未已，八十年如一日"。同里好友陈鳣心窃慕之，曾作诗赞道："人生不用觅封侯，但问奇书且校雠。却羡溪南吴季子，百城高拥拜经楼。"①

嘉庆七年，江苏吴县黄丕烈为贮藏其百部宋版典籍，特筑一室，曰"百宋一廛"，还请书法名家顾莼题写室名，请顾广圻撰《百宋一廛赋》，一时传为书林佳话。吴骞心艳羡之，便颜其藏书楼曰"千元十驾"，取《荀子》"驽马十驾"②之意，希望通过坚持不懈地努力，搜罗千部元版典籍，虽元版略逊于宋版，但若以十倍为之，足可与之匹敌。为此，吴骞还专门作了一首小诗，以记其事。其诗文曰："少日萤窗忽岁徂，白头空守拜经图。不知百宋一廛客，绝倒千元十驾无。杂曲歌词防僭滥，银钩铁画戒模糊。凭君更向春明□，为我从容议宅租。"③黄丕烈知道后，也作诗赞道："千元百宋竞相夸，引得吴人道是娃（谓好为娃）。我为嗜奇荒产业，君因勤学耗年华。良朋隔世亡双璧（谓顾抱冲、袁寿皆），异地同心有几家。真个苏杭闻见广，艺林佳话遍天涯。"④其实，此时的拜经楼不仅可与黄丕烈"百宋一廛"齐名，亦"足与道古、得树二家后先鼎峙"，还可与宁波范氏天一阁并立，"为浙东西宛委之藏也"，跻入了江浙一带藏书名楼之列。

吴骞嗜书如命，购书、抄书、校书、读书占据了他生命的大部分时间。对于凝聚他一生心血的大量藏书，他必须有一套行之有效的保护方法，才能得以长期保存，否则就会同大多数藏书楼一样，创建者一旦故去，就会"楼毁书佚"，留下的只是人们反复不断地扼腕感叹。吴骞曾亲订登楼制度，限定登楼者身份，即"非同志不得登也"；制订借阅时的注意事项，"善观书者，澄神端虑，净几焚香，勿卷脑，勿折角，勿以爪侵字，勿以唾揭页，勿把秽手，勿展食案，勿以作枕，勿以夹刺，随损随修，随开随掩"；并在临死前，立遗嘱析分财产时，告诫子孙曰："日后凡家资产业等，二子寿照、寿旸均派作两股分受，惟书籍公同阅看。若得后人更加充拓，永远保守，如四明范氏者尤妙。万一子孙长成，有愿各自收藏，再议分析，是亦不得已之思耳。然终需念我致此之艰难，忽土苴视之。遇至戚密友暂时借阅，亦须彼此关会，不可一人专之，致有遗失散亡之患。"⑤正是这些妥善有效的管理制度和言传身教的诫语，使得吴骞的拜经楼及其藏书能够世守三代、历经百年而保存完整。

---

① （清）陈鳣：《河庄诗钞·赠苕上书估》，清光绪十四年羊复礼刻本。
② 该句出自《荀子·劝学》，原文是："骐骥一跃，不能十步；驽马十驾，功在不舍。"
③ （清）吴骞：《拜经楼诗集续编》卷二《千元十驾诗》，清嘉庆八年刻本。
④ （清）吴寿旸：《拜经楼藏书题跋记》卷三《淳佑临安志》，清道光二十七年刻本。
⑤ 郑伟章．文献家通考．北京：中华书局，1999：378．

受传统家风的影响，吴骞笃嗜典籍之外，喜好恬静，性耽山水，善于交游，这不仅仅是兴致所致，也是寻觅典籍的需要。从某种意义上讲，吴骞搜罗典籍的过程，也是他同文人学士交游的过程。在"觅书"过程中，吴骞不仅结识了江浙一带的藏书名家，如陈鳣、周春、黄丕烈、鲍廷博等，与他们一起互赏所藏，互借传抄，互校异本，互赠图书，诉说各自的藏书经历，交流彼此的藏书心得，这样既丰富了各自书库，又提升了藏书质量；吴骞还结识了一大批诗人、学者，如杭世骏、钱大昕、卢文弨、周广业等，与他们一起探讨诗文，辨析经史，评古论今，不仅增长了学识，拓宽了视野，还可在他们人品和学品的双重滋养下，不断激发自己的著述热情，提升自己的编撰思想、理论和方法。这对"少即失学"的吴骞来说，是非常重要的，也使他受益匪浅。在与之交游的文人学士中，有些人的编撰思想和理论深深影响了吴骞编撰的整体风格和思想倾向。

值得一提的是，或因寻觅典籍的需要，或受山川美景的诱引，或赴知己好友的邀约，吴骞曾多次游历宜兴，还在宜兴建造居所"墨阳楼"，晚年更以宜兴为别业，结庐国山之下，经常泛舟往返于桃溪（宜兴旧称）和小桐溪（海宁居所）之间，短则四五日，长则二三月。吴骞游历期间，经常深入民间，甚至到田野地头，采择宜兴的逸闻轶事，了解宜兴的历史掌故，熟悉宜兴的风物人情，相继撰写了《国山碑考》《阳羡名陶录》《桃溪客语》《荆南诗草》等与宜兴密切相关的著述，"洵不负此地矣"。吴骞也因此在宜兴家喻户晓，声名远播。他的好友秦瀛路过宜兴时，对此深有感触，曾作一首《遇阳羡人，无不知有吴槎客者，赋此寄槎客》[①]，以记其事。

在觅书与交游之余，吴骞还十分关心民生疾苦，虽为一介布衣，一生仅获"明经"的身份，但深受儒家"达则兼济天下，穷则独善其身"思想的熏陶，常常为救百姓于灾难之中，积极奔走，毫不惜力。如乾隆五十年夏，浙西一带数月不雨，数百里河尽皆干涸，人们的生产生活遭到了严重破坏。吴骞见此，心急如焚，请求抚军檄县开坝，通渠架桥，才使灾情有所缓解，保障了人们正常的生产生活。又如乾隆六十年闰二月，由于年岁歉丰，百姓多饥，吴骞相约志同道合者，一起到街上施粥，救活饿者两千余口，百姓多称善焉。另值一提的是，乾隆五十八年，吴骞的妻子魏氏因病卧床，不仅无法履行妻子之责，还需要有人照护，于是有了为吴骞购置一妾的想法，不久即寻得平湖良家女顾氏，性情婉娩，贤惠孝顺，甚合魏氏心意。当时吴骞正客游杭州，归家后才获悉此事，知道事情

[①] 其诗文曰："自昔荆南记寓公，桃溪客语话乡风。只今脍炙邦人口，团扇家家写放翁。"该诗收录于秦瀛《小岘山人诗集》卷十九中。

的原委后，吴骞甚觉不妥，并愕然叹曰："孰为我谋者？我年六十一矣，有子有孙，奚以此为？"①但吴骞考虑到倘若自己不纳此女为妾，此女必将被别人收纳，以后的命运仍会凄惨，于是将此女认作义女，为她取名"明姑"（浙西方言，有"待字闺中"之义），还为她寻择佳婿，以女儿之礼嫁之。吴骞这种高义之举，受到当时许多文人学士的夸赞，如陈鳣、周春、邵志纯、俞思谦、卢文弨、梁同书、唐仲冕等都留有相关诗文，以颂其德。②以邵志纯的《妾入门》为例，其诗文曰："妾入门，泪如雨。生长本良家，家贫难自主。拚作先生妾，敢望先生女。先生见妾不肯睹，自言衰老当为父。呼女归来相伴居，殷勤姊妹灯前叙。此际犹疑梦不真，此身恩遇胜生身。枯杨竟断生稊萝，络秀翻同咏絮人。来朝便为寻佳婿，嫁衣一一从头制。腊月初旬婚礼成，仿佛钟离当日事。君不见沧海潮平有长时，人生荣瘁任推移。去时儿女来时妾，膝下依依难别离。还愁世上公瑜少，不尽红颜薄命悲。"正是这样的善心义举，才使吴骞晚年成为德艺双馨的"地方名人"，由此也可看出吴骞的先世家风对他的深刻影响。

嘉庆十八年十月二十三日，吴骞因患肺疾，在家中不治而亡，享年81岁。

吴骞一生博学多闻，著述等身。正如陈鳣在《愚谷文存·序》中言："[吴骞]品甚高，谊甚古，而学甚富，著述等身，顾不屑为流俗之文。夙共当世贤士大夫相往还，与之上下其议论。晚年益深造自得，远近学者宗之。……粹然为儒林之望也。"经笔者统计，吴骞著述多达40种，可将其分为编辑类、撰述类、校订类三类。其中，编辑类著述主要有《国山碑考》《论印绝句》《岁时仪节》《桐阴小牍》《休宁厚田吴氏宗谱》《王节愍公集》等；撰述类著述主要有《阳羡名陶录》《桃溪客语》《拜经楼书目》《兔床山人藏书目录》《吴兔床日记》《陈乾初先生年谱》《海宁经籍志备考》《拜经楼诗集》《拜经楼诗话》《愚谷文存》《哀兰绝句》等；校订类著述主要有《蜀石经毛诗残本考异》《唐开成石经考异》《许氏诗谱钞》《皇氏论语义疏参订》《堵忠肃公年谱》《江表志》等。

诸多著述中，《阳羡名陶录》的编撰，只是吴骞中年时期的重要学术成果之一，却是吴骞作为江浙藏书名家、文献编撰家、诗人、学者等多重身份的集中体现。首先，吴骞一生笃嗜典籍，藏书多达五万余卷，成为江浙一带的著名藏书家；所筑藏书楼"拜经楼"，也成为文人学士竞趋仰观的著名藏书楼。这些丰富的藏书，是《阳羡名陶录》编撰的主要资料来源。其次，吴骞勤奋好学，笔耕不辍，著述等身，成为江浙一带有名的文献编撰家，具有自己的编撰思想、

---

① （清）陈鳣：《简庄文钞》卷五《述义记》，清光绪十四年羊复礼刻本。
② 这些专录此事的诗文，被吴骞汇帙成书，题曰《桐阴小牍》。

理论和方法。这为《阳羡名陶录》内容的合理编排提供了一定的指导。再次，吴骞博学多闻，兴趣广泛，尤善交游，每经一地时，多留有诗文。而游历宜兴时留下的有关紫砂方面的诗文，均被收录于《阳羡名陶录》中，成为《阳羡名陶录》的重要组成部分。此外，吴骞还十分关心民众，经常施德行善，救人之急，使其晚年成为德艺双馨的知名学者。这种喜好交游和学者身份的结合，促使他每到一地，都会探访其名胜古迹，了解其历史掌故，熟悉其风物人情，而多次前往宜兴的游历，正是他编撰《阳羡名陶录》的直接诱因，也是他能编撰完成的前提条件。可见，《阳羡名陶录》是全面研究吴骞不可或缺的参考资料，具有重要的学术价值。并且，《阳羡名陶录》是继明代周高起①《阳羡茗壶系》之后的又一部系统记述宜兴紫砂工艺、历史、名家、巧匠的力作，是今人研究宜兴紫砂工艺及其历史的必备参考文献，在我国紫砂文献编撰史上有着极其重要的地位，在我国古代陶瓷文献编撰史上也有较为深远的影响。因此，有必要对《阳羡名陶录》的编撰特点、内容价值、版本流传等情况进行全面探讨。

第二节 《阳羡名陶录》的编撰特点

《阳羡名陶录》成书于《阳羡茗壶系》之后，其内容多有继承，但也有增补，还有创新。本书根据《阳羡名陶录》的正文内容，结合吴骞的其他著述，通过与《阳羡茗壶系》比较的方式，从三个方面来探析其编撰特点。

一、类目设置合理，编排较为得当

根据《阳羡茗壶系》的序文和目录，可以看出该书是从"陶工"和"陶土"两条线来编排正文的：首先论述"陶工"，是以设置类目标题的方式编排正文内容，共设了"创始""正始""大家""名家""雅流""神品""别派"七个标题，记述了金沙寺僧、供春、时大彬、李仲芳、徐友泉、欧正春、陈用卿、陈信卿、闵鲁生、陈仲美、沈君用、陈辰等三十余人；然后论述"陶土"，列于"别派"内容之后，不再另设类目标题，其内容涉及镌壶铭款、紫砂泥矿产地、养土烧窑之法、用壶养壶之道等，由于无类可归，各条资料之间编排无序，颇为

---

① 周高起（？—1645），字伯高，江苏江阴人，明末诸生。自幼聪明好学，博学广闻，尤工古文辞。喜好校书，明末著名藏书家毛晋所刻之书，多出其手校。痴迷茗壶，对宜兴紫砂壶情有独钟，并撰写了《阳羡茗壶系》一书。这是我国第一部有关紫砂研究的专著，也是我国第一部真正意义上的陶瓷专著，在我国陶瓷文献编撰史上意义重大。另撰有《洞山岕茶系》《江阴县志》《读书志》等书。清顺治二年，在抗清一役中被俘，怒骂不屈而死。

凌乱。

而作为藏书名家的吴骞，一生以求书、校书、读书、著述为业，擅长文献整理之学，在编排《阳羡名陶录》的正文内容时，鉴于《阳羡茗壶系》之失，将其分类录之，共设上、下两卷。卷上的内容多是在《阳羡茗壶系》的基础上"稍加增润"而成，设有"原始""选材""本艺""家溯"四个类目标题。其中，"原始"记述了陶土原料的起源，"选材"记述了陶土矿藏的产地，"本艺"记述了养土烧窑之法、用壶养壶之道，"家溯"记述了明清两代紫砂艺人的生平事迹和制陶成就。卷下的内容则由吴骞增补而成，设有"谈丛"和"文翰"两个类目标题。其中，"谈丛"汇集了明清两代著述中有关紫砂陶的评论，"文翰"下又按体裁形式划分，设有"记""铭""赞""赋""诗"等类目小标题，选录了明清两代文人有关紫砂陶的诗文。而在正文内容的具体编排上，该书采取先罗列引用资料的内容，再以"吴骞曰"的形式对相关问题进行增补说明，或表达自己的见解，这样便可清晰地将他人之文与自己之文区分开来，既保持了引用资料的原始性，又摒绝了拾人牙慧之嫌，一举两得。如此精心的类目设计和细致的内容编排，不仅使各条资料都有类可归，罗列清楚，而且方便读者查阅。与《阳羡茗壶系》相比，《阳羡名陶录》的类目设置和内容编排显然更为合理。

二、内容虽多传抄，但增补亦不少

吴骞喜好抄书，这不仅是他丰富藏书的一个重要手段，也是他博览群书的一个重要方法。吴骞著述中常能旁征博引，转录大量史料，大多缘因于此。综观《阳羡名陶录》的正文，"传抄"内容占据了较大篇幅，是其编撰的一个突出特点。仅就《阳羡茗壶系》而言，其正文内容被《阳羡名陶录》照文全录，只不过被重新归类，分散于卷上"原始""选材""本艺""家溯"四个类目标题下。当然，与《阳羡茗壶系》相比，《阳羡名陶录》亦增补了不少内容。根据其增补方式的不同，可归纳为以下三种情况。

一是在抄录《阳羡茗壶系》一段文字后，常以"吴骞曰"的形式，对前面引用文字进行一些考证或补充说明，进而表达自己的见解。这是该书增补内容最常用的一种方式。如卷上"家溯"篇在引用《阳羡茗壶系》有关"金沙寺僧"的生平事迹和制陶成就后，便以"吴骞曰"的形式对金沙寺的地理方位和历史古迹进行了考证说明："金沙寺在宜兴县东南四十里，唐相陆希声之山房也。宋孙觌诗云：'说是鸿盘读书处，试寻幽伴拄孤藤。'建炎间，岳武穆曾提兵过此留题。"①

二是在引用《阳羡茗壶系》全部内容之后，即在卷上"家溯"篇抄录完《阳羡茗壶系》有关"陈辰"的生平事迹和制陶成就之后，增补了周高起之后出现的一些有名可稽的紫砂艺人，如徐令音、项不损、沈子澈、陈子畦、陈鸣远、徐次京、惠孟臣、葭轩、郑宁侯等九人，保持了紫砂艺人录载的延续性，为后世研究这些艺人的生平事迹和制陶成就提供了可靠翔实的史料。另外，还有个别增补文字，直接出现在抄录《阳羡茗壶系》正文之后的。如在记述明代著名紫砂艺人徐友泉的生平事迹和制陶成就时，在抄录完《阳羡茗壶系》的内容之后，直接增补了徐友泉之子的相关资料："友泉有子，亦工是技，人至今有大徐、小徐之目，未详其名。"笔者通过认真比对两书后发现，这类情况仅此一条。

三是《阳羡名陶录》卷下设置的"谈丛"和"文翰"，为《阳羡茗壶系》所无，属于吴骞增补的内容。其中，"谈丛"汇集了《荆溪疏》《长物志》《陶庵梦忆》《秋园杂佩》《池北偶谈》《茶余客话》《博物要览》《陶说》《阳羡陶说》等近20种著述中有关紫砂陶的精辟评论，这些评论为《阳羡茗壶系》所无，全由吴骞增补而成。"文翰"则选录了周容、熊飞、周高起、吴梅鼎、朱彝尊、陈维崧、高士奇、查慎行、陈鱣、吴骞等20多位知名文人有关紫砂陶的30余篇诗文，除了周高起的《过吴迪美朱萼堂看壶歌兼呈贰公》《供春、大彬诸名壶，价高不易办，予但别其真，而旁搜残缺于好事家，用自怡悦，诗以解嘲》两篇诗文被《阳羡茗壶系》收录外，其余均由吴骞增补而成。这些增补的评论或诗文，反映了明清两代学者文人对紫砂陶器的看法，颂扬了紫砂艺人的高超技艺和制陶成就，为后来的紫砂研究提供了资料来源，也为后来的紫砂文献整理提供了稽查线索。

三、重视实地考察，考订颇为精审

吴骞喜好交游，勤于考订，每到一处，都会对该地的地理沿革、历史掌故、名胜古迹、风物人情等详加考证，从而编撰出许多考订类著述，如《蜀石经毛诗残本考异》《唐开成石经考异》《皇氏论语义疏参订》《堵忠肃公年谱》等。"考订精审"是吴骞著述的一个重要特点。由于"乐其风土之闲旷，人士之隽淑"，吴骞曾多次前往宜兴，甚至"买田学稼，结庐国山之下，日与田更野老相往还"，对宜兴的地理沿革、历史掌故、名胜古迹、风物人情等了如指掌，加上

---

① （清）吴骞：《阳羡名陶录》卷上《家溯》，《续修四库全书》本。需要说明的是，本书所用《阳羡名陶录》之文，均采用《续修四库全书》本。后面凡引《阳羡名陶录》之处皆同，不再一一标注。

不畏艰难，探查寻访，相继撰写了《国山碑考》《阳羡名陶录》《桃溪客语》《荆南诗草》等与宜兴密切相关的著述。

以《国山碑考》为例，据吴骞在该书后叙中言，国山碑即封禅国山碑，乃三国时吴主孙皓所立，在宜兴县西南五十里，"地既荒僻，人迹罕至，拓者亦甚少，故岿然屹立山椒，迄今犹未断泐。其文虽不无磨灭，较天发（指三国时吴主孙皓在吴都建业岩山所立的天发神谶碑）尚多可辨识。予褐来荆南道中，恒登山巅，披荆榛，剔苔藓，亲以毡椎从事者，无虑数四，而心乎爱矣，卒未能舍也"。由此可见，国山碑文的拓取是吴骞不畏艰辛、涉险探寻的结果，共得拓文41行，计千余字，与宋代金石学家赵明诚的《金石录》中所录字数大体相当，可与《金石录》并传于后世矣。吴骞随后又为之图说，为之释文，为之考核辨证，并荟萃古今文人有关国山碑的题咏，衷成此书。其文言之凿凿，考订详核，辨证有据，受到了当时许多学者（如卢文弨、陈鱣、王昶等人）的肯定和夸赞。

《阳羡名陶录》成书于《国山碑考》之后，随着吴骞交游的广泛、阅历的丰富、学问的精进，其考订之功力自然变得更加完备。尽管吴骞在《阳羡名陶录》中考订之处不多，但凡是考订之言，大都较为精审，均是他旁征博引或实地考察的结果，对后世研究紫砂颇具参考价值。如卷上"原始"篇对紫砂泥矿产地"蜀山"的考证，不仅引用了唐代陆希声《颐山录》的记载："颐山东连洞灵诸峰，属于蜀山，蜀山之麓有东坡书院。"还通过实地考察，发现了东坡书院前的石坊，上有清初学者宋荦的题字"东坡先生买田处"。东坡书院（图6-1）至今尚存，可证吴骞之言不虚。这种文献引证与实地考察相结合的"双重证据法"，较古代常用的以文献证文献的"单一证据法"，显然更具说服力，由此可以看出吴骞著述之严谨、考订之精审。又如"选材"篇对白泥矿土产地"大潮山"的考证，也是吴骞实地考察的结果。吴骞不仅明确指出了大潮山的地理方位，还对其生产白泥的情况作了补充说明："大潮山一名南山，在宜兴县南，距丁、蜀二山甚近，故陶家取土便之。山有洞，可容数十人。又张公、善权二洞，石乳下垂，五色陆离，陶家作釉，悉于是采之。"

图6-1　宜兴丁蜀镇东坡书院遗址

此外，吴骞还对供春的身份进行了考证辨析，指出前人所述"供春乃吴颐山家青衣或婢女"之误，认为"供春实颐山家僮"。根据《阳羡茗壶系》的记载，供春是陪同吴颐山到清静的金沙寺去读书的。试想一下，如果吴颐山到金沙寺读书，还带上青衣或婢女，混迹于和尚庙，岂不荒唐？因此从情理上讲，供春的身份不可能是青衣或婢女。另根据吴颐山的从孙吴梅鼎《阳羡茗壶赋》中的记载"供春实童子"，便可证实吴骞的论断是可信的，也是可靠的。

第三节 《阳羡名陶录》的内容价值

《阳羡名陶录》是一部系统记述宜兴紫砂历史、工艺、名家、巧匠的专著，是后来紫砂研究的必备参考文献，其内容具有较高的研究价值。具体而言，其内容价值主要体现在以下几个方面。

一、历史学价值

吴骞在《阳羡名陶录·序》中开宗明义道："惟宜兴之陶，制度精而取法古，迄乎胜国（这里指明朝），诸名流出。凡一壶一卣，几与商彝周鼎并为赏鉴家所珍，斯尤善于复古者与？予羁来荆南（宜兴旧称），雅慕诸人之名，欲访求数器，破数十年之功，而所得盖寥寥焉。虑岁月滋久，并作者姓氏且弗章，拟缀辑所闻，以传好事。"由此可见，为紫砂工匠立传，是该书编撰的主要动因之一，也是该书编撰的主要目的之一，这一做法在古代史学发展史上具有重要意义。

过去史书多为帝王将相、望族贵胄、名公巨卿、文人硕儒、贞洁烈妇等树碑立传，歌功颂德，使之流芳百世，名垂千古。而"重文史、轻理艺"的思想，致使古代工匠地位低下，身处社会底层，不受世人重视。加上工匠本身多不识字，其技艺多是通过口口相传、口传心授的方式才得以延续，很少诉诸文字，笔之于书，更难形成系统性的文字论述。《阳羡名陶录》的录载，无疑打破了这一局面，不仅以一种新的史学思想出现，为处在社会下层的名工巧匠立传，而且以一种新的传播方式记述了紫砂制作工艺的现状，为紫砂技艺的广泛传播做出了积极贡献。更深层次地讲，该书为反映古代社会下层百姓的生产生活提供了重要素材，也为歌颂这些人在社会发展中的重要作用提供了有力佐证。

同时，该书梳理了紫砂制作的起源和发展情况，录载了明代中期至清代初期的紫砂工匠40余人，如供春、时大彬、李仲芳、徐友泉、陈用卿、陈信卿、闵鲁生、陈仲美、沈君用、沈君盛、徐令音、项不损、沈子澈、陈鸣远、郑宁侯等，使一些没有作品传世的紫砂工匠也因此得以留名。并且，该书还总结了这些工匠紫砂制作的风格特点，如供春紫砂"栗色暗暗，如古金铁，敦庞周正"；时大彬紫砂（图6-2，图6-3）"诸款具足，诸土色亦具足，不务研媚，而朴雅坚栗，妙不可思"；李仲芳紫砂"渐趋文巧"；徐友泉紫砂"毕智穷工，移人心目"；欧正春紫砂（图6-4）"多规花卉果物，式度精妍"；陈用卿紫砂（图6-5）"式尚工致"，"不规而圆，已极妍饬"；陈仲美紫砂（图6-6）"重镂迭刻，细极鬼工"；陈鸣远紫砂（图6-7）"制作精雅"；惠孟臣紫砂"制作浑朴，笔法绝类褚遂良"；等等。尤其是在《阳羡茗壶系》的基础上增补的那些紫砂工匠，不仅保持了紫

图6-2　时大彬制鼎足盖圆壶

图6-3　时大彬制六方壶

图6-4　欧正春制紫砂壶

图6-5　陈用卿制弦纹金线如意壶

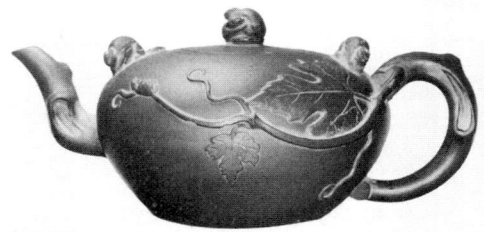

图6-6　陈仲美制松鼠葡萄壶

图6-7　陈鸣远制东陵瓜壶

砂工匠录载的延续性,而且高度评价了清初陈鸣远的紫砂技艺和制陶成就,充分肯定了他在紫砂制作史上的重要地位和深远影响:"鸣远一技之能,间世特出,自百余年来诸家传器日少,故其名尤噪。足迹所至,文人学士争相延揽。……予尝得鸣远天鸡壶一(图6-8),细砂作,紫棠色,上镌庚子山诗,为曹廉让先生手书,制作精雅,真可与三代古器并列。窃谓就使与大彬诸子周旋,恐未甘退就邾莒之列耳。"吴骞还曾为此天鸡壶作赞道:"娲兮炼色,春也审敀。宛尔和风,弄是天鸡。月明花开,左挈右提。浮生杯酒,函谷丸泥。"上述这些内容都是工艺美术史研究的重要组成部分。该书的编撰,无疑对于丰富工艺美术史的研究内容、拓宽工艺美术史的研究视角,具有积极的推动意义。

二、工艺学价值

《阳羡名陶录》的正文中涉及宜兴紫砂制作的原料、成型、烧造、题款等诸多技艺,具有较高的工艺学研究价值。这些技艺对后来的紫砂制作产生了深远影响,即使发展到今天,某些技艺仍被工匠广泛采用。笔者通过对该书中有关工艺描述的挖掘和评析,冀以探讨这些工艺的发展演变,希望引起今人的关注和重视,使这些传统的手工技艺得以很好地传承和保护,并得以更广泛地传播和利用,这对保护我国传统的手工技艺和弘扬我国优秀的民族文化具有积极意义。

关于紫砂原料的相关记述,主要集中在卷上"选材"篇。该篇论述了紫砂泥料的种类、产地、功用以及烧成后的呈色等内容。如嫩黄泥出自赵庄山,是日用粗陶的制作原料之一,也是一种可以掺配一切色土的辅助性紫砂泥料,其功用是增加泥土的黏性,便于陶器成型;石黄泥(图6-9)即今天所谓的"红泥",亦出自赵庄山,位于嫩黄泥矿层的底部,远离风吹日晒,质地坚硬,"陶

图6-8 陈鸣远制天鸡壶

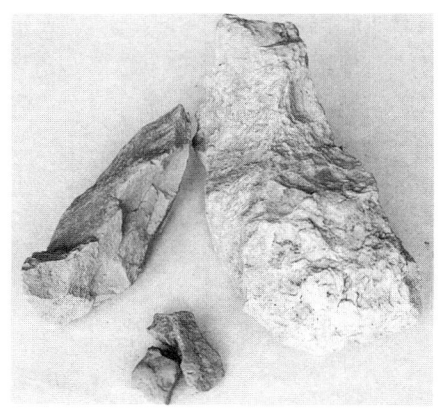

图6-9 赵庄山石黄泥矿土

之乃变朱砂色";天青泥出自蠡墅,常被视为最好的紫砂泥料,原矿色泽天青,故名,"陶之变黯肝色";等等。这些论述为后来发现的紫砂泥料的辨识和命名提供了依据,也为当前紫砂泥料的开采挖掘和合理使用提供了线索。

关于紫砂陶的成型工艺及其演变,主要散见于紫砂工匠制作技艺的描述中。以金沙寺僧和供春为例,对其成型工艺进行比较分析,探讨紫砂制作传承过程中的演变。根据正文的记述,金沙寺僧的制陶方法是:"习与陶缸瓮者处,抟其细土,加以澄练,捏筑为胎,规而圆之,刳使中空,踵传口、柄、盖、的(通'底'),附陶穴烧成。"也就是说,作为紫砂制作的"创始者",金沙寺僧制作紫砂的原料同日用陶器(如缸、瓮之类)一样,只是取其细者,加以澄练,然后手工捏筑成胎,多为圆形器物。供春是我国历史上最早留名的紫砂工匠,师承于金沙寺僧,其制作原料和金沙寺僧时一样,"亦淘细土抟坯",但成型工艺有所改变,"茶匙穴中,指掠内外,指螺文隐起可按,胎必累按,故腹半尚现节腠,视以辨真。今传世者,栗色闇闇,如古金铁,敦庞周正,允称神明垂则矣。"由此可见,由于供春名气大,制作精,明末时就出现了供春的仿制之作。据《阳羡名陶录》记载,万历紫砂名家时大彬初制壶时,就以仿制供春壶为主。

关于紫砂陶的烧造工艺及其演变,文中亦有相关记述。如卷上"本艺"篇中言:"乃以陶瓮庋五六器,封闭不隙,始鲜欠裂射油之患。过火则老,老不美观;欠火则稺,稺沙土气。若窑有变相,匪夷所思,倾汤贮茶,云霞绮闪,直是神之所为,亿千或一见耳。"从这则史料中可以看出,紫砂陶最初是和日用陶器一起烧造的,可能是为了充分利用窑内空间,将小件的紫砂陶装入大件的日用陶器(如缸、坛、瓮之类)之中,以节省成本,增加装烧量。但是,这种装烧方法很容易使紫砂陶表面沾上"缸坛釉泪",即日用陶器在烧制时流淌下来的釉滴。烧造工匠在当时就已认识到这一缺陷,并想方设法地避免,但从传世品及出土物来看,其效果很不理想,"缸坛釉泪"在早期紫砂陶上随处可见。另据卷上"家溯"篇中言:"自此以往(指李茂林之后),壶乃另作瓦缶,囊闭入陶穴。故前此名壶,不免沾缸坛油泪。"由此可知,自李茂林之后,出现了专门烧造紫砂陶的窑,其烧成后的紫砂陶表面较为干净,鲜有"缸坛釉泪"。这种烧窑方式的改变,是紫砂烧造工艺的一大进步,其改变前后的结果,可作为紫砂陶鉴别和断代的重要依据之一。

关于紫砂陶的题款工艺及其演变,卷上"家溯"篇有一段精要描述:"镌壶款识,即时大彬初倩能书者落墨,用竹刀画之,或以印记,后竟运刀成字,书法闲雅,在《黄庭》《乐毅》帖间,人不能仿,赏鉴家用以为别。次则李仲芳,亦合书法。若李茂林,朱书号记而已。仲芳亦时代大彬刻款,手法自逊。"也是说，明代紫砂制作刚刚兴起时，并无铭款，直到时大彬时，才有了在壶身题铭款识的做法。最初或许是由于多名工匠合烧一窑，为了出窑时方便辨识各自的"作品"，才出现了在壶身作标记的做法。不论出于什么原因或目的，其实际情况是这种题款工艺自时大彬创制后，被李茂林、李仲芳、徐友泉等诸多工匠竞相效仿，逐渐形成一种制作风尚，并最终成为紫砂陶常用的装饰内容之一。（图6-10至图6-15）从这则史料中还可以看出，早期紫砂工匠由于多不识字，不得不请人代为落墨，或刻款，或印款，以此标明制作者的姓氏名号，体现制作者的个人风格。即使是作为壶上题款开创者的时大彬，在制壶早期也是请人代题款识，只不过他后来学习书法，颇有成绩，便渐渐自题款识。明末时还出现了专门题铭款识的工匠，如陈辰、葭轩等，使题款工艺趋于专业化。这对后来

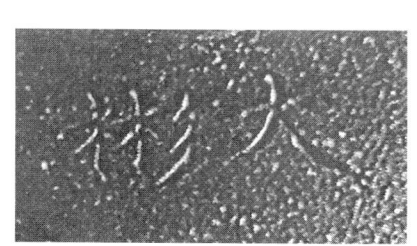

图6-10 时大彬制壶款一

图6-11 时大彬制壶款二

图6-12 时大彬制壶款三

图6-13 徐友泉制壶款

图6-14 陈仲美制壶款

图6-15 陈鸣远制壶款

兴起的"文人紫砂",即文人在紫砂陶上题诗作画,实现文人与艺人、文化与技艺的完美结合,具有较大的启发意义。

此外,卷上"本艺"篇中还论及了养土之法:"造壶之家,各穴门外一方地,取色土筛捣,部署讫,弇窖其中,名曰'养土'。取用配合,各有心法,秘不相授。"由此可知,古代工匠的各项制作工艺都各有诀窍,各具特色,但因彼此秘不相授,故而各成一派。①并且,该篇中总结了明代紫砂壶的呈色特点及其演变:"壶之土色,自供春而下,及时大初年,皆细土淡墨色,上有银沙闪点。迨硇砂和制,榖绉周身,珠粒隐隐,更自夺目。"这则史料记述了由于原料配制工艺的不同,造成了烧成后的紫砂壶呈色特征的不同,这可作为辨识或鉴定明代中后期紫砂陶的重要标准之一,也可作为判断明代紫砂陶生产的大致时期的重要依据之一,具有一定的鉴藏学价值。

三、文献学价值

作为乾嘉时期的知名学者、文献学家,吴骞从文献整理的角度,探讨明清紫砂陶的制作工艺和历史演变,应是顺理成章之事。但从实际操作层面来讲,将紫砂史料从浩如烟海的各类文献中辑录出来,绝非易事。吴骞之所以敢于尝试,不仅是因为他有丰富的拜经楼藏书作为保证,同时也是他学问广博的自信表现。无论出于什么样的心态,吴骞此举在宜兴紫砂史上都是一次新的探索,即便在整个中国陶瓷史上亦属首次,意义重大。这是陶瓷理论研究与文献学的最早结合形式,尽管这种结合还有些浅薄单一,尚处于初始阶段,但它拓宽了陶瓷研究的视野,不仅为紫砂研究提供了资料来源和使用便利,而且开启了陶瓷文献整理的先河,丰富了陶瓷理论研究的内容和视角,为当前陶瓷文献学这一新兴的交叉学科的构建和发展奠定了基础,也为陶瓷理论研究与历史学、考古学、文化学、美学、哲学等学科相结合,从而促使新的交叉学科的提出和构建提供了思路。

具体而言,《阳羡名陶录》的文献学价值,主要体现在卷下"谈丛"篇和"文翰"篇对紫砂史料的收集整理上。

其中,"谈丛"篇辑录了明清著述中有关紫砂陶的评论资料,这些资料全部标明出处,如《荆溪疏》《茶疏》《长物志》《陶庵梦忆》《秋园杂佩》《池北偶谈》《阳羡陶说》等,并以文献为单位进行编排,同一文献中的紫砂史料编排在一起,不同文献中的紫砂史料按文献的大致成书时间先后排序。如此编排颇为合

---

① 古代工匠技艺的传承方式主要有家族世系传承和师徒关系传承两种,其传授方式主要是通过手把手的实践指导,并配以口传的秘诀要领。

理，能够反映出不同时期文人对紫砂陶看法的演变，这也是吴骞文献整理思想的一种表现。尤其是录载了一些不被常用或已经亡佚的文献，如《先进录》《台阳百咏注》等，通过《阳羡名陶录》的选录才得以幸存和传播，使后人能够窥览其中有关紫砂的论述资料。《阳羡名陶录》对这些紫砂资料的收集、整理和录载，不仅给后人研究紫砂提供了文献线索，而且对于保存紫砂史料和弘扬紫砂文化，也具有积极的推动意义。

"文翰"篇则汇集了明清文人对紫砂陶的咏赞诗文，如周容、熊飞、周高起、吴梅鼎、朱彝尊、陈维崧、高士奇、查慎行、陈鳣、吴骞等，共计20多人的30余篇诗文，并按体裁形式分为记、铭、赞、赋、诗等类目，编排颇为合理。这些诗文是研究宜兴紫砂工艺和历史的重要参考资料，但限于古代文献流通的不便，传播不广，部分诗文已不见于他书录载，故而尤显珍贵。笔者以周容的《宜兴瓷壶记》和吴梅鼎的《阳羡茗壶赋》为例，阐述两文的文献学价值。

周容的《宜兴瓷壶记》全文如下：

今吴中较茶者，壶必言宜兴瓷，云始万历间大朝山寺僧（当作金沙寺僧），传供春。供春者，吴氏小史也。至时大彬，以寺僧始，止削竹如刃，剜山土为之。供春更斫木为模，时悟其法则又弃模，而所谓削竹如刃者。器类增至今日，不啻数十事。用木重首作椎，椎唯炼土，作掌，厚一薄一，分听土力。土㞦不耐指，用木作月阜，其背虚缘易运代土，左右是意与终始。用镯，长视笔，阔视薙，次减者二，廉首齐尾，廉用割、用薙、用剔，齐用抑、用趁、用抚、用推。凡交接深浅，位置高下，齐廉互用，壶事此独勤。用角，阔寸，长倍五，或圭或笏，俱前薄后劲，可以服我屈伸为轻重。用竹木，如贝窍其中，纳柄，凡转而藏暗者藉是。至于中丰两杀者，则有木如肾，补规万所困。外用竹，若钗之股，用石如碓，为荔核形，用金作蝎尾，意至器生，因穷得变，不能为名。土色五，腻密不招客土，招则火知之。时乃故入以砂，炼土克谐，审其燥湿展之，名曰"土毡"。割而登诸月，有叙先腹，两端相见。廉用媒土，土湿曰"媒"。次面与足，足面先后以制之丰约定，足约则先面，足丰则先足。初浑然虚含，为壶先天，次开颈，次冒，次耳，次觜。觜后着，戒也。体成，于是侵者薙之，骄者抑之，顺者抚之，限者趁之，避者剔之，闇者推之，肥者割之，内外等。时后起数家，有徐友泉、李茂林，有沈君用。甲午春，予寓阳羡，主人致工于园，见且悉工，曰："僧草创，供春得华于土，发声光尚已。时为人敦雅古穆，壶如之，波澜安闲，令人喜敬，其下俱因瑕就瑜矣。今器用日烦，巧不自耻。"嗟乎！似亦感运升降焉。二旬成壶凡十，聚就窑火。予构文祝窑，文略曰："器为水而成，火先明德功，鑢土以立，木亦见材。"又曰："气必足夫阴阳，候乃持夫昼夜，欲全体以致用，庶含光以守时。"是日，主人出时壶二，一提梁卣，一汉觯，俱不失工所言。（卫懒仙云：良工虽巧，不能徒手而就，必先器具修，而后制度精。瓷壶以大彬传，几使旒人攦指。此则详言本末，曲尽物情，文更峭健，可补《考工》之逸篇。）

这则文献概括了明代宜兴紫砂壶在当时茶具中的重要地位，简述了紫砂壶的制作历史，详细记录了紫砂壶的制作工艺，尤其提及了紫砂制作过程中使用的辅助工具，如锥（即搭子）、掌（即拍子）、木月阜（即半月形的木转盘）、镊（即尖刀）、角（即明针）、篦子、勒子、木鸡子等，是其他紫砂文献中鲜有涉猎的，颇为珍贵。

吴梅鼎的《阳羡茗壶赋》全文如下：

惟宏陶之肇造，实运巧于姚虞。爰前民以利用，能制器而无窳。在汉秦而为甄，宝厥美曰康瓠。类瓦缶之太朴，肖鼎鬲以成区。杂瓷瓯与瓵甑，同锻炼以无殊。然而艺匪匠心，制不师古，聊抱瓮以团砂，欲挈瓶而范土。形每侪乎欹器，用岂侔夫周簠。名山未凿，陶甄无五采之文；巧匠不生，镂画昧百工之谱。爰有供春，侍我从祖，在髫龄而颖异，寓目成能；借小伎以娱闲，因心挈矩。过土人之陶穴，变瓦甄以为壶；信异僧而琢山，斸阴凝以求土。（时有异僧，绕白砀、青龙、黄龙诸山，指示土人，曰"卖富贵"。土人异之，凿山得五色土，因以为壶。）于是䂺白砀，凿黄龙。宛掘井兮千寻，攻岩有骨；若入渊兮百仞，采玉成峰。春风花浪之滨（地有画溪花浪之胜），分畦茹滤；秋月玉潭之上（地近玉女潭），并杵椎舂。合以丹青之色，图尊规矩之宗。停椅梓之槌，酌剪裁于成片；握文犀之刮，施刵掠以为容。稽三代以博古，考秦汉以程功。圆者如丸，体稍纵为龙蛋（壶名龙蛋）；方兮若印（壶名印方，皆供春式），角偶刻以秦琮（又有刻角印方）。脱手则光能照面，出冶则资比凝铜。彼新奇兮万变，师造化兮元功。信陶壶之鼻祖，亦天下之良工。过此则有大彬（时大彬）之典重，价拟璆琳。仲美（陈仲美）之雕锼，巧穷豪发。仲芳（李仲芳）骨胜，而秀出刀镌。正春（欧正春）肉好，而工疑刻画。求其美丽，争称君用（沈君用）离奇。尚彼浑成，金曰用卿（陈用卿）醇饬。若夫综古今而合度，极变化以从心，技而进乎道者，其友泉徐子乎！缅稽先子，与彼同时。爰开尊而设馆，令效技以呈奇。每穷年而累月，期竭智以殚思。润果符乎球璧，巧实媲乎班倕。盈什百以韫椟，时阅玩以遐思。若夫燃彼竹炉，汲夫春潮，泛此茗碗，烂于琼瑶。对炜煌而意飒，瞻诡厉以魂销。方匪一名，圆不一相，文岂传形，赋难为状。尔其为制也，象云罍（壶名云罍）兮作鼎，陈螭觯兮扬杯。仿汉室之瓶，则丹砂沁采；刻桑门之帽，则莲叶擎台。卣号提梁，腻于雕漆；君名苦节，盖已霞堆。裁扇面之形，觚棱峭厉；卷席方之角，宛转潆洄。诣宝临函，恍紫庭之宝现；圆珠在掌，如合浦之珠回。至于摹形象体，殚精毕异，韵敌美人（美人肩），格高西子（西施乳）。腰洵约素，照青镜之菱花（束腰菱花）；肩果削成，采金塘之莲蒂（平肩莲子）。菊入手而疑芳，荷无心而出水。芝兰之秀，秀色可餐；竹节之清，清贞莫比。锐榄核分幽芳（橄榄六方），实瓜瓠分浑丽（冬瓜丽）。或盈尺兮丰隆，或径寸而平砥。或分蕉而蝉翼，或柄云而索耳。或番象与鲨皮，或天鸡与篆珥。（分蕉、蝉翼、柄云、索耳、番象鼻、鲨鱼皮、天鸡、篆珥，皆壶款式。）匪先朝之法物，皆刀尺所不儗。若夫泥色之变，乍阴乍阳。忽葡萄而绀紫，倏橘柚而苍黄。摇嫩绿于新桐，晓滴琅玕之翠；积流黄于葵露，暗飘金粟之香。或黄白堆沙，结哀梨分可啖；或青坚在骨，涂髹汁兮生光。彼瑰琦之窑变，匪一色之可名。如铁如石，胡玉胡金。备五文于一器，具百美于三停。远而望之，黝若钟鼎陈明廷；追而察之，灿若琬琰浮精英。岂随珠之与赵璧可比异而称珍者哉！乃有广厥器类，出乎新裁。花蕊婀娜，雕作海棠之盒（沈君用海棠香盒）；翎毛璀璨，镂为鹦鹉之杯（陈仲美制鹦鹉杯）。捧香查而刻凤（沈君用香查），翻茶洗以倾葵（徐友泉葵花茶洗）。瓶织回文之锦（陈六如仿古花尊），炉横古干之梅（沈君用梅花炉）。卮分十锦（陈六如十锦杯），菊合三台（沈君用菊合）。凡皆用写生之笔墨，工切琢于刀圭。倘季伦见之，必且珊瑚粉碎；使棠溪观此，定教白玉尘灰。用濡豪而染翰，志所见而徘徊。

这则文献简要记述了宜兴紫砂的起源，高度评价了供春在宜兴紫砂史上的突出成就和"正始"地位，即"信陶壶之鼻祖，亦天下之良工"，概括总结了供春之后诸多艺人的制壶风格，如时大彬之典重，价拟璆琳；陈仲美之雕镂，巧穷豪发；李仲芳之骨胜，秀出刀镌；欧正春之肉好，工疑刻画；沈君用之离奇，求其美丽；陈用卿之醇饬，浑然天成；徐友泉之综合古今，变化从心；等等。其评价颇有见地。此外，文中还对明代以来宜兴紫砂的器型、泥色、装饰技法等作了梳理归纳，十分详尽。从传世品及出土物来看，其记述是可信的，基本与明代紫砂制作的实际情况相吻合。这虽然只是一篇简短的赋文，总计不足1500字，但是内容丰富，记述了紫砂制作的诸多方面，其中有些内容是其他紫砂文献鲜有提及或没有提及的，具有极高的参考价值。

概言之，这两则文献是紫砂研究不可或缺的参考史料，具有较高的参考价值，至今仍常被传抄引用。由此我们可以看出《阳羡名陶录》收录这些紫砂史料的重要性以及它应有的文献学价值。

此外，《阳羡名陶录》还是全面研究吴骞的重要参考资料。无论是该书的序言、目录和正文，还是收录于卷下"文翰"篇中的吴骞的数首诗文，如《陈远天鸡酒壶赞》《陶山明府仿古制茗壶以诒好事五首》《芑堂明经以尊甫瓜圃翁旧藏时少山茗壶见示，制作醇雅，形类僧帽，为赋诗而返之》《张季勤藏石林中人茗壶，属铭以锓之匣》《叔未解元得时大彬汉方壶，诗来属和》等，都是考察其生平事迹、交游情况、学术成就以及对紫砂工匠制陶技艺的评价等的必要参考资料，相关研究者可以从中获取一些线索，得出一些见解。

当然，受各种条件的制约，《阳羡名陶录》的记述也存在许多不足之处，如对宜兴紫砂制作的装饰技艺缺乏必要的总结，对刻款印款的演变情况论述过于简略，对清初兴起的宫廷紫砂的制作风格几无提及。但是，瑕不掩瑜，《阳羡名陶录》是继《阳羡茗壶系》之后专门论述宜兴紫砂工艺及其历史的又一部力作，其内容具有历史学、工艺学、文献学等研究价值，是古今紫砂研究不可或缺的重要参考资料，在宜兴紫砂文献编撰史上有着极其重要的地位，在我国陶瓷文献编撰史上亦有着较为深远的影响，至今仍有较高的利用率。

第四节 《阳羡名陶录》的版本流传

《阳羡名陶录》初刻于乾隆五十一年（1786年），由海宁吴氏拜经楼刊印。这是吴骞自编自刻本，也是《阳羡名陶录》最早的单行刻本。该本共收《阳羡名陶录》二卷、《阳羡名陶续录》（以下简称《续录》）一卷。其版本信息为：每页20行，每行20字，小字双行编排。细黑口，左右双边，单鱼尾，乌丝栏，版心下方题"拜经楼正本"五字。（图6-16）首有周春题辞、《阳羡名陶录》目次、乾隆五十一年吴骞自序。

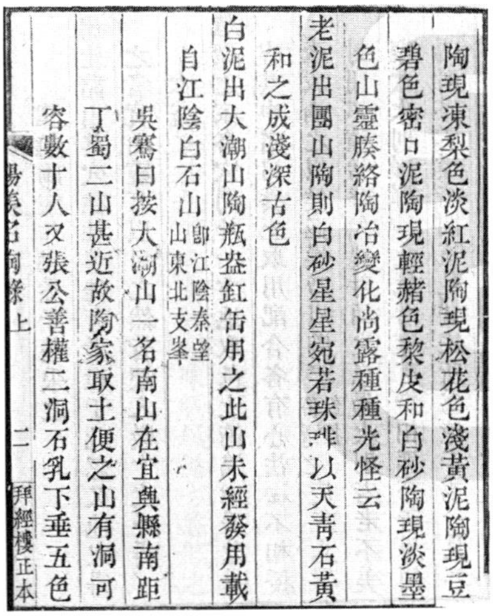

图6-16 《阳羡名陶录》乾隆刻本书影

值得注意的是，该本收录的《阳羡名陶录》和《续录》在类目设置方式上不尽相同。《阳羡名陶录》分上、下两卷，卷上设"原始""选材""本艺""家溯"四个类目标题，卷下设"谈丛"和"文翰"两个类目标题，"文翰"下又设"记"、"铭""赞""赋""诗""诗余"六个类目小标题；而《续录》不分卷次，仅按类目标题的设置方式编排正文内容，计有"家溯""本艺""谈丛""艺文"四个类目标题，"艺文"下又设"铭""乐府""诗"三个类目小标题。通过对比可以看出，《续录》并未严格按照《阳羡名陶录》原有的类目标题名称和顺序进行编排，如将"家溯"提到了"本艺"之前，将"文翰"改成了"艺文"，"艺文"下增设了"乐府"小标题。

初刻本问世至今，已有两百余年。期间，《阳羡名陶录》曾被多次校刻重印，衍生出众多不同的版本。下面就对这些"衍生本"逐一进行论述。

1.《拜经楼丛书》本

《拜经楼丛书》又名《愚谷丛书》，初刻于乾隆、嘉庆年间，由海宁吴氏拜经楼刊印。由于《拜经楼丛书》曾遭散佚，无法确切地查证其收录文献的具体种数，从而出现了不一致的说法。但就现存的版本而言，《拜经楼丛书》共收录文献22种，它们是：《陶靖节先生诗注》四卷、《谢宣城集》五卷、《国山碑考》一卷、《诗谱补亡后订》一卷、《许氏诗谱钞》一卷、《孙氏尔雅正义拾遗》一卷、《扶风传信录》一卷、《梅花园存稿》一卷、《孟子外书》一卷、《棠海诗稿》一卷、《论印绝句》二卷、《静庵剩稿》一卷、《拙政园诗集》二卷、《拙政园诗余》三卷、《雨窗遗稿》一卷、《拜经楼诗集》十二卷《续编》四卷、《万花渔唱》一卷、《珠楼遗稿》一卷、《哀兰绝句》一卷、《阳羡名陶录》二卷《续录》一卷、《苏祠从祀议》一卷、《南宋方炉题咏》一卷。该本现藏于中国国家图书馆，其封页题"愚谷丛书"，首有刊刻文献目录。其中收录的《阳羡名陶录》二卷及其《续录》一卷，其正文的文字内容和版本信息，均与乾隆五十一年初刻本完全相同。稍有变动的是，该本将首附的周春题辞和乾隆五十一年吴骞自序的编排次序进行了调换，调整后的次序为：乾隆五十一年吴骞自序、《阳羡名陶录》目次、周春题辞。

此后，《拜经楼丛书》又经多次校补重刊，相继出现7种本、10种本、30种本等多个版本。由于这些版本中均收录了《阳羡名陶录》，因此有必要对它们作以考证说明。

光绪十一年（1885年），会稽章氏重刊《拜经楼丛书》，共收录文献7种，它们是：《诗谱补亡后订》一卷、《陶靖节先生诗注》四卷、《谢宣城集》五卷、《逸书》五卷、《国山碑考》一卷、《桃溪客语》五卷、《阳羡名陶录》二卷。该本封页正面有"重刊拜经楼丛书七种"、"星吾题"字样，背面有牌记"光绪乙酉冬会稽章氏刊于鄂渚"字样，首有刊刻文献目录。其中收录的《阳羡名陶录》，共二卷，无《续录》。其版本信息为：每页20行，每行20字，小字双行编排。细黑口，左右双边，双鱼尾，乌丝栏，版心无"拜经楼正本"字样。首有乾隆五十一年吴骞自序、周春题辞、《阳羡名陶录》目次。该本与《拜经楼丛书》22种本收录的《阳羡名陶录》二卷相比，其卷下"文翰"篇末尾缺少了"诗余"，即陈维崧的《满庭芳·吾邑茶具俱出蜀山，暮春泊舟山下，漫赋此词》。

光绪二十年（1894年），吴县朱记荣在章氏重刊《拜经楼丛书》7种本的基础上，又增补了《扶风传信录》一卷、《蠡堂渔乃》一卷《续》一卷、《拜经楼集外诗》一卷附《珠楼遗稿》，使《拜经楼丛书》收录的文献达至10种，由朱氏校经堂刊印出版。值得注意的是，该本收录的前7种文献的正文内容和版本信息，与章氏重刊《拜经楼丛书》7种本完全相同；而增刻的那3种文献，其版本信息则与章氏重刊《拜经楼丛书》7种本不尽相同。增刻的那3种文献的版本信息为：每页20行，每行21字，小字双行排。细黑口，左右双边，双鱼尾，乌丝栏，版心下方题"朱氏槐庐校刊"六字。每种文献的封页背面均有牌记，曰"光绪甲午春三月孙溪校经堂校刊"。由此可见，朱氏增刻的那3种文献乃由朱氏校经堂别具版式续刻而成。而《阳羡名陶录》并不在朱氏增刻之列，故就《阳羡名陶录》的版本考察而言，该本与章氏重刊《拜经楼丛书》7种本毫无不同之处。2001年，该本被故宫博物院编的《故宫珍本丛刊》影印收录，被编排在该丛刊的第473册中。

民国十一年（1922年），上海博古斋影印出版《拜经楼丛书》，共收录文献30种，它们是：《诗谱补亡后订》一卷、《陶靖节集》四卷、《谢宣城集》五卷、《国山碑考》一卷、《桃溪客语》五卷、《扶风传信录》一卷、《王节愍公集》一卷、《苏祠从祀议》一卷、《南宋方炉题咏》一卷、《海潮说》三卷、《谗书》五卷、《阳羡名陶录》二卷《续录》一卷、《论印绝句》二卷、《孟子外书》一卷、《棠海诗稿》一卷、《许氏诗谱钞》一卷、《孙氏尔雅正义拾遗》一卷、《蜀石经毛诗考异》二卷、《静庵剩稿》一卷、《拙政园诗集》二卷《诗余》三卷、《雨窗遗稿》一卷、《梅花园存稿》一卷、《珠楼遗稿》一卷、《哀兰绝句》一卷、《拜经楼诗话》四卷、《拜经楼诗集》十二卷、《拜经楼诗集续编》四卷、《万花渔唱》一卷、《愚谷文存》十四卷、《拜经楼藏书题跋记》六卷。该本封页正面题"拜经楼丛书"，背面有牌记曰"壬戌岁上海博古斋景印"，首有刊刻文献目录。其中收录的《阳羡名陶录》二卷及其《续录》一卷，乃是影印拜经楼刻本，其正文的文字内容和版本信息，均与《拜经楼丛书》22种本完全相同。稍有变动的是，该本将首附的"周春题辞"提到了"乾隆五十一年吴骞自序"之前，调整后的次序即为：周春题辞、乾隆五十一年吴骞自序、《阳羡名陶录》目次。

2.《昭代丛书》本

《昭代丛书》初由张潮汇辑，并未将《阳羡名陶录》收录其中。后经杨复吉续辑，才将《阳羡名陶录》汇录进来，置于《昭代丛书》己集卷五十中，并于道光年间由吴江沈氏世楷堂刊印出版。该本共录《阳羡名陶录》二卷、《续录》一卷。与前面几种版本相比，该本收录的《阳羡名陶录》二卷及其《续录》一卷，在版本格式、类目设置和内容编排等方面，具有较多不同之处。

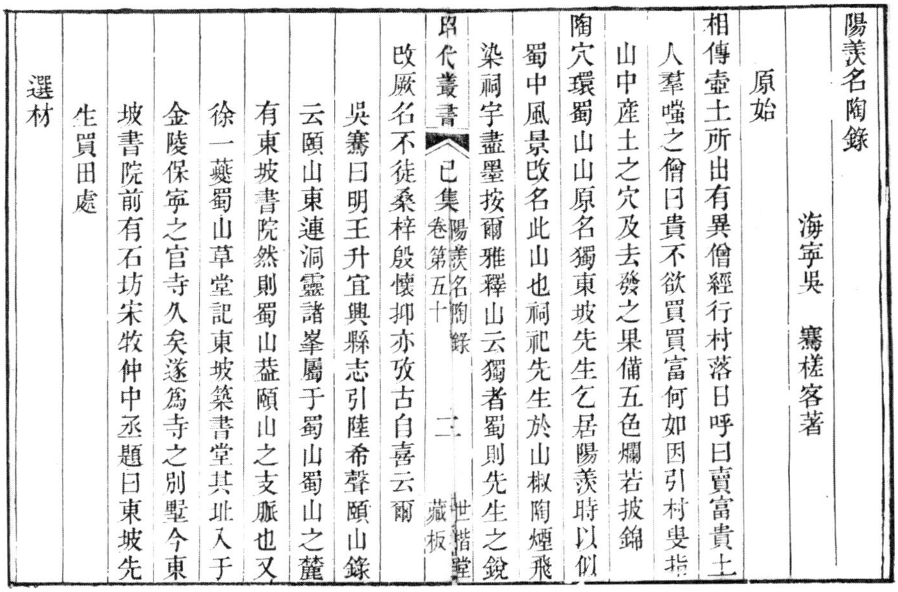

图6-17 《阳羡名陶录》之《昭代丛书》本书影一

首先，在版本格式方面，该本的版本信息为：每页18行，每行20字，小字双行编排。白口，左右双边，单鱼尾，乌丝栏，版心上方题"昭代丛书"四字，版心下方题"世楷堂藏板"五字。（图6-17）首有乾隆五十一年吴骞自序，无目次，末有周春题辞、乾隆五十六年杨复吉跋，尾有"孙揆嘉肇初校字"（"孙"字略小些）字样。（图6-18）可见，该本刊印之前，曾被吴骞之孙吴揆嘉校阅过。经过对比后不难发现，该本的版本信息，与前面几种版本有着较大不同。尤其是对杨复吉跋文的录载，是其他版本所没有的，亦不见于今人注释本，极其珍贵。

为了方便学界，广播学术，笔者现将其跋文照录如下：

海宁吴丈槎客，爱阳羡山水之胜，爰营别业，载书往来，岁以为常。其于宜荆故实，纂述孔繁，若《国山碑考》《桃溪客语》《阳羡摩厓纪录》暨《名陶录》，皆是也。客岁仲冬，寄示兹帙，因亟录之。余三种，则均未之见，尚俟续钞云。辛亥孟春，震泽杨复吉识。[①]

其次，在类目设置方面，该本与前面几种版本也有一些不同之处。这主要表现在《续录》的类目设置上。前面几种版本的《续录》，其类目设置并未严格按照《阳羡名陶录》原有的类目标题名称和顺序进行编排，如将"家溯"提到了"本艺"

---

① 杨复吉主要生活于乾嘉时期，据此推算，此辛亥年当指乾隆五十六年，即公元1791年。震泽，县名，治今江苏省苏州市吴江区。

之前，将"文翰"改成了"艺文"。而该本《续录》则严格按照《阳羡名陶录》原有的类目标题名称和顺序进行编排，遵循"有则设之，无则不设"的原则，依次有"本艺""家溯""谈丛""文翰"四个类目标题。

再次，在内容编排方面，通过认真比对该本与前面几种版本的正文内容，不难发现它们的众多不同之处。笔者就以乾隆五十一年初刻本为例，将其作为该本的比较对象，便查对出许多不同的地方，具体表现在以下三个方面。

①正文内容的增补

如该本《续录》"家溯"篇中增补了任安上、潘兆熊《宜兴县志补遗》

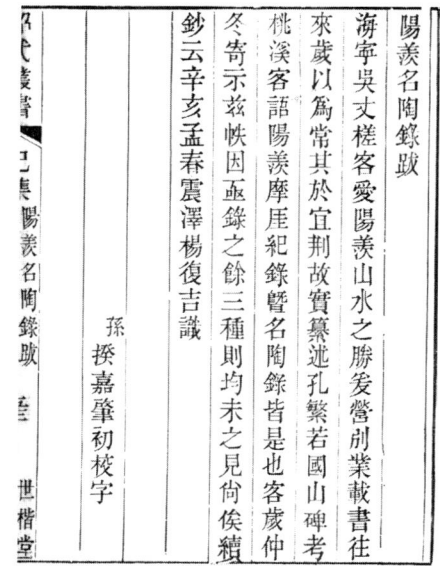

图6-18 《阳羡名陶录》之《昭代丛书》本书影二

中有关宜兴紫砂艺人徐友泉父子的事迹，"谈丛"篇中增补了陆廷灿《南村随笔》中记述的一种近于宜兴紫砂的小缸的资料，等等。

②内容顺序的调动

这主要是指乾隆五十一年初刻本中原为《阳羡名陶录》的文字内容，被该本调至《续录》之中。如乾隆五十一年初刻本《阳羡名陶录》卷下"谈丛"篇中收录的王稚登《荆溪疏》、阮葵生《茶余客话》中的相关文字，被该本调至《续录》"谈丛"篇中；乾隆五十一年初刻本《阳羡名陶录》卷下"文翰"篇中收录的沈子澈《茗壶铭》、汪森《茶壶铭》、高士奇《宜壶歌答陈其年检讨》、胡天游《蜀冈瓦暖砚歌》等，被该本调至《续录》"文翰"篇中。

③文字刊刻的漏误

由于该本是对拜经楼刻本的重排重印，在刊刻过程中难免会出现一些文字上的漏误。如乾隆五十一年初刻本《续录》"家溯"篇收录的朱琰《陶说》中有关欧窑的记载以及吴骞对此发表的见解，不见于该本中。又如该本将"陈梦星"误刻成了"程梦星"，还将其所作诗文的名称"味谏壶"三字漏刻。

3.《娱园丛刻》本

《娱园丛刻》是由清代许增汇辑，并于光绪十五年（1889年）由仁和许氏娱园刊刻出版，共收录文献10种，其中就包括《阳羡名陶录》。该本共录《阳羡名陶录》二卷，无《续录》。其正文内容和类目设置，与乾隆五十一年初刻本所录《阳羡名陶录》二卷的正文内容和类目设置基本相同，但版本格式却与乾隆五十一年初刻本大不相同。其版本信息为：每页24行，每行23字，小字双行编排。白口，左右双边，单鱼尾，乌丝栏。（图6-19）首有乾隆五十一年吴骞自序和《阳羡名陶录》目次，没有周春题辞。2003年，该本被中国国家图书馆编的《中国古代陶瓷文献辑录》影印收录，只是未将"吴骞自序"收录其中。

4.《瓶庐丛稿》本

《瓶庐丛稿》是由清代翁同龢抄录所得，共收录文献26种，中国国家图书馆藏有其抄录的稿本。其中所抄《阳羡名陶录》，不知依据何本。其版本信息为：每页7行至9行不等，每行19字至25字不等，小字单行书写。无边栏，无界行，行书抄写。封面题"陶壶摘钞"，正文前题"阳羡名陶录摘钞"，其下署"兔床吴骞著"。（图6-20）该本无序无跋，无题辞，无目次，无《续录》。正文不分卷，只是按类目标题的形式编排内容，计有"原始""选材""本艺""家溯""谈丛""文翰"六个类目标题，"文翰"下不再另设小标题。从正文内容来看，该本摘抄的文字十分简省，有些重要的内容也被略掉，大段文字只用几个字来描述，且有未按原文文字抄录的地方，仅根据文意适当加以裁抄。由此而言，该本更像是《阳羡名陶录》的读书笔记，具有较强的随意性质，就其内容史料的参考价值而言，该本与其他版本相比，根本不值一提。但作为版本考察或版本流传研究，还是有必要对它略作说明的。

5.《美术丛书》本

《美术丛书》是由邓实、黄宾虹两人校订整理，并于宣统三年（1911年）由上海神州国光社铅字排印出版其初集，该集的"第三集"中就收录了《阳羡名陶录》。该本共录《阳羡名陶录》二卷，无《续录》。其版本信息为：每页20行，每行29字，小字双行编排。细黑口，四周单边，无鱼尾，乌丝栏，版心下方题"第三集"三字。（图6-21）首有乾隆五十一年吴骞自序，无封页，无题辞，无目次，无跋文。这与前面所述的各种版本都不相同。此外，该本与其他版本相比，在类目设置上也略有变动，主要是将卷下的篇目标题"谈丛"改成了"丛

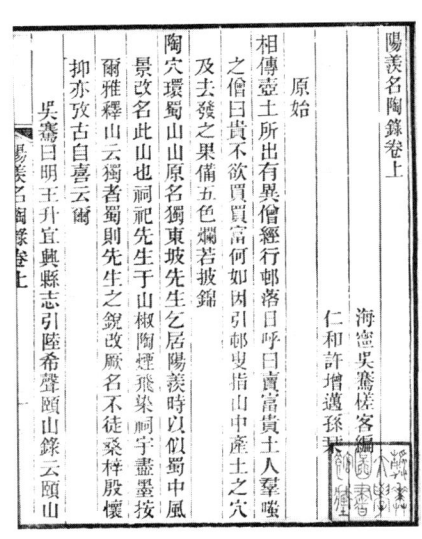

图6-19 《阳羡名陶录》之《娱园丛刻》本书影

谈"。民国十七年（1928年），邓实、黄宾虹两人在校订续辑《美术丛书》第四集时，将《美术丛书》前三集一并重刻再版，《阳羡名陶录》自然亦被收录其中。该本收录的《阳羡名陶录》的正文内容、类目设置和编排体例，均与宣统三年初集本完全相同，版本格式也基本一致，只是将版心下方原题的"第三集"改成了"初集第三辑"。（图6-22）之后，上海神州国光社又以民国十七年重刻本为底本，相继于民国二十五年、民国三十六年两次续辑再版。新中国成立后，又有出版社将全套《美术丛书》影印出版，如1986年江苏古籍出版社、1998年北京古籍出版社、2013年浙江人民美术出版社等。其中收录的《阳羡名陶录》，其正文内容、编排体例、版本格式等，均与民国十七年重刻本完全相同。

6.《说磁》本

《说磁》不知为何人所辑，具体刊刻时间亦不详，共收录文献5种，它们是：《阳羡名陶录》《景德镇陶录》《陶雅》《饮流斋说瓷》《茗壶图录》。从所录文献的写作时间来看，因《饮流斋说瓷》成书于民国初年，故《说磁》当刊于民国年间。该本共录《阳羡名陶录》二卷、《续录》一卷。其正文内容、类目设置和编排体例，均与乾隆五十一年初刻本完全相同，只是版本格式略有变化。其版本信息为：每页20行，每行20字，小字双行编排。细黑口，左右双边，单鱼尾，乌丝栏，但版心无"拜经楼正本"字样。（图6-23）首有乾隆五十一年吴骞自序、周春题辞、《阳羡名陶录》目次，其编排顺序与前面几种版本多不相同。该本问世后不久，有人将《阳羡名陶录》二卷及其《续录》一卷从中析出，照其原版，重新刊

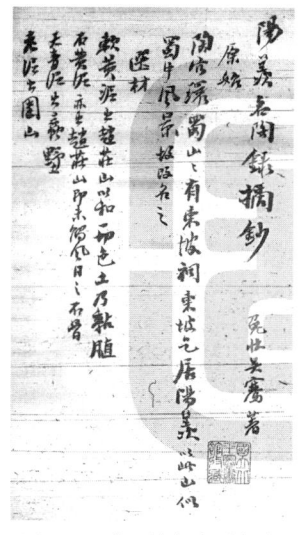 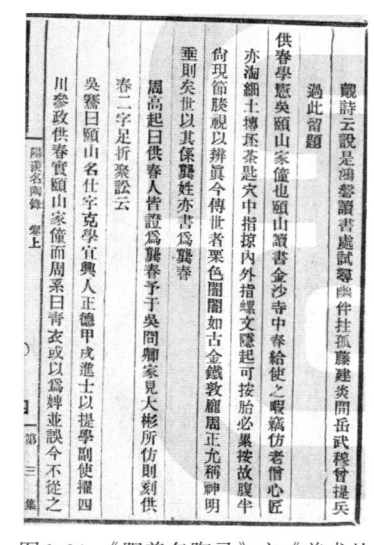

图6-20 《阳羡名陶录》之《瓶庐丛稿》本书影　　图6-21 《阳羡名陶录》之《美术丛书》宣统三年印本书影

陽羨名陶錄卷上

海寧吳騫槎客編

原始

相傳壺土所出有異僧經行郿落日呼曰賣富貴土人羣嗤之僧曰貴不欲買買富何如因引郿叟指山中產土之穴及去發之果備五色爛若披錦

陶穴環蜀山山原名獨東坡先生乞居陽羨時以似蜀中風景改名此山也祠祀先生于山椒陶煙飛染祠宇盡墨按爾雅釋山云獨者蜀則先生之銳改厥名不徒桑梓殷懷抑亦攷古自喜云爾

吳騫曰明王升宜興縣志引陸希聲頤山錄云頤山東連洞靈諸峰屬于蜀山蜀山之麓有東坡書院然則蜀山蓋頤山之支脉也又徐

陽羨名陶錄　卷上　一　初集第三輯

一夔蜀山草堂記東坡築書堂其址入于金陵保寧之官寺久矣遂爲寺之別墅今東坡書院前有石坊宋牧仲中丞題曰東坡先生買田處

選材

嫩黃泥出趙莊山以和一切色土乃黏埴可築蓋陶壺之丞弼也

石黃泥出趙莊山即未觸風日之石骨也陶之乃變硃砂色

天青泥出蠡墅陶之變黯肝色又其夾支有梨皮泥陶現凍梨色澹紅泥陶現松花色淺黃泥陶現豆碧色密口泥陶現輕赭色梨皮和白砂陶現澹墨色山靈腠絡陶冶變化尙露種種光怪云

老泥出團山陶則白砂星星宛若珠琲以天青石黃和之成淺深古色

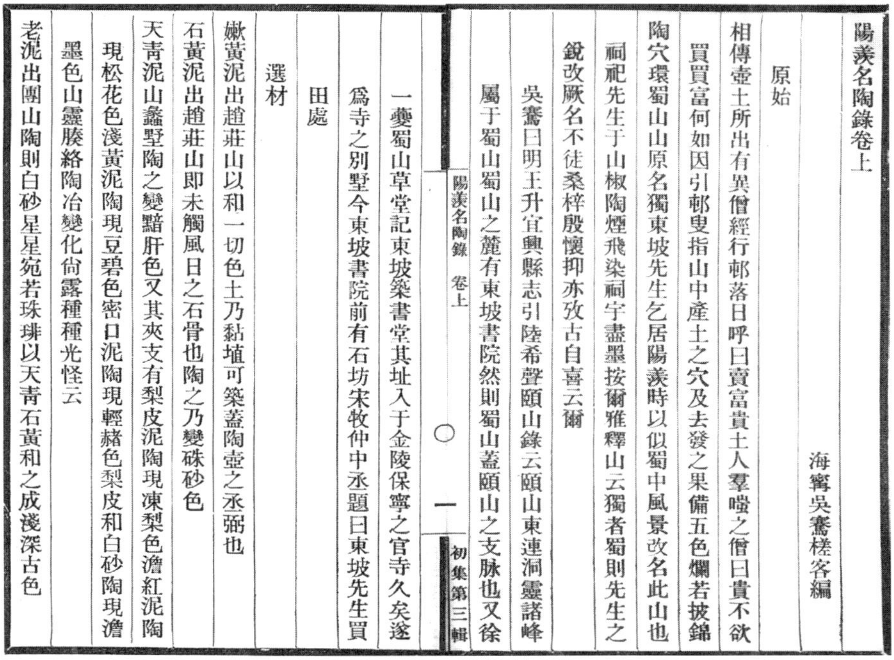

图6-22 《阳羡名陶录》之《美术丛书》民国十七年印本书影

印，并加一封面，单行于世。1991年，中国书店将《说磁》五种影印再版，并更名为《中国陶瓷名著汇编》，流布于世，这无疑扩大了该本的流传范围和影响力。

7.《续修四库全书》本

《续修四库全书》是对我国古代大型丛书《四库全书》的续编，由《续修四库全书》编纂委员会汇辑整理，于1994年开始启动，并于2002年编纂完成，由上海古籍出版社影印出版。该丛书共计1800册，《阳羡名陶录》被归入“子部·谱录类”，收录于第1111册中。该本共录《阳羡名陶录》二卷、《续录》一卷。据其整理者记述，该本影印的底本是乾隆年间海宁吴氏刻《拜经楼丛书》本，但不知是否就是《拜经楼丛书》22种本。从版本格式上看，该本的版本信息确与《拜经楼丛书》22种本基本相同，即每页20行，每行20字，小字

品茶用甌白瓷爲良所謂素瓷傳靜夜芳氣滿閒軒也製宜弇口邃腹色澤浮浮而香味不散

茶洗式如扁壺中加一項鬲而細竅其底便過水漉沙茶藏以閉洗過茶者仲美君用各有奇製皆壺使之從事也水杓湯銚亦有製之盡美者要以椰瓢錫器爲用之恒

壺之土色自供春而下及時大初年皆細土淡墨色上有銀沙閃點迨硐砂和製穀縐周身珠粒隱隱更自奪目

壺入用久滌拭日加自發闇然之光入手可鑒此爲

图6-23 《阳羡名陶录》之《说磁》本书影

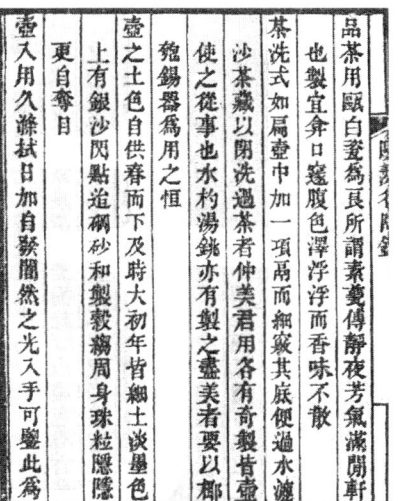

双行编排。细黑口，左右双边，单鱼尾，乌丝栏，版心下方题"拜经楼正本"五字。稍有变化的是，该本将首附的"周春题辞"提到了"乾隆五十一年吴骞自序"之前，调整后的次序即为：周春题辞、乾隆五十一年吴骞自序、《阳羡名陶录》目次。这与《拜经楼丛书》30种本的版本信息完全相同。由此可知，该本影印的底本应与《拜经楼丛书》30种本影印的底本相同。该本的类目设置和编排体例，也与《拜经楼丛书》30种本基本相同。但其正文内容却与《拜经楼丛书》30种本有不同之处，如该本《阳羡名陶录》卷下"文翰"篇末尾缺少了"诗余"，即陈维崧的《满庭芳·吾邑茶具俱出蜀山，暮春泊舟山下，漫赋此词》；而在《续录》的末尾增加了"补遗"，收录了两则史料，分别归入"家溯"和"谈丛"两个类目标题下。这两则史料仅散见于《昭代丛书》本《续录》中，但不见于其他版本中。这很可能是该本整理者编辑出版时漏刻和补辑所致，也是该本有别于其他版本的地方。另需说明的是，该本是将底本的两个整页合并在一页影印出版的，但这不影响考察其影印底本的原貌。2012年，景德镇陶瓷大学中国陶瓷文化研究所编的《中国古代陶瓷文献影印辑刊》，又将《续修四库全书》中收录的《阳羡名陶录》二卷及其《续录》一卷，再次影印收录，这为《阳羡名陶录》的广泛传播和使用做出了积极贡献。

综而观之，上述所列《阳羡名陶录》的各种版本各有优劣，互有长短，从正文录载来看，没有一种完整的本子。因此，研究者在参引《阳羡名陶录》时，需要比较各种版本，相互补充，相互对照，合理使用。

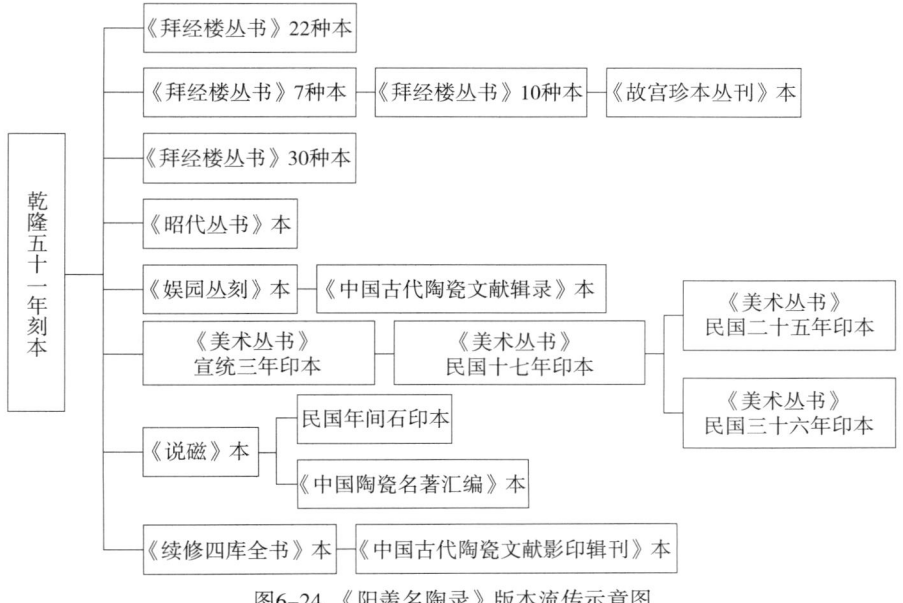

图6-24 《阳羡名陶录》版本流传示意图

为了方便今人阅览，有人还整理出版了《阳羡名陶录》的简体注释本，如赵菁编注的《阳羡茗壶》、韩其楼编译的《紫砂古籍今译》等，均收录了《阳羡名陶录》。赵注本不仅对《阳羡名陶录》正文进行了点校和关键词注释，而且简体编排，图文并茂，极便读者理解其内容。可惜的是，该本既无《续录》，内容不够完整，所依底本又不详，没有参校多种版本，更无"校勘记"，也无全文翻译，文字排印还有错漏之处。韩译本则先将《阳羡名陶录》的正文以影印方式进行编排，保持其内容原貌，再将全文译文列于其后。（图6-25）但该本影印的底本是民

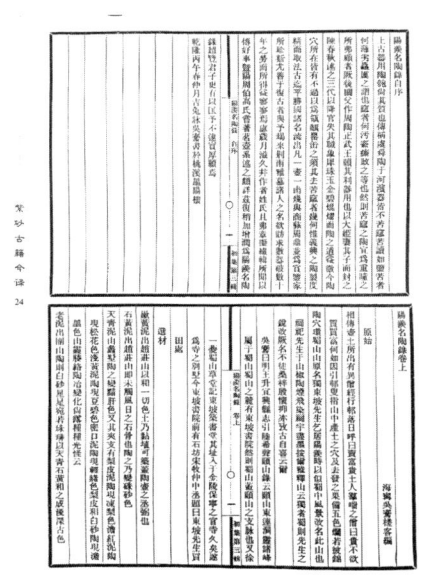

图6-25 《阳羡名陶录》韩译本书影

国十七年重刻《美术丛书》本①，并非《阳羡名陶录》众多版本中的善本，仅录《阳羡名陶录》二卷，无《续录》。该本并未参校其他版本，亦未对正文加以点校和关键词注释，即使是对正文内容的翻译，也不够完整，如铭、诗、赞、赋之类的文字，只是照录，未作翻译。由此可见，现代注释本虽取得了一定的整理成果，方便了大众阅览，但仍有较多不足之处亟待解决和完善。

有鉴于此，笔者根据《阳羡名陶录》"版本流传"的考察情况，建议后来校注者当以乾隆五十一年初刻本为底本，以《拜经楼丛书》22种本、《昭代丛书》本、《娱园丛刻》本、《美术丛书》本、《说磁》本、《续修四库全书》本等为参校本，对正文内容加以比对、点校、关键词注释和全文翻译，插入一些相关图片，图文并茂，并以简体字排印出版。这样不仅能供研究者参引使用，还可供普通大众赏析品读，一举两得。

---

① 韩其楼在《阳羡名陶录》"内容简介"中言，他所用《阳羡名陶录》的影印底本是光绪年间许增辑刊的《娱园丛刻》本。但笔者通过查核比对后得知，该本的正文内容、类目设置和版本格式等，均与民国十七年重刻《美术丛书》本完全一致，而与《娱园丛刻》本不尽相同，尤其是在版本格式上，与《娱园丛刻》本大相径庭。由此可见，韩氏所用《阳羡名陶录》的影印底本当是民国十七年重刻《美术丛书》本，而非《娱园丛刻》本。韩氏考证版本有误，特作说明。

第七章 《景德镇陶录》的编撰

第一节 《景德镇陶录》的编撰者及成书过程

《景德镇陶录》初稿于乾隆末年，由蓝浦纂辑。原稿初分六卷，内容史料丰富，但体例略显杂芜，后因蓝浦去世，未能刊印出版。

笔者遍查清代以来的各种史志，如《浮梁县志》《饶州府志》《江西通志》等，均未发现有关蓝浦生平的详细信息，仅从中获取了极少量的零散资料，现据此对其生平事迹进行简要描述。蓝浦，字滨南，一字耕余，江西浮梁景德镇人，主要活动于乾隆年间。一生敦行力学，然无甚功名，惟以教书为业，生活困窘。年仅中寿，著《景德镇陶录》未竟而卒，成为终身憾事。娶妻汪氏，无子嗣。

嘉庆初年，蓝浦的学生郑廷桂受师母之托，欲秉承先师遗志，将《景德镇陶录》校订续补之，但因"落拓"[①]，无力完成。嘉庆十六年，刘丙莅任浮梁知县，招郑廷桂入衙署中，授其次子课业，两人从此结识，并成为至交好友。余暇之时，两人常谈及古文辞。一次，刘丙论及景德镇瓷器时，不禁发出"镇瓷无专书"的感叹。正当此时，郑廷桂将其师编撰的《景德镇陶录》稿件奉上。刘丙见后，十分高兴，随即嘱托郑廷桂对原稿进行校订续补，然后由他负责出资付梓。郑廷桂听后，激动不已，曾在该书的跋文中这样描述道："此固廷桂日夜祷祠之而不得者，今庶几为吾师慰也！虽至愚鲁，不敢不勉。""《录》旧六卷，今订为十。惟卷首《图说》、卷尾《陶录余论》，为吾师所未逮；其中八卷，则皆仍吾师之书，分门而附益之，谨阙其所不知，不敢妄有增损。"经过多方努力，最终于嘉庆二十年由翼经堂刊印出版，并将其书名定为《景德镇陶录》。

刘丙，字克斋，安徽广德县人，嘉庆年间进士，曾任江西上高县、浮梁县知县，后擢升宁都刺史。浮梁任职期间，奖惩分明，赏勤罚惰，兴修水利，赈济灾民，还资助出版了《景德镇陶录》，政绩卓著。其好友陈用光曾作诗赞道："当公宰浮梁，邓君贤者称君长。判讼煦妪为泣语，豪民感义无鸱张。火耕水耨东南利，沟洫无须烦长吏。化惰惩贪辨苦良，陶民心苦如陶器（自注曰：君刊

[①] 落拓，意指穷困落魄，失意不得志。

邑人蓝浦所著《陶录》)。"①

郑廷桂，字问谷，江西浮梁景德镇人，嘉庆二十三年副贡，受业于蓝浦，是蓝浦的忠实弟子。文学上颇有造诣，名誉乡里，曾帮蓝浦校订补辑《景德镇陶录》，并撰有《陶阳竹枝词》。《陶阳竹枝词》共录三十首诗歌，均为七言四句诗，每首诗文之后都有作者的小注，其内容主要记述了景德镇的风土古迹，尤详于景德镇瓷业的生产情况，兼及景德镇瓷业的制作历史、产品贸易、管理方式、民俗风情等，具有重要的史料参考价值，可与《景德镇陶录》相互参补使用。如《景德镇陶录》中曾提及陶工们祭酬窑神的情况，但未明祭酬窑神的时间，而《陶阳竹枝词》中有"五月节迎师主会，六月还拜风火仙"，明确了祭酬窑神的大致时间。又如《景德镇陶录》记述了柴窑、槎窑两帮，但未明两帮的行会之名，而《陶阳竹枝词》中有"青窑烧出好龙缸，夸示同行新老帮。陶庆陶成齐上会，酬神包日唱单腔"，明确了"陶成"（柴窑帮会之名）、"陶庆"（槎窑帮会之名）的名称。由此可见，《陶阳竹枝词》的文学价值和史料价值，绝非一般诗词可比，是文学史和陶瓷史上的一朵奇葩。

此外，《景德镇陶录》的编辑整理者还有"陶成图"绘制者郑琇，校字者郑淦，鉴定者刘克斋、恽子居、卢来庵、张鹤舫、舒白香、邓菽原，商订者汪度、周作孚、张九芝、李元杰、刘寅、龚鈛、项绅、吴钦楸，编校者汪沂、汪屿、曹昕、鲍升衢、江宗海、吴家杰、李中成、刘守谦、钱进珍、陈锡嘏、罗文锦、鲍腾鸾、程榙、史文蔚、郑日焕。这些人的生平事迹多不可考，将其罗列于此，为其传名于世。

《景德镇陶录》的编撰出版，凝聚了诸多文人学者的心血，是众人合力的劳动成果，具有极其重要的史料参考价值，至今仍是陶瓷研究者"奉为圭臬"的必备查阅文献。该书弥补了以往"镇陶无专书"的遗憾，成为我国历史上第一部系统论述景德镇瓷业史的专著，也是继《陶说》之后的又一部陶瓷史力作，在我国陶瓷文献编撰史上具有重要的地位和深远的影响。正鉴于此，笔者有必要对《景德镇陶录》的编撰特点、内容价值、版本流传等情况全面探讨，以指引世人查考和使用。

---

① （清）陈用光：《太乙舟诗集》卷五《克斋同年以擢刺史例觐，蒙特旨召对，敬纪恩遇，作诗赠行》，清咸丰四年孝友堂刻本。

第二节 《景德镇陶录》的编撰特点

综观《景德镇陶录》整部著作,其编撰除了前面提及的"由多人合作编撰而成"的特点外,笔者通过认真查阅其正文内容,结合其他的陶瓷著述,并与它们进行比较分析,还总结出以下三个方面的编撰特点。

一、内容既有继承,又有创新

综观《景德镇陶录》的正文内容,其编撰既有承袭他人之言,又有较多创新之处。这是该书编撰的一大特点,贯穿于各卷编撰之中。先以卷一"陶成图"为例,《陶成图》是一组描绘清初景德镇制瓷工序和技艺的图片,共计十四幅,包括取土、练泥、镀匣、修模、洗料、做坯、印坯、镟坯、画坯、荡釉、满窑、开窑、彩器、烧炉等。各图附注的说明性文字,基本上承袭唐英《陶冶图说》之文,但图画内容却与《陶冶图》二十幅不同,不仅在数量上较《陶冶图》少了六幅,而且在绘画风格和印制方式上大不相同。《陶冶图》属于清代宫廷绘画,于乾隆八年由当时宫廷画家孙祜、周鲲、丁观鹏合作绘制而成。其绘画风格严谨细腻,讲究线条的运用,设色层次清楚,色彩鲜明华丽,尤其是在人物的构画上,深受欧洲画风的影响,注重写实,以透视和明暗方法表现物象的质感和空间感。将其绘制在素绢上,使得画面更显清晰,色彩更显艳丽,立体感更强。而《陶成图》属于清代民间绘画,由乾嘉时期民间画工郑琇根据《陶冶图说》之文,加上自己的亲身观察和体验绘制而成。其绘画风格简易明了,形象直观,尤其是在工艺描绘场面上,大多只用线条简单勾勒,偶尔还点缀几只小动物(如鸡、犬之类),使画面增添了不少民间野趣,也使其工艺描绘更为生动,更显真实。(如图7-1、图7-2)综而观之,民间画工郑琇的绘画技艺固然不如宫廷画家那样娴熟,《陶成图》的绘制质量也不如《陶冶图》那样精致美观,其刊印方式为黑白二色的木刻印本,与彩色的绢本相比,其图画效果又相差甚远,但由于郑琇长期生活在景德镇,对该地的制瓷工序和制瓷技艺有着深切的体验和感受,将其工艺制作场面描绘得更加真实。如满窑图(图7-3)中的"蛋形窑"、烧炉图(图7-4)中的"明暗炉"等,其绘制画面较《陶冶图》所绘更显突出,也更形象直观。两图之作,可谓一俗一雅。但雅者《陶冶图》深藏内府,一般民众极难见到;而俗者《陶成图》可为一般民众所见,这大大拓宽了景德镇制瓷工艺图的传播范围,扩大了其使用群体,为人们获悉景德镇传统的制瓷工序和制瓷技艺提供了良好渠道。

再观其他各卷的内容编撰,亦是继承和创新交叉进行,只是各卷略有偏

第七章 《景德镇陶录》的编撰 189

图7-1 《景德镇陶录》卷一"陶成图"之"洗料"

图7-2 《景德镇陶录》卷一"陶成图"之"印坯"

图7-3 《景德镇陶录》卷一"陶成图"之"满窑"

图7-4 《景德镇陶录》卷一"陶成图"之"烧炉"

重。概括言之,卷五至卷九,其内容大多承袭他人之言,重在继承,但也不乏创新之处。如卷五记述了景德镇自南朝陈以来迄于清代乾隆时期的历代名窑的生产状况和制作特点,其中有关景德镇民窑(如崔公窑、小南窑等)的记述,多为他书所未见,是该卷的创新之处。而卷二、卷三、卷四、卷十,其内容大多从调查访问中获悉,重在创新,但也有继承之处。如卷二"国朝御窑厂恭纪"有关景德镇御窑厂生产沿革的记述和"镇器原起"有关景德镇官民窑器名称及其由来的记述,多是从其他文献中引录而来,是该卷的继承之处。

二、征引史料丰富,考证颇为谨严

我国陶瓷生产自新石器时代发展至清代乾嘉时期,历经了数千年之久,不仅在工艺实践方面取得了骄人成就,达到了"器则美备,工则良巧,色泽精全"的艺术效果,而且在文献录载方面也出现了较多论述。尽管中国古代"重经史,轻理艺""重道轻器"的思想,致使作为手工业生产的陶瓷的相关记述凤毛麟角,但是在数千年的历史积累中,随着陶瓷业的生产发展,若将历代陶瓷论述史料汇集起来,其总量也颇为可观。我国有关陶瓷史料的记述,最初都是零星的只言片语,散见于《诗经》《礼记》《左传》《隋书》等著述中。后渐出现于唐人笔记和诗歌中,如陆羽的《茶经》从饮茶的角度品评了越窑、邢窑、寿州窑、洪州窑、岳州窑等窑器的优劣,陆龟蒙的《秘色越器》和徐夤的《贡余秘色茶盏》歌咏了越窑青瓷釉色之美妙,杜甫的《又于韦处乞大邑瓷碗》赞颂了大邑烧瓷技艺之高超。再后就出现了专卷或专篇的陶瓷论述之作,如宋末元初蒋祈的《陶记》,明代曹昭的《格古要论·古窑器论》、王宗沐的《江西省大志·陶书》、宋应星的《天工开物·陶埏》,清代程哲的《蓉槎蠡说·窑器说》、孙廷铨的《颜山杂记·琉璃志》、梁同书的《古铜瓷器考·古窑器考》、唐秉钧的《文房肆考图说·古窑器》等。期间,还相继有一些陶瓷专书问世,如明代周高起的《阳羡茗壶系》,清代唐英的《陶冶图说》、朱琰的《陶说》、张九钺的《南窑笔记》、吴骞的《阳羡名陶录》等。这些文献大都是蓝浦、郑廷桂师生二人著述引录的渊薮,《景德镇陶录》就是在大量征引以往陶瓷史料的基础上编撰而成的。仅就该书的卷五至卷七而言,征引文献就多达20余种;而专门汇录陶瓷史料的卷八和卷九,征引文献则多达70余种,涉及经、史、子、集各类;其余各卷征引文献的数量亦不少。如此丰富的陶瓷史料的征引,不仅为该书内容的编撰提供了资料基础,也为该书严谨的考证提供了可靠保证。

我国古代史料的考证方法,主要有文献记载引证和实地调查取证两种。《景德镇陶录》作者亦主要采用这两种方法,或仅采用其中的一种,如卷六"均窑"条中,作者就采用实地调查取证法,对唐秉钧《文房肆考图说》之言"此窑惟种菖蒲盆底佳甚,他如坐墩、炉、合、方瓶、罐子,多黄沙泥坯,则器质不佳",进行了辨证分析,并通过实地调查后,认为唐氏之说仅就古代均窑器而言,并未对当前景德镇所仿均窑器进行相应的考察,而《景德镇陶录》作者通过实地调查后得知,"今镇陶所仿均器,土质既佳,瓶、炉尤多美者"。但考虑到考证的严谨性,《景德镇陶录》作者在大多数情况下,是将两种方法结合使用的,如卷十对"舜陶河滨"之"河滨"地理方位的考证,既征引了《类书纂要》《舆图直指》《括地志》等文献中的相关记载,又结合了当时实际的地理分布情况,经过反复考证后,最后得出"河滨当在陶城"的结论,至今仍有参考意义。同时,《景德镇陶录》作者还根据自己考证后的成果,对以往文献中的漏误进行补正,以警世人查阅,不致以讹传讹。如卷五"雍正年年窑"条中对唐秉钧《文房肆考图说》之言"雍正初,楚抚严公希尧烧造厂器",进行了纠谬,认为唐氏以"年"为"严",又称"楚抚",是错误的。此外,《景德镇陶录》作者在考证史料时,往往采取审慎的态度,对自己不能断定的考证,绝不主观臆测,擅加推断,而是并存各种可能情况,不作任何结论,存实存疑于世。如卷十对刘言史《咏茶》诗之句"湘瓷浮轻花"中的"湘瓷"的考证,由于证据不足,无法判定它是指湖南岳州窑器,还是指景德镇湘湖窑器,《景德镇陶录》作者只能将二说并述于文，不作判断，存疑于世，以俟后来者考定。

当然，由于当时各种条件的限制，加上作者自身的能力和水平，《景德镇陶录》在文献征引和史料考证方面还存在着一些不足之处，具体表现为以下两点：

一是在文献征引方面，有些重要的工艺类文献未被征引，如成书于明代崇祯年间的《天工开物》，是我国乃至世界上第一部系统介绍农业和手工业生产技术的论著，常被誉为"中国十七世纪的科技百科全书"，其中就设有"陶埏"一目，记述了明代陶瓷制作的工艺流程及其操作方法，是研究古代陶瓷生产技艺的重要参考史料，但《景德镇陶录》作者可能并未参见，更无任何的征引。此外，在征引文献的著录方面，也有较多不完善的地方，如书名或多简省，如蒋祈的《陶记》被简省为"蒋《记》"，唐秉钧的《文房肆考图说》被简省为"唐氏《肆考》"；或书写有误，如田艺蘅的《留青日札》被误写成《拾青日札》；或只写篇名，不写书名，如杜毓的《荈赋》、顾况的《茶赋》；还有个别只写作者，不写其他任何文献信息的。如此著录征引文献的信息，给读者查核和使用《景德镇陶录》所引之文带来了极大的不便。

二是在史料考证方面，还有个别考证不够精审，甚至因考证失当而"不误致误"的情况。如卷五"宣窑"条中言："祭红有两种，一为鲜红，一宝石红。唐氏（指唐秉钧的《文房肆考图说》）所记乃宝石红，概以祭红言之，似误。"其实，祭红、鲜红、宝石红属于同一品种，均属高温铜红釉制品，只是由于人们对这一品种的认识角度和认知深度不同，再加上各地方言发音的不同，导致对该釉的称呼较为繁杂，名目众多。从文献史料记载来看，这一品种除了前面的三个称呼外，还有霁红、宣烧、宣德宝烧、积红、鸡红、济红、醉红、牛血红等，名虽异而品实同。由此可见，唐氏之言本无错误，而《景德镇陶录》作者却强以为谬，将鲜红和宝石红误当作祭红的两个品种，致使其考证失当，不误致误。

三、重视调查访问，强调民生致用

《景德镇陶录》的编撰，除了大量征引相关的文献史料外，还有一个重要的信息获取渠道，那就是调查访问。《景德镇陶录》作者蓝浦、郑廷桂二人均是景德镇本地人，长期生活在景德镇，对该地的陶瓷生产及其相关情况有着直观的体验和感受，这为他们获取第一手的编撰材料提供了有利条件。正如刘丙在《景德镇陶录·序》中所言，作者"生乎其地，自少而长，习知其事，随时而笔之于书，良非采访纪录、偶焉旁涉者可同日语也"。《景德镇陶录》正文中的某些内容，就源自于作者亲眼所见的事实，如卷四中记述的有关景德镇土著魏姓人

"粘砖砌窑"之法："余尝见其排砌砖也，一手挨排粘砌，每粘一砖，只试三下，即紧粘不动。其排泥也，双手合畚一拱泥，向排砌一层砖中间两分之，则泥自靠结砖两路流至脚，砌砖者又一一执砖排粘。其制泥，稠如糖浆，亦不同泥水工所用者。"如此有画面感的描绘，读来如在眼前，倘若非本人亲见，不可能将此技艺描绘地这么细致。这种"亲眼所见"的实地考察方式，是作者获得第一手资料的最直接途径，也是比较可靠的信息来源。

从《景德镇陶录》的正文内容来看，"重在创新"的卷二、卷三、卷四、卷十中重要信息的获取，大多来自于调查访问。如卷三"陶务条目"篇，详细记述了清初景德镇烧窑的种类、窑户的类型、工匠的分工、民间作坊的种类、彩绘工种的类型以及与陶瓷业相关的辅助性行业的种类、瓷器的各种花式，录载了景德镇在仿古釉彩方面的成就、各种釉彩的配方和彩绘所需的色彩。这些内容信息的获取，大多是通过作者深入民间作坊、走进工匠制作的实地考察。也正是作者有了这些实地考察或采访参问的成果，才使他们在考证和辨析前人或时人记述的错误时入木三分。如卷十对唐秉钧《文房肆考图说》中有关蘸釉法的错误论述给予了纠正："蘸釉之法，欲其莹匀，大抵贵手法轻快。《肆考》谓'不急能匀，重复蘸之则莹厚'，谬矣。按当蘸湿时，若不急起，纵使釉周，不几酥破乎？莹厚亦不必重复，如重蘸，色反不匀。今惟大琢器、大圆器用吹釉法，有重复多遍者，余小器及常粗器蘸釉则不然。"倘若作者没有实地考察的经验，是不可能辨析得如此清楚的。

即使是"重在继承"的卷五至卷七，也有部分内容源自作者的考察。如卷五"湖田窑"条末尾记述道："今窑市已墟，湖田村落尚在，其窑器犹有见者。"卷六"东窑"条末尾记述道："今所仿东青器，并无紫口铁足，或更加彩矣。"如此之类，不一而足，这些内容当然是作者实地考察后的具体成果。

更为可贵的是，作者在卷末将被访问者的姓名一一录载："是编陶务土宜，多得于访问，若都昌江大光、程镇安、曹惠浦、胡思策、刘文炳、刘伯和、鄱阳金大礼、刘启祥，皆习知其事而能言其制作之详者。……书成，例得书名，遂以识之。"这既表明了作者不掠人之美的用意，又反映了该书内容记述的真实性和可靠性。正缘于此，是书之成，诚如郑氏所言，确系作者"博考众家之说，实而验诸当时之制"的结果。

《景德镇陶录》作者重视调查访问，强调当前先进的制瓷工艺，纠正前人或时人记述中的错误，这些恰恰是他们关心民生、强调致用的重要表现。作者在卷十中对王仁圃《江西考古录》"无一言及陶务"的做法进行了批驳，认为"陶器自古资利用，景德镇陶，历代名天下，实江西土产之最，非惟好古之士在所必详，即有心国计民生者，亦未可略也"。由此可以看出作者不习空谈、不醉情于鉴赏清玩、强调民生致用的编撰思想。在这一思想的指引下，《景德镇陶录》着重记述"镇陶之原流，工作之勤劳，器用之美利"，对景德镇古今官民名窑、制作工艺、生产方式、陶瓷贸易、风土民俗等无不备载，以便为民所用，为民所利。如卷十中对古代很难控制的高温窑变釉瓷就有着较为详细的记载："窑变之器有三，二为天工，一为人巧。其由天工者，火性幻化，天然而成。……其由人巧者，则工故以釉作幻色物态，直名之曰'窑变'，殊数见不鲜耳。"这说明几百年来"出于偶然烧成"的高温窑变釉瓷，经过清代工匠的反复调配试验后，终于由听任窑火自然烧成的"天工"，转变成可以掌控其变化规律的"人巧"，反映了当时景德镇工匠精湛的制瓷技艺。而《景德镇陶录》作者通过调查访问，能将当前先进的制瓷工艺，笔之于书，不仅仅是为了总结和颂扬当时景德镇制瓷工艺方面的高度成就，更重要的是为了方便人们查阅、借鉴和利用。后人曾评价该书"事可实征，悉属耳濡目染；辞殊夸尚，均关土俗民风"[1]，颇为中肯。

此外，就《景德镇陶录》的编排体例而言，清末寂园叟曾评价道，该书"体例极为芜谬"。对此，笔者不敢苟同，故特作说明之。《景德镇陶录》作者为了强调著述的致用性，详今略古，首先突出了当前景德镇陶瓷生产的各方面情况，包括图说当前景德镇制瓷工艺流程及其操作方法，介绍当前景德镇官民窑器的生产情况，列举当前景德镇陶瓷业的分工分业情况，记述当前与景德镇陶瓷生产相关的辅助行业、陶瓷贸易、风土习俗等；其次述及景德镇历代名窑、景德镇所仿古代名窑以及其他古代名窑的生产状况和制作特点；然后汇录了以往文献中的重要陶瓷史料，并将景德镇和其他窑口的陶瓷史料分上、下两卷编排；最后补列了郑廷桂对一些陶瓷史料的品评。如此编排，虽有一些不完善之处，但整体而言，还是比较合理的，可供后来景德镇陶瓷史的编撰者们借鉴和参考。

第三节 《景德镇陶录》的内容价值

《景德镇陶录》是我国第一部系统论述景德镇陶瓷业的专著，也是继《陶说》之后的又一部陶瓷史力作，在我国陶瓷文献编撰史上具有极其重要的地位，至今仍是陶瓷研究者"奉为圭臬"的必备查阅文献，其内容具有较高的参引和研究价值。具体而言，其价值主要体现在以下几个方面。

---

[1]（清）王廷鉴：《重刻景德镇陶录序》，清同治九年昌南郑氏藏板重刻本。

一、史学价值

《景德镇陶录》是我国第一部较为系统完整的景德镇陶瓷史专著,其史学价值是该书最突出的价值表现。

前已有言,在《景德镇陶录》问世之前,已经出现了一些陶瓷专论文献,其中大多提及或主要论述了景德镇陶瓷。尤其是《江西省大志·陶书》《陶冶图说》《南窑笔记》等,对景德镇陶瓷生产的某些方面有着较为详细的记载,是研究景德镇陶瓷史不可或缺的参考资料。但是,这些文献或不是陶瓷专书,或偏重工艺一面,或失之篇幅简略,均非真正意义上的陶瓷史著述。生活于乾隆时期的朱琰,曾撰《陶说》一书,这是我国第一部真正意义上的陶瓷史专著,所记内容亦侧重于景德镇陶瓷,但它终非专论景德镇陶瓷之书,其取材亦多是以往的文献,缺乏必要的论断,于当前景德镇陶瓷的生产情况多阙略。正如刘丙在《景德镇陶录·序》中所言:"自海盐朱桐川著《陶说》,于是陶器有专书,用补前贤所不逮。而'说古'自唐虞以来,'说器'详官、哥、定、汝,博考群书,足无挂漏;独'说今'景德镇陶,惜犹多所未备。盖其制器之委曲精详,诚有非采访纪录可得而尽也。"而《景德镇陶录》正是在继承这些文献史料的基础上,通过自己亲身的调查访问,从而撰成的我国第一部景德镇陶瓷史专著,其内容包括景德镇陶瓷生产的各个方面,具有浓厚的地方色彩。其中"透露"出作者的史学编撰思想和编撰方法,具有较多新颖之处,颇值后人借鉴和参考。具体而言,其史学编撰思想和编撰方法可归纳为以下几点。

1. 详今略古

这一编撰思想的倡导,在当时的学术氛围中具有积极影响。清代乾嘉时期,考据之风盛行,许多知名学者如惠栋、戴震、钱大昕、洪亮吉、孙星衍等人,都主张著述当"详古略今",受其影响者众多,形成了一股风潮。而蓝浦、郑廷桂二人作为乡里私塾先生,敢于提出质疑,不盲从权威,并最终跳出这种思想,倡导著述当"详今略古"。不论其做法合理与否,其勇气都值嘉赞!《景德镇陶录》从整个的体例编排到具体的内容记述,都是在这一思想的指导下进行的。

这里试举一例,来说明这一编撰思想在内容记述方面的具体运用。如卷二"国朝御窑厂恭纪"篇中有关清初景德镇御窑厂督陶官设置方面的记述,尤其是对作者生活时期的乾隆末年督陶官设置改变的记述,是真实可靠的文献史料,对考察清初御窑厂督陶官设置的演变和乾隆末年御窑厂生产渐趋衰退的原因,具有重要的参考价值。其文曰:"[乾隆]五十一年,裁去驻厂协理官,命权九江关使总理,岁巡视,以驻镇饶州同知、景德镇巡检司共监造督运"。笔者通过查阅清宫瓷器档案及其相关史料，梳理出清代顺治至嘉庆年间御窑厂督陶官的人员设置及其演变情况，详见表7-1。从表7-1中可以看出，自乾隆五十一年以后，朝廷确实不再委派御窑厂协理官，改由驻镇饶州同知和景德镇巡检司共管监造督运，并由九江关监督遥领窑务。这与《景德镇陶录》的记述正相吻合。从督陶官设置的这一变化还可以看出，清代自乾隆末年以后，再无专人专职负责御窑厂生产的具体事务，而新的督陶设置方式根本不能很好地满足御窑厂的生产管理，也不可能在瓷器烧造方面有所成就，加上此时清廷日益腐败，经济日渐衰退，御窑厂的生产经费已由原来的八千两锐减到五千两，后又压减到三千两，这些都是导致乾隆末年以后御窑厂瓷器烧造数量大幅减少、质量严重下降的重要原因。

表7-1　清代顺治至嘉庆年间景德镇御窑厂督陶官设置一览表

督陶官	时任职务	任期	协理官	任期
董显忠	分守饶南九道	顺治十年至顺治十二年	无	
郎廷佐	江西巡抚	顺治十一年至顺治十三年	无	
安世鼎	巡南道	顺治十一年，结束时间不详	无	
王天眷	分守饶南九道	顺治十二年至顺治十三年	无	
王瑛	饶南九道参政	顺治十三年至顺治十五年	无	
张朝璘	江西巡抚	顺治十三年至顺治十八年	无	
张思明	分守饶南九道	顺治十五年	无	
噶巴	工部理事	顺治十六年	无	
王日藻	工部郎中	顺治十六年	无	
徐廷弼	广储司郎中	康熙十九年至康熙二十一年	无	
李廷禧	广储司主事	康熙十九年至康熙二十一年	无	
臧应选	工部虞衡司郎中	康熙二十二年，结束时间不详	无	
车尔德	笔帖式	康熙二十二年，结束时间不详	无	

续表

督陶官	时任职务	任期	协理官	任期
郎廷极	江西巡抚	康熙四十四年至康熙五十一年	无	
安尚义		康熙五十八年至雍正四年	无	
年希尧	总管内务府大臣，管理淮安板闸关务	雍正四年至雍正十三年	赵元	雍正五年
			唐英	雍正六年至乾隆元年
唐英	先后担任内务府员外郎、淮安关监督、九江关监督	乾隆元年至乾隆十四年，乾隆十七年至乾隆二十一年	默尔参叅	乾隆二年至乾隆六年
			六十三	乾隆六年
			老格	乾隆六年至乾隆十四年，乾隆十七年至乾隆二十一年
惠色	九江关监督	乾隆十五年至乾隆十六年	老格	乾隆十五年至乾隆十六年
尤拔世	九江关监督	乾隆二十一年至乾隆二十四年	老格	乾隆二十一年至乾隆二十四年
舒善	九江关监督	乾隆二十四年至乾隆二十七年，乾隆三十一年至乾隆三十三年	老格	乾隆二十四年至乾隆二十七年，乾隆三十一年至乾隆三十三年
			百岁	乾隆二十四年至乾隆二十七年
海福	九江关监督	乾隆二十八年至乾隆三十年	老格	乾隆二十八年至乾隆三十年
			百岁	乾隆二十八年
瑭琦	驿盐道暂管九江关务	乾隆三十三年	老格	乾隆三十三年
伊龄阿	九江关监督	乾隆三十三年至乾隆三十七年	老格	乾隆三十三年至乾隆三十四年
全德	九江关监督	乾隆三十七年至乾隆四十二年，乾隆六十年至嘉庆二年	葆广	乾隆三十九年至乾隆四十二年
			丰绅	乾隆四十二年
苏凌阿	九江关监督	乾隆四十三年	葆广	乾隆四十三年
			丰绅	

续表

督陶官	时任职务	任期	协理官	任期
额尔登布	九江关监督	乾隆四十四年至乾隆四十八年	葆广	乾隆四十四年至乾隆四十五年
			丰绅	乾隆四十四年至乾隆四十八年
			延藩	乾隆四十五至乾隆四十八年
			连喜	乾隆四十八年
穆克登	九江关监督	乾隆四十九年至乾隆五十年	延藩	乾隆四十九年至乾隆五十年
			连喜	
虔礼宝	九江关监督	乾隆五十年至乾隆五十一年	连喜	乾隆五十年至乾隆五十一年
海绍	九江关监督	乾隆五十一年至乾隆五十四年	连喜	乾隆五十一年
			德纯	
达桑阿	九江关监督	乾隆五十四年	无	
善泰	九江关监督	乾隆五十五年	无	
福昌	九江关监督	乾隆五十五年至乾隆五十七年	无	
陈大文	广饶九南道管九江关税务候补道	乾隆五十七年	无	
福英	九江关监督	乾隆五十七年至乾隆五十九年	无	
刘朴	九江关监督	嘉庆四年	无	
阿林保	九江关监督	嘉庆四年至嘉庆五年	无	
阿克当阿	九江关监督	嘉庆五年至嘉庆十年	无	
广惠	九江关监督	嘉庆十年至嘉庆十七年，嘉庆二十三年至嘉庆二十五年	无	
德泰	九江关监督	嘉庆十七年至嘉庆二十年	无	
任兰祐	九江关监督	嘉庆二十年至嘉庆二十三年	无	

2. 官窑与民窑并重

以往的陶瓷文献，尤其是明清时期重要的陶瓷专论文献，在论及景德镇陶瓷时，大多偏重于景德镇官窑（即御窑厂）方面的记述，很少关注景德镇民窑的生产制作情况。而《景德镇陶录》作者摒弃了这一"偏重"，将官窑和民窑同等重要对待，兼而录之，以期全面反映景德镇陶瓷的生产制作状况。如卷二"镇器原起"篇，既记述了景德镇官窑器的名称及其由来，也记述了景德镇民窑器的生产制作情况，尤其是对"官古器""假官古器""上古器""中古器""釉古器""常古器""小古器"等民窑器的记述，不见于他书记载，弥足珍贵。而有关这些民窑器生产情况的记述，还见于《景德镇陶录》其他卷次中，如卷四就有对上古器、中古器制作演变情况的记载："上古、中古器，昔无琢类，不造小圆器，止有大碗、宫碗、七寸、五寸、四大器之称。今则小圆式亦造矣。"又如卷五"景德镇历代窑考"篇在记述明代景德镇名窑时，既梳理了景德镇官窑的生产演变，指出了各个时期官窑的工艺成就及其特点，如洪窑"以纯素为佳"，永窑（图7-5）"鲜红最贵"，宣窑（图7-6）"青花最贵"，成窑（图7-7）"以五彩为上"，正窑"霁红尤佳"，嘉窑"青花亦著，五彩略备"，隆、万窑"制作益巧，无物不有"；又总结了景德镇民窑的生产状况和制瓷成就，如崔公窑"多仿宣、成窑遗法制器，当时以为胜……为民陶之冠"，周窑"每一名品出，四方竞重购之"，壶公窑"色料精美，诸器皆佳，有流霞盏、卵幕杯两种最著"。这些文献史料较为全面地反映了明代景德镇官民名窑的生产制作情况，其中不乏能经历史检验的真知灼见，极具参考和研究价值。此外，《景德镇陶录》将官窑与民窑并重记述，还体现在：它在系统论述景德镇官窑生产情况的同时，尽可能地全面反映景德镇民窑生产的各个方面，包括制瓷原料的挖取，制瓷工艺的改进，瓷器产品的包装、运输、交易，工匠的生活习俗等，这极大地丰富了景

图7-5 明永乐 鲜红釉暗花双龙戏珠纹高足碗

图7-6 明宣德 青花缠枝花纹豆

图7-7 明成化 斗彩团花菊蝶纹盖罐

德镇民窑生产的相关资料，弥补了以往文献记载的不足。如卷四中记述了有关民间挖取高岭土人群的变化情况："高岭，本邑东山名，其处取土作不。初止土著汪、何、冯、方四姓业此，今则婺邑多充户，然必假四姓名号，刻印高岭块上，如曰'何山玉'，曰'汪某''方某'者。"这一记载对于人们了解高岭土在民间的挖取情况，具有重要的参考价值。

3. 技艺与人文并重

从正文内容来看，《景德镇陶录》在总结景德镇陶瓷生产技艺及其成就的同时，还客观描述了与景德镇陶瓷生产相关的人事设置、管理制度、工匠分工、产品贸易、风土民俗等生产生活方式的演变情况。这种将"技艺与人文并重"的史学编撰思想和编撰方法，可使人们在认识陶瓷生产技艺及其成就的同时，寻求它们背后隐藏的奥秘，探知这些成就取得的社会原因。即使对今天的陶瓷史编撰者和研究者来说，也具有重要的启迪意义。以工匠的分工为例，卷三"户有工"条记述了清初景德镇陶瓷工匠的分工情况，包括淘泥工、拉坯工、印坯工、旋坯工、画坯工、舂灰工、合釉工、上釉工、挑槎工、抬坯工、装坯工、满掇工、烧窑工、开窑工、乳料工、舂料工、砂土工等，"彩之工"又分乳颜料工、画样工、绘事工、配色工、填彩工、烧炉工等。正是如此精细的分工，才使工匠"一其手而不分其心"，制瓷技艺精湛娴熟，制作的瓷器美轮美奂，精妙绝伦。

此外，《景德镇陶录》虽是一部地方陶瓷史，但作者并不囿于景德镇一隅，而将视野拓展到全国瓷业史的范围内进行考察和研究。纵观中国古代陶瓷生产的发展历史，自唐宋以降，全国各地出现了不少名窑，如唐代的邢窑、越窑、寿州窑、洪州窑、鼎州窑、婺州窑、岳州窑，五代的柴窑，宋代的汝窑、官窑、哥窑、钧窑、定窑、磁州窑、吉州窑、耀州窑、龙泉窑、建窑、德化窑，元代的彭窑、宣州窑、临川窑、南丰窑等。《景德镇陶录》卷六、卷七两卷，录载了景德镇曾经直接仿其工艺的名窑和其他各地名窑达47处，还附载了国外窑口4处，即高丽窑、大食窑、佛郎嵌窑、洋磁窑，介绍了这些窑口的生产状况和制作特点，使人读后便认识到，景德镇正是逐渐集中了全国各地各大名窑的长处，才使自己走向瓷业的顶峰。

二、工艺学价值

从正文内容来看，《景德镇陶录》卷一收录了"陶成图"十四幅，记述了景德镇陶瓷制作的十四道工序，包括取土、练泥、镀匣、修模、洗料、做坯、印坯、镟坯、画坯、荡釉、满窑、开窑、彩器、烧炉等，介绍了它们的具体操作方法。由于这些文字基本承袭唐英《陶冶图说》之文，故而《陶冶图说》中体现的工艺学价值，自然寓含于《景德镇陶录》的研究价值之中。有关《陶冶图说》的内容价值研究，第三章中已有详细论述，在此不再赘言。而《景德镇陶录》除了卷一之外，其余各卷尤其是卷三、卷四两卷，对景德镇陶瓷的制作工艺多有论述，特别是对景德镇陶瓷的原料制备工艺和烧造工艺记载颇详。下面就对这两个方面分别加以论述。

1. 关于原料制备工艺

原料制备工艺是陶瓷制作工序的第一步，而慎选原料又是该工艺的第一步，也是该工艺中比较关键的一步，它直接影响瓷质的优劣。景德镇的制瓷原料主要有瓷石和瓷土两种。其中，瓷石一般由绢云母、石英、长石、方解石组成。景德镇所用的瓷石既有本地所产，也有外地所产。本地瓷石主要产于三宝棚和寿溪坞两处。前者质纯而有润泽，耐火度高，除了用于制作大件坯体外，还广泛用于配制纹片釉。《景德镇陶录》卷三中有载："碎器釉，用碎器不，出三宝棚者，细淘则成碎器，粗淘则成大纹片。"后者质亦颇佳，常被用于制作坯体。据《景德镇陶录》卷四记载："不之绝佳者，惟寿溪坞所产。他处载来镇市，必曰'我寿溪不'，亦多可用。"外地瓷石开始主要采用安徽祁门县所产的"坪里土"和"葛口土"，但自江西余干土出，"坪里、葛口之土用者少矣"。

瓷土即高岭土，其矿物组成主要是高岭石。据《景德镇陶录》卷四记载，景德镇所用瓷土，"自来以麻仓为著"。麻仓，俗呼"麻村""梅村"，是景德镇瓷工最早发现和使用的瓷土矿料产地，位于今景德镇市东埠地区以东（古称新正都）、高岭山东北的麻仓山。麻仓土自元代开始采挖，至明代万历年间枯竭，因其质料精细，富有润泽，基本上被官方垄断。在这期间，景德镇瓷工又在高岭山找到了新的瓷土资源。"高岭，本邑东山名"，位于今景德镇市东北45公里的鹅湖乡高岭村，"其处取土作不，初止土著汪、何、冯、方四姓业此，今则婺邑多充户，然必假四姓名号，刻印高岭块上，如曰'何山玉'、曰'汪某''方某'者"。（图7-8，图7-9，图7-10）除了高岭山外，景德镇其他地方也产瓷土。据《景德镇陶录》卷四记载："近邑西李家田大州上亦出土可用，不大下于东土。但造佳瓷者，必求东埠出者耳。"大州，或作"大洲"，其瓷土矿位于今景德镇市西北37公里的黄坛乡境内，因大州地处西河流域，故将此处所产瓷土称作"西港高岭"，与此相对应，将高岭山所产瓷土（即"东埠出者"）称作"东埠高岭"或"东港高岭"。据今人科学检测结果表明，此处所产的瓷土是一种结晶较差的高岭石，工艺性能一般，Fe_2O_3含量较高，这对陶瓷产品有较大影响，故其制作质量不及高岭土，这与《景德镇陶录》的记述相吻合。此外，《景德镇

图7-8 高岭瓷土矿遗址入口

图7-9 高岭露天采矿遗址

图7-10 高岭古矿洞遗址

图7-11 水碓

陶录》卷四中还记述了景德镇所产的红高岭,"出邑东方家山,块色粉红,经烧则仍白色",后因"其姓以土竭近祖茔,遂请禁绝",故开挖有限,使用不广。

瓷石和瓷土矿料中除了含有主要的有用矿物成分以外,还含有一定量的影响瓷质的夹杂物或杂质成分,需要进行加工处理。其中,淘练工艺就是一个比较重要的环节,但两者的具体操作方法是不同的。若瓷土,"不用碓舂,取土起棚,不过淘练成泥,印块而已";而瓷石"虽亦名土,实则取石,必先洗去石上浮土,再用锥碎成小块,然后杵臼一昼夜成土,始淘练印造"。在淘练过程中,最重要的工具是水碓(图7-11)。它是一种以自然水流落差为动力、可将瓷石粉碎的机械装置,由水轮、碓体(或称"碓杵")、碓坑(或称"碓臼")三部分组成,结构设计十分巧妙。经过水碓加工后的瓷石不子,因其成形性能好、饱水率高、生坯干燥强度大等优点,至今备受制瓷者的青睐。同时,《景德镇陶录》作者还注意到,水碓舂碓的效率和质量,受雨水丰枯的季节性影响较大:"大约上春水大,每棚碓可全舂;下年水小力微,必减几支碓舂。水急力匀,舂土稠细;水缓力轻,舂土稍粗。故所出不、釉,上春者佳,作坯亦比下年者胜。"

当前研究成果表明,景德镇至迟在元代就已开始在瓷石中掺入高岭土,使制瓷原料由单一的瓷石原料配方，转变成瓷石与高岭土配合调制的"二元配方"。这不仅扩大了瓷石矿料的适用范围，丰富了制瓷原料的开采量，而且增加了坯体中Al_2O_3含量，提高了瓷坯的耐火度，改善了瓷器的物理性能，减少了瓷器在烧造过程中的变形率，提高了成品率，降低了制瓷成本。到了明代，"二元配方"的使用渐广，并出现于相关史料记载中。如明末宋应星《天工开物·陶埏》中就有载："土出婺源、祁门两山。一名高粱山（指今高岭山），出粳米土，其性坚硬；一名开化山，出糯米土，其性粢软。两土和合，瓷器方成。"清代制坯技术又有改进，根据瓷质精粗的不同需要，采取不同的坯料配制方法。据《景德镇陶录》卷四记载："在镇陶作，器质粗细不一。有用官古不者，有用上古不者，有用中古不者，有用滑石者，有用釉果配高岭者，有用滑石配白石者，有用余干不配高岭者，有用黄泥不者，有用捡渣者，各视所造器采用。"文中还对这些配方的使用情况有所描述。以黄泥不制坯为例，据同卷记载，黄泥不"土块大而坚，舂之杵舂亦必坚大"，"惟粗器用之"。当时黄泥不制作者越来越少，大多改作质料精细的白泥不："邑东王港以上有二十八滩，每滩皆有水碓，舂土作不。昔舂黄不户半于白不，今则舂造黄不者只五六处，余俱改舂白不。"这从侧面也反映了清初景德镇瓷器制作质量的普遍提高。

同时，《景德镇陶录》卷四中还特别记述了不子的质量检测方法"试照法"："陶户收买釉、不，先于船中提少许，捏成块，上划各土客字号，烧窑日置之火眼内，待烧熟，用铁钩探出，验辨货色，谓之试照。"介绍了高岭土耐火度高低的鉴定标准："上者麻布口，次者糖口，最下磁器口。"即若断口粗糙，呈"麻布口"，说明高岭土还没烧结，其耐火度较高，性硬，适宜制作细瓷；若断口有"发汗"现象，即呈"糖口"，说明高岭土已经部分烧结，耐火度适中；若断口"如破磁片，滑平无纹而不糙，若刀切然"，说明高岭土几乎完全烧结，耐火度较低，"此土必无健性，造坯经烧必软挫"，容易导致瓷器变形。这种鉴定标准与今天通过分析鉴定原料的矿物组成、化学成分和烧结试验所制定的高岭土原矿进厂标准基本一致，足见当时原料鉴别方法的准确。[①]这种鉴定方法是景德镇瓷工在长期实践过程中总结出来的宝贵经验，至今仍有使用，可见其影响之深远。

此外，《景德镇陶录》中还录载了釉料、青料等原料的配制工艺、优劣比较和使用方法等内容。以釉料的相关记述为例，卷四中载："釉果，凡佳器全用作质，次品亦半用之，粗器则止和水合灰，以当水釉。""水釉号为'百家货'，陶

---

① 卢家明.《景德镇陶录》探析. 自然科学史研究, 1998, 17（2）: 176-187.

户用罩坯外，惟兰、宋、白、饭、砂、宫等坯不用。惟研合釉果，和水罩外。大抵槎窑粗器，多以釉果当水釉。"而卷三"配合釉料"条则记述了当时景德镇各种釉料的配制情况，如紫金釉，"用罐水炼灰、紫金石水合成"；翠色釉，"用炼成古铜水、硝石合成"；金黄釉，"用黑铅末、碾赭石合成"；矾红釉，"用青矾炼红，加铅粉、广胶合成"；等等。尽管这些配制工艺中没有明确各种原料之间的配制比例，但能将釉料配制的原料列举出来，对当时和后来釉料配制的研发和工艺水平的提高起到了很好的推动作用，这在科学技术不受重视的古代，具有积极意义。这些记述都是研究传统陶瓷工艺的重要史料，即使在今天的陶瓷釉料制备工艺中，也具有较高的参考价值。

2. 关于陶瓷烧造工艺

烧造工艺是陶瓷制作工序的最后一步，也是最为关键的一步，又是最难控制的一步。从某种意义上讲，陶瓷是一门"火的艺术"，"火"直接决定着陶瓷制作的成败。俗语言"孕在配方，生在成型，是生是死在烧成"，"一火二土三细工"，古代文献中亦常有"入窑火候，终条理之事也""瓷器之成，窑火是赖""釉水色泽全资窑火"等记载，这些都说明了烧造工艺的重要性。而《景德镇陶录》对景德镇的窑炉结构、窑砖制作、砌窑技艺、满窑方法、烧窑技艺及其验熟方法等有着较为详细的记载。

从考古发掘资料来看，景德镇窑工在宋代及其以前主要使用龙窑（图7-12）烧造瓷器，元代开始使用葫芦窑（图7-13），这一直持续到明代中后期。到了明末清初，景德镇开始使用蛋形窑，并逐渐取代了葫芦窑。关于蛋形窑的形制，《景德镇陶录》卷一中有着明确记载："窑制长圆，形如覆瓮，高、宽皆丈余，深长倍之，上罩窑棚。其烟

图7-12 景德镇南宋龙窑遗址

图7-13 《天工开物》中的葫芦窑图片

突围圆，高二丈余，在窑棚之外。"并绘有窑炉图片，颇为清晰。这种窑式具有结构简单、烧成速度快、产量高、热耗少等特点，在我国传统窑炉制作中独具风格，是景德镇区别于其他窑口的典型窑式，故今人常将它视作传统"景德镇窑"的代名词。

关于砌窑用的砖的制作方法，《景德镇陶录》卷四中有载："窑砖，旸阜滩沿河所造。其法：埏埴泥土，用方木匣印成，长七八寸，阔三四寸，先贮窑烧熟，方可用。初烧者为新砖，烧数次者为老砖。老砖结窑佳。"同卷还记载了景德镇自元明以来窑式的改进，与景德镇本地人魏氏家族世传砌窑之业、工艺技术不断提高有着很大关系："结砌窑巢，昔不可考。自元明以来，镇土著魏姓世其业。……然魏族实有师法薪传。余尝见其排砌砖也，一手挨排粘砌，每粘一砖，只试三下，即紧粘不动。其排泥也，双手合舀一拱泥，向排砌一层砖中间两分之，则泥自靠结砖两路流至脚，砌砖者又一一执砖排粘。其制泥，稠如糖浆，亦不同泥水工所用者。"可见魏氏砌窑技艺之精湛。嘉庆年间，曾有窑户效仿魏氏之法砌窑，可惜"所烧之瓷大半膨裂，成熟者亦偏倚不正，惟魏氏手制则无他虞"①。可见，魏氏砌窑之法确有师法薪传，效仿者往往不能得其精要，致使所烧之瓷大多变形或开裂。在魏氏砌窑技艺中，还分出"补窑"一行："若窑小损坏，只需补修，今都邑人得其法，遂分业'补窑'一行。"

满窑又称"装窑"，古称"障窑"，即把坯体装入匣钵后，根据不同的烧成要求，放在不同的窑位，这是烧窑前的一道准备工序。无论是何种窑式，将坯体置于不同的窑位，其烧成温度和烧成气氛都会有所差异，因此需要根据坯体的烧成要求，将其放在合适的窑位进行烧造。倘若满窑方法不当，将会影响烧窑的正常操作，烧出的瓷器也很难达到预期效果，甚至会导致倒窑事故的发生。据万历《江西省大志·陶书》记载，早在明代中期，景德镇窑工就已熟练掌握了满窑技术，根据各部位窑温的不同，放置不同的制品，以使它们在同一窑内同时高质量地烧成。其满窑方法是："民窑烧器，自入窑门始九行，前一行皆粗器障火，三行间有好器杂火中间，前四、中五、后四皆好器，后三、后二皆粗器，视前行。"到了清代初期，这一技术得到了广泛普及。据《景德镇陶录》卷四记载，清初景德镇烧窑者，无论是混搭坯户瓷坯的烧窑户，还是自造自烧的烧囵窑户，都比较娴熟地掌握了满窑技术。其中，烧窑户的满窑方法是："当窑门前一二行，皆以粗器障搪怒火，三行后始有细器。其左右火眼处，则用

---

① （清）锡德修，石景芬纂：同治《饶州府志》卷三《地舆志三·土产·陶厂》，清同治十一年刻本。

填白器拥燎搪焰。正中几行，则满官古、东青等器。尾后三四行，又用粗器拥焰。若窑冲，惟排砖靠砌而已。"烧囫窑户的满窑方法与此相近，具体是："窑门前用空匣满排以障火，如昔厂官满法者。三行后始用坯器，尾后亦满粗器，以搪火焰。"同时，《景德镇陶录》作者还注意到，在满窑过程中，为了防止烧造时瓷器底足与匣钵发生粘连，必须在两者之间垫以渣饼，即《景德镇陶录》卷四中言，"凡坯装匣内，必用渣饼垫足"，或"用黄砂渣垫足"，渣饼大小"视坯足为度"，这样经烧后，瓷器底足"乃不粘匣底"。该卷同时记载了渣饼的种类："渣饼有平正细白者，是白不造成；有粗样者，是泥土打成。"

烧窑是烧造工艺中最为关键的一步，其重点在于控制火候。火有前、中、后之分，有紧火、溜火、沟火之别。明清两代的景德镇窑工在长期的烧窑实践中，积累了丰富的经验，已经熟练掌握了烧窑的技巧，尤其是对烧窑时窑火温度的掌控，甚为娴熟，并认识到了"火有前、中、后之分，有紧、溜之候"，"火不紧洪，则不能一气成熟；火不小溜，则水气不由渐干，成熟色不漂亮；火不沟疏，则中、后、左、右不能烧透，而生飙所不免矣"。其中，沟火是采用泼水之法调整火路，使中、后、左、右烧不到的地方达到成瓷温度，避免生烧现象的发生，即《景德镇陶录》卷四中言，"要火路周通，使烧不到处能回焰向彼，全恃泼水手段"。清代龚鉽《景德镇陶歌》中对"泼水之法"有着生动形象地描述："窑火如龙水似云，火头全仗水头分。羡他妙手频挥泼，气满红炉萃晓氛。"自注云："烧窑发火，须通火路，有溜火、紧火、沟火。火不到处，泼水引之，如游龙然。"可见，景德镇窑工采用泼水之法沟火，技艺十分娴熟精准，"凡窑皆有火眼，照来焰泼去，颇为工巧"。

至于瓷器何时烧成，窑火何时歇止，《景德镇陶录》卷四中有言，"盖坯器入窑，火候生熟，究不可定"。可以想见，在没有任何科技仪器测试的古代，窑工们只能凭借一双慧眼来识别窑火的温度，探验瓷器的生熟，实属不易。正如《景德镇陶歌》中言："满窑昼夜火冲天，火眼金睛看碧烟。生熟总将时候审，此中丹诀要亲传。"正缘于此，烧窑工匠在古代备受重视，在各类工匠中地位最高，薪水最多，但也最为劳苦。据万历《江西省大志·陶书》记载："六作之中，惟风火窑匠最为劳苦。方其溜火一日之前，固未甚劳，惟第二日紧火之后，则昼夜省视，添柴时刻不停歇。或倦睡失于添柴，或神昏误观火色，则器有苦窳、拆裂、阴黄之患。盖造坯彩画，始条理之事也；入窑火候，终条理之事也。火弱则窳，火猛则偾。"景德镇窑工通过长期的烧瓷实践，终于总结出一些探验瓷器生熟的方法，如《景德镇陶录》卷四记述的"自试火照之法"，就是其中最常用的一种，其法为："取破坯一大片，中挖一圆孔，置窑眼内，用钩探验生熟。

若坯片孔内皆熟,则窑渐陶成,然后可歇火。"此法在当前偶会采用的柴窑烧瓷工艺中仍有使用。

三、民俗学价值

民俗学是一门"研究人们在日常的物质生活和精神生活中,通过语言和行为传承的各种民俗事象的学问"[①]。其研究内容包括以往的各种劳动组织、技艺表现形式及其特点、方言俗语、行事礼仪、节日风俗、宗教信仰、民间文学、艺术活动等。这些民俗是文化延传的"活化石",它记载着社会发展的历史,体现着社会演变的脉络和传承上的规律。同时,民俗又是文化传统的一面镜子,准确而真实地反映着一种文化的特征,是保持文化稳定性的一个工具。景德镇瓷业民俗就是景德镇瓷工在长期的陶瓷生产过程中逐渐形成的行业民俗,具有鲜明的地方特色和独特的民风习俗。《景德镇陶录》中体现的民俗学价值,主要表现在行业术语的运用和阐释、行帮行规的约定习俗、工匠薪酬的发放习俗等。

行业术语,又称"行话",是社会习惯用语的一种,指"各种行业为了自己的特殊需要,在本行业进行业务活动时创造使用的词语"[②]。景德镇陶瓷行业术语是在长期的陶瓷生产过程中逐渐形成的,尤其是在南宋以后,"工匠八方来",景德镇聚集了全国各地的优秀瓷工,他们陶作于此,落户于此,生活于此。为了方便沟通交流,听懂彼此的方言俗语,各地瓷工之间开始进行语言上的改变和融合,并最终趋近统一,这不仅使景德镇形成了自己的地方语言(即景德镇话),而且产生出一套属于本地瓷业的独特语汇系统。正由于此,景德镇陶瓷行业术语中往往夹杂着很多方言俗字。《景德镇陶录》卷四中就有一段这样的记述:"景德镇陶业,俗呼'货料',操土音登写器物花式,字多俗省。其不见于字书字,如砳、埞之类;其见于字书而俗借用者,如靶、琢、丕之类。他如饭作反,撇作丿,同作冂,盦作才,壶作乎,圾作件之类,虽土著犹参问乃得也。"郑廷桂《陶阳竹枝词》[③]中亦云:"土物音操土俗余,官窑原起大观初。漫言须辨瓷磁字,丕砳何从考字书。"自注云:"镇俗操土音登写器物多俗字,如'丕''砳'字,皆不见于字书,又不独'瓷''磁''官''观'之当考辨。"景德镇的方言俗字在陶瓷行业术语中的广泛使用,已成为景德镇陶瓷行业中的一种特殊的文化现象。中国艺术研究院方李莉博士在谈及景德镇行业术语时曾言:"行业语言

---

① 潘立璠. 民俗学概论. 北京:中央民族学院出版社,1987:7.
② 周荣林. 景德镇陶瓷习俗. 南昌:江西高校出版社,2004:143.
③ 此词收录于乾隆四十八年版《浮梁县志》卷十一中。

作为技术交流和沟通的工具,不仅是当地行业文化的一部分,也是当地陶工们的一种心智结构和一种意识的体现,是人工世界被语言化、有序化、抽象化的结果。……要想深层地了解景德镇特殊的陶瓷行业文化,就必须要了解景德镇的瓷业工人在千百年的劳动实践中,所形成的这种特殊的行业语言。这是一种独特的词语,不仅是一种社会方言,而且具有文化语言的性质;它包含着技术经验,具有科学性;它还反映出民俗的观念,具有地方性;同时也是古代文化及科技信息的载体。"[1]笔者深表赞同。

以"件"字的使用为例,"件"是景德镇陶瓷生产中针对琢器类瓷器(如瓶、尊、罐、罍、盆之类)规格而采用的一个特殊计量单位。说其特殊,是因为它不是一个具体标准,只是一个估量概念,没有严格的数值依据,但是对于品种繁多、器型复杂的琢器类瓷器来说,若只用口径、腹径、底径、高度、重量、容量等一个要素来衡量其规格,是不够全面的,也是不尽合理的。只有将这些要素综合起来,组成统一的计量单位,才能比较准确地"表达"其规格,于是就出现了"件"这一综合性的计量单位。据《景德镇陶录》卷十记载,"件"初应作"圾",表示瓷器制作的难易程度,其文曰:"陶瓷有以'圾'称者,俗作'件'。自五圾起,以至百圾、五百圾、千圾,如尊、罍、盆、缸之类。按字书:圾与岌通,危也。则以'圾'称,谓其危而成难也,故圾数愈增,则愈难陶成。"卷四亦载:"凡器之高大件,最难烧造。如二尺四大盘、顶皮大碗、千圾五百圾大地瓶、五百圾大缸、三百圾花桶等器,口面既大,圾数又高,造时必倍其坯,式较劣,取优者送窑,经烧难保不有踌、扁、损、挫之患。"其实,"圾"字的使用,当可追溯到南宋时期景德镇仿烧哥窑的"百圾碎"。据《景德镇陶录》卷六"哥窑"条记载:"古哥器色好者类官(指官窑器),亦号'百圾碎'。"至迟到《景德镇陶录》成书的嘉庆年间,由于制瓷工匠多不识字,"圾""件"在景德镇方言中又发音相近,口沿相传,使得"圾""件"两字混用,并同时出现于相关史料记载中。这种状况一直持续到清末。[2]民国以后,"件"字的使用基本替代了"圾","圾"字很少被从业者和买卖者知晓。由于它作为琢器类瓷器的综合性计量单位,有一定的合理性,按此计算,可以简便生产定额的制定、产品成本的核算和价格的拟定,故而它一直传用至今,在景德镇瓷业经济活动

---

[1] 方李莉. 景德镇民窑. 北京:人民美术出版社,2002:249.
[2] 据欧阳世彬先生考证,"圾""件"两字的混用情况,一直到清光绪末年仍是如此。如光绪年间出版的木刻本《景德镇瓷器统捐局宪饬定瓷器统捐新章及芟草章程》中的琢器类瓷器仍采用"圾"字,而同时期的何远昌手抄本《广邦新章》中却采用"件"字。

中发挥了重要作用。

　　同时，《景德镇陶录》作者还对陶、瓷、磁三字的含义和使用范围作了明确界定，这是对当时三字混用现象的有力批驳，至今仍有重要的借鉴意义。据《景德镇陶录》卷七"欧窑"条记载："宜兴壶窑虽属陶成，然不类瓷器。此编只纪瓷，陶故不列入。"可见，作者已将瓷器和紫砂陶器作了严格区分，这在陶瓷器物分类史上具有重要意义，即使到了今天，人们也比较倾向于将陶瓷器物划分为陶、瓷两大类的分类方法，足见其影响之深远。而关于"瓷""磁"两字，由于读音相同，古人不辨其义，常常混用，至今仍有如此者。受汉字文化的影响，日本人至今将"瓷器"写作"磁器"。但《景德镇陶录》作者却对"瓷""磁"两字进行了明确区分。据《景德镇陶录》卷八转引唐秉钧《文房肆考图说》之文云："磁、瓷，字不可通。瓷，乃陶之坚致者，其土埴壤。磁，实石名，出古邯郸地，今磁州。州有陶，以磁石制泥为坯烧成，故曰'磁器'，非是处陶瓷皆称磁也。"卷七"磁州窑"条亦云："本磁石制泥为坯陶成，所以名也。"同时，卷七中还记载了磁器生产的其他窑口，如许州窑、广窑；卷十中则对"磁石制泥为器"作了进一步解释和说明："磁石制泥为器，非吸铁引针之磁石，亦非烧料为磁粉之类，乃别一种石。其色光滑而白，其性埴而松，其器美而不致，实与瓷土异，惟磁州、许州有之。"可见，作者对瓷器和磁器的区分标准是：前者是以瓷石或瓷土炼泥制坯，后者是以磁石炼泥制坯，但后者亦属瓷类，卷七"许州窑"条中有载："制磁石为之，亦瓷器也。"

　　当然，《景德镇陶录》中还对景德镇陶瓷业中其他的行业术语进行了阐释和说明，如口，即"器上围"；足，即"器底圈边"；骨子，即"器具土质，俗呼'泥胎儿'是也"；洋器，即"专售外洋者"，"式多奇巧，岁无定样"；过江器，"皆暗损未坏者，此诈伪之流贱市而涂固之，然沾热汤即破，只可盛干冷物"；等等。

　　关于行帮行规的约定习俗，主要见载于《景德镇陶录》卷四中。所谓行帮，是指旧时城市中商人、手工业者或其他劳动者的帮会组织，分为商帮、手工帮、苦力帮等，又按地域分为本帮和客帮。它是在商品经济比较发达、行业分工日益精细的条件下，商人或手工业者为了团结同行、限制竞争、规定生产或业务范围、解决业主困难、保护同行利益的一种手段，由同行或相关行业人员组成。景德镇制瓷历史悠久，工艺技术精湛，行业分工精细，《景德镇陶录》卷三"陶有窑""窑有户""户有工""工有作""作有家""陶所资各户"等条目就对景德镇陶瓷行业的精细分工进行了罗列，如此发展下去，便形成了各行各业的帮会组织，即行帮。由于景德镇客籍人口较多，"土著居民仅十之二三"，故而其行帮基本上是由客籍的同乡人组建，为同乡人服务，具有强烈的排他性和浓厚的宗教文化传统。通过迓神赛、祭窑神、联嘉会、笃乡情等活动，纠集同乡同业人员，他们为了维护共同利益，团结一致，相顾相恤，从而形成了以血缘和地缘之名、行陶瓷生产贸易占有之实的各类行帮。由此可见，景德镇行帮的形成，是血缘、地缘、行缘、技缘四者共同作用的结果。

这些行帮之间和行帮内部都有一定的规约，有文字记述的，也有口头相传的，约定俗成，大家都相互参照遵从。如《景德镇陶录》卷四中记载的景德镇满窑一行行帮的相关情况："满窑一行，另有店居。凡窑户值满窑日，则召之至，满毕归店，主顾有定，不得乱召。俗传，先是乐平人业此，后挈鄱阳人为徒，此康熙初事。其后鄱邑人又挈都昌人为徒，而都邑工渐盛，鄱邑工所满者反逊之。今则镇分二帮，共计满窑店三十二间，各有首领，俗呼为'满窑头'。凡都、鄱二帮，满柴、槎窑，皆分地界。"可见，景德镇满窑行业在作者生活的乾嘉时期，已被都昌、鄱阳两帮垄断。其实，此时不仅仅是满窑行业，景德镇其他的烧、做行业，亦多被这两帮把持和操控。据《陶阳竹枝词》中云："蚁垤蜂窠巷曲斜，坯工日夜画青花。而今尽是都鄱籍，本地窑帮有几家？"自注云："镇坯房皆矮屋，工作多都、鄱并客籍人，本地近少业窑者。"并且，《景德镇陶录》文中还记载了满窑行业内部的一些规约，即"凡窑户值满窑日，则召之至，满毕归店，主顾有定，不得乱召"。其实，不仅仅是满窑行业，其余各行的从业者，都必须经过一定的入行程序（如拜师入行），经同意后才能入帮，才能从业。倘若不经帮会同意，擅自从业者，将会被逐出景德镇。

《景德镇陶录》卷四中还提及了牙行、把庄行、看色行、茭草行等帮会的规约。所谓牙行，是指瓷商和窑户交易瓷器的中介组织，即瓷商买瓷，必须先经牙行的人议价、批单、写票后，瓷商凭票到窑户处领取瓷器。所谓把庄行，是指挑运瓷器的行业组织，即"凡诸路客至，必雇定把庄头，挑收窑户瓷器，发驳则把庄头雇夫给力送下河"。所谓看色行，又称"汇色行"，《景德镇陶录》中称为"类色行"和"油灰行"，是指检验瓷器质量的行业组织。所谓茭草行，是指用稻草或篾片包扎瓷器以备输送的行业组织。这些行业各有"头首"，由"头首"负责管理各行的从业者，分配任务，平息纠纷，发放酬劳。我们从《景德镇陶录》卷四记述制坯一行的相关信息中，就可看出"头首"在景德镇瓷器生产过程中的重要作用："陶户坯作人众，必用首领辖之，谓之'坯房头'，以便稽查口类出入佣人。其有众坯工多事，则令坯房头处平；有惰工坯作，亦惟彼是让。"这些"头首"与瓷商、窑户之间，大多实行"宾主制"的合作方式，即只要瓷商和窑户第一次选择与他们合作，随后就无权更换，必须一直和他们合作下去。并且，这些"头首"的工作和地位是可以世袭的，祖祖辈辈都可干此一行，此谓之"以老带新，生根发芽"。如果某头首不再从事此行，或改做他行，还可将"根"转卖给他人，瓷商和窑户都无权干涉。当然，这些行业内部也有相应的规约，如宣统元年十二月十一日贴于湖北书院的一则告示中，就记录了把庄、看色、茭草三行的议约条规："一、把庄经手客瓷之进出，责任綦重，不得贪图微利，徇私碍面，串通看色人等，在买瓷票内抽买客瓷，以致弊端迭出，客瓷往往不满实数，如违送究。一、看色经理客帐，务在明晰，汇集客瓷，必须一人一凳，不得减少人工，潦草塞责，致客瓷沿途破碎，艰于出售，如违送究。一、茭草雇工人等，亦每每在客买票内抽买客瓷，或稍有阻滞，则怒詈不堪，此后不准，如违坐罚，头目送究。"[1]可见，从业者必须遵从各行的条规，违规者将受到重罚。如从业过程中不慎打破瓷器者，将会被要求照价赔偿；而偷盗瓷器者，不仅要被逐出本行，还要离开景德镇。

如此看来，行帮作为景德镇的主要社会群体，对景德镇制瓷业有着重要影响。这种影响有积极的一面，也有不利的一面。如它在一定程度上维护了瓷工的利益，调动了瓷工的生产积极性，推动了景德镇瓷业的发展，对维持社会稳定也起到了一定的积极作用。但是，由于这些行帮都有强烈的排他性，当不同行帮之间出现利益冲突时，就会引起一系列的社会矛盾，直接威胁到社会的安定。据乾隆四十八年版《浮梁县志》卷一"景德镇风俗"条记载："[景德镇]五方杂聚，亡命之薮，一哄群沸，难以缉治。……镇官民窑户，每窑一座，需工数十人，一有所拂，辄哄然停工，虽速须货不计也，白土豆把持尤甚。窑户不合，客遂齐禁，而无一人敢以货售户；牙行不合，客遂齐禁，而无一人敢以货投牙。此又镇俗之最刁者。"更有甚者，不同行帮之间还会发生群体性的械斗事件。又如它打破了以往家族式的技艺传承方式，扩大了技艺传承的人群，在一定程度上推动了陶瓷技艺的传播和发展。但是，这种突破是十分有限的，据民国九年向焯的《景德镇陶业纪事》第十二章"关于瓷业之教育"记载，景德镇各行瓷工"所习之业，仅传本帮，甚至有限于本族者。流弊所及，乃仅问同籍与否，不问其识字与否。衣钵相传，墨守师法，积时既久，渐败坏于冥冥之中"，这严重阻碍了景德镇陶瓷技艺的革新和发展，也是导致某些技艺失传的一个重要原因。

同时，《景德镇陶录》卷四中还记载了瓷工薪酬的发放时间："其为地下印、利、做坯等工，则皆四月内给值，十月找满，年终再给少许；其为画作上工，

---

[1] 转引自陈海澄. 景德镇瓷录. 中国陶瓷，2004，增刊：183.

则按五月端节、七月半、十月半及年竣分给。至供饭一例，则阖镇皆三月朔（指农历三月的第一天）起，有发市钱。"这些发放时间的选择，是景德镇陶瓷业者长期遵守的一种惯例，约定俗成，也是景德镇陶瓷民俗研究的重要内容之一。

此外，中国历来讲究孝道，敬崇祖先，即使是对祖先的陵墓，古人也保护有加，将它视作逝者灵魂的承载地，也是活着的人精神上的寄托。江西省地处长江中下游，依山傍水，常年遭遇洪水侵袭，沙洲荒土不宜茔葬，故境内习俗多是将逝者山葬，即将逝者埋葬于山林之中。但采挖瓷石或瓷土原料，势必会对山林之中的墓冢造成破坏，故常因此而被诉讼封禁，不准采挖。《景德镇陶录》卷四中就录载了两则这样的事例：一则是前面提到的红高岭的开挖，因"土竭"临近方家祖茔而遭禁绝；另一则是洪家坳产的瓷土，"因与祁邑连界，属一势宜祖茔来脉，兴讼永禁"。其实，古代类似这样的情况颇多，这反映了古人对祖茔的重视，是古代墓葬习俗和墓葬文化研究的重要内容之一。当然，也有因对田园环境、龙脉风水等有碍而遭封禁、不准采挖瓷石或瓷土的事件，如发生在道光年间的星子"白土案"，就是比较著名的案例之一。①

四、文献学价值

《景德镇陶录》的文献学价值主要体现在对陶瓷史料的收集整理、考证得失、品评总结和合理利用四个方面。

《景德镇陶录》是继《阳羡名陶录》之后的又一部系统收集陶瓷史料的专著，具有较高的文献学价值。并且，与《阳羡名陶录》相比，《景德镇陶录》收录的陶瓷史料内容更加丰富，范围更加广泛。它不仅仅收录了有关景德镇的陶瓷史料，还收录了全国其他各地名窑的相关史料，这给陶瓷研究者和利用者提供了极大便利，也在一定程度上推动了陶瓷文献整理实践的发展。从正文内容来看，《景德镇陶录》对陶瓷史料的收集和整理，主要集中在卷八和卷九两卷。

其中，卷八主要汇集了有关景德镇的陶瓷史料，其引录的文献主要有《浮梁县志》《广济堂记》《墨舫杂志》《杨竹亭集》《襄陵名宦志》《容斋随笔》《长物志》

---

① 有关"白土案"的记载，见于同治《南康府志》卷四《地理·物产》中。此案发生于道光十七年，起因是南康府星子县民徐坤牡等人租山开挖白土，被星子县主杖责一百，关押不释。为此，星子县民项家福、李正皆等将此事上告江西道员，诡辩御窑所用之土即是星子白土，认为开挖白土，上关御用，下裕民生，不应封禁，要求无罪释放徐坤牡等人。此案前后经过多名官员的认真调查和反复核证，终于道光二十二年正月水落石出，认为他们上告所言不实，星子白土并非御窑所用之土，而采挖白土，确实"伤残龙脉，洗土淘沙，冲塞港堰，农田受害，庐墓遭戕，实于地方大有关碍"，于是维持原判，"照旧封禁"。

《韵石斋笔谈》《留青日札》《清波杂志》《云谷卧余》《爱日堂钞》《紫桃轩杂缀》、《明瓷合评》《墨娥小录》《陶书》《阳羡茗壶系》《水盏子记》《文房肆考图说》《陶冶图说》《陶人心语》《豫章大事记》《昌南记》等，共计30余种，50余条；而卷九则录载了其他各地名窑的陶瓷史料，其引录文献的范围较卷八更为广泛，涉及经、史、子、集各类，主要有《左传》《管子》《列仙传》《隋书》《酉阳杂俎》《云仙杂记》《唐咏物诗选》《韵府群玉》《桂海虞衡志》《瓶史》《正字通》《杜阳杂编》《韵藻》《朝野佥载》《宣和奉使高丽图经》《枢要录》《瓶花谱》《演繁露》《留青日札》《凝斋丛话》《阳羡茗壶系》《长物志》《七颂堂识小录》《都公谭纂》《北窗琐语》《梁溪漫志》《归潜志》《文房清玩》《格古要论》《文房肆考图说》《狯园》《墨娥小录》《耳食录》《三楚新录》《清异录》《田家杂占》《考槃余事》《妮古录》《事物绀珠》《博物要览》《槐西杂志》《如是我闻》《霁园夜谭录》等，共计50余种，70余条。尤其是目前不易见到甚或已经亡佚的文献，如《襄陵名宦志》《豫章大事记》《昌南记》《枢要录》《凝斋丛话》《文房清玩》《云谷卧余》《田家杂占》《霁园夜谭录》等，通过《景德镇陶录》的引录，才使其中的陶瓷史料得以幸存和传播。由此可见，《景德镇陶录》对陶瓷史料的收集整理，不仅保存了大量的陶瓷史料，使这些陶瓷史料得以集中地呈现，方便读者参阅和使用，而且作者主张"凡录史料，必标出处"，卷十中对《阳羡茗壶系》引"素瓷传静夜"之句不标出处、不载作者的做法给予了批评。这种"引文标明出处"的做法，为读者进一步查对核实这些陶瓷史料提供了文献线索，值得肯定和赞赏。

但是，《景德镇陶录》在陶瓷史料的内容摘录和体例编排上存在着很大不足，具体表现为以下三点：

一是该书录载陶瓷史料时，属于随记随录，"概未编次书名前后"，即对所录文献几乎未作任何的编排。更有甚者，同种文献中的陶瓷史料没有编排在一起，而被其他文献中的陶瓷史料间隔开来，显得尤为杂乱，毫无章法。

二是所录文献名称不甚规范，或将文献名称简省，如唐秉钧的《文房肆考图说》被简省为"唐氏《肆考》"；或书写有误，如田艺蘅的《留青日札》被误写成《拾青日札》；或只写篇名，不写书名，如《明瓷合评》就是《文房肆考图说》卷三《古窑器考》中的一个篇名而已；甚或将篇名简省，如詹珊的《重建勅封万硕师主佑陶庙碑记》被简省为"詹珊《记》"；等等。

三是所录史料并非原文照录，而是根据文意进行摘录，故而摘录时，常常出现错、漏、衍等情况，致使文句不通，语意不明，有时甚至令人无法理解。如卷八摘录王泽洪《浮梁县志序》之文时，将"业陶者生于斯"摘录为"业陶者于斯"，将"生"字遗漏，致使句意不通。这些不足给读者查核和使用这些史料带来了诸多不便,后来陶瓷文献整理者当引以为鉴。

关于对陶瓷史料的考证,前面已有论述,在此不再赘言。

《景德镇陶录》作者在收集和整理陶瓷史料的过程中,已经有意识地对以往陶瓷专论文献的优劣得失进行品评,并对散见于各类文献中的陶瓷史料录载情况作了概括总结,具有一定的理论性。如卷十中就有两段这样的论述:"从来纪陶无专书,其见于载籍者,或因一事而引及一器,或因一器而引及一事,或因吟赋而载一二名。惟蒋祈《陶略》(指《陶记》)及沈阳唐公《陶成记》《示谕稿》(指唐英《陶成纪事碑记》《瓷务事宜示谕稿》)说景德镇陶事颇详。其他如练水唐氏《窑器肆考》(指唐秉钧《文房肆考图说》卷三《古窑器考》),详天下古窑颇悉,而于镇陶多本传闻,往往出蒋、唐诸集之外,其实不无谬误。""《龙威秘书》有朱桐川先生《陶说》,说分三则,惟说镇器多简略。"这些论述虽不够全面,也不甚严谨,具有陶瓷文献理论化总结的初始特征,但它毕竟是一种突破,是作者在收集、整理和比较陶瓷文献史料的过程中总结出来的理论化成果。这些成果为陶瓷文献研究的理论化和系统化奠定了思想基础,也为陶瓷文献学的建构和发展做出了积极贡献。

《景德镇陶录》作者辛苦收集和整理这些陶瓷史料,不仅仅是为了摘录和引证,更重要的是为了利用。如卷五在论述元代景德镇陶瓷生产时,就充分利用了蒋祈《陶记》中的内容,来说明相关情况,其文曰:"蒋《记》云:'景德镇埏埴之器,洁白不疵。'据此,则元瓷尚白可知。又云:'江、湖、川、广器用青白,出于镇之窑者也。'据此,则元瓷俱有青白色。又云:'印花、画花、雕花之有其技。'据此,则元瓷已工巧画镂矣。又云:'窑有尺籍,私之者刑。'据此,又非税课之一证乎?"对陶瓷史料的挖掘和利用,是陶瓷文献学研究的重要内容之一。但如何充分挖掘和合理利用这些陶瓷史料,真正做到"应时所需,为我所用",至今仍是摆在人们面前的一大课题。《景德镇陶录》作者的一些做法,可供我们借鉴和参考。

五、反映当时陶瓷经济贸易的重要史料

《景德镇陶录》作者在调查访问景德镇陶瓷生产技艺的同时,还注意考察了景德镇陶瓷经济贸易的一些情况,并笔之于书中,成为具体了解当时景德镇陶瓷经济贸易的第一手资料,其中的较多内容不见于他书记载,具有一定的经济学研究价值。具体而言,《景德镇陶录》主要记述了当时景德镇陶瓷产品的交易场所、销售方式、市场范围、交易流程、不正当竞争等内容。

据《景德镇陶录》卷四记载,当时景德镇陶瓷产品的交易场所主要有两处:

一处在黄家洲（今景德镇市区沿江东路北段一带），"近河洲地，为小本商摆瓷摊所一大聚场也。面河，距市中，方广约二里许，遍地皆瓷器摊，任来往乡俗零买，不拘同口个数"。可见，黄家洲是当时小本经营的瓷器摊贩市场，往来客商络绎不绝，交易市场热闹非凡。另一处则在"距黄家洲地半里余"的瓷器街（今景德镇市区麻石弄一带），该街"颇宽广，约长二三百武"，"街两旁皆瓷店张列，无器不有，悉零收贩户整治摆售，亦有精粗、上中下之分"。通过对照卷一"景德镇图"（图7-14），不难发现这里附近散布着苏湖会馆、南昌会

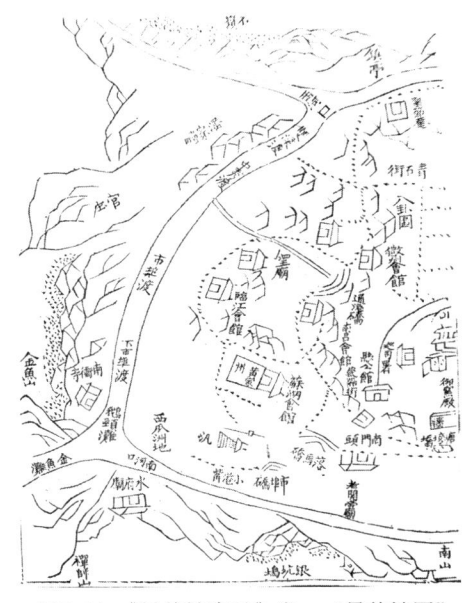

图7-14 《景德镇陶录》卷一"景德镇图"

馆、徽州会馆、临江会馆等著名的行帮会所，可见这一带区域是当时景德镇最繁华的商业区，也是瓷器贸易的集散地。

除了瓷店这样固定场所的销售方式外，《景德镇陶录》卷四还提到了"估堆""提洲篮者"等瓷器销售方式。所谓估堆，"凡陶户提同口[①]，有剩下零瓷或稍茅、惊、色杂者，则另堆聚一处，新旧大小不等，有此路行家觅户估买"，即把收购窑户的剩余零瓷或有些缺陷的瓷器堆聚一处，估价变卖，"昔多有估堆致富者，今则有外佳内窳弄巧者矣"。所谓提洲篮者，是指"小本旅伴，手提大篮，采贩陶户诸瓷器，走黄家洲上，及觅趁各瓷行零卖"，"其器稍有茅疵，亦或时得佳器"。郑廷桂《陶阳竹枝词》中也有相关描述："轻灵手段补油灰，估得明堆又暗堆。好约提篮小伙伴，黄家洲上走洲人。"自注曰："镇小本生理，有油灰行、估堆行，并提篮卖零瓷者，谓之'走洲人'。"

据文献记载及考古发现，我国自唐代就已开始将瓷器作为商品，输送到周边的东亚、东南亚、西亚的一些国家和地区。随着时间的推移，外销市场不断扩大，用于贸易的陶瓷品种不断丰富，类型不断变化，数量不断增多。而景德镇是从宋代开始将瓷器输出国外的，到了元明清时期，景德镇作为全国的制瓷中心，

---

① 提同口，指对瓷器进行挑选，并成套包装。同，景德镇行业用语，盘、碗、碟、杯等每十个为"一同"。

不仅完全控制了国内的瓷器市场，还将国外市场进一步扩大。尤其是明代中期以后，随着商品经济的发展和资本主义萌芽的出现，我国对外经济贸易往来频繁，呈现出一派繁荣景象，而陶瓷作为商品，此时已经远销亚、非、欧、美等诸多国家和地区。到了清代乾嘉时期，更是如此。《景德镇陶录》卷二中就记述了明清时期景德镇"专售外洋"的"洋器"的制作特点，即"式多奇巧，岁无定样"；而卷四中则对"洋器"的种类及其价值高低作了进一步说明："洋器有滑洋器、泥洋器之分。一用滑石制作器骨，工值重，是为滑洋器；一用不泥作器质，工值稍次，是为粗洋器。"这些记述再次反映了景德镇瓷器销售市场之广阔。

景德镇窑户在和瓷商长期的交易过程中，逐渐形成了一套较为规范的瓷器交易流程。前已有述，凡瓷商到景德镇购买瓷器，必须经过选行、看货、议价、批单、挑货、验货、包装、运输等诸多环节，每个环节都有专门的行帮把持和操控。瓷商必须先要选定这些环节的行帮，才能顺利地完成瓷器交易。以瓷商批购瓷器为例，《景德镇陶录》卷四就记述了其交易流程："商行买瓷，牙侩引之，议价批单，交易成，定期挑货，必有票计器数为凭。其挑去瓷器有色杂茅损者，亦计其数载票，交陶户换补佳者，谓之'换票'。"可见，当时批购瓷器已有一些约定的行规和章程，大家竞相遵从，同时反映了景德镇在瓷器交易过程中，已逐渐形成了公平诚信的交易原则和相应的行业制度，这对整个陶瓷经济贸易的发展具有积极的推动意义。

无论在任何时期，当商品经济贸易繁盛时，受经济利益的驱使，市场上总会不可避免地出现一些不正当竞争。景德镇陶瓷贸易亦是如此。从陶瓷原料贸易，到陶瓷产品贸易，市场上都有一些不正当竞争的现象。《景德镇陶录》卷四就录载了数则这样的事例。如嘉庆初期，婺源人起厂舀造釉果，实为乐平所产的石料，"块式大于窑里所造"，却敢冒充"窑里釉果"，明目张胆地"货于陶家"。这种"以次充好"的欺诈行为，固使销售者获取了高额的经济利益，却严重损害了购买者和"货真价实"同行者的利益，属于市场上的不正当竞争，极不利于陶瓷经济贸易的正常发展。又如"暗损未坏"的"过光瓷器"，乃"诈伪之流贱市而涂固之"，"然沾热汤即破，只可盛干冷物，俗呼为'过江器'"。由此可以想见这种不正当竞争的普遍性。遗憾的是，《景德镇陶录》作者并没有记载当时朝廷或行帮对这种不正当竞争的处理办法和惩罚措施，或许当时社会还根本没有相关的处理办法和惩罚措施。

当然，受各种条件的限制，《景德镇陶录》在内容记述方面还有较多不足之处，如对景德镇御窑厂的人事管理制度、次色瓷器处理办法等方面的记述几乎没有，对景德镇民窑的生产品种、制作风格、销售市场等方面的记述也不甚全面，对景德镇瓷工的工资收入、窑神祭拜、业余生活等方面的记述不够深入，等等。尽管如此，它作为我国第一部系统论述景德镇陶瓷的专著，其内容在陶瓷史学、工艺学、民俗学、文献学、经济学等方面，具有较高的研究价值。自它问世以来，常被人们传抄转引，一版再版，至今仍是中外陶瓷生产者、管理者和研究者必备的参考文献，足见其影响之深远。

第四节　《景德镇陶录》的版本流传

《景德镇陶录》初稿于乾隆末年，但因作者蓝浦“卷帙未终而逝”，曾被搁置了近二十年。之后，他的学生郑廷桂受师母汪氏之托，在当时浮梁知县刘丙的大力支持下，经过整理、分类和补充，才使《景德镇陶录》书稿得以最终完成，并于嘉庆二十年（1815年）由翼经堂刊印出版。这是《景德镇陶录》最早的刻本，也是《景德镇陶录》最早的单行本。其版本信息为：每页16行，每行20字，小字单行、双行编排均有。白口，四周双边，单鱼尾，乌丝栏，版心上方题书名“景德镇陶录”字样。（图7-15）封页版框中间题篆体“景德镇陶录”字样，版框左侧题楷体“翼经堂刊”字样。（图7-16）首有嘉庆二十年刘丙序、《景德镇陶录》总目及其编撰者、校字者、鉴定者、商订者、编校者的名字，末有嘉庆二十年郑廷桂跋。

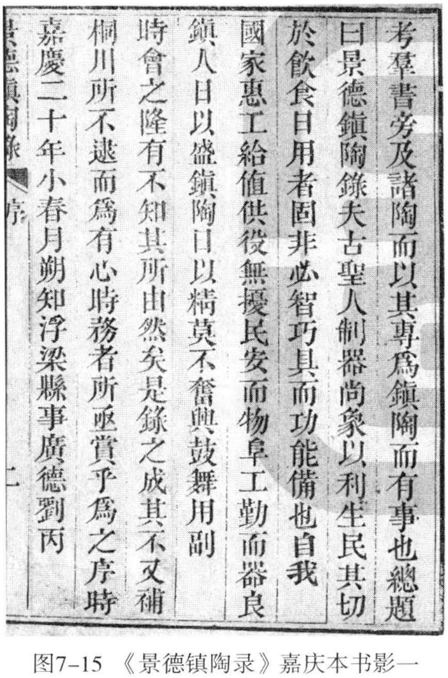
考羣書旁及諸陶而以其專爲鎮陶而有事也總題
曰景德鎮陶錄夫古聖人制器尚象以利生民其切
於飲食日用者固非必智巧具而功能備也自我
國家惠工給值供役無擾民安而物阜工勤而器良
鎮人日以盛鎮陶日以精莫不奮興鼓舞用副
時會之隆有不知其所由然矣是錄之成其不又補
桐川所不逮而爲有心時務者所亟賞予爲之序時
嘉慶二十年小春月朔知浮梁縣事廣德劉丙

图7-15　《景德镇陶录》嘉庆本书影一

初刻本问世后，由于它是我国第一部系统论述景德镇陶瓷史的专著，其内容具有较高的参引和研究价值，备受学界关注和重视，故而常被校刻重印，衍生出众多不同的版本。下面就对这些“衍生本”逐一进行论述。

1．同治九年（1870年）昌南郑氏藏板重刻本

同治九年，丹徒张少岩校订《景德镇陶录》初刻本，并根据郑氏藏板，出资再版重印。该本的正文内容、类目设置和编排体例，均与嘉庆二十年初刻本完全相同，版本格式也基本一致，只是版本信息略有改动，主要体现在两点：一是在嘉庆二十年

图7-16 《景德镇陶录》嘉庆本书影二　　图7-17 中国国家图书馆藏《景德镇陶录》同治本书影

刘丙序之后,增补了同治九年王廷鉴序。二是封页信息内容的改动,该本封页版框中间题篆体"景德镇陶录"字样,这与初刻本的刊印笔法完全相同,但版框左侧题楷体"昌南郑氏藏板"字样,版框右侧题楷体"丹徒张少岩先生鉴订"字样,版框上方题楷体"同治庚午年重刊"字样。同时,该本中还押有红印,但各复本押印的文字和位置略有不同。如中国国家图书馆藏的两个复本,一本(图7-17)押有楷体"景德镇同文堂监造"字样,印于封页版框左侧"昌南郑氏藏板"的上方;另一本(图7-18)押有楷体"十八桥头元顺监造"字样,印于刘丙序文的首页。又如景德镇市图书馆藏的一个复本(图7-19),虽押有楷体"景德镇同文堂监造"字样,印章与中国国家图书馆藏的一个复本完全相同,但押印位置却在刘丙序文的首页。2011年,景德镇市图书馆藏本被该馆编的《景德镇陶瓷古籍文献精粹》影印收录,经由江苏广陵古籍刻印社刊印出版。

另值一提的是,2002年上海古籍出版社出版的《续修四库全书》将复旦大学图书馆藏的嘉庆二十年初刻本和同治九年重刻本相互参补后,将其内容影印收录,但以嘉庆二十年初刻本为底本,以同治九年重刻本为补修本,即该本收录的《景德镇陶录》的正文内容、编排体例和版本格式等,均与嘉庆二十年初刻本完全相同,只不过在初刻本嘉庆二十年刘丙序之后,补入了同治本的同治

图7-18　中国国家图书馆藏《景德镇陶录》同治复本书影

图7-19　景德镇市图书馆藏《景德镇陶录》同治本书影

九年王廷鉴序。随后，景德镇陶瓷大学中国陶瓷文化研究所编的《中国古代陶瓷文献影印辑刊》，又将《续修四库全书》收录的《景德镇陶录》再次影印收录，并于2012年由中国出版集团世界图书出版公司出版，这为《景德镇陶录》的广泛传播和使用做出了积极贡献。

2. 光绪十七年（1891年）书业堂重刻本

该本的正文内容和编排体例，与同治九年重刻本基本相同，只是个别文字刊刻不太一样，如同治本卷一"御窑厂图"中的"鄱阳"，被光绪本误刻为"翻阳"；同治本卷一"陶成图"中的"舂"，被光绪本误刻为"春"；同治本卷四中的"青花"，被光绪本误刻为"清花"；同治本卷四中的"怒火"，被光绪本误刻为"恕火"；等等。该本的版本格式亦与同治本基本一致，只是封页信息的内容有所改动。该本的封页信息（图7-20）是：封页版框中间题书名"景德镇陶录"字样，版框左侧题"京都书业堂藏版"字样，版框右侧题"丹徒张少嵒先生鉴定"字样，版框上方题"光绪辛卯夏重锓"字样，均是正楷或行楷字体。

目前，光绪本流传较广，复本颇多。需要引起注意的是，有些复本（以下称"光绪复本"）的编排方式略有变化，主要是将"同治九年王廷鉴序"放在了"嘉庆二十年刘丙序"之前，这很可能是由于整理者编排装订时不小心颠倒所致。但该复本后被民国年间刊刻的《说磁》影印收录。前已有言，《说磁》不知为何人所辑，具体刊刻时间亦不详，共收录文献5种，它们是：《阳羡名陶录》《景德镇陶录》《陶雅》《饮流斋说瓷》《茗壶图录》。从所录文献的写作时间来看，因《饮流斋说瓷》成书于民国初年，故《说磁》应刊刻于民国年间。所录《景德镇陶录》的正文内容、类目设置、编排方式和版本信息等，均与光绪复本完全相同。《说磁》本问世后不久，有人将《景德镇陶录》从中析出，照其原版，重新刊印，单行于世。1991年，中国书店将《说磁》五种影印再版，并更名为《中国陶瓷名著汇编》，流布于世。2003年，光绪复本又被中国国家图书馆编的《中国古代陶瓷文献辑录》影印收录，被编排在该书的第二辑中。这些影印再版本为光绪复本的广泛传播和使用做出了积极贡献。

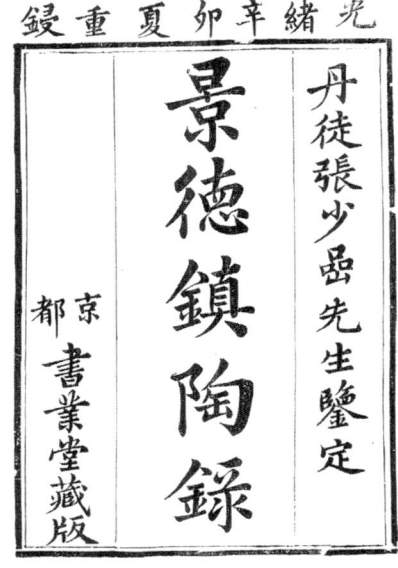

图7-20 《景德镇陶录》光绪本书影

此外，光绪复本还曾被排印成袖珍本，其字号和纸张均较原本缩小近一半，将原来的四册缩小合订为两册，但其正文内容、类目设置、编排方式和版式风格等，均与光绪复本完全相同。排印此种小本，主要是为了节省成本，方便携带。尽管它是由原本缩印而成，但其文字、图片均十分清晰，相对于宽大的原本而言，不失为一种可以随身携带、随时阅览的便利本。

3. 清末抄本

该本极其珍稀，目前仅见藏于清华大学图书馆，分上、下两册装订。其版本信息为：每页22行，每行14字至18字不等，小字单行、双行书写均有。细蓝口，四周双边，单鱼尾，蓝丝栏，版心上没有任何文字信息。上、下两册的封页正面均签有"王欲翔"三字，上册封面（图7-21）"王欲翔"三字下还签有"北平"、"卅六、十一、十九"两行小字，均是楷体书写。上册封页背面（图7-22）的版框中间题书名"景德镇陶录"字样，左侧题"昌南郑氏藏板"字样，右侧题"丹徒张少岩先生鉴订"字样，上方题"同治庚午年重刊"字样，均是正楷或行楷字体。可见，该本抄录所依的底本是同治九年重刻本。首有同治九年王廷鉴序、嘉庆二十年刘丙序和《陶录》总目及其编撰者、校字者、鉴定者、商订者、编校者的名字，末有嘉庆二十年郑廷桂跋。而在刘丙序文后多了抄写者37字的"偶记"，其文曰："书凡四册，为浮梁景德镇郑君印送，坊间无出售

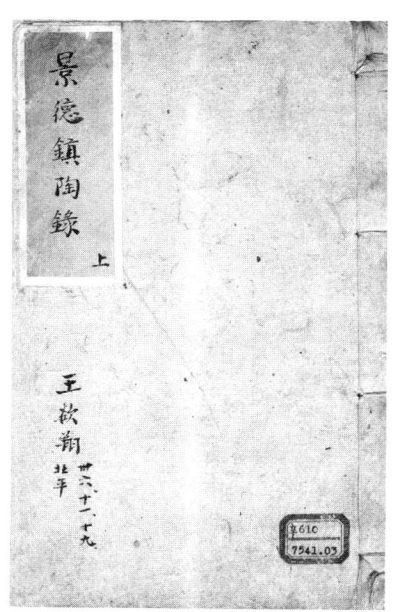

图7-21 《景德镇陶录》清末抄本书影一

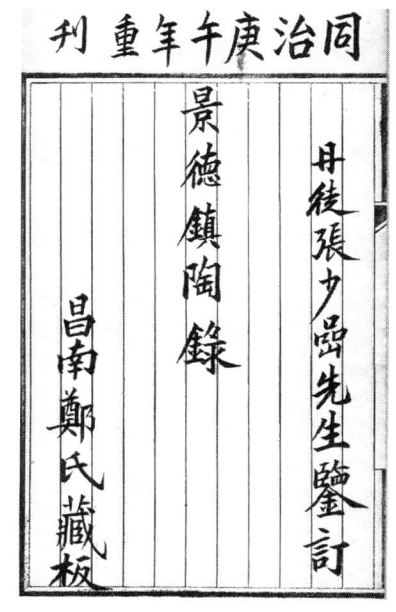

图7-22 《景德镇陶录》清末抄本书影二

者，宜珍藏之蜀西樵也。辛巳年除日辰初偶记。"除了封页信息外，该本统用行草书体抄写，字迹洒脱俊逸，颇有大家风范。

该本虽抄录于同治本，但两本除了在版式信息和书写风格方面存在着较大差别外，在内容录载方面也有着诸多不同，这主要表现在以下三个方面。

①该本删减了卷一中的图片，仅剩下文字说明，并将原图上配有的文字当作了原图之后文字内容的标题，如"取土""练泥""镀匣""修模""洗料""做坯""印坯""镞坯""画坯""荡釉""满窑""开窑""彩器""烧炉"等。

②该本增补了不少内容，除了前面提到的"偶记"之外，正文中也增加了多种形式的新记述，主要包括以下三种情况：

一是增补了对生僻字和专业语汇的注音释义，或写于版框上方，如卷一"御窑厂图"页面版框上方就增加了对文中"爁熿窑"的注解："爁，此字见《别窑考》，作'炉'字，盖火炉窑也。熿，小炉窑也。"同时，它还在该处原文注释中增补了"爁音炉"三字，且将"爁烘"改写作"炉烘"，将"入窑烧"改写作"入炉烧"；或写于某卷正文末尾，如卷六正文末尾（图7-23）就增补了对"塙""垆""堄""黎细者""埏""窊"等专业字词的注音释义。

二是增补了抄写者的"按语"，或写于某卷之后，如卷三之后就增加了抄写者的"按语"，其内容涉及明代中后期景德镇所用青料的种类及其演变、回青的来源、乳料方法以及回青与石子青的配制比例和效果等；而卷六在正文末尾补充完专业字词解释之后，又补充了抄写者的"按语"（图7-24），其内容涉及了景德镇制瓷原料的演变和我国古代各地名窑的生产状况；或写于某段正文之后，如卷七"欧窑"条文末就增补了抄写者的"按语"："按道光年间，扬州人陈鸿寿号曼生、杨彭年善制壶。又，明末瞿子冶善制壶。"[①]这些"按语"虽多出自对文献史料的抄录，且有考证不当之处，却也不乏一些新的见解。从这些增补的内容来看，该本抄写者不仅是一个勤于搜讨陶瓷史料和相关器物的人，还是一个比较熟悉景德镇制瓷工艺的人。

三是增补了抄写者见闻的一些陶瓷器物，并以"附记"的形式列出，这仅见于卷六"按语"之后。此"附记"所列器物多是清代康熙、乾隆年间生产的，主要有"国朝康熙磁瓶""国朝康熙磁罐""乾隆粉彩瓶罐""汉瓦砚"等。所列器物下一般附有说明性的注释文字，如"国朝康熙磁瓶"下所列"黑地三彩"的注释文字是"彩色秀润可餐，底有'大清康熙年制'六字，书法颇佳"；所列

---

① 陈鸿寿、杨彭年、瞿子冶三人，均是嘉庆、道光年间紫砂壶制作名家。抄写者在"按语"中将"瞿子冶"当作明末人，误。

第七章 《景德镇陶录》的编撰 | 223

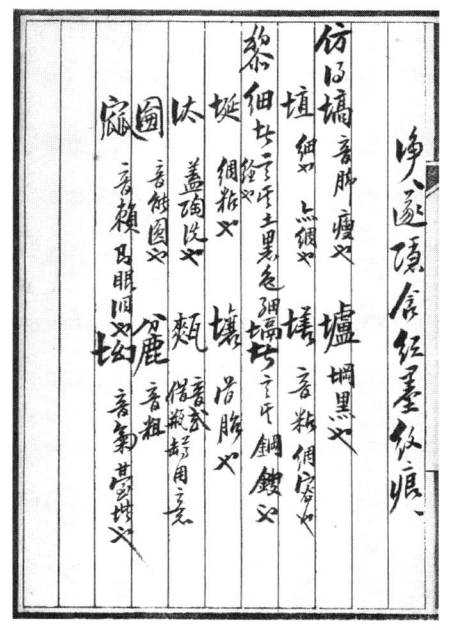

图7-23 《景德镇陶录》清末抄本书影三

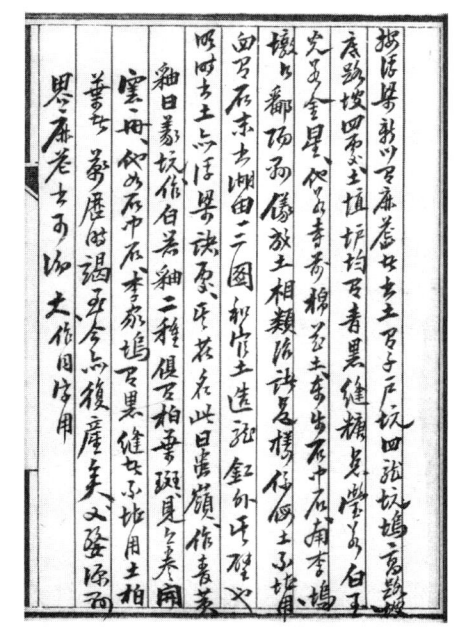

图7-24 《景德镇陶录》清末抄本书影四

"白地五彩"的注释文字是"底下有双蓝圈";所列"青花白地"的注释文字是"细润可爱";等等。从这些注释文字中可以看出,这些器物大多为抄写者所亲见,否则难以记述得如此详细。并且,抄写者十分关注陶瓷器物的生产情况,甚至包括当时人们对某种器物的仿造情况。如从"汉瓦砚"下的注释文字"现伪造比比皆是",就可以反映出当时各类陶瓷仿品的盛行。同时,从这些注释文字的记述中,我们还可再次印证,该本抄写者确实比较关注陶瓷生产,尤其是对景德镇的制瓷工艺颇为熟知。

③该本抄写过程中出现了简省、漏抄、误抄等情况。简省者,如卷三"窑有户"条将"柴窑户、槎窑户"简省成"柴、槎窑户",将其注释文字"有烧户、搭户、囵窑户"简省成"有烧、搭、囵窑";"陶余资用"条将"窑砖、窑槎、窑煤"简省成"窑砖、槎、煤";"镇瓷花式"条将"官古式、上古式、中古式"简省成"官、上、中古式",将"釉古式、小古式、常古式"简省成"釉、小、常古式";等等。漏抄者,如卷四中有关"瓷器街"的一段资料和卷九摘录纪昀《阅微草堂笔记·如是我闻》中的一段记载,均被漏抄。误抄者,主要是指抄录正文时出现的错字、漏字、衍字等现象,如卷四中将"余干"误抄成"余千";卷五中将"景德窑"误抄成"景德镇";卷七中将"洪州窑"误抄成"洪窑州";卷九中将"《霁园夜谭录》"误抄成"《霁园谭录》",漏一"夜"字;卷十"陶

录余论"误抄成"陶录余录论",多一"录"字;等等。类似上述这样的情况颇多,不一而足。尤其是误抄现象,在正文中出现频繁,这是大多手抄本难以避免的普遍现象,也是大多手抄本不及刻印本的地方。

至于该本的抄写者和抄写时间,文中没有具体的描述,我们只能根据相关的文字信息,作以合理的推测。首先,根据文中出现的"国朝康熙"字样,我们可以判定该本抄写于清代,而由于该本抄写所依的底本是同治本,那么我们便可判定该本抄写于清代同治九年以后。又根据抄写者"偶记"的落款时间"辛巳年",由于辛巳年在清代同治九年以后使用的年份只有光绪七年(1881年),那么我们即可判定该本应抄写于光绪七年前后。

而对于封页正面上的签名人"王欲翔",到底是抄写者还是收藏者呢?由于此人生平不详,从史书中未能查到任何相关信息,笔者只能根据其签名下的文字内容加以推测。其名下签有的"卅六、十一、十九"字样,当指时间而言,即"卅六年十一月十九日",而清代同治以后诸朝年号使用时间最长者是"光绪",但总共也不过三十四年,不够"卅六"之数,故"卅六"当指民国三十六年,即公元1947年。我们再考察其下签有的"北平"二字,"北京"自民国十七年改称"北平"后,一直被沿用到1949年9月,新中国成立后,才复称"北京",并被定为国家首都。由此可知,民国三十六年时,"北京"确实称作"北平",这就印证了封面签写的时间应指民国三十六年十一月十九日。由此也可推知,封面签写的姓名"王欲翔"只能是收藏者的名字,他很有可能于民国三十六年十一月十九日获藏该本,"北平"极有可能是他获取或收藏该本的地方,故封面签写的文字内容当属"藏书记"或"购书记"方面的信息。

综上所述,该本应抄写于光绪七年前后,而抄写者应是一个既懂得景德镇制瓷工艺、又有一定书法造诣的人。该本抄成后,很有可能于民国三十六年十一月十九日流传到王欲翔手中,于是就有了封面上的签字信息。

4.《美术丛书》本

民国三年(1914年),邓实、黄宾虹两人校订续辑《美术丛书》续集,并由上海神州国光社铅字排印出版,《景德镇陶录》被收录于该丛书的"续集第八集"中。其版本信息为:每页20行,每行29字,小字单行、双行编排均有。细黑口,四周单边,无鱼尾,乌丝栏,版心下方题"续集第八集"五字。(图7-25)首有嘉庆二十年刘丙序、《景德镇陶录》总目及其编撰者、校字者、鉴定者、商订者、编校者的名字,无同治九年王廷鉴序,末有嘉庆二十年郑廷桂跋。该本与抄本一样,将卷一中的图片删减,仅录有文字,并将原图上配有的文字当作了原图之后文字内容的标题,如"取土""练泥""镀匣""修模""洗料""做

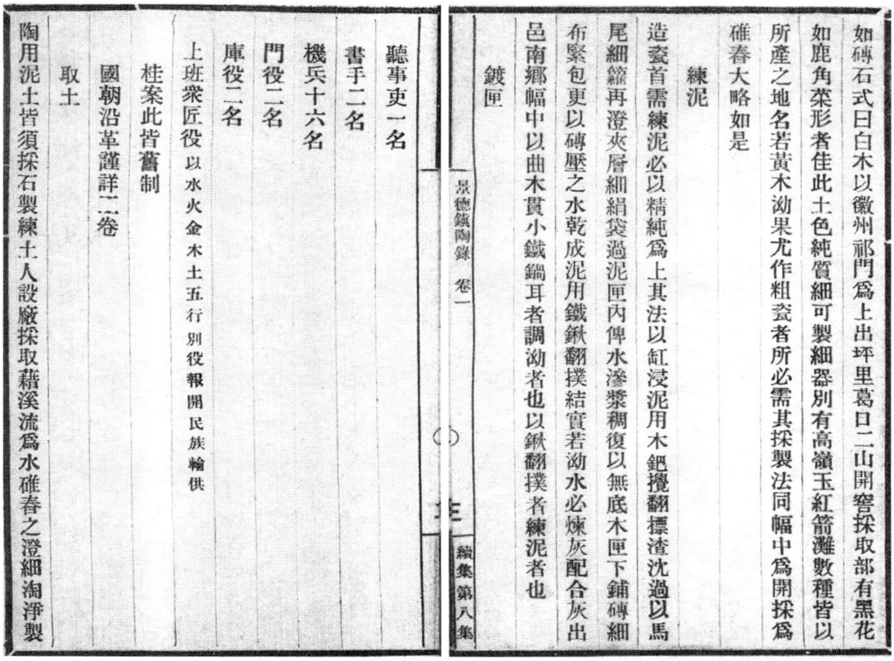
如磚石式曰白木以徽州祁門爲上出坪里葛口二山開窖採取部有黑花
如鹿角菜形者佳此土色純質細可製細器別有高嶺玉紅箭灘數種皆以
所產之地名若黃木泑果尤作粗瓷者所必需其採製法同幅中爲開採爲
碓舂大略如是
練泥
造瓷首需練泥必以精純爲上其法以缸浸泥用木鈀攪翻摽渣沈過以馬
尾細籮再澄夾層細絹袋過泥匣內俾水滲漿稠復以無底木匣下鋪磚細
布緊包更以磚壓之水乾成泥用鐵鍬翻撲結實若泑水必煉灰配合灰出
邑南鄉幅中以曲木貫小鐵鍋耳者調泑者也以鍬翻撲者練泥者也
鏇匣

景德鎮陶錄 卷一 續集第八集

聽事吏一名
書手二名
機兵十六名
門役二名
庫役二名
上班衆匠役 以水火金木土五行別役報開民族輪供
桂案此皆舊制
國朝沿革謹詳二卷
取土
陶用泥土皆須採石製練土人設廠採取藉溪流爲水碓舂之澄細淘淨製

图7–25 《景德镇陶录》之《美术丛书》民国三年印本书影

坯”“印坯”“镟坯”“画坯”“荡釉”“满窑”“开窑”“彩器”“烧炉”等。并且，该本的正文文字亦颇多错漏之处，如卷一“御窑厂图”中的“秉节制度坊”之“度”字被漏刻，卷四“陶务方略”中的“余干”被误刻成“余千”，“怒火”被误刻成“恕火”，卷七“蜀窑”条中的“霜雪”被误刻成“雪碗”，等等。

民国十七年（1928年），邓实、黄宾虹两人校订续辑《美术丛书》第四集时，又将《美术丛书》前三集一并重刻再版，《景德镇陶录》自然也被收录其中。该本收录的《景德镇陶录》的正文内容和类目设置，与民国三年续集本完全相同，版本信息亦基本一致，只是将版心下方题的“续集第八集”改成了“二集第八辑”。（图7–26）但该本的文字段落编排方式，却与民国三年续集本有较大不同，如民国三年续集本将编撰者蓝浦和郑廷桂分行编排，而民国十七年重刻本则将他们编排在同一行；民国三年续集本将校字者郑淦书于《总目》卷一所在行的前一行，而民国十七年重刻本则书于《总目》之末；民国三年续集本正文标题下有空两个汉字符的，而民国十七年重刻本将其改为仅空一个汉字符；等等。之后，上海神州国光社又相继于民国二十五年、民国三十六年两次再版重印。新中国成立后，又有出版社将全套《美术丛书》影印出版，如1986年江苏古籍出版社、1998年北京古籍出版社、2013年浙江人民美术出版社等。其中收录的《景德镇陶录》的正文内容、编排体例、版本格式等，均与民国十七年重刻《美术丛书》本完全相同。

5.《说陶》本

《说陶》是《古玩文化丛书》之其中一部，由桑行之等编辑整理，并于1993年由上海科技教育出版社影印出版。其中收录的《景德镇陶录》，属于缩编排印，但不知所依何本。其版本信息为：每页分上、下两框，四周各围以单边，每框15行，每行20字，小字单行、双行编排均有。无版心，乌丝栏。（图7–27）无封页，无总目，首有嘉庆二十年刘丙序和同治九年王廷鉴序，末有嘉庆二十年郑廷桂跋。该本与其他版本相比，字号略小些，但文字内容颇有可取之处，至今仍是校注者的重要参校本之一。该本的编辑出版，对当时《景德镇陶录》的广泛传播和使用，起到了一定的积极作用。

此外，《景德镇陶录》问世之后，不仅在国内产生了积极深远的影响，而且引起了法国、日本、英国等国外学者的关注和重视，相继出现了诸多译本。如1856年，法国汉学家儒莲（M.S.Julien）有节译本；1907年，日本学者藤江永孝有全译本；1951年，英国人塞义（G.R.Sayer）有全译本；等等。

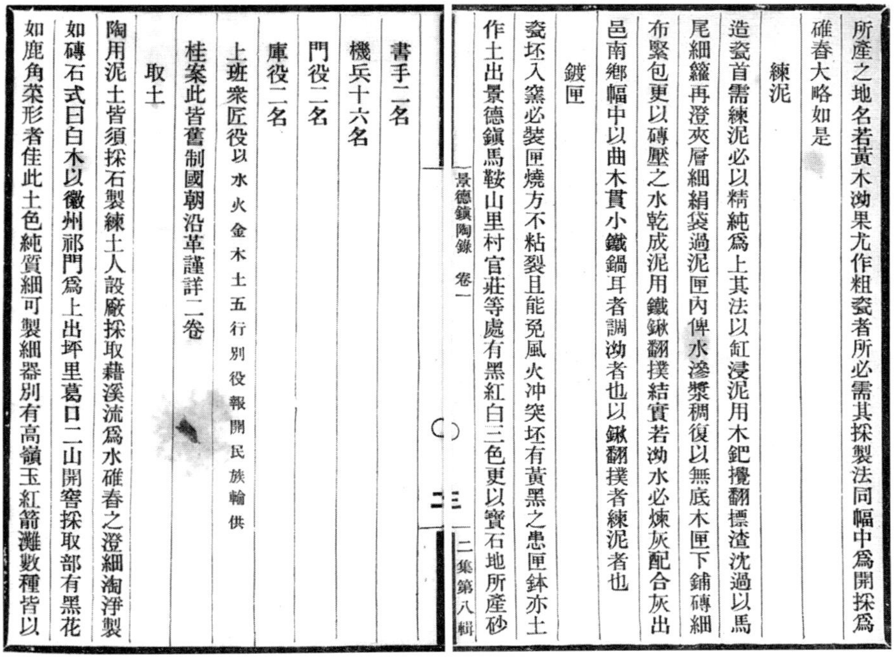
所產之地名若黃木泑果尤作粗瓷者所必需其採製法同幅中爲開採爲
碓舂大略如是
練泥
造瓷首需練泥必以精純爲上其法以缸浸泥用木鈀攪翻標渣沈過以馬
尾細籮再澄夾層細絹袋過泥匣內俾水滲漿稠復以無底木匣下鋪磚細
布緊包更以磚壓之水乾成泥用鐵鍬翻撲結實若泑水必煉灰配合灰出
邑南鄉幅中以曲木貫小鐵鍋耳者調泑者也以鍬翻撲者練泥者也
鍍匣
瓷坯入窯必裝匣燒方不粘裂且能免風火沖突坯有黃黑之患匣缽亦土
作土出景德鎮馬鞍山里村官莊等處有黑紅白三色更以寶石地所產砂

景德鎮陶錄 卷一 三 二集第八輯

書手二名
機兵十六名
門役二名
庫役二名
上班衆匠役以水火金木土五行別役報開民族輪供
桂案此皆舊制國朝沿革謹詳二卷
取土
陶用泥土皆須採石製練土人設廠採取藉溪流爲水碓舂之澄細淘淨製
如磚石式曰白木以徽州祁門爲上出坪里葛口二山開窨採取部有黑花
如鹿角菜形者佳此土色純質細可製細器別有高嶺玉紅箭灘數種皆以

图7–26 《景德镇陶录》之《美术丛书》民国十七年印本书影

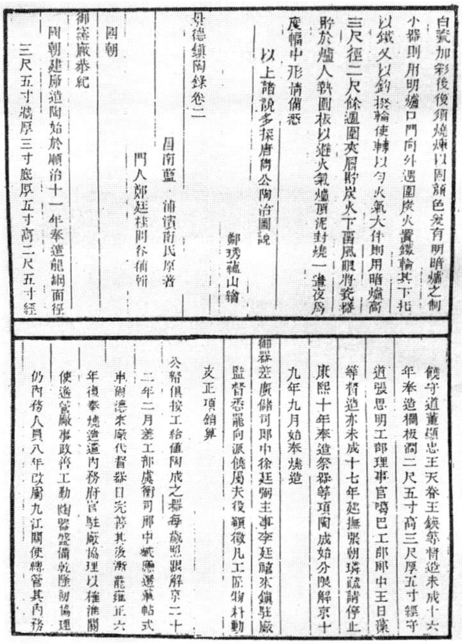
白瓷加彩後復須燒煉以固顏色爰有明暗爐之制
小器則用明爐口門向外週圍炭火置鐵輪其下托
以鐵叉以鉤撥輪使轉以勻火氣大件則用暗爐高
三尺徑二尺餘週圍夾層貯炭火下留風眼將瓷器
貯於爐人執圓板以避火氣爐頂泥封燒一晝夜爲
度幅中形情備悉
以上諸說多採唐假公陶冶圖說
鄭琇蘊山繪
景德鎮陶錄卷二
昌南藍　浦濱南氏原著
門人鄭廷桂問谷補輯
國朝
御窯廠恭紀
國朝建廠造陶始於順治十一年奉造龍缸面徑
三尺五寸牆厚三寸底厚五寸高二尺五寸經

饒守道董顯忠王天眷王鍈等督造未成十六
年奉造欄板闊二尺五寸高三尺厚五寸饒守
道張思明工部理事官噶巴工部郎中王日藻
等督造亦未成十七年巡撫張朝璘疏請停止
康熙十年奉造祭器等項陶成始分限解京十
九年九月始奉燒造
御器差廣儲司郎中徐廷弼主事李廷禧來鎮駐廠
監督悉罷向派饒屬夫役額徵凡工匠物料動
支正項銷算
公帑俱按工給值陶成之器每歲照限解京二十
二年二月差工部虞衡司郎中臧應選筆帖式
車爾德來廠代督器日完善其後澈罷雍正六
年復奉燒造遣內務府官駐廠協理以榷淮關
使遙管廠事政善工勤陶器盛備乾隆初協理
仍內務府員八年改屬九江關使總管其內務

图7–27　《景德镇陶录》之《说陶》本书影

综而观之，上述所列《景德镇陶录》的各种版本多有文字不同之处，使用者当根据正文内容的原意，罗列众本，比较异同，辨析正误，合理采用。为了方便今人阅览，社会上还陆续出现了《景德镇陶录》的多种简体注释本，如1993年傅振伦校注，孙彦整理的《景德镇陶录详注》本；1996年欧阳琛、周秋生校点，卢家明、左行培注释的《景德镇陶录校注》本；2000年熊寥、熊微编注的《中国陶瓷古籍集成》本；2004年连冕编注的《景德镇陶录图说》本；等等。

其中，傅校注本是我国第一部有关《景德镇陶录》的校注本。该本考察了《景德镇陶录》流传的多种版本，比较了嘉庆本、同治本、光绪本、《美术丛书》本之间的文字异同，对文字不一致之处，根据文意或史料记载，合理辨析正误。并且，该本还对文中关键词作了详细注解，考证颇详。可惜的是，该本编排不当，排印粗糙，植字错漏较多[①]，且卷一“图说”无图，致使研读时困窘连连。此外，该本不像傅振伦译注的《陶说》那样，既有校勘记和关键词注释，又有全文翻译。

欧校注本是继傅校注本之后的第二部《景德镇陶录》校注本。该本考察了《景德镇陶录》流传的多个版本，比较了它们之间的文字异同，对文字不一致之处，辨析了正误，只是未作“校勘记”。该本也有关键词注释，考证亦颇为严谨。该本尽管校注精到，文字错漏较少，但是刊印不够清晰，尤其是卷一“图说”，虽较傅校注本增补了插图，但大多模糊不清，甚至无法辨识。并且，该本没有录载同治九年王廷鉴序，也没有全文翻译。

---

①《景德镇陶瓷》编辑部涂重阳先生曾于1994年在该刊第4期，发表了《〈景德镇陶录详注〉小析》一文，对该本中的错误作了认真辨析，发现该本有错别字较多、个别词语注释不当、部分文句句读欠妥或标点失误等情况。经涂先生统计，该本错漏字多达70处，在文中附表一一列出。

熊编注本由于全书体例的缘故,编注者比较注重收集和整理史料,并不着意于校注工作,故而对其中收录的《景德镇陶录》仅作了简要的校注。该本以嘉庆本为底本,以同治本为参校本,仅对文中极少量的文字内容作了校勘和注释,但没有收录同治九年王廷鉴序,也没有专门的校勘记,更没有全文翻译。此外,该本排印虽较清晰,但植字错漏较多,读者尤须注意。2006年,《中国陶瓷古籍集成》又出增订本,改由上海文化出版社出版。《景德镇陶录》仍被收录其中,所录内容与2000年编注本基本相同,只是校注部分略有增补而已。

连编注本首附卢家明的《〈景德镇陶录〉初探》一文,此文介绍《景德镇陶录》的成书过程和取材范围,总结了《景德镇陶录》的内容价值,评价了《景德镇陶录》的学术地位,考察了《景德镇陶录》的版本流传。可惜的是,该本虽有专门的"校记",但并未按照卢文中所列的版本进行了全面系统的校勘,正如编注者在"几点说明"中言,它只是以欧校注本为底本,适当参校傅校注本、《美术丛书》本和《说陶》本,并未对嘉庆本、同治本、光绪本等重要的版本进行文字比对。值得称道的是,该本为了方便读者理解其正文内容,在文中插入了大量图片,不仅保留了卷一"图说"中原有的图版,还从其他书籍或图录中选取了许多相关的图片,并在文末对其中增补的器物图片编制了"器物目次",著

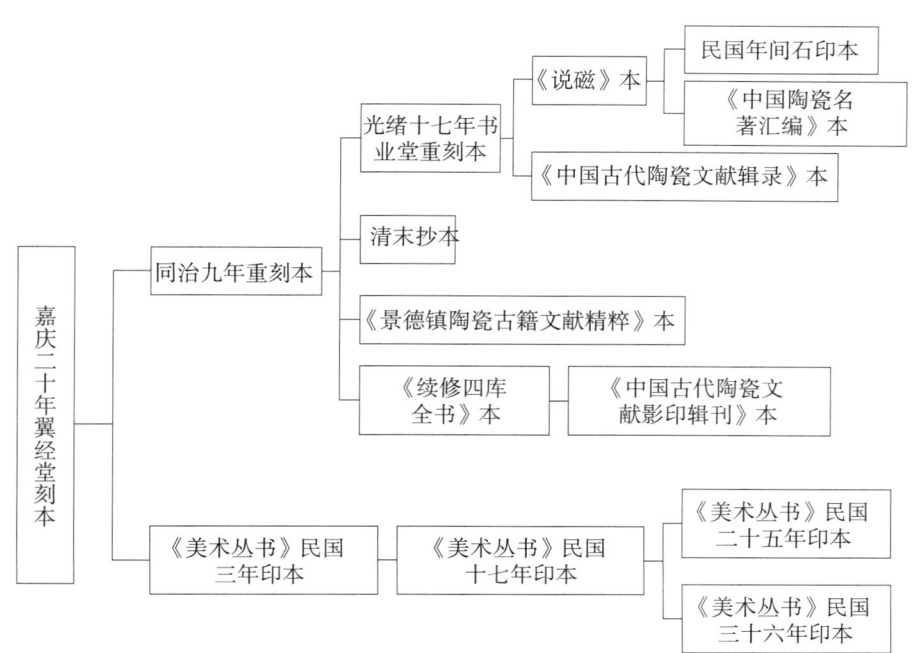

图7-28 《景德镇陶录》版本流传示意图

录了这些器物的名称、年代、尺寸、制作窑口及其在文中所在的位置等信息，方便读者查检。同时，该本对文中关键词也作了简要注释，虽多承袭欧校注本和傅校注本之言，却也不乏新颖之处，读者可以相互参照使用。此外，该本在文后附录了郑廷桂的《陶阳竹枝词三十首》，这不仅有利于汇集和保存编撰者的其他著述，还有助于更好地理解《景德镇陶录》的相关内容，尤值后来校注者借鉴和参考。整体而言，该本图文并茂，校注颇详，刊印精良，是今人参阅的较好本子。但仍需注意的是，该本在文字排印时也有一些疏漏之处，如卷一"御窑厂图"中的"书手二名"被误印成"书手一名"，卷二"国朝御窑厂恭纪"中的"王锳"被误印成"王瑛"，卷七"磁州窑"条中的"彰德府"被误印成"彭德府"，等等。并且，该本也没有全文翻译，有待后来校注者加以补充。

由此可见，这些现代注释本各有优劣，互有长短，虽取得了较为丰富的整理成果，为今人阅览提供了极大便利，但仍存在一定的不足之处，有待补充和完善。有鉴于此，笔者建议后来校注者当以嘉庆本为底本，以同治本为补校本，以光绪本、《美术丛书》本、《说陶》本、傅校注本、欧校注本、连编注本等为参校本，对正文内容进行比照、点校、关键词注释和全文翻译，并仿连编注本之例，在文中插入大量的相关图片，图文并茂，最后以简体字校印出版。这样既可供研究者参引使用，又可为普通大众服务，一举两得。

第八章 龚鉽与《景德镇陶歌》

第一节 龚鉽其人其学

龚鉽,字适父,或作适甫,又字欧可,或作沤舸,本高田里人,后迁至南昌县城。具体生卒年不详,根据道光二十九年刊刻的《南昌县志·龚鉽传》记载,龚鉽当出生于乾隆末年,主要活动在嘉庆、道光两朝。至于其家庭成员情况,目前只能从极少量的资料中获知一二,龚鉽至少有两个儿子,一名叔原,一名茂才,而其他家庭成员的相关情况已无从查知。

龚鉽自幼聪慧好学,笃志励行,博览群书,"益肆力古学,而于诗功最深"[①],尝追随著名诗人舒梦兰[②]学诗作文,是舒梦兰的得意弟子。当时书法名家包世臣曾言其诗文"青出于蓝而胜于蓝",所作《六如集》出《天香馆集》之上。龚鉽写诗作文之余,常伴有思索,总结心得,阐发感悟,启发世人。如龚鉽所作《六如集》,乃是他游历衢州、桂林、浮梁、宜春、庐陵、龙泉六地时所作诗文的合集。或受生活所迫,或是兴趣所致,龚鉽一生到处游历,奔走各地,而所到之处皆留有诗篇,以记其行,《六如集》其名其诗就是最好的例证。龚鉽在作此诗集时,就对诗的题材和功用作了思考,并形成了自己的见解,正如他在该诗集自序中所言:

景物之流连,朋友之倡和,以及风土人情之所感动,咨嗟咏叹之所凑泊,一一收而钞之,亦曰诗也。诗也云尔,然后事贤友仁于是乎寄,或身亲其教诲,或尚友其文词。地有名人,时闻绪论,居多资益,相与切磋,无不宣之,诗又安得仅曰诗也?[③]

同时,龚鉽还擅作时文,一生所作时文不下千篇,尽管遗存不多,且自视

---

① 道光《南昌县志》卷二二,清道光二十九年刻本。
② 舒梦兰,字香叔,号天香居士,江西靖安人。幼而聪慧,博学多通,可惜科举连蹇,屡试不中。尝拜当时名士宋曜寰为师,学诗作文,颇负声名,著有《天香馆集》《骖鸾集》《秋心集》《和陶诗》《香词百选》等。龚鉽是其最得意的弟子,亦最为有名。
③ 龚鉽:《六如集自序》,录自于民国魏元旷编辑:《南昌文征》卷十二,民国二十四年重印本。

其作为"刍狗"①，但其中不乏得意佳作，并颇有心得。他曾在《江右时文征略自序》中总结了时文的发展演变、功能作用和撰写要求等，其文曰：

  鈬每与同学论时文，以为始于宋，衍于元，即大备于明。成、宏粗具体制，正、嘉奄有精华，隆、万参以机法，天、崇展其才情。国朝或正或奇，益复无体不备。乾隆间，修《四库全书》，以方侍郎苞所选四书文列于总集，以时文即古文也。古文立言，时文代圣贤，立言有是理，乃有是言，吾未见不明理而能言者。理必根于格致，必著之修齐，必归之正心诚意。明乎理，明乎道也。时文代圣贤立言，不知道，奚其代？今固有以时文为刍狗猎科第者，有识者立辨之，盖行文自有其真。吾江右名儒巨卿多有时文，其显者勋业烂然，照耀史籍，即穷而在下者，树艺立说，亦各有其面目，各有其精神。大都贯通经史，罗络百家，蔚为典型，不相假借，无他真而已矣。真能读书，真能明理，真能载道也。我国家时文取士，定以清真雅正，使人一其趣向，无剿说，无雷同，时文岂易言能哉？②

龚鈬喜好读书作文之外，还善于藏书，终其一生，藏书甚富；并擅长编校和刊印图书，曾帮其师舒梦兰编辑整理过他的诗文集，如《骖鸾集》《香词百选》等，还曾对当时流传稀少的周亮工编校的王猷定《四照堂集》③刻本进行重新校订刊印，使该集广布于世，服务学林。

可惜的是，龚鈬科第连蹇，屡试不中，一生仅获取"诸生"④的身份。尝任庐陵、宜黄、永宁等县学教职，工作上尽职尽责，培养了不少学有所成的人才。正如他的多年好友杨振纲⑤所言，"欧可笃志励行数十年，学丰遇啬，至老

---

① 刍狗，原指古代祭祀时用草扎成的狗，后喻指微贱无用的事物或言论，这里当作自谦之词。
② 龚鈬：《江右时文征略自序》，录自于民国魏元旷编辑：《南昌文征》卷十二，民国二十四年重印本。
③ 王猷定（1598—1662），字于一，号轸石，江西南昌人，明末清初诗人、散文家，著有《四照堂集》。该集共16卷，其中诗4卷，文12卷，最早是由周亮工搜集整理而成，并于康熙元年（1662年）校订刊印。到了嘉庆时期，该集刻本流传稀少，学人难以觅见，龚鈬便据周本重加校订，另刻新版，广播于世，服务学林。
④ 诸生，明清时期经考试录取而进入中央、府、州、县各级学校学习的生员的统称，有监生、贡生、增生、附生、廪生等名。
⑤ 杨振纲，字立之，四川成都人，龚鈬多年的知己好友，常为龚鈬的著述写序作跋，如《和苏诗序》《怀旧百一诗序》《景德镇陶歌跋》等。

不得一第，而中心坦夷，无入不得，间亦秉铎训士，多所成就。"[①]根据《景德镇陶歌·自序》中言，龚鉽曾于嘉庆十九年（1814年）至嘉庆二十二年（1817年）间在浮梁县衙做过四年的幕僚，协助浮梁地方官办理一些县务，如景仰书院扩建完工之际，龚鉽就曾代当时的浮梁县令刘丙作记，以录其事。在此期间，龚鉽还经常去景德镇办理事务，留心陶业，"谒御窑厂，探坯房窑户，看满窑"[②]等，关注陶工生活，与他们谈话聊天，很快打成了一片，成为知己好友，从而获取了不少有关景德镇陶瓷生产管理的第一手资料，并将它们赋之以诗，所作之诗多达百余首，后来不幸散佚。清道光三年（1823年），龚鉽从友人处拾得旧稿，从中精选60首，结集成册，刊印出版，题曰《景德镇陶歌》。在此期间，龚鉽还撰有《浮梁集》二卷（后收入《六如集》中），帮助郑廷桂校对审定《景德镇陶录》，这些都是他任职浮梁幕时所取得的成就，而其中的只言片语真实地记录了他这四年来的所见所闻所感。据民国《南昌县志》卷三五"人物六·龚鉽"条记载，龚鉽自永宁县归来后，常居南昌家中，直至去世，享年79岁。

龚鉽一生著述颇丰，可谓"盈箱充笥"，且以诗文见长，主要有《欧可杂著》《欧可文集》《江右时文征略》《六如集》《归舟唱和集》《怀旧百一诗》《和苏诗》《景德镇陶歌》等。其中，《景德镇陶歌》是龚鉽精心挑选之作，代表了龚鉽诗文的写作水平。该书以诗歌的形式描述了景德镇陶瓷的生产管理、陶瓷工艺、陶瓷贸易、陶工生活、风俗人情等方面的内容，是我国第一部诗歌体的景德镇陶瓷史，对于研究清代景德镇陶瓷的生产发展，具有十分重要的参考价值，在清代陶瓷文献编撰史乃至整个中国陶瓷文献编撰史上，都有着特殊重要的地位和较为深远的影响。

第二节 《景德镇陶歌》的编撰特点

从形式上看，《景德镇陶歌》有诗有文，诗均无诗题，为七言绝句，每首小诗后面附以注释，以说明其中内容。值得注意的事，这种编排格式与同时期郑廷桂的《陶阳竹枝词》完全相同。由于两书编撰大致在同一时期，很难判定孰先孰后，加上两书作者可能是知交好友，郑廷桂在整理补辑《景德镇陶录》时，

---

① 杨振纲：《和苏诗序》，录自于民国魏元旷编辑：《南昌文征》卷十二，民国二十四年重印本。
② 龚鉽：《景德镇陶歌》，中国书店校印本。本书凡引《景德镇陶歌》之文，均采用此版本，不再一一标注。

就曾和龚鉽商订过书稿，故而这种文体格式的使用到底是龚先还是郑先，抑或是两人商讨后的结果，今人已无从知晓。而从内容上看，《景德镇陶歌》的编撰具有以下几个方面的特点。

一、内容虽多取材于《景德镇陶录》，但亦不乏创新之处

《景德镇陶录》成书于清嘉庆二十年，当时龚鉽正值供职浮梁幕，亦即撰写《景德镇陶歌》期间。而在《景德镇陶录》出版之前，其补辑者郑廷桂曾与龚鉽商订书稿，因此龚鉽必定参阅过《景德镇陶录》。在当时陶瓷典籍稀少的情况下，其诗文内容多取材于该书，也是自然情理之中的事。如《景德镇陶歌》中描述景德镇制瓷工序和工艺方面的内容，大都引自《图说》。需要说明的是，这里的《图说》并非指督陶官唐英撰写的《陶冶图说》，而是指《景德镇陶录》卷一的"图说"篇。其原因有二：一是由于当时《陶冶图说》深藏宫廷，秘不示人，一般士子很难见到，他们只能从《陶说》《景德镇陶录》等引录之文中窥知一二，不可能直接进行参引；二是由于《景德镇陶歌》引录《图说》的用语，如"取土""练泥""做坯""修模"等，均为《景德镇陶录》卷一"图说"篇中的原文内容，而与《陶冶图说》中的叫法（如"采石制泥""淘练泥土""圆器拉坯""琢器做坯""圆器修模"等）有异，故而《景德镇陶歌》中凡引《图说》者，均取材于《景德镇陶录》。

当然，《景德镇陶歌》取材或引录《景德镇陶录》之处，不止于此。如《景德镇陶歌》中描述的乳料工艺："痀瘘自古善承蜩，瘸拐疲癃孰肯招。却与坯房供乳料，尽推王政到熙朝。"自注云："乳料用矮櫈，料钵上安瓷槌乳之，疾、瞽、老、幼多资生焉。"当取材于《景德镇陶录》卷一中的印坯工艺。又如《景德镇陶歌》记述的"陶有窑，有户，有工，有彩；工有作，有家，有花式，凡皆数十行人"，当引录于《景德镇陶录》卷三"陶务条目"篇。如此之类颇多。即使是《景德镇陶录》记述的不确之言，亦被龚氏承袭，以讹传讹。如《景德镇陶录》中关于"祭红"的不合理描述，言"祭红有两种，一为鲜红，一宝石红"。其实，祭红、鲜红、宝石红属于同一品种，均属高温铜红釉制品，只是由于人们对这一品种的认识角度和认知深度不同，再加上各地方言发音的不同，导致对该釉的称谓十分繁杂，名目众多。从史料记载来看，这一品种除了这三个称呼外，还有霁红、宣烧、宣德宝烧、积红、鸡红、济红、醉红、牛血红等，名虽异而品实同，但《景德镇陶录》作者不加考证，误将鲜红和宝石红当作了祭红的两个品种。龚氏不辨其说，承袭其误，以讹传讹，在文中云："霁红亦名祭红，有两种，一鲜红，一宝石红。"《景德镇陶歌》取材或引录《景德镇陶录》

之处之多之程度，由此可见一斑。

龚鉽作为嘉道时期的文人，受乾嘉实学之风的影响，注重考证实据，勤于实地考察，多访多问，正如他在《景德镇陶歌·序》中言："余居浮梁幕四年，浮梁去景德镇二十里，每常往返必过镇。尔时谒御窑厂，探坯房窑户，看满窑辄经日二三。朋好多土著，为指窑瓷攻苦，皆一一穷其原委。"龚氏正是通过这样的实地考察，谒御窑厂，探坯房，访窑户，看满窑，交土著，勤访好问，获取了不少与陶瓷生产相关的第一手资料，在引录《景德镇陶录》的同时，还能对其内容进行完善和补充，其中不乏一些创新之处。如《景德镇陶录》记述欺市骗人的"过江器"时，只是言其"暗损未坏者，此诈伪之流贱市而涂固之"，并未言及诈伪的方法；而龚氏经过考察访问，得知该器是将瓷器有折伤处"涂以清油"，如此搜卖时折伤"即不见"，如此看来，《景德镇陶歌》的记述更加具体，是对《景德镇陶录》记述的有益补充。此外，《景德镇陶歌》中还有一些它书少见或未载的史料，如文中录载的有关雕镶印盒的制作工艺："六方四角样新增，菱叶荷花各擅能。不上车盘随手制，雕镌印合笑模棱。"自注云："此镶雕印合之作，用布包泥，板拍成片，裁方粘合，各有机巧。"这类史料极其珍贵，可作为以往陶瓷文献史料的有益补充。

二、详略得当，重点突出

明清时期，景德镇成为全国的制瓷中心，获得"瓷都"之美誉，以陶业繁盛闻名于世。在这样的一个地方，以陶为旨，为陶而歌，当是其中应有之义。龚鉽作为诗人，身居景德镇多年，以诗歌的形式记录他在景德镇的所见所闻所感，并用"陶歌"命名其集，可谓名副其实。从其内容来看，"陶瓷"描述占了绝大多数。《景德镇陶歌》共计60首诗，几乎首首都与陶瓷有关，或是陶瓷制作工艺，或是陶瓷生产管理，或是陶瓷名人名句，或是陶瓷相关习俗，或是陶瓷名胜古迹，尤其是景德镇制瓷工艺的相关描述，竟多达40余首，占了全部诗文的60%以上，符合其名其旨"景德镇陶歌"。这些描述为景德镇传统制瓷工艺的传承和发展做出了积极贡献。

另从作者自序中可知，龚鉽原作百余首，去芜存精，有目的地选取了60首，留传于世。以其选取后的结果来看，龚氏十分注意选取有代表性的制瓷工序和工艺，进行重点描述，如取土、练泥、做坯、修模、施釉、题款、画料、烧窑等，而对一些辅助性的制瓷工序和工艺，如研磨釉料、燃料采运、包装输运等，仅作简要提及，甚或略而不书，这样详略有别，重点突出，使人不仅不觉得其残缺不全，还能从宏观上感到其相对的完整性。毕竟陶瓷制作工序和工艺十分庞杂，"一坯工力，过手七十二，方克成器"，"寻常工作经千指"，仅仅用数十首诗，想要将全部的制瓷工序和工艺描述清楚，是不可能做到的。龚氏既是诗人，又是学者，当然深知这一点，于是他通过巧妙的处理，包括合理的选材，详略的处理，重点的突出，达到了"以少总多""窥斑知豹"的良好效果。

三、语言生动活泼，富有生活气息

语言是人们表达思想、显现情感、吐露心声的重要工具，就文学作品而言，它也是沟通作者和读者之间的重要桥梁。当然，语言表达方式有许多种，有时就事论事地叙述，不如取类引喻来得更加生动形象，说理透彻。《景德镇陶歌》中就有不少比喻、指代、象征性的语言，来描述一些陶瓷生产现象。如描写吹釉工艺："看他吹泑似吹箫，小管蒙纱蘸不浇。坯上周遮无糁漏，此中元气要人调。"将吹釉形象地比作吹箫。描写拓釉工艺："如椽大笔用羊毫，颠旭能书莫漫操。看他含泑如含墨，一样临池起雪涛。"将拓釉形象地比作写草书。描写浇釉工艺："浇泑看来似易皱，一般团转总均匀。倘留棕眼兼鱼子，却使微瘢玷美人。"将浇釉造成的缺陷"棕眼""鱼子"，形象地比作美人身体上的"微瘢"。描写镀匣工艺："匣钵由来格不同，一般层迭着砂工。更多平匣排清器，遥望馒头正出笼。"将排列整齐的匣钵形象地比作蒸馒头的馒头笼。描写瓷器出窑时："开封火窨尚炎炎，抢掇红窑手似钳。莫笑近前热炙手，霁威不似相公严。"将窑工们出窑时的紧张神态，比作架子十足的官员的严肃表情，生动形象，贴切有趣。《景德镇陶歌》在运用生动活泼语言的同时，还表现出浓厚的民间生活气息。如描写景德镇官庄男子制造匣钵时的景象："滩过鹅颈是官庄，沿岸人家不种桑。手抟砂泥烧匣钵，笑他盆子满桑郎。"由于官庄一带大多以生产匣钵为业，不事蚕桑，由于生产匣钵劳动强度较大，故多男子所为。匣钵外形酷似养蚕的盆钵，而采桑养蚕多系女子所为，《景德镇陶歌》将这些制作匣钵的男子调侃成搬运盆钵的"蚕桑郎"，十分风趣，充满浓厚的民间生活气息。

四、贴近陶工生活，反映民间疾苦

前已有言，龚鉽勤于实地考察，善于结交陶工，与陶工聊天，向陶工咨询，这是他创作诗文的重要素材来源。而在这一过程中，龚鉽不仅认识到陶瓷制作之不易，还体察到陶工生活之艰辛，并将其赋之于诗，反映在《景德镇陶歌》中。如有关陶工劳作时间长、夜市不能禁的描述："坯工并日作营生，午饭应迟到二更。三五成群抨肉饭，怪他夜市禁非情。"自注云："坯工做坯，尽一日之勤，至二更始赶饭店吃饭蒸肉，故夜市不能禁。"陶工伙食一般由老板负责，为了节约时间，提高工作效率，质量好的一顿饭往往安排在晚上收工时。陶工忙碌一天，身体劳累，倘若夜市取消，不仅陶工"饭蒸肉"无处可寻，他们一天"疲劳"的情绪也无法得到排解，因此这样的规定有些不近人情。龚氏作为当时官府幕僚，了解到这一实际情况，建议官府考虑景德镇陶瓷行业的特殊性，对此规定做出适当调整，即"夜市不能禁"。这反映了龚氏关心陶工、心系百姓的忧陶忧民思想。如此之类的记载颇多，如有描述陶工劳资纠纷的，"年年七月中元节，几处坯房议事来。每到停工总生事，好官调护要重开"；描述陶工业余生活的，"征说形家是火龙，水星一阁镇高峰。商民熙攘纷如织，消受清凉五夜钟"；描述陶工薪酬发放的，"坯工多事问坯头，首领稽查口类周。三月有钱称发市，年终栈满惰工愁"；等等。同时，龚氏在创作诗文时，还引入了不少景德镇的方音俗字，如"坯干不裂更须车，刀削圆光不少差"中的"车"字，就是景德镇的方音，这里应读作"chā"，而不读"chē"，意思是"镟削"；还有"磁""泇""圾"等俗字的使用，这些都反映了龚氏贴近陶工、关心陶工、为陶工着想、愿与陶工交往的编撰思想。

第三节 《景德镇陶歌》的内容价值

作为中国第一部陶瓷诗歌专集，《景德镇陶歌》以诗歌的形式系统描绘了景德镇陶瓷的生产管理、发展历史、制作工艺、市场贸易、陶工生活、风俗人情等多方面的内容，对于研究清代景德镇陶瓷的生产发展，具有十分重要的参考价值，是陶瓷学习者和研究者经常查考的重要文献之一，至今仍有较高的参引率。具体而言，《景德镇陶歌》的内容价值主要体现在以下几个方面。

一、工艺学价值

前已有言，《景德镇陶歌》中有关景德镇制瓷工艺的描述，占了全部篇幅的60%以上。可见，工艺学价值是《景德镇陶歌》最明显的价值，也是其最突出的价值。具体而言，从采石制泥、做坯修模、配釉施釉，到乳料、青花、五彩、斗彩、挖足、题款，再到烧窑、出窑等，几乎每道制瓷工序和工艺都在《景德镇陶歌》中有所反映。这一道道工序和工艺，犹如一幅幅连环画，共同构成一轴描写古代陶工制瓷劳作的美妙长卷。尽管受诗歌体裁的限制，每道工序和工艺都不可能描述细致、详尽，但作为当时流传颇广的《景德镇陶录》内容的补充，《景德镇陶歌》对于景德镇制瓷技艺的传承、延续和发展，还是大有裨益的。这里试举数例，以兹说明。

关于采石练泥，《景德镇陶歌》有言："在山石骨出山泥，水碓舂成自上溪。要是高庄称好不，不船连载任分携。""方方窨子滤澄泥，古语儿童莫坏坯。炼到极稠挼极熟，一归模范即佳瓷。"众所周知，陶瓷原料采自山中，取出后须用水碓（一种以自然水流落差为动力、可将瓷石粉碎的机械装置）舂淘成粉末状，然后滤澄成泥，制成"白不"。文中提到的"高庄"，指高岭，即古代盛产优质瓷土的高岭村，位于今景德镇市东北45公里处，其开采期主要集中在明代后期至清代前中期，其拼音KaoLin现已成为国际通用的制瓷原料用语。其实，高岭土至龚鉽生活的嘉、道时期，已基本开采枯竭，当时只能从九江、星子等地水运而来，于是有了作者"要是高庄称好不，不船连载任分携"的感叹。

关于做坯工艺，《景德镇陶歌》将圆器和方器这两种不同器形的成型工艺分别加以描述。所谓圆器，是指一次拉坯即可成型的器物，正如《景德镇陶歌》中言："几家圆器上车盘，到手坯成宛转看。杯碟循环随两指，都留长柄不雕镘。"自注云："《图说》所谓做坯，浑圆之器必用轮车，随手拉成，不差毫黍。"而方器主要拍片成型或捏塑成型，即"用布包泥板拍成片，裁方粘合，各有机巧"。尤其是有关方器成型工艺的描述，多不见于他书记载，是以往陶瓷工艺描述的有益补充。

关于青花制作，鉴于它在景德镇制瓷业中的地位和重要性，龚鉽费墨颇多，《景德镇陶歌》中就有数则诗文描述。一则云："画坯上泑蘸兼吹，一体匀圆糁絮宜。只有青花先画料，出新花样总逢时。"自注云："青花磁器，先从坯上画料，画毕上泑。"一则云："青花浓淡出毫端，画上磁坯面面宽。织得卫风歌尚絅，乃知罩泑理同看。"自注云："水调青料，画上干坯，须罩泑，不①则入火飞散。"一则云："白泑青花一火成，花从泑里吐分明。可参造物先天妙，无极由来太极生。"自注云："青花、白泑，入火始明。"古代青花瓷制作与当今有所不同，当今的青花瓷制作有釉中彩和釉下彩之分，而古代的青花瓷制作全部属于釉下彩瓷，即在瓷坯上先用青花料绘制图案，然后施釉，入窑高温一次烧成。值得注意的是，瓷坯上用青花料绘制好图案后，必须施釉，否则烧制出的青花瓷色泽发灰或黑色，而非呈现幽倩的蓝色。文中所言的"入火飞散"，描述上有些夸张，言过其实。当然，瓷坯施釉后若不入窑高温烧炼，或烧造温度达不到要求，烧出来的青花瓷就会黯淡无光，同样无法呈现出幽倩靓丽的蓝色。

其余如修模工艺的描述："出手坯成板上铺，新坯未削等泥涂。钧陶自古宗

---

① 不，同"否"。

良匠，怪得呈材要楷模"；镟坯工艺的描述："坯干不裂更须车，刀削圆光不少差。此是修身正心事，一毫欠阙损光华"；镀匣工艺的描述："匣钵由来格不同，一般层迭着砂工。更多平匣排清器，遥望馒头正出笼"；沟火工艺的描述："窑火如龙水似云，火头全仗水头分。羡他妙手频挥泼，气满红炉萃晓氛"；彩绘工艺的描述："白胎烧就彩红来，五色成窑画作开。各样霏花与人物，龙眠从此向瓶罍"；

图8-1 明正统 青花龙纹大缸

烤炉工艺的描述："明炉重为彩红加，彩料全凭火色华。我爱鸡缸比鸡子，珍珠无颣①玉无瑕"等。有关这些工艺的描述，笔者已在前面第七章"《景德镇陶录》的内容价值"一节中作了比较详细的考证说明。为了避免重复，这里仅作简要提及，不再一一展开论述。

值得注意的是，由于景德镇制瓷工序复杂，工艺繁多，龚鉽通过深入坊间，观察体验，深切感受到陶工制瓷之艰辛，故而在《景德镇陶歌》中先言"寻常工作经千指，物力艰难那得知"，后又以霁红烧成不易、大器难成等实例加以说明。如描述祭红时言："官古窑成重霁红，最难全美费良工。霜天晴昼精心合，一样抟烧百不同。"霁红，又称祭红、鲜红、宝石红等，属于高温铜红釉制品。由于其呈色鲜艳，上至王公贵族，下至平民百姓，都甚是喜爱，因此需求量很大。但是，它对烧窑温度和气氛要求极高，烧制难度大，成品率极低，往往百不得一、千不得一，因此有了龚氏"官古窑成重霁红，最难全美费良工"的感叹。同样，大件器物亦不易烧成，尤其是在高温烧造过程中因受热不均，很容易导致变形现象的发生（图8-1），正如《景德镇陶歌》中言："大器难成比践形，自非折挫总伶俜②。要知先立功夫在，不止炉中火候青。"自注云："五百坯、千坯皆大器，造必加倍入窑，以妨跷、匾、损、挫。"

当然，《景德镇陶歌》在记述景德镇制瓷工艺时，也出现了一些失察不当之

---

① 颣（音 lèi），缺点、毛病。
② 伶（音 líng）俜（音 píng），即"伶俜"，孤单的样子。这句话的意思是，大件瓷器很难烧成，不是折裂受损，就是不够端正，需要长期实践经验的积累才能做好。

处。如关于施釉方法的一句描述："小器蘸，大件吹，总曰荡泑。"其实，蘸釉、吹釉、荡釉是三种不同的施釉方法：所谓蘸釉，是将胎体浸入釉浆中，片刻后取出，借助胎体的吸水性，将釉浆均匀地吸附于胎体表面，多适用于小件器物；吹釉则是先截取一小段竹筒，将竹筒的一端蒙上细纱，蘸取釉浆，对准胎体要施釉的部位，用嘴吹竹筒的另一端，釉浆通过细纱孔便黏附于胎体表面，如此反复进行，即可达到厚度适宜的釉层，多适用于大件器物；而荡釉又称荡内釉，是先把釉浆灌注于胎体内部，再将胎体上下左右振荡，使釉浆布满整个胎体内部，然后倒出多余釉浆。龚氏将蘸釉、吹釉统称为"荡釉"，显然是不妥的。

二、文学价值

中国古代由于"重道轻器""重经史轻理艺"等思想的影响，作为工艺美术品种之一的陶瓷，在很多时候并不受文人士子们的关注和重视，与之相关的吟咏之作自然比较稀少。尤其是在唐代以前，有关陶瓷的吟咏诗作凤毛麟角，即使偶有涉及，亦多是只言片语，蕴含于一两句诗文之中。如汉代邹阳《酒赋》中有"醪醴既成，绿瓷既启"之句，晋代潘岳《笙赋》中有"披黄苞以授甘，倾缥瓷以酌醽"之句，北周庾信《温汤碑》中有"汉武旧陶，即用鱼鳞之瓦"之句等，只是提及了"绿瓷""缥瓷""鱼鳞之瓦"等陶瓷种类，并未再作具体的描述。到了唐代，中国诗歌创作进入了繁盛期，其题材范围要比以往广泛得多，几乎渗透到人们生产生活的各个领域，这其中就包括了陶瓷生产。此时不仅吟咏陶瓷的诗句增多，而且出现了陶瓷专论诗作，如杜甫的《又于韦处乞大邑瓷碗》、陆龟蒙的《秘色越器》、徐夤的《贡余秘色茶盏》等。值得一提的是，唐代中期还出现了中国第一首吟咏景德镇瓷器的诗句，即颜真卿、陆士修等人合写的《五言月夜啜茶联句》中的"素瓷传静夜，芳气满闲轩"（陆士修语）[①]。

宋代以后，由于饮茶之风盛行，陶瓷作为茶具的主要品种，开始受到越来越多的文人士子关注，其相关吟咏迅增，[②]这一直持续到清末。由此可见，宋代以后，吟陶和吟茶的诗句常常相伴出现，这成为了这段时间内陶瓷诗文创作的重要表现形式。当然，其中亦不乏陶瓷其他方面的吟咏之作，如描述景德镇制

---

① 有关该诗句的作者和写作背景，熊寥先生曾撰有专文进行考证说明。具体请参见熊寥. 第一首咏赞景德镇瓷器诗文考. 景德镇陶瓷，1983（3）：55-58.
② 如宋代刘安上《圣泉》中有"我来一酌磁瓯去，终日余甘齿颊边"之句，元代方回《存心具饮》中有"青瓷古茗器，十觞联若飞"之句，明代顾清《惠泉试茗》中有"临流啜花磁，更忆长安客"之句，清代程梦星《蒙茶歌》中有"砖炉瓦铫咄嗟办，林间烧叶兼槎枒"之句等。宋代以后，各个朝代都留有大量与饮茶有关的陶瓷诗文。

瓷工艺的查慎行的《昌江竹枝词》、郑廷桂的《陶阳竹枝词》等，颂赞督陶官督陶成就的许谨斋的《郎窑行戏呈紫衡中丞》、查俭堂的《年窑墨注歌》等，反映陶工艰辛生活的沈嘉征的《窑民行》、唐英的《陶人心语》等。尤其是在清初，受当时政治和社会环境的影响，许多文人开始走出书斋，跳出"故纸堆"，关注更切实用的陶瓷生产，了解其制作工艺，回顾其制作历史，总结其制作成就，出现了不少陶瓷专论之作。这里面既有独立成书的陶瓷著作，也有独立成篇的陶瓷诗文。尤值一提的是，乾隆帝喜好陶瓷，曾为此留下了两百余篇诗作，如《咏官窑贯耳瓶》《咏宣德窑无当尊》《题霁红僧帽壶》《题成窑饕餮温壶》《成窑鸡缸歌》等。尽管其中描述常有考证不确甚或引典失当以致张冠李戴的地方，但是他作为一代帝王，能如此密切关注陶瓷生产，并进行陶瓷诗文的创作，这无疑对中国陶瓷诗文的创作起到了良好的推动作用，其文学贡献不容抹杀。此外，雍乾时期的督陶官唐英撰有《陶人心语》一书，这是中国第一部以"陶人"命名的诗文集，是用诗文的形式，以陶官之口，发陶工之声，由内而外，由心及表，在陶瓷诗文创作史上具有标志性意义。可惜的是，该书并非专咏陶瓷的诗集，还涉及陶瓷之外的其他内容。

  清代嘉道年间，龚鉽曾在浮梁县衙供职，做过四年秘书之类的工作。期间，他经常游走于坯房之间，与陶工结交谈心，并根据自己的所见所闻，撰写了百余首陶瓷诗文，精选60首，汇集成册，名其题曰《景德镇陶歌》。它是中国历史上第一部陶瓷诗歌专集，在中国陶瓷诗歌发展史上具有开创性意义，即使是在整个中国文学史上，也具有积极深远的重要影响。《景德镇陶歌》很好地继承了中国现实主义诗歌的优良传统，正所谓"饥者歌其食，劳者歌其事"，龚鉽虽非陶工，却能深入坯房窑户，与匠人们交朋友，到陶瓷生产第一线搜集素材，观察体验，以叙事组诗的方式记录景德镇陶瓷的制作情况，不仅使其诗作具有较强的写实主义精神，也不失一定的浪漫主义色彩。这类诗作在中国诗歌史上并不多见，可以说为中国诗歌的创作发展提供了新的视角，在中国文学史上当占有一席之地，其文学价值需引起关注和重视。综观《景德镇陶歌》的题材内容和写作方法，景德镇学院童光侠先生曾总结出其诗文编撰的四个特点，即"感情真挚，倾向鲜明"；"选材得当，重点突出"；"文笔活泼，联想丰富"；"巧用方音，韵律和谐"。[①]其论述基本上是客观完整的，笔者颇为赞同。

  另值一提的是，龚氏深知诗歌叙事不如散文方便，而用七言绝句的方式叙

[①] 有关这四个特点的详细论述，请参见童光侠. 漫谈《景德镇陶歌》. 景德镇高专学报：哲学社会科学版，1995（3）：9-11.

事更显其难，毕竟语言文字过少，许多内容难以表述清楚。有鉴于此，龚氏扬长避短，先采用组诗的表达方式，即一首诗选取一个角度、多首诗围绕一个中心进行描述，这样可以有效地避免用绝句叙事的不足；然后在每首诗文之后，附加各种注释，或诠释字词，或补充诗义，或阐述背景，或表明主旨，而这些附注内容均采用散文的表达形式，根据实际需要控制使用文字。如此将谨严的诗歌体裁与自由的散文体裁完美地配合在一起使用，相得益彰，表现出作者高超的文学功底和应用技巧，即使在今天的诗歌创作或表达方式上，也具有一定的参考价值和借鉴意义。

三、史学价值

《景德镇陶歌》作为中国第一部描述景德镇陶瓷业的诗歌专集，其中涉及不少景德镇陶瓷史方面的内容，具有一定的史学价值，具体体现在以下几个方面。

首先是对景德镇历史地位的高度概括："江南雄镇记陶阳，绝妙花瓷动四方。廿里长街半窑户，赢他随路唤都昌。"景德镇自唐代"假玉器"[①]出现以来，"瓷动四方"。《景德镇陶歌》中亦有言："武德年称假玉瓷，即今真玉未为奇。"联想起唐代文人颜真卿与陆士修等人的《五言月夜啜茶联句》，此乃目前有稽可查的第一首吟咏景德镇瓷器的诗句，即"素瓷传静夜，芳气满闲轩"，这不仅是景德镇早在唐代就已生产出精美"素瓷"的证据，也成为景德镇制瓷史上的一段佳话。《景德镇陶歌》中亦有提及："云门院里读残碑，静夜闲庭品素瓷。记得新平行部日，鲁公诗酒建中时。"自注云："马鞍山之西麓有云门教院，颜真卿曾止其处，今有断碑。"元代以后，景德镇成为"江南雄镇"，名震一方，观音阁处曾留有"江南雄镇"碑坊。据景德镇本地老人证实，他们在1949年以前亲眼见到过此碑坊，当时仍在观音阁处，只是后来不知为何湮没不见了。文中所言的"廿里长街半窑户，赢他随路唤都昌"，亦毫无夸张之处。景德镇发展到清代康熙时期，据法国传教士昂特雷科莱（汉名殷弘绪）1712年给奥日神父的信件中所言："景德镇拥有一万八千户人家，一部分是商人，他们有占地面积很大的住宅，雇佣的职工多得惊人。按一般的说法，此镇有一百万人口，每日消耗一万多担米和一千多头猪。此外，景德镇沿美丽的河岸上，足有一古里（约4公里）多。也许人们把它想象为房屋鳞次栉比，但事实绝非如此。街道笔直，

[①] 据《景德镇陶录》卷五《景德镇历代窑考·唐·陶窑》记载："唐武德中，镇民陶玉者，载瓷入关中，称为'假玉器'，且贡于朝，于是昌南镇瓷名天下。"

按一定距离纵横交叉，无空地；房屋拥挤，街道狭窄，若走在街道上，如处于闹市中心，可以听见从四面八方传来的担夫呼喊让路的声音。"此时景德镇冶陶范围已有八里多；到清代乾隆时期，景德镇有了"陶阳十三里"①之说；而后随着景德镇城市规模和陶瓷业的不断拓展，到龚鉽生活的嘉、道时期，其冶陶范围应该不止十三里，"廿里"是很有可能的。尽管"廿里"在诗文中只是个约数，但却反映了景德镇冶陶范围的不断扩大和发展。这里还提到了"窑业多都昌县人"，即所谓"都昌帮"，它是景德镇的三大行帮之一，从业人数最多，势力最大，垄断着景德镇的圆器业、满窑业、烧窑业、挛窑业、窑砖业、补窑业等，基本上掌控了景德镇制瓷业的命脉，在明清景德镇瓷业史上占有着十分重要的地位。正是由于都昌帮在景德镇的壮大和崛起，才使景德镇本地人从瓷业的主体地位，退居到次要地位。稍早成书的郑廷桂《陶阳竹枝词》中就有"而今尽是都鄱籍，本地窑帮有几家"的感叹。

其次是对督陶官唐英督陶制瓷成就的肯定。景德镇自明洪武二年设立御器厂以来，大多时候都有朝廷委派官员或太监到景德镇监陶的情况；到了清代，仍明制之旧，继续在景德镇设立御厂，只是将御器厂更名为御窑厂，仍派官员监烧御器。②而在诸朝督陶官中，唐英可谓是其中的佼佼者，督陶时间最长，制瓷成就最著，亦最为有名。世人曾将他督陶时期的景德镇御窑厂，以其姓氏命名为"唐窑"。《景德镇陶录》卷五中曾对"唐窑"的制瓷成就作了概括总结："唐窑，厂器也，内务府员外郎唐英督造者。唐公以雍正戊申（即雍正六年，1728年）来驻厂协理，佐年著美。迄乾隆初权淮，八年移理九江钞关，皆仍管陶务。公深谙土脉火性，慎选诸料，所造俱精莹纯全。又仿肖古名窑诸器无不媲美，仿各种名釉无不巧合，萃工呈能，无不盛备。又新制洋紫、法青、抹银、彩水墨、洋乌金、法琅画法、洋彩乌金、黑地白花、黑地描金、天蓝、窑变等釉色器皿。土则白壤而埴，体则厚薄惟腻，厂窑至此，集大成矣！既复奉旨恭编《陶冶图》二十页，次第作《图说》进呈。临川李巨来先生序公《集》云：独斟酌华实间，有得于心。而龙缸、均窑，追绝业，复古制；翡翠、玫瑰，更出新奇。是公之陶即公之

---

① 据《景德镇陶录》卷一《图说·景德镇图》记载："景德镇属浮梁之兴西乡，去城二十五里，在昌江之南，故称'昌南镇'。其自观音阁江南雄镇坊至小港嘴，前后街计十三里，故又有'陶阳十三里'之称。"陶阳，景德镇的别称。
② 关于明清两代景德镇御窑厂督陶官的设置情况，请参阅笔者的两篇论文，一篇是《明代景德镇御器厂监陶官研究》，发表于《南京艺术学院学报》（美术与设计版），2011年第4期，140-147页；另一篇是《明清时期景德镇御窑厂督陶官的文献考察》，发表于《中国陶瓷工业》，2011年第18卷第4期，23-30页。

图8-2 清乾隆 釉里红凤穿花纹象耳方瓶　　图8-3 清乾隆 釉里红梅雀纹背壶

心为之也。"而成书稍早的梁同书《古铜瓷器考·古窑器考》亦对唐英的督陶成就作了相应描述:"乾隆八年,内务府员外郎管理九江关务唐公名英,遵旨由内廷交出《陶冶图》二十张,次第编明,为作《图说》进呈御览。谨奉制造,所烧益精……其规范,则定、汝、官、哥、宣、成、嘉靖、佛郎之好样,萃于一窑;其彩色,则霁红、矾红、霁青、粉青、冬青、紫、绿、金、银、漆黑、杂彩,随宜而施;其器则规之、矩之、廉之、挫之,或崇或卑,或侈或弇,或素或彩,或堆或锥,又有瓜瓠、花果象生之作;其画染,则山水人物、花鸟写意之笔,青绿渲染之制,四时远近之景,规模名家,各有元本。于是乎戗金、镂银、琢石、髹漆、螺甸、竹木、匏蠡诸作,无不以陶为之,仿效而肖。则兹陶之一事,谓之泄造化之秘也可,谓之佐文明之瑞也可。有陶以来,未有今日之美备。"而龚鉽在《景德镇陶歌》中亦有一些记载:"市上今传釉里红,唐窑独著百年中。暗然淡简温而理,都识先生尚古风。""百年风雅一峰青,几次携琴环翠亭。看到壁间蜗寄字,也搜心语著陶经。"简要总结了唐英督陶时期釉里红制作的成就(图8-2,图8-3)和著书立说、为陶人立传的功绩。

再次是对身处社会下层的陶工制瓷技艺的概括总结。如描述吹釉工人,"看他吹泑似吹箫,小管蒙纱蘸不浇。坯上周遮无糁漏,此中元气要人调";描述拓釉工人,"如椽大笔用羊毫,颠旭能书莫漫操。看他含泑如含墨,一样临池起雪涛";描述绘画工人,"白胎烧就彩红来,五色成窑画作开。各样霁花与人物,龙眠从此向瓶罍";描述砌窑工人,"魏氏家传大结窑,曾经苦役应前朝。可知事业辛勤得,一样儿孙胜珥貂";描述为烧造龙缸而献身的风火仙师童宾的贡献和影响,"龙缸有衖自前朝,风火名仙为殉窑。博得一身烟共碧,至今青气总凌霄"；等等。尤其是将砌窑工匠魏氏之名留传于世，使后人得知中国砌窑工艺的延传情况。这种为普通工匠立传的编撰思想，在中国史学发展史上具有重要意义。过去史书多为帝王将相、望族贵胄、名公巨卿、文人硕儒、贞洁烈妇等树碑立传，歌功颂德，使之流芳百世，名垂千古；而今龚鉽能关注身处社会下层的陶工生活，并为其留名传后，值得肯定和赞赏。正如童光侠先生所言，"龚鉽不以权势评品人，不以官阶定卑尊，只要是为陶瓷事业做出过突出贡献的人，他都能有代表性地加以选录，这充分表现出作者创作思想的进步性"①。

最后是有关陶工教育的描述。景德镇虽以陶业闻名，但也是一个具有浓厚文化氛围的地方。乾隆时期曾任浮梁训导的凌汝绵在《昌江杂咏》中就曾写道："昌江自古毓宁馨，接武童科旧典型。礼节初娴胆气壮，髫龄请背十三经。""风景悠然缅古初，村村杉竹护精庐。篮舆俏向门前过，十户人家九读书。"②唐宋以来，浮梁不少文人学士金榜题名，载誉归来，这一浓郁的文化气息，直接影响到前来景德镇制瓷的客籍人。其中，景仰书院就是由客籍人组成的陶成（烧槎窑户）和陶庆（烧柴窑户）两个陶瓷行会组织捐资扩建的，为其生徒和后辈提供的教育场所。《景德镇陶歌》这样描述道："陶成子弟集昌南，书院崇开一坐谈。坯甎早消甄土日，满窑和气足清酣。"自注云："窑户陶成、陶庆二会，创有书院，曰景仰书院。"查考景德镇史志资料不难获知，景仰书院初建于清乾隆四十一年（1776年），当时是在驻镇饶州同知兴圣纪的支持下，由监生沈大振、侯世爵、林大荣等人捐资建造的，其院址就设在景德镇城区的江家坞。嘉庆二十一年（1816年），时任浮梁县令的刘丙欲扩建景仰书院，由镇上著名的大窑户陶成、陶庆两帮捐资扩建，即《景德镇陶歌》中言，"窑户陶成、陶庆二会，创有书院，曰景仰书院"。龚鉽时值浮梁县衙幕僚，曾代刘丙撰写《景仰书院记》。其扩建后的书院规制是："门内照堂五间，讲堂五间，后楼屋三间，左右厢房并堂侧廊房共计六间，院外偏左屋二间。"③（图8-4，图8-5）可见，其扩建后的书院规模还是相当大的。景仰书院是当时景德镇城区唯一的一所书院，也是目前所知景德镇最早的一所陶瓷专科教育书院。它十分注重陶瓷技艺方面的教学，曾聘请著名陶瓷史学家郑廷桂前来授课，从而培养了不少陶瓷技艺人才，为景德镇陶瓷技艺的传承和发展起到了良好的推动作用。《景德镇陶歌》中所言的"坯甎早消甄土日，满窑和气足清酣"，就是指景仰书院的学生们在陶瓷

---

① 童光侠. 漫谈《景德镇陶歌》. 景德镇高专学报：哲学社会科学版，1995（3）：6.
② 此文录自于乾隆版《浮梁县志》卷十一《艺文上·诗录》，清乾隆四十八年抄本。
③ 乾隆版《浮梁县志》卷三《学校志·书院》，清乾隆四十八年抄本。

技艺方面学有所成后，到陶瓷作坊或窑厂内实习和被选拔录用时的和谐气氛和绵绵情意。由于中国古代典籍中很少录载陶工教育方面的内容，《景德镇陶歌》记述的这则史料真实反映了清代前中期景德镇陶工教育的大致状况，十分珍贵，多少弥补了以往典籍中有关陶工教育录载上的不足。

此外，《景德镇陶歌》还论及了景德镇陶瓷史其他方面的内容，如清代自乾隆五十一年（1786年）后，朝廷不再专门委派督陶官员到景德镇御窑厂监烧御器，改由九江关监督遥领其事，并由驻镇饶州同知和景德镇巡检司共同兼管督造，这就是《景德镇陶歌》中所谓的"不要民供不设官"之"不设官"；

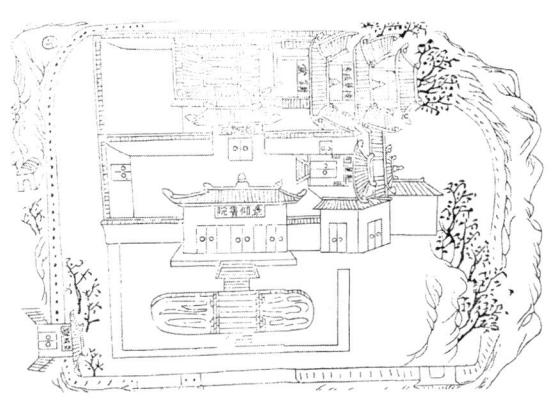

图8-4　景仰书院规制图

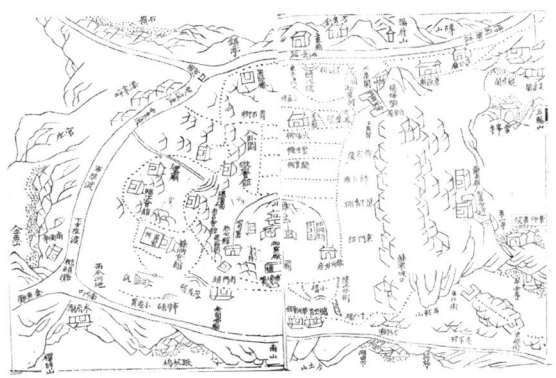

图8-5　《景德镇陶录》卷一"景德镇图"中的景仰书院所处位置图

另有御器样式大多出自宫廷来样，而非工匠的随意发挥，即《景德镇陶歌》中所言，"御窑诸作办钦单，宫式全颁自内官"。由此可见，《景德镇陶歌》虽限于诗歌体裁，不可能将景德镇陶瓷史内容全部予以论述，但多有提及，涵盖面颇广，具有一定的参考价值，是陶瓷史研究者经常查阅的重要文献之一。

四、鉴藏学价值

中国制瓷历史悠久，源远流长。若从商代出现原始瓷器算起，中国已有近三千年的制瓷史，即使从东汉晚期成熟瓷器的出现算起，也有两千多年的制瓷史。在漫长的瓷业生产中，历朝历代都有名窑名品出现，各地之间有的风格迥异，有的颇为接近。中国自唐代开始使用"窑"名①，南北瓷业都十分兴盛，受经济利益的驱使或摹古好古的需要，市场上逐渐出现了一些仿制名窑名品的行为；宋代以后，这种仿制行为渐趋增多，至明清时期达到繁盛，甚至出现了一些专仿历代名窑名品的行业，就连当时专烧宫廷用瓷的御窑厂，都设有专门的"仿古作"，仿制各种名窑名品。②尽管这些仿品中有的几可乱真，但它们毕竟只是仿品，无法完全替代原件。因此，鉴定古瓷自明代起就逐渐发展成为一项专门的学问。龚鉽在《景德镇陶歌》中就记述了一些名窑名品的制作特点和各窑名品之间的细微差异，如"章窑碎器非冰裂，要认龙泉鱼子纹。另有庐陵永和市，莫将真假听传闻。"自注云："章姓兄弟分造碎器，哥窑更纯粹。吉州者，纹不同，且非铁足。"这段文字主要区分了哥窑、龙泉窑和吉州窑"开片纹"③之间的差异（图8-6，图8-7），为世人鉴别这三窑的开片瓷提供了线索和依据，具有一定的鉴藏学价值。

同时，龚鉽在《景德镇陶歌》中还对世上所谓的"名品"作了品评和赏析，表明了自己的态度和看法，如对世人称道的精雕作品的"不屑"："雕作从来枉作劳，更嗤桃核刻牛毛。圣朝器服惟坚朴，不使矜奇到若曹。"自注云："雕作细器，最工极巧。"从实际情况来看，这段记述有失实之处。清代尤其是乾隆时期，并非不"矜奇"，而是"奇之又奇"，如仿制的各类工艺品（木器、石器、玉器、铜器、漆器、金器、银器等）（图8-8），极其酷似，若是远观，真仿难

---

① 中国古代各"窑"之名，最早见于唐代文献。唐代陆羽的《茶经》中就曾提到了越州窑、邢州窑、鼎州窑、婺州窑、岳州窑、洪州窑等窑名，率先将产瓷地所在的州名与"窑"字联用，进而组合成各窑之名。此外，唐代诗文中亦有一些提及窑名的，如陆龟蒙《秘色越器》中就有"九秋风露越窑开"句，直接使用了"越窑"之名。
② 以唐英督陶的雍、乾时期为例，御窑厂就曾成功仿制出汝釉、钧釉、官釉、哥釉、龙泉釉、宣红釉、成化斗彩等名窑名品数十种，且所"仿肖古名窑诸器无不媲美，仿各种名釉无不巧合"，成就十分显著。
③ 所谓开片纹，是指瓷釉表面呈现的不规则裂纹，而胎体本身并不开裂，这是由于釉的膨胀系数大于胎体的膨胀系数，在烧窑过程中热胀冷缩而形成的。它本是瓷釉表面的一种缺陷，后被巧妙运用，化丑为美，成为瓷釉表面的一种特殊装饰。根据纹片的大小、深浅和形状的不同，可将开片纹分为百圾碎、蟹爪文、鱼子纹、冰裂纹等。《景德镇陶歌》中所列诸窑开片瓷，由于制瓷原料成分和比例的不同，其开片纹形态亦略有差异，如百圾碎是哥窑开片纹的形态特征，鱼子纹是哥窑、汝窑和龙泉窑开片纹的形态特征，蟹爪纹、冰裂纹则是南宋官窑开片纹的形态特征，而吉州窑的开片纹多不规则，与哥窑、汝窑、官窑、龙泉窑的开片纹形态多有不同。《景德镇陶歌》中的相关描述，尽管尚有不完善甚或不正确之处，但其作者已认识到不同窑口所制开片瓷之间的纹片差异，并将其作为鉴定的重要线索和依据，还是值得肯定的。

辨；新制的转心瓶（图8-9）、转颈瓶等，更是十分精巧，其技艺真可谓"巧夺天工"。尽管如此，文中所言的"雕作从来枉作劳，更嗤桃核刻牛毛"，表明了作者对"雕作之器"的"不屑"态度和看法，认为这种器物尽管制作技艺高超，但是并没有太大的使用价值，也没有多高的艺术水平。清代乾隆以后的瓷器制作整体上追求工艺上的新奇，而无多少艺术上的创造，没能将当时高超的制瓷工艺转化为艺术发展的动力，即没能处理好工艺与艺术之间的关系，这可能与当时人们的审美趣味趋于下降有关。由于一味地追求外观上的仿肖逼真和显示工艺上的高超水平，工匠在制作瓷器时往往拘谨做作，显得呆板沉闷，失去了

图8-6 宋 哥窑双耳炉

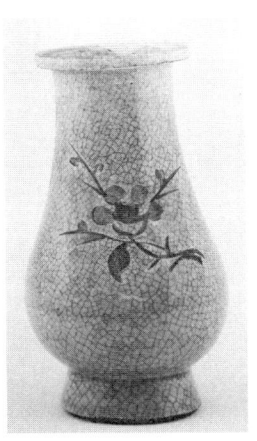

图8-7 元 吉州窑米黄釉剔花月梅纹瓶

图8-8 清乾隆 仿朱漆釉描金御题诗菊瓣式盘

图8-9 清乾隆 粉彩开光镂空花卉纹象耳转心瓶

艺术创作自由洒脱的气韵，使景德镇制瓷水平整体呈现出衰落的趋势。正如《饮流斋说瓷·概说第一》中言："至乾隆，则华缛极矣！精巧之致，几于鬼斧神工，而古朴浑厚之致，荡然无存，故乾隆一朝为有清极盛时代，亦为一代盛衰之枢纽也。"

此外，《景德镇陶歌》中还描述了不少有关景德镇陶瓷行业习俗和贸易管理方面的内容，具有一定的民俗学价值和经济学价值。由于这两部分内容大多承袭和沿用《景德镇陶录》中的内容，而有关其内容价值，笔者已在前面第七章"《景德镇陶录》的内容价值"一节中作了详细论述，读者可以参考查阅。但需说明的是，《景德镇陶歌》有关这两部分的描述亦有一些新的内容，可以说是它的创新之处。如描述瓷业习俗方面的新史料："坯板夯坯八尺长，后街小巷十分强。碰翻未许称赔字，遍请坯房面一堂"；"坯工并日作营生，午饭应迟到二更。三五成群抨肉饭，怪他夜市禁非情"；等等。又如描述瓷业贸易方面的新史料："做到砂工称大作，尊呼窑户为钱多。细瓷十一粗千百，布帛从来胜绮罗"；"冒宫冒饭广行消，厚质粗坯水釉浇。道是捡渣同滞穗，利归小户不须谷"；等等。这些新史料对于景德镇陶瓷史研究，具有一定的参考价值，可作为《景德镇陶录》内容的有益补充。因此，《景德镇陶歌》所具有的民俗学价值和经济学价值，可以说是《景德镇陶录》所具有的民俗学价值和经济学价值的有益补充。

当然，受时代局限性和阶级局限性的影响，《景德镇陶歌》中有为封建帝王歌功颂德的内容，如"熙朝崇俭尚坚完，不要民供不设官"；"坯就搭烧民户领，不赔龟甈①圣恩宽"；"朝廷尚朴屏奇巧，胜国龙床早奉删"等。尤其是"坯就搭烧民户领，不赔龟甈圣恩宽"的记述，有失实之处。"官搭民烧"本身就是封建剥削制度的一种体现，官家"低买高卖"，即用低价购买民窑生产的高质量瓷器，以供宫廷之用；而民窑受官家之征派，欲生产宫廷用的高质量瓷器，就必须高价购买官家的优质制瓷原料（包括坯料、釉料、青花料、釉上彩料等），并且只有烧制好的成品才能入选，这在实际操作中往往十不得一、甚或百不得一、千不得一；而烧制不好的成品，窑户就要用高于市场价数倍的价格购买官窑生产的瓷器，以满足官家征派的御器烧造任务。很显然，这是一种十分不公平的买卖交易，窑户利益受到了严重损害，但是鉴于官家势力，窑户只能默默忍受，任其盘削，苦不敢言。根据清宫瓷器档案的记载，当时就连著名的督陶官唐英烧坏御器，都要自掏腰包进行赔补，更不要说一般的平民百姓了。目前限于资料，尚未闻有宫廷用瓷没有烧好，可以不赔之事，笔者认为《景德镇陶

---

① 龟甈，破损、破裂。甈（音qì），破裂之意。

歌》所录很可能是龚鉽虚构而来，或可能是窑户的向往，被龚氏偶听书之。《景德镇陶歌》中还有其他记述失实的地方，如文中言"越州青瓷比红玉"之句出自《茶经》，但经笔者查阅发现，《茶经》中仅言"越瓷类玉"，并未明言"红玉"；而龚氏附会之，将其改为"越州青瓷比红玉"，恐怕这并非陆羽的本义。宋代大文豪苏轼曾作《试院煎茶》诗，其中有"定州花瓷琢红玉"句，笔者怀疑龚氏是将《茶经》之言与该诗串记而致误。又如文中言釉里红瓷"起于乾隆间唐英造"，也是不确的。从传世器及出土物来看，元代就已成功烧制出釉里红瓷，而非"起于乾隆间唐英造"，只是元代釉里红瓷的烧制技术还没能完全掌握，窑火温度和气氛很难把控，成品尚显粗糙，呈色不够鲜艳；而到清代乾隆时期，尤其是唐英主持的"唐窑"，釉里红烧制技术显著提高，不仅成品率得到大幅度提升，而且呈色效果亦愈美妙动人。此外，《景德镇陶歌》文中还植入了不少错别字，如"章窑"之"章"字误作"晋"字，"唐邑"之"邑"字误作"皆"字，"蜜水"之"蜜"字误作"密"字，"勤惰"之"勤"字误作"勒"字等。这些都是《景德镇陶歌》内容记述的不足之处。但是综而观之，瑕不掩瑜，《景德镇陶歌》作为中国第一部陶瓷诗歌专集，其内容具有工艺学、文学、史学、鉴藏学等诸多学术价值，是陶瓷学习者和研究者经常查考的重要文献之一，至今仍有较高的参引率。它不仅是中国陶瓷史上的一部名著，也是中国文学史上的一朵奇葩，在清代陶瓷文献编撰史上占有着十分重要的地位，即使在整个中国古代文献编撰史上，也有着一定的积极影响。

第四节 《景德镇陶歌》的版本流传

《景德镇陶歌》当成稿于清道光三年（1823年），初刻于道光四年（1824年），但不知为何人所刊。该本早已散佚，其版本信息无法获知。目前所见的《景德镇陶歌》的最早版本是民国年间的中国书店校印本，该本是现存最早、流传最广的《景德镇陶歌》单行本。其版本信息为：每页22行，每行24字。细黑口，四周单边，单鱼尾，乌丝栏。（图8-10）该本封页正面有题名"景德镇陶歌"，楷体书写，背面有牌记"中国书店校印"字样。首有龚鉽自序，末附道光四年杨振纲跋。该本后被桑行之等编的《说陶》、景德镇市图书馆编的《景德镇陶瓷古籍文献精粹》、景德镇陶瓷大学中国陶瓷文化研究所编的《中国古代陶瓷文献影印辑刊》等影印收录，扩大了该本的传播和影响。需要说明的是，《说陶》影印本与其他影印本略有不同，它并不是按底本原版影印，而是在保持底本样式的基础上作了一些改变。该本收录的《景德镇陶歌》属于缩编排印本，其版本信息为：每页分上、下两框，四周各围以单边，每框19行，每行24字，无版心，乌丝栏。（图8-11）原底本封页正面的书名题字"景德镇陶歌"被保留，而封页背面的牌记信息被略去。除了版式信息稍有改动外，其文字内容与原底本完全相同，这也正是将该本归入到中国书店校印本之影印本的原因。

　　为了方便今人阅览和使用，社会上还陆续出现了不少《景德镇陶歌》的现代点校整理本，如1991年陈雨前编选的《中国历代陶瓷诗词评析》本，2000年熊寥、熊微编注的《中国陶瓷古籍集成》本，2004年韩晓光编选的《景德镇古今诗抄》本，2015年陈雨前主编《中国古陶瓷文献校注》本，2016年周思中主编的《中国陶瓷名著校读》本等。这些现代点校整理本均以简体字排印，均对《景德镇陶歌》的文字内容作了点校，且对其中的关键词多有注解，可惜这些注解往往比较简单，缺乏一定的广度和深度。目前还未见有对《景德镇陶歌》做出全文翻译的，也没有一部较为全面深入的《景德镇陶歌》校注单行本。有鉴于此，笔者建议后来整理者当以中国书店校印本为底本，参校各种现代点校整理本，对《景德镇陶歌》进行点校、关键词注释和全文翻译，并根据正文的需要，插入一些图片予以辅助说明，从而编辑整理出一部较为完善的《景德镇陶歌》注释单行本，既方便世人参阅，又能使之广为传播。

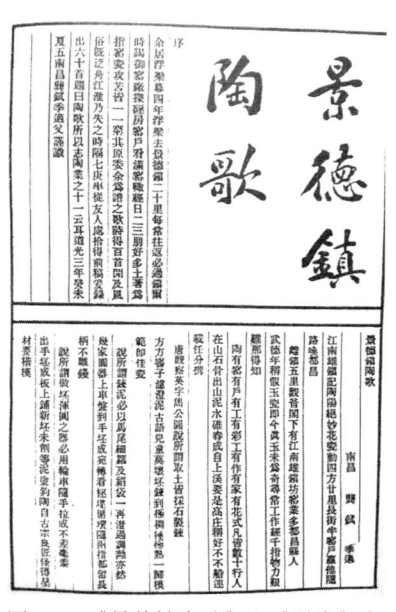

图8-10　《景德镇陶歌》中国书店校印本书影　　图8-11　《景德镇陶歌》之《说陶》本书影

第九章　陈浏与《匋雅》

第一节　陈浏其人其学

陈浏（1863—1929），一名御寇，字亮伯，一字孝威，号寂者、定公、垂叟、寂园叟、六江六山老人等，江苏江浦县（今属南京市）人。光绪十一年（1885年），成为江浦县贡生，以七品京官分户部学习，期满转作主事，后考取总理各国事务衙门章京，任福建盐法道与盐务署官，后因得罪权臣被劾去官。民国初，任交通部秘书，因其性格率直，不合于时，弃官远游至黑龙江，充当军事幕僚一职，并加入了通园诗社。民国十八年（1929年），卒于齐齐哈尔，享年67岁。

陈浏自幼聪慧好学，早年即负文名，尤以书法见长，并喜嗜鉴赏各种古玩，尤痴迷于收藏古瓷。曾居北京20余年，所见珍玩和倾囊皮藏的古玩器物十分丰富。仅就瓷杯一种，他就曾专置一室贮藏，名曰"斗杯堂"，并作《斗杯堂集》细述其收藏之事。陈氏一生著述颇丰，以诗文和陶瓷著述为主，主要有《匋雅》《杯史》《世界瓷鉴》《寂园说印》《匋庵忆语》《寂园说印》《定山印史》《骨董经》《斗杯堂诗集》《斗杯堂诗续集》《斗杯堂札记》《杯隐堂诗集》《二山唱和集》《孤圆山庄诗剩》《绣诗楼诗》《问字楼诗》《二山唱和集》《雄树堂集》等，这些著作多被收录在宣统三年（1911年）刊印的《寂园丛书》中。其中所著的《匋雅》，初名《瓷学》，又名《古瓷汇考》《寂园志第一种》，是陈浏多年来学习、收藏和鉴定瓷器的心得体会和经验总结，用力至深。该书现存共有两卷，一物一条，一事一记，总计889条。该书初稿于光绪三十二年（1906年），由上海朝记书庄石印出版，后又有修订，并于宣统三年（1911年）更名为《匋雅》刊刻出版。其内容丰富，涉及面广，几乎涵盖了与陶瓷有关的各个方面，包括古代陶瓷发展源流、器物名称、胎釉特点、装饰技法、款识铭文以及历代名窑名匠名品、市场供销情况等，尤以清康熙、雍正、乾隆三朝官窑瓷器记录为详，可谓是清末民初一部重要的陶瓷专论力作，不愧为中国瓷学的

"四大名著"①之一。

第二节 《匋雅》的编撰成因

关于《匋雅》的编撰成因,笔者认为,主要包括以下三个方面。

一是当时社会市场的强烈需求。晚清、民国时期,历代名窑产品成为收藏家和古董商们竞相追逐的目标,故而仿古器应运而生,并得以迅速发展。自唐、宋、元、明以迄晚清,无所不仿,以至于仿品、赝品大量充斥市场,真伪难辨,急需一部实用性强的陶瓷鉴赏类著作的出现,于是《匋雅》应运而生。正如陈浏在《匋雅·自序》中言:"乃元汴绘图(指明代项元汴所著《历代名瓷图谱》),断自胜国;朱琰撰说(指清代朱琰所著《陶说》),不及本朝。自余诸子,语焉弗详。三百年间,阙而无征,其奈之何?又以山僻眊儒,劬考古制,而物力既涩,闻见亦寡,驵侩贵游,虽略知鉴别,意有所会,勘能笔之于书,则区区著录,乌容已哉!"②

二是陈氏对弘扬瓷学的强烈责任感。他曾在《匋雅·原序一》中明确指出:"重译,译华瓷为支那,盖即支那瓷之省文也,于是寰球之人遂皆目支那为瓷国。吾华之瓷业,近益凋瘵矣,其犹能以其瓷辈声于寰球,而为寰球之人所称道弗衰者,则国初之旧瓷也。居中国之人,不能使其国以坚船利炮称雄于海上,其次又不能以其工业物品竞争于商场,而仅凭藉其国初所出之瓷之声誉以相与夸耀,至使寰球之人目其国为瓷国者,则有司者之辱也。居瓷国而不通瓷学,又使寰球之人嗤其生长于瓷国,而并不知其国之瓷之所以显名,则吾党之耻也。"

三是陈氏本身的学术素养和研究能力。他聪慧好学,博览群书,擅长书画,爱好收藏,精于鉴别,身居京城二十余年,有机会见到各式各样的古玩器物,尤其是对古代瓷器钟爱有加,并对瓷器鉴赏有着独到的观察和精辟的见解,这些使他完全有条件、有能力编撰此书。

---

① 杜斌在《饮流斋说瓷》"整理前言"中,曾将朱琰的《陶说》、蓝浦的《景德镇陶录》、寂园叟的《匋雅》、许之衡的《饮流斋说瓷》,并称为中国瓷学的"四大名著"。
② 需要说明的是,本书所引《匋雅》之文,均以《寂园丛书》本为底本,以上海朝记书庄石印本和《静园丛书》本为参校本,以《瓷学》丁氏述畅斋写本为补校本。后面凡引《匋雅》之处皆同,不再一一标注。

第三节 《匋雅》的编撰特点

从编排方式和正文内容来看，《匋雅》的编撰主要具有以下两方面的特点。

一、随录随记，缺乏合理的编排

陈浏在整理初版《匋雅》时，确实对其初稿《瓷学》作了一定程度的调整，至少将正文内容分成了上、中两卷。但是整体而言，《匋雅》仍属于随录随记的札记类著作，分类不够清晰，编排较为杂乱，各卷之间和各卷之中有不少描述相近或相似的文字内容，却被割裂开来。如谈到历代名窑时，忽宋忽元，忽明忽清；论及瓷器的器型、胎质、釉色、装饰、纹饰、款识等特征时，也不像后来的《饮流斋说瓷》那样按照"说窑""说胎釉""说彩色""说花绘""说款识""说瓶罐""说杯盘"等分门别类地加以阐述，而是将众多条目混杂穿插在一起，时而谈器型，时而说釉色，时而言彩绘，时而论款识，且记述时经常前后重复赘言。对此，陈浏自己也毫不讳言，诚如他在《匋雅·原序二》中所言，他初编《匋雅》时，"未尝厘订体例，区别部分，斠觯章法"。即所录内容没有进行系统地梳理和合理地归类。这种编排方式几无章法可言，给读者查检使用时带来了极大不便。

其实，陈浏在《匋雅·原序二》中又开篇言道："文之高尚者，谋篇为要。画家之千岩万壑，兵家之千乘万骑，必也大山宫小山，大营包小营，未有不分门类，不序列前后，首尾纷纶糅杂，历历落落而自成一家言者也。"可见，陈浏本人也是反对作文篇目不明、层次不清，主张分门别类、编排有序的，但他自己为什么在编撰《匋雅》时，却未能做到呢？这也许可从陈浏撰写的《匋雅·自序》中找到答案，即"是书体例芜杂，初以迫于吏事，今更沈湎杯酒，尚不暇厘析"。

作为《匋雅》编撰的承续之作，民国初年许之衡所著的《饮流斋说瓷》受其影响至深。许之衡曾在《饮流斋说瓷·书成自题六十韵》中坦言，其成书除了他笃嗜瓷艺，"结习痂成癖"之外，还有一个非常重要的原因，就是"近邻寂园叟，时过斗杯庐"[①]，即与《匋雅》作者寂园叟交往甚密。有人曾认为《饮流斋说瓷》是"剿袭"《匋雅》内容而作的。稍晚成书的《古月轩瓷考》中就曾有言："《饮流斋说瓷》，系番禺许君之衡字守白所著，而江浦陈公浏字亮伯者，则谓其

---

① （民国）许之衡著，杜斌编注. 饮流斋说瓷·书成自题六十韵. 北京：中华书局，2012：1.

剿袭伊稿，居然风行一时。证以许君《自题诗六十韵》曰：'结习痂成癖，嘤鸣道不孤。近邻寂园叟，时过斗杯庐。'盖寂园为陈公别号，尝作斗杯堂诗，并约人斗杯以为胜负。既称近邻，又属时过，必曾见《匋雅》底稿无疑。……许君因康南海故亦尝识之，究不能辨瓷之真伪。今任北大教授，讲词学而非瓷学，是陈公谓其《说瓷》剿袭伊稿，或不诬欤？"

陈浏在世时，就曾对别人抄袭或剽窃自己的学术成果，发表过言论，即"彼取吾之说，复用以相诋为争名耳，而不知吾不与之竞也"。可见，陈浏对这一抄袭现象并不是很在意，这一方面说明他心胸豁达，淡泊名利，将精力投注于自己的平生爱好之中，并为之著书立说，另一方面也反映了当时国人对著作权和版权的不够重视。当然，这里所言的"抄袭"，很可能就包括《饮流斋说瓷》对《匋雅》内容的大量"抄袭"！而关于此，现代著名史学家童书业先生也发表过自己的看法："《饮流斋说瓷》内容往往袭自《匋雅》，其据《匋雅》而成书当不误。然《匋雅》似只是随笔札记，漫无系统，且多自相矛盾处；《饮流斋说瓷》则条理井然，颇具整理之功，说许君'剿袭'，也似乎有些冤枉。"①

由于《匋雅》原本有上、中、下三卷，而今仅存上、中两卷，下卷已经不见，故而现今无法获知《匋雅》全书的内容，也就无法对《匋雅》和《饮流斋说瓷》的内容进行全面地比较分析。但是，根据许之衡的自述，他特别说明了他与陈浏是近邻好友，交往甚密，又言"寂园《匋雅》，瞻博极矣。然自谓未尝厘订体例，区别部分，初学者殊有望洋之叹，则美犹有憾也"②，其实就明确表达了《饮流斋说瓷》之作"虽然受到了《匋雅》的影响，但绝非为了攘人之书为己有，而是为了补《匋雅》作者自己也承认的其书未便于初学者的种种不足。从《饮流斋说瓷》的实际看，这一目的是很好地达到了；至于除了不得不与《匋雅》同述的历史事实之外，《饮流斋说瓷》有多少是自己的发现，已难甄别。好在一方面读者如鸡蛋而不知道是哪一只鸡下的，并不是太大的遗憾；另一方面可以肯定的，正是因为《饮流斋说瓷》'据《匋雅》而成书'，其中应该保存了《匋雅》所遗失的下卷的内容，无论如何也是一件好事"③。翻阅《饮流斋说瓷》，不难发现许之衡对所撰内容进行了系统地归类和合理地编排，共成十章加以类述，分别是概说第一、说窑第二、说胎釉第三、说彩色第四、说花绘第五、说款识第六、说瓶罐第七、说杯盘第八、说杂具第九、说疵伪第十。较之《匋

---

① 童书业著，童教英整理. 童书业瓷器史论集. 北京：中华书局，2008：228.
② (民国) 许之衡著，杜斌编注. 饮流斋说瓷·概说第一. 北京：中华书局，2012：23.
③ (民国) 许之衡著，杜斌编注. 饮流斋说瓷·前言. 北京：中华书局，2012：3.

雅》，该书编排合理，条理清晰，系统规范，为读者的查检使用提供了便利。由此亦可想见，许之衡在资料的分类整理方面下了不少工夫，其整理之功不可没矣。

二、内容丰富，缺乏严谨的考证

《匋雅》内容记述丰富，涉及面广，几乎涵括了与陶瓷有关的各个方面，包括古代陶瓷的发展源流、器物名称、胎釉特点、装饰技法、款识铭文，以及历代名窑名匠名品、市场供销情况等，在许多方面的记述都超越了前人，是一部内容相对比较完备的陶瓷专论文献。但究其性质而言，《匋雅》应该属于一部比较实用的陶瓷鉴赏类著作，它当时就是为了满足古玩收藏者快餐式的品鉴需求应运而生的。因此，《匋雅》的内容多是从鉴藏的角度评述陶瓷的，具有明显的现实服务性和功利性。这与清代前期的陶瓷文献编撰理念明显不同，正如当代陶瓷史学家赵宏先生所总结的那样："由于时代的发展，清王朝的衰落，陶瓷史学的发展方向也在悄悄地发生变化。清代前期的陶瓷史著，注重叙史内容和叙史方式，形式丰富却很规范。而清代后期乃至民国的陶瓷史学理念，在传统文化没落、中国处于西方文化入侵的境遇、瓷器发展趋于衰落的大背景下，对陶瓷的发展抱着一种以开放的观念而复古，以文人的方式而功利，以鉴赏的方式而鉴定的态度，因而开启了中国古代陶瓷史著的新风。然而值得注意的是，相对于清代前期的陶瓷史学发展成就而言，上述态度反映了以《匋雅》为标志的陶瓷史学正在走下坡路，这是由于《匋雅》所反映的倾向，不是按照严格叙史规范，而是按照现实瓷器买卖的需要，对陶瓷史的发展进行断面化的详细叙述，特别是对发展繁荣时期的瓷器在品种和纹饰上着墨很多，力图使社会对这些瓷器了解全面，以利于区别，这种方式一直延续到民国时期。尽管一些史著仍按照陶瓷史著的形式来叙述，但其功利倾向加强，为现实服务的鉴定倾向亦得到加强。"[①]这种功利性和现实服务性，使得《匋雅》记述的内容虽然具有一定的广度，但其深度明显不够，并且视野狭隘，主观性较强，尤其缺乏实地考察和严谨考证，不少描述都是陈浏自己的主观臆测甚或猜想。

具体而言，陈浏受当时时代性的局限，其研究往往表现为感性，带有浓厚的主观色彩，多是以文献史料为据，缺乏亲身实践和调查考证，里面甚至含有一些道听途说的成分，故所记内容常有漏讹之处。如书中言："乾隆朝画古月轩彩之金成字彤映者，亦人名耶？有脂水小篆印文在。"通过考察不难获知，珐琅

---

① 赵宏. 中国陶瓷史学史. 北京：中国文史出版社，2014：99-100.

彩瓷上常题一两句五言或七言诗，诗首尾往往配以闲章，"金成""映旭"就是珐琅彩瓷上使用频率较高的闲章，而陈氏将其误认为是制瓷工匠的名字，实属望文生义。又如书中对著名西洋画家郎世宁的生平介绍："郎世宁系法国人。康熙年间所制之郎窑，乃江西巡抚郎廷极所仿，亦不止祭红一种，非世宁也。世宁游于雍、乾间，善用中国笔作画，尝为纯庙造像，亦颇参用泰西界画法。"查阅资料不难获知，郎世宁（1688—1766）是意大利人，并非法国人，且于清康熙时就已供奉内廷，而非仅"游于雍、乾间"，故其言缺乏调查考证，致误。又如书中论及支钉时言："瓷钉有二种，有垂垂如足者，所谓"爪"者是也；又有以竹签支撑皿底而入窑者，迨火候圆满，撤去竹签，则亦有釉如钉形（即挣钉也）。"烧瓷器时所用的支钉均为泥制，竹签不可能经受住高温的灼烧。以竹签做支钉，这纯属陈氏个人的猜想。由此可见，陈浏可能从未亲身参与或考察过瓷器的生产过程，这造成了《匋雅》在内容记述上的不完整性，即忽略了陶瓷工艺的考证。书中有关陶瓷工艺方面的内容屈指可数，即使有所记述，也大都比较简略，甚或有漏误。正是由于陈浏在编撰《匋雅》时，缺乏必要的调查和严谨的考证，使得其研究不够深入，记述常有缺失，最终也没能得出作为一个研究门类应该得出的实质性结论。这些都是《匋雅》在内容编撰方面的不足。

此外，《匋雅》在内容编撰方面还有一个不足，那就是它没能将初稿《瓷学》的文字内容收录齐全。如《瓷学》所录"今之水丞，古之军持"；"豇红之鲜美而古润者，乃可以泽人之神经"；"雍正粉彩大瓶，以花鸟为最上品，若羼以山水楼阁，则价值相悬，何翅数倍"；"万历朝多彩瓷笔管，而康、雍无之，憎其拙也"等语均被漏弃，这对读者而言，不能不算是一种遗憾和损失。

第四节　《匋雅》的内容价值

《匋雅》记载了陈浏居住北京20余年鉴藏瓷器的心得体会和经验总结，属于陶瓷鉴赏类著作。该书几乎涵盖了与陶瓷有关的各个方面，包括古代陶瓷的发展源流、器物名称、胎釉特点、装饰技法、款识铭文，以及历代名窑名匠名品、市场供销情况等，并处处体现自己独特的见解，尤以清康熙、雍正、乾隆三朝官窑瓷器记录为详，可谓是清末民初一部重要的陶瓷专论力作，其内容具有较高的参引和研究价值。具体而言，其价值主要体现在以下几个方面。

一、鉴藏学价值

《匋雅》属于陶瓷鉴赏类著述，其鉴藏学价值主要体现在以下几个方面。

首先,《匋雅》中有关鉴藏学方面的内容极其丰富。陈浏居住北京20余年,而"京师者,一国精华之所在也",各种奇珍异宝无不汇聚于此。况且当时处于清末,正是时局动荡不安、政治经济不稳的时期,昔日豪门巨富不肯轻易示人的奇珍异宝,甚至深藏皇宫内院的宫廷御器,大多辗转流散于厂肆市井,民间藏品更是如此。正如书中所言:"一切官窑等诸秘色上方珍品,宝贵甚至。自非近簪侍从、贵戚巨邸,不能蒙被恩泽,赏赉频仍。若彼穷县酸儒、风尘骚客,虽或生逢并世,躬际圣明,罔觏灵威,莫窥禁脔。近则远人弋篡,不惜重金。于是宵小生心,遂多窃屦盗簪之士;故家中落,不少典琴卖剑之人。有此数因,郁之愈久,泄之愈奇。骯脏一翁,有此眼福,亦云幸矣。"陈氏饱览市间流散的各种古玩器物,加上自己所藏甚富,耳濡目染,其鉴别颇有见地,进而笔之于书,故《匋雅》中积聚了他多年的鉴藏经验和鉴藏心得,内容丰富,信息量大,具有极高的参考价值。

其次,陶瓷鉴藏学中一个最重要的内容就是"辨伪",即鉴定陶瓷的真伪,而《匋雅》中有关瓷器辨伪、造伪的描述颇多。这里试举数例,以供读者参阅。如书中有关清末仿制胭脂红釉(图9-1)特征的描述:"近日伪制风行,胭脂红几胜嘉、道,但微闪黄色,渣滓未清,颇欠澄静,究远逊于雍正,望而知为新釉。"又如从彩料和画面特征来鉴别后加彩的雍正官窑素瓷的描述:"雍正官窑款之素瓷杯、碗,较之未经上釉之明瓷瓶、罐,尤为繁夥,一入精于伪制者之手,而素者彩矣。杯则现极精之花鸟,碗则一例过枝。最喜紫墨、淡赭不甚习见之彩料,猝然相遇,难以辨别。若责以朱红、硬绿,则图穷匕首见矣。"此外,书中还论及了磨底、假底、真坯假彩等瓷器作伪之法:"嘉、道之物,嫌于近代,或艰摹拟伪,去其款,则谓之'磨底'。破碗之底,嵌于新瓶,款真物假,天衣无缝,则谓之'假底'。磨底者有值巨金,假底者一文不值。……其有素瓷真款,加绘彩釉,重复入窑,烘之使干,命曰'真坯假彩',尤为翻空出奇。他若补耳补足、配颈配嘴、换梁换盖、义环义柄,则又百出不穷,莫之能究诘者已。"

再次,与《陶说》《景德镇陶录》等学术类著作比较而言,学术类著作虽然逻辑鲜明,条理清晰,但是大多停留在名称和典故的考释上,并不实用于厂肆间的陶瓷收藏和古董交易。《匋雅》则另辟蹊

图9-1 清光绪 胭脂红釉盘

径，走实践之路，本着"以质直简率为主，而一切无所润饰"的原则，将自己的鉴藏经验以札记的形式逐条记录，语言简练，通俗易懂。如书中有关宋代均紫（图9-2）的描述，极为精辟。

> 宋均之紫，汗漫全体；元瓷之紫，聚于二鱼。
> 宋均之紫，汗漫全体；仿均之紫，漫晕其丰。
> 宋均之紫，多在外层；仿均之紫，内外各半。
> 宋均之紫，汗漫全体；仿均之紫，自成片段。

这些口诀式的鉴定语言不仅实用性强，而且简洁明了，容易记取。

此外，《匋雅》还记录了很多古玩行业的鉴定术语，这是以往著作中很少涉及的。如对市场上瓷器和字画专称的录载："厂人所谓硬片云者，盖指瓷品而言，又目字画为软片，犹之硬彩、软彩之别，皆市声也。"又如对官窑、民窑别称的录载："民间所卖之瓷器，厂人则谓之曰'客货'，凡所以别于官窑也。官窑之尤精者，命曰'御窑'。御窑也者，至尊之所御也；官窑也者，妃嫔以下之所得用者也。"又如对北京古玩交易市场俗称的录载："厂者，琉璃厂也，京师骨董市场也。是曰'辽村'，辽之海王村也，亦曰'燕乡'，燕下乡之海王村也。"这些行业术语虽然具有很浓郁的市井味，但却是陶瓷鉴藏中不可忽视的一部分。当然，陈浏对古玩行业内流传的一些谬误说法，在《匋雅》中也作了相应的驳正。如卷上对"郎窑"误传信息的驳正："康熙年间所制之郎窑，乃江西巡抚郎廷极所仿，亦不止祭红一种，非世宁（指郎世宁）也。世宁游于雍、乾间，善用中国笔作画，尝为纯庙（指清高宗爱新觉罗·弘历）造像，亦颇参用泰西界画法。今之厂人以明祭为郎窑，荒矣。又以郎廷极为郎世宁，尤为可哂。"卷下则对这一误传信息，又作了进一步的驳正和说明："厂人以明祭为郎窑，一误也。以郎廷极之窑属之郎世宁，二误也。……紫垣（指郎廷极）以康熙四十四年巡抚江西，至五十一年调漕运总督。世知有世宁而不知有紫垣者，世宁界画盛行于时也。世宁乃雍正时代之西洋人，乾隆初犹供奉内廷。"

二、文献学价值

陈浏不仅是一位陶瓷鉴藏家，也是一名工于诗书的文人墨客，还是一位善于使用和鉴别文献的博

图9-2　宋代 钧窑玫瑰紫釉葵花式花盆

学者。在收藏与撰书期间，他广览群书，综观历代文献，以文献求实物，以实物证文献，二者紧密结合，相互印证，准确地描述所作之文，且征引文献必标明出处，不欺世人。据笔者统计，《匋雅》就征引了数十种文献，如宋代蔡襄的《茶录》，元末明初陶宗仪的《辍耕录》，明代黄一正的《事物绀珠》、张应文的《清祕藏》、曹昭的《格古要论》、田艺蘅的《留青日札》、陈继儒的《妮古录》、李日华的《六砚斋笔记》、屠隆的《考槃余事》、项元汴的《古瓷图说》、刘体仁的《识小录》、谷应泰的《博物要览》，清代陆廷灿的《南村随笔》、唐英的《陶冶图说》、朱琰的《陶说》、蓝浦的《景德镇陶录》、程哲的《窑器说》、刘廷玑的《在园杂志》、阮葵生的《茶余客话》等。

陈氏在征引文献时，还经常根据自己的实践经验，对文献中记述的内容提出质疑和判断，以告读者如何使用和鉴别文献，并警示读者切勿轻信文献。如在描述祭红、积红的釉色差别时，就批判了《陶说》《古瓷图说》之言："近代绩学之士，又都有力者尟也。其稍稍有力者，亦见不及此，骛远谈高，罕有专家之考据。自笠亭（指《陶说》的作者朱琰）传本外，此调乃成绝响矣。至祭红、积红，均以宝石为亚泽，笠亭犹不免自歧其说，矧其下焉者乎？""曰豇豆红，曰苹果青，曰苹果绿，曰红郎窑，曰美人霁，曰朱红，曰鸡红，曰醉红，曰大红，曰鲜红，曰宝石红，曰积红，兹十有二者，皆《南村随笔》所谓宣德祭红，系以西红宝石末入釉者也。自项氏《天籁阁瓷器图说》有积红名称，遂乃与祭红区而为二。今人以宝石釉之无款者为祭红，其汁较厚，俗所概称为郎窑者也。其鲜红、朱红、粉红或变为青绿之有款者，纹片不少概见，则皆谓之为积红。于是乎同一红宝石，而有祭红与积红之判矣。既决其皆为宝石末，而《事物绀珠》又以鲜红为土质，笠亭仍之，不其缪欤？""自项子京《古瓷图说》出，遂以有纹无款之宝石红为祭红，而以无纹有款之鲜红为积红，俗亦有以积红作醉红者，又谓之鸡红，不知语其血、其冠、其羽也，大抵随其品色以定名称，望文生义，通人嘲之。"

前人著录文献多直接引用，而《匋雅》不仅引用文献，而且对《陶说》《景德镇陶录》《历代瓷器谱》《窑器说》《窑器肆考》等陶瓷专论文献的优劣作了比较分析，发表了作者的独特见解："海盐朱笠亭所撰《陶说》，援古证今，详赡博洽，虽亦有蓝本，要于宋元以前研究颇审。笠亭生长乾隆，彼时康雍瓷品尚未发明，即明瓷亦多简略。后有蓝浦者，纂袭诸家之说，恩以恶札，辄易其名曰《景德镇陶录》，体例极为芜谬。""歙县程哲字圣跂者，所著《窑说》类与朱琰《陶说》相同，而不及朱说之富。朱说亦有蓝本，政不知其孰先孰后也。惟程说内有"宣青为麻叶青"一语，乃朱说所无，余皆与朱说无少区别。练川唐氏《窑器肆考》于朱说互相出入，较朱说尤多。""《历代瓷器谱》乃嘉道间厂人所述，不著作者姓名，文理谫陋，殊不足观。其所列各种古窑，自谓出于《景德镇陶录》。蓝浦本与同时，是谱剿袭蓝说，而于明代祭红并属之于郎世宁，则非蓝说之所有，实近世传讹所由来。"就其评述而言，陈氏比较肯定朱琰撰写的《陶说》，评价此作"'说古'有功于瓷学者甚伟"，多将后来的陶瓷专论文献与之比较。但是，其评价也有不够客观之处，如对《景德镇陶录》的评价就有些偏颇，有失公允。综而观之，《匋雅》仍为古代陶瓷专论文献的研究提供了宝贵材料，并开陶瓷专论文献品评之先河。

三、哲学价值

陶瓷是生活必需品，也是文人雅士把玩欣赏的雅物。《匋雅》中对各类器物的品评，体现了当时文士阶层的审美趣味和审美感受，对于古代陶瓷美学的研究，具有一定的参考价值。如该书卷上所言："康熙彩画手精妙，官窑人物以《耕织图》为最佳。其余龙、凤、番莲之属，规矩准绳，必恭敬止，或反不如客货[①]之奇诡者。盖客货所画多系怪兽老树，用笔敢于恣肆，西人多喜购之。"这段描述反映出当时文人寄情自然，喜好野趣，轻视墨守成规、华丽繁冗之俗物。即使是出自官窑画作的龙凤之属，也觉不如客货之奇诡者。又如言："雍正豆彩酒杯，仿明成化六字款，多画极精致之人物。每只各有故事一则，若陶渊明、林和靖、米元章、周茂叔之类，不可枚举。以视道光《无双谱》，有仙凡之别，精粗雅俗，盖不可以道里计。且彩色、式样无一相同者，款字神似隋碑，尤令人叹为妙绝。""瓷品最重画工，绣品亦然，刻玉刻木莫不皆然。明瓷画手皆奕奕有神，康熙青花五彩亦颇仿明瓷，至雍正则画益美，然以花卉为最工，人物则不及康熙远甚，尤以画美人之瓶罐，不能见重于后世。康熙彩画，钩勒面目亦用蓝笔，久而弥彰。雍正易以淡赪，于画理则甚合矣，而易于模糊。其缠足作新月形者，社会恶状为外人所笑，且仕女文弱之态千篇一律，无诙诡尚武之精神，是以其人物较逊于往代也。至如花卉之妙，巧夺造化，尤以秋海棠为独步，鲜红嫣润，真绝代尤物，足以超前古越来今矣。"这又反映出文人雅士用品鉴书画的眼光鉴赏瓷器，追求笔法精妙，画面内容雅致，精神自然高尚，而鄙夷扭曲病态之美。

陈浏勤学善思，在品赏瓷器的同时，还常以瓷器看社会，以瓷器喻人生，

[①] 客货，是指与官窑相对应的、民间生产的、供民间使用的货物，这里指民窑生产的陶瓷器。

将瓷器的鉴赏升华到品味人生的高度，这不仅体现了他的人生观和价值观，而且给时事动荡中的文人学士以心灵上的寄托和方向上的指引。如书中所言："瓷器之别致而残缺者，使人可惜；玉器之完全而恶劣者，使人可嫌。世之君子，宁使人可惜，毋使人可嫌。""远镜与电话二者，使吾华古人闻之，必以为妖异也。有思想而后有形式，而后有世界，理想所有皆实像所有。明瓷大瓶，每多彩画《封神榜》之千里眼、顺风耳，何其与今世纪不谋而同符耶？是故以理想入画者，终当征诸实验，余言岂妄哉？"陈氏能从日常把玩之物中体会到为人处世的准则和理想与实际的关系，可见他在瓷器鉴赏方面的深厚功底以及经世致用的学术思想。

四、研究对外贸易文化交流的重要史料

至迟九世纪下半期起，我国陶瓷就已输出国外。《匋雅》中有不少记载反映了清末中外贸易往来的情况。如书中言："列强交通，东西角胜，而吾华独占最优之名誉。于是欧美斐澳，恐后争先，一金之值，腾涌千百。"《匋雅》在描述中外陶瓷贸易的同时，还评析了外国商人的审美取向和消费喜好。如书中言："西商重画之心不如其重色，是以康窑梅花罐颇有声价。""日本颇贵重广窑，目为泥均，价或逾于真均，亦可诧也。""日本喜素洁之瓷，若豆青，若建窑，若广窑，若茶叶末，皆谓之'日本庄'。法商则尚五采，虽极破碎，亦不甚计较。英商爱青花，近则价锐减，而上品者仍不减。美商则以红色、天青色官窑之有款者为上，俗谓之'一道釉'，尤重瓶罐。德人又喜毡包青之瓶罐也。"

中外之间有贸易，势必带来中外文化上的交流和碰撞。《匋雅》中就论及不少有关中外陶瓷文化异同方面的内容。如在瓷器装饰内容题材上，"西人之论中国贡物，均以雕绘龙形为至尊贵，而畸人逸士之嗜瓷品者，又往往不喜龙也。……欧人重鹰、狗，华人则重鹰、熊，独至于狮，中西兼重之。雕绣皆然，此不第画之瓷品也。"外商的这种不同于中国人的审美取向和消费喜好，势必影响中国陶瓷的生产导向和消费市场，如书中言："西人重豆青，不重东青，以东青多有牛毛纹，乃谓釉质之不匀，由于瓷力之不称。是以哥窑虽古，几无过而问者。吾华重东青，先亦不甚重豆青，重之则近年事也，始于日本人，而欧美效之。""康熙朝之红色尊盉，当时一有绿斑，即应贬损其价值，可见古昔不重窑变。市侩竞趋西商，投其所好，巧立名目，争相谀媚，久之又久，亦遂成为定评。是非好恶，贵贱美丑，而岂有真哉？""苹果绿小瓶，每枚只数寸，而在美洲之圣鲁意斯会场，则值美金五千，今且倍之。圆印合亦值美金千圆也。"

此外，《匋雅》中还有关于清代外销瓷的记载，如言："康窑有青花大盘，椭

图9-3　清康熙 青花约翰尼斯·坎普斯家族纹章瓷盘　　图9-4　清乾隆 粉彩描金约翰·班尼特家族纹章瓷盘

圆而长，长可二尺，宽及尺，盖西餐所用。颜色美好，笔法工细，为国初教士所特制，或即南怀仁、汤若望之流亚欤？盘中画皇冕徽章，旁有两翼之狮狗，分攀于其上，载有腊丁古文阳历年月，吾华业瓷者宜知所取材焉。"清代外销瓷除了国内生产的一般瓷器外，还有一部分是按照订货合同，根据国外市场的特殊需求而生产的，这段描述的就是外销瓷中的特殊制品"纹章瓷"（图9-3，图9-4）。

更可贵的是，陈浏能从中外陶瓷贸易的现象中看到中国陶瓷业发展的弊病，如《匋雅》中言："美国赛会税重，凡物价五分之二，故获值亦昂。西人虽甚重吾华旧瓷，然以之赴赛，则嗤之以鼻。抱残守缺，骨董家所谓卖一件即少一件，于工商新学毫无进步思想。彼其赛胜宗旨，亦盲人骑马而已，并不能如矮子观场也。"并且，陈氏还总结出"吾华瓷业盖甚凋瘵"的原因，即"工既弗良，质亦粗劣，此丧其本有者也。守常蹈故，销路阻滞，此憒于今情者也"。

第五节　《匋雅》的版本流传

作为清末民初的一部陶瓷专论力作，中国瓷学的"四大名著"之一，《匋雅》在鉴藏学、文献学、哲学、中外贸易文化交流等方面，都具有极高的参考价值，常被传抄转引。可令人遗憾的是，学界在传抄转引时，却很少关注其版本问题，更少考虑不同版本之间的联系和区别。倘若以非善本甚或较差版本的《匋雅》作为参引和立论的依据，那么最后得出的结论很可能是不客观的，不合理的，甚或不正确的。可见，对《匋雅》版本流传的考察是十分必要的，也是甚为重要的。

目前，尽管个别编注者在整理《匋雅》时，注意到了它的版本问题，从而比对了两三种不同的版本，但是他们也仅仅停留在简单的文字比对上，根本没有全面考察《匋雅》的所有版本，更没有系统梳理它们之间的联系和区别。因此，为了引起学界的关注和重视，指导读者参引和使用，笔者对《匋雅》的各种版本进行了系统考察和梳理，厘清了它们之间的流传演变关系，并比较其异同，辨析其优劣，为后来《匋雅》整理者和使用者提供借鉴和参考。

前已有言，《匋雅》或名《陶雅》，初名《瓷学》，又名《古瓷汇考》《寂园志第一种》，初稿于清光绪三十二年（1906年）。作者陈浏在《瓷学》文稿前的小序中言道："草稿芜杂，有待编次，印而存之，以省钞胥云尔，非定本也，故犹不欲轻以饷世云。"可见，《瓷学》只是《匋雅》的草稿，"非定本也"。从目前传世本来看，《瓷学》最早的版本当是江都东塘于氏述畅斋写本。其版本信息为：每页18行，每行23字至24字不等，小字双行书写。白口，四周单边，无鱼尾，乌丝栏，版心下方题"江都东塘于氏述畅斋写本"字样。（图9-5）首有作者小序，无跋。全文不分卷次，编排较为混乱。该本后被中国国家图书馆2003年编的《中国古代陶瓷文献辑录》影印收录。

值得一提的是，清华大学图书馆藏有《瓷学》文稿的抄本。从抄写者的书

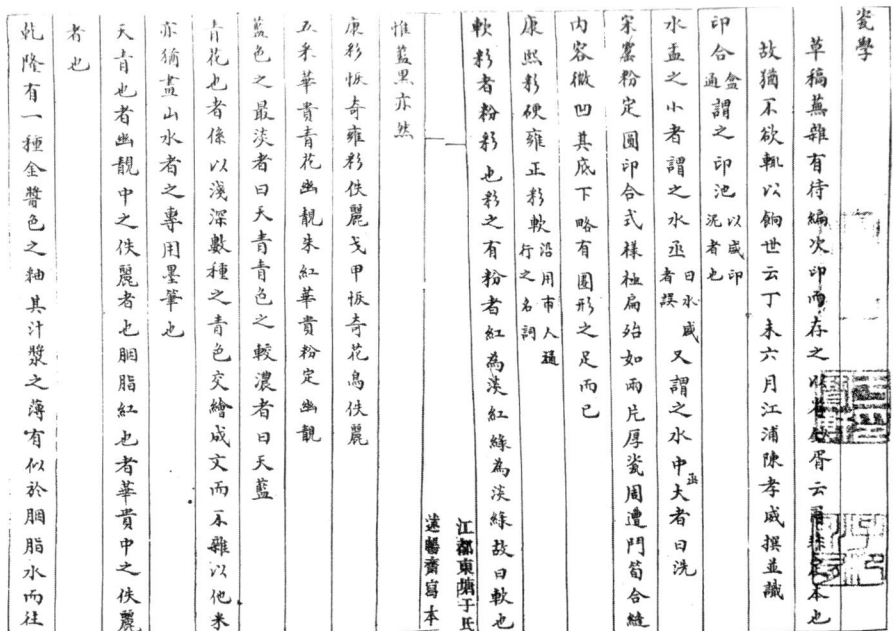

图9-5 《瓷学》之《中国古代陶瓷文献辑录》影印本书影

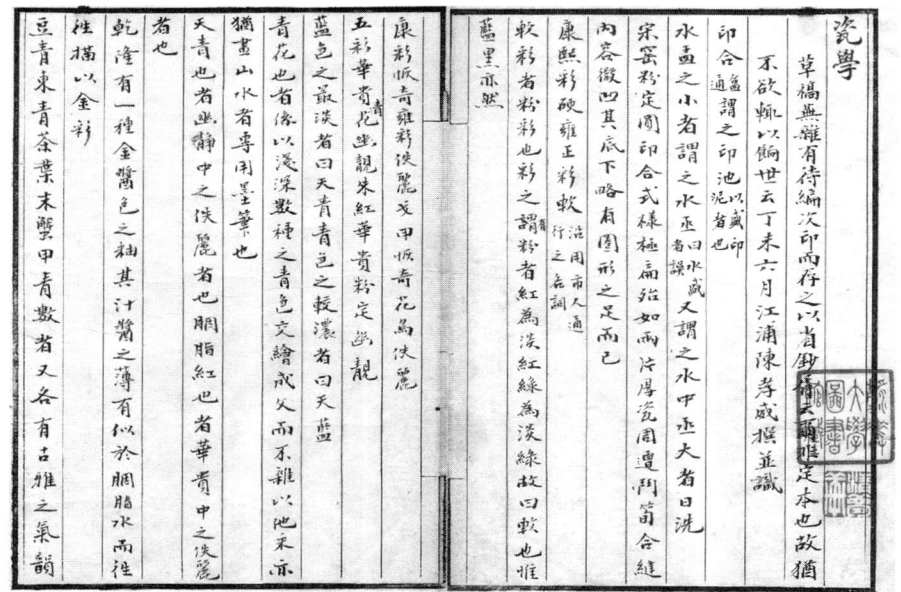

图9-6 《瓷学》抄本书影（清华大学图书馆藏）

写风格和版式特征上看，该抄本与于氏写本明显不同，两本绝非同一版本。从抄录的文字内容来看，该抄本当成于于氏写本之后，很可能是民国年间依据于氏写本抄录的本子。其版本信息为：每页20行，每行20字至25字不等，小字双行抄写。细蓝口，左右双边，无鱼尾，蓝丝栏，版心上无任何题字。（图9-6）首有作者小序，无跋。全文不分卷次，其文字内容与于氏写本基本相同，但也有抄录错漏的地方，如于氏写本中所录"幽靓中之佚丽者也"之"靓"字，就被误抄成"静"字。

清宣统三年（1911年）[①]，陈浏对《瓷学》文稿进行了编排整理，修订了一些谬误，增删了一些文字，还将其稿更名为《匋雅》。《匋雅》最早收录于陈浏整

[①] 需要说明的是，关于初版《匋雅》的刊印时间，今人大多依据《匋雅原序二》的落款时间，而将其著录为"宣统二年"，其实不然。根据《匋雅自序》，初版《匋雅》是作者自光绪三十二年二月，至宣统三年正月这段时间内所录，由其儿子辈"刊而存之"，故该本当刊印在"宣统三年"，而不应是"宣统二年"。

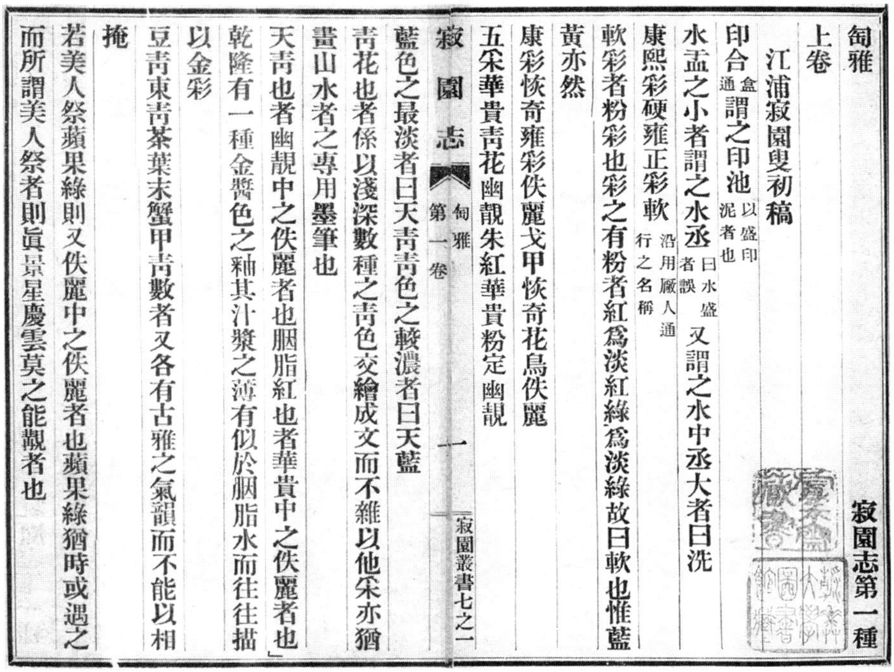

匋雅　寂園志第一種

上卷

江浦寂園叟初稿

印合盒通謂之印池以盛印泥者也

水盂之小者謂之水丞曰水盛者誤又謂之水中丞大者曰洗

康熙彩硬雍正彩軟沿用廠人通行之名稱

軟彩者粉彩也彩之有粉者紅爲淡紅綠爲淡綠故曰軟也惟藍黃亦然

康彩恢奇雍彩佚麗戈甲恢奇花鳥佚麗

五采華貴青花幽靚朱紅華貴粉定幽靚

寂園志　匋雅　第一卷　一　寂園叢書七之一

藍色之最淡者曰天青青色之較濃者曰天藍

青花也者係以淺深數種之青色交繪成文而不雜以他采亦猶畫山水者之專用墨筆也

天青也者幽靚中之佚麗者也胭脂紅也者華貴中之佚麗者也

乾隆有一種金醬色之釉其汁漿之薄有似於胭脂水而往往描以金彩

豆青東青茶葉末蟹甲青數者又各有古雅之氣韻而不能以相掩

若美人祭蘋果綠則又佚麗中之佚麗者也蘋果綠猶時或遇之而所謂美人祭者則眞景星慶雲莫之能覯者也

图9-7　《匋雅》之《寂园丛书》本书影（清华大学图书馆藏）

理的《寂园丛书》①中。其版本信息为：每页20行，每行25字，小字双行编排。白口，四周双边，单鱼尾，乌丝栏。（图9-7）版心上方题“寂园志”，下方题“寂园丛书七之一”，而版心中间所题字样，上、中两卷有所不同：上卷版心中间大多题“瓷学”，偶题“匋雅第一卷”和“瓷雅第一卷”；而中卷版心中间大多题“匋雅第二卷”，偶题“瓷学第二卷”和“瓷雅第二卷”，版式编排不够统一，容易给读者造成错觉，引起查阅上的混乱。首有作者三篇序文，依次是《匋雅自序》《匋雅原序一》《匋雅原序二》，末附10种参考文献，无跋。全文分上、中两卷，每卷卷首题名信息下均有“寂园志第一种”字样。

根据作者自序，《匋雅》当有“三卷”，《寂园丛书总目》中亦言：“《陶雅》，又名《瓷学》，上、中卷，下卷嗣出。”意思是说，《寂园丛书》先录《匋雅》上、中两卷，下卷随后接续出版。另外，《匋雅》上卷的末尾题有“瓷学第一卷毕”

①《寂园丛书》，陈浏编辑，共收录文献16种，分别是《匋雅》《茶半轩集》《二山唱和集》《斗杯堂集》《雄树堂集》《斗杯堂诗集》《杯隐堂诗集》《杯史》《寂园说印》《大山诗集》《睇海楼诗》《绣诗楼诗》《问字楼诗》《浦铎》《闽盐正告书》《福建盐务公牍（附戊申、乙酉札文）》。

字样，而中卷的末尾却无"毕"或"终"之类的字样，这很可能是因为作者将接续中卷而成下卷的原因。从这一细微的版式信息还可看出，作者当时是极有完成《匋雅》下卷的决心和意志的。但不知为何，下卷始终不见刊布于世，使研读者深以为憾，后来再版重印者常将"中卷"改作"下卷"刊印。

至于《匋雅》下卷不见流布于世的原因，笔者推想有这么几种可能：一种是作者陈浏或"迫于吏事"，或"沈湎杯酒"，无暇再续下卷；一种是作者写完中卷后，作了一番冷静地思考，最后觉得文稿已经比较完备，无须再续下卷，于是改变了初衷，不再续作；一种是作者可能已有续笔，但觉得不够完善，不愿刊印，甚至有可能自己将其销毁了，这在古代文献编撰史上也是常有的事；当然还有一种可能，就是作者已经著成下卷，甚或已经刊印，但在流传过程中不慎亡佚了。而根据稍后出版的上海朝记书庄石印本，该本将《匋雅》的"中卷"直接改成了"下卷"刊印，且在全稿的末尾处题有"终"的字样。该本刊印时，作者陈浏尚在人世，按照刊印出版的规定和要求，该本在出版前必然要经过他的过目和审阅，甚至还有所修改。倘若真是如此，那么作者陈浏对该本的编排方式是同意和认可的。如此推想下去，不难得知《匋雅》下卷很有可能是作者根本未续，因此笔者认为第二种原因更加可信些。不管出于什么原因，《匋雅》下卷早在清末民初就已寻觅不见，至今更是难觅踪影。

初版《匋雅》与初稿《瓷学》相比，在内容编排上有以下三点不同。

1. 对初稿内容进行了适当分类

如初稿《瓷学》不分卷，初版《匋雅》则分上、中两卷；部分内容也作了适当调整，如初稿的一段文字"茶叶末一种，本合黄、黑、绿三色而成……顾康熙一代，不见有茶叶末之瓷品，抑独何欤"，本置于"芦菔尊似梅瓶而瘦"这段文字之后，经作者分类调整后，将其置于中卷"茶叶末一种，雍正、乾隆皆凹雕篆款"这段文字之后。如此调整，便将有关茶叶末釉的论述集中在一起，较初稿编排更为合理些。又如初稿的一段文字"雍正小酒杯，口侈底敛，式样极美，六字楷书款，以素地无花者为真品，然不甚可贵"，本置于"康熙御制款小饭碗，款系红紫、天青、湖水各色，四字堆料，笔法整饬，古月轩款所由昉也"这段文字之后，经作者分类调整后，将其置于中卷"笔筒之大者，宜作花盆；其小而矮者，亦可代酒杯也"这段文字之后。而《匋雅》中卷中位于"雍正小酒杯"这段文字之后的一段文字"雍乾青花官窑，多作串枝莲者，颜色较浓，画亦少味，故声价亦为之不扬"，在初稿中则位于"慎德堂为道光窑中无上上品，足以媲美雍正"这段文字之后。如此调整，便将有关当时瓷器价格高低的论述集中在一起，也较初稿更为合理。但是，这种分类调整的文字在整本书中是比较稀少的。由此也可看出，作者在整理初版《匋雅》时，只是对初稿《瓷学》的内容稍作分类调整，并没有从根本上改变它"体例芜杂"、编排混乱的基本面貌。

2. 对初稿文字进行了适当修改

①增删了部分内容。如删除了初稿中的小序，增入了《匋雅自序》《匋雅原序一》《匋雅原序二》；删除了初稿中的一些段落文字，如"今之水丞，古之军持"；"豇红之鲜美而古润者，乃可以泽人之神经"；"雍正粉彩大瓶，以花鸟为最上品。若羼以山水楼阁，则价值相悬，何翅数倍"；等等。同时，《匋雅》也增补了一些段落文字，如"宣德、康熙积红器皿，红中之有绿点者无论已。其不化为绿者，则变为深色之红瘢（红瓷之中有红瘢，亦犹天青中之有蓝星也），然不足贵也"；"西商重画之心，不如其重色，是以康窑梅花罐颇有声价"；"宣德、成化、嘉靖、隆庆青花之浓艳者，又非康熙所及"；"明祭薄釉，又有赤色中微带金黄色者，纹如牛毛，亦颇雅饬也"；等等。

②修订了一些讹误。如初稿《瓷学》的一段文字："郎窑华而不俗，郎世宁之所制也，色正朱。若黯败似猪肝者，即不足宝贵矣。大盘以直径过一尺者为佳，有正圆者，有八角圆者。"经过作者修订后，录入初版《匋雅》的文字是："红郎窑华而不俗，郎廷极之所仿制者也，色正朱。若黯败似猪肝者，即不足宝贵矣。大盘以直径过一尺者为佳，有正圆者，有六角圆者。"

③变换和完善了文句表述，如初稿《瓷学》的一段文字："明瓷青花圆印合（通'盒'），以宣德六字款，花作一龙一凤，鳞羽细致而生动者为上品，一凤者次之，一龙者又次之，草虫人物又次之，山水为下。"经作者改动和完善后，录入初版《匋雅》的文字是："宣德青花圆印合，以六字三行款，花作一龙一凤，鳞羽细致而生动者为上品，一凤者亦难得，一龙则较为寻常矣，草虫人物又次之，山水为下。"又如初稿《瓷学》的一段文字："宋窑粉定圆印合，式样极扁，殆如两片厚瓷，周遭斗筍合缝，内容微凹，其底下略有圈形之足而已。"经作者改动和完善后，录入初版《匋雅》的文字则在"其底下"之后，多了"一片"二字。

3. 正文文末补录了10种参考文献，著录其卷次、作者、成书时间等信息

如元陶宗仪的《辍耕录》，明曹昭的《格古要论》、谷应泰的《博物要览》、黄一正的《事物绀珠》、田艺蘅的《留青日札》、陈继儒的《妮古录》、屠隆的《考槃余事》，清陆廷灿的《南村随笔》等。

综上所述，作者在整理初版《匋雅》时，确实对初稿《瓷学》的文字内容作了适当调整，并将正文分成了上、中两卷，但整体而言，其分类仍然不够清

晰，编排仍然比较杂乱，各卷之间和各卷之中仍有不少描述相近或相似的文字内容，却被割裂开来。可见，作者在对《匋雅》的分类整理上，并没有下多大的工夫。至于其中的缘由，正如他在《匋雅·自序》中言："是书体例芜杂，初以迫于吏事，今更沈湎杯酒，尚不暇厘析。"

初版《匋雅》问世后，由于它是一部实用性较强的陶瓷鉴赏类著作，正好迎合了当时人们鉴别瓷器真伪的强烈需求，因此受到了陶瓷界、收藏界以及古董商们的广泛关注和重视，后来被多次校刻重印，从而衍生出众多不同的版本。下面就对这些"衍生本"逐一进行论述。

1. 上海朝记书庄石印本

该本较《匋雅》初版略晚一些，当刊印于民国初年，是目前《匋雅》最早的单行本。其版本信息为：每页24行，每行24字至25字不等，小字双行编排。白口，四周单边，单鱼尾，乌丝栏。封页正面题有"匋雅"和"上海朝记书庄印行"字样，背面题有"三乐堂珍藏"字样。（图9-8）可见，该本刊印的底本曾是三乐堂珍藏本。首有作者三篇序文，依次是《匋雅自序》《匋雅原序一》《匋雅原序二》，末附10种参考文献，无跋。全文分上、下两卷，上卷卷首作者信息下方题有"书贵山房重刊"字样，卷末题有"瓷学第一卷毕"字样；下卷卷末题有"终"字。文中有断句符号"○"，无插图。

该本与《匋雅》初版相比，其文字内容错漏、颠倒者颇多。错字者，如《匋雅自序》中的"隋唐"之"隋"字被误印成"随"字，上卷中的"芝麻酱釉"

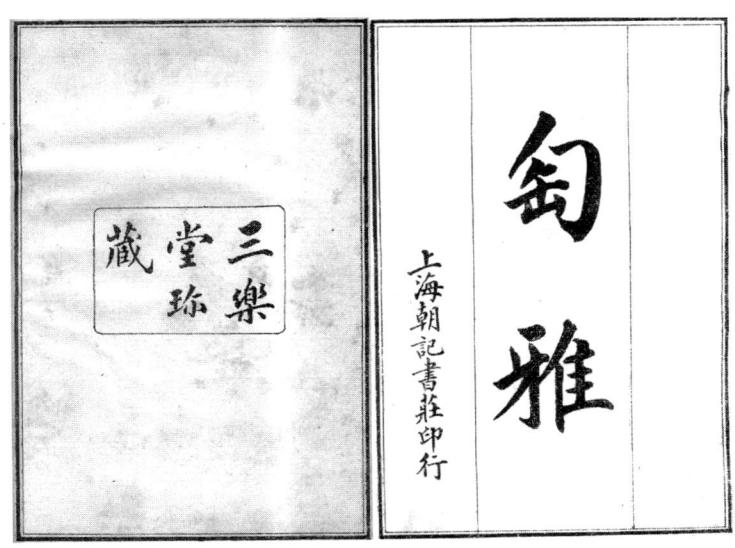

图9-8 《匋雅》上海朝记书庄石印本书影（清华大学图书馆藏）

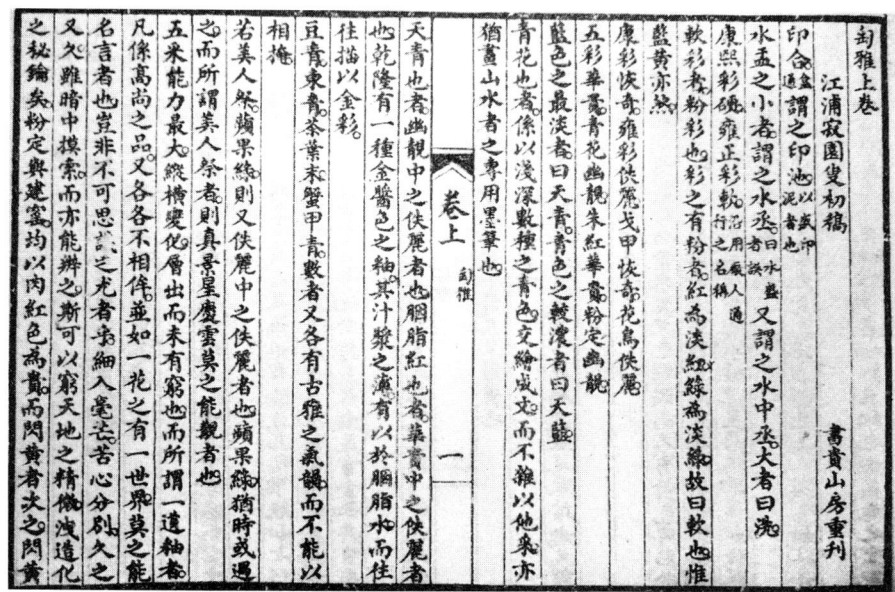

图9-9 《匋雅》之《中国陶瓷名著汇编》影印上海朝记书庄石印本书影

之"酱"字被误印成"浆"字,下卷中的"樵牧"之"牧"字被误印成"收"字等。漏字者,如上卷中的"翎毛"之"翎"字,下卷中的"圆满"之"满"字等。还有整段被漏印者,如上卷中的一段内容"瓷器之有裂纹者,未出窑为窑缝,出窑后则为冲口",就被漏印。而有关文字刊印倒置者,如上卷中的"而又曰注也"之"而又"被印成"又而",下卷中的"非若"被印成"若非"等。如此之类的情况挺多,不一而足。可见,该本在重刊重印的过程中出现了不少失误,其文字刊印的质量较《匋雅》初版略逊一些,研读者在使用时须小心注意。

该本问世后不久,上海朝记书庄又刊印了该本的影印缩编本,即将原来的四册缩编成两册,但其文字内容、编排方式和版本风格等,均与上海朝记书庄石印本基本相同。唯一变动的是,该影印缩编本将《匋雅自序》调整到《匋雅原序二》之后,其调整后的作者三篇序文的顺序依次是《匋雅原序一》《匋雅原序二》《匋雅自序》。该影印缩编本后被民国年间编的《说磁》和中国书店1991年编的《中国陶瓷名著汇编》(图9-9)相继影印收录。

2. 上海古瓷研究会重刊石印本

民国十二年(1923年),上海古瓷研究会再版重印《匋雅》,所依据的底本是上海朝记书庄石印本。该本的文字内容、编排方式和版本风格等,均与上海朝记书庄石印本基本相同。稍有改动之处在于:一是封页信息的改变。该本封

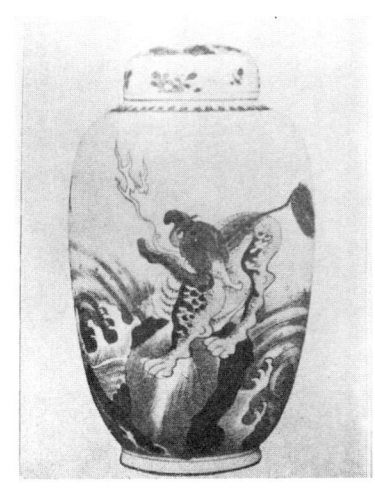

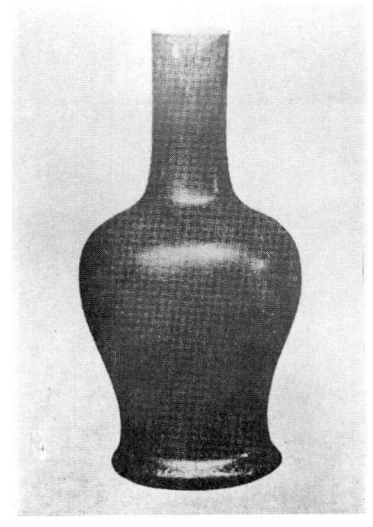

图9-10 《匋雅》民国十二年上海古瓷研究会石印本书影

页正面中间题"匋雅"二字，左右两边分别题"原名古瓷汇考"和"上海古瓷研究会印行"字样；背面题有"民国十二年五月再版发行"、出版者、印刷者、经售者、销售价格等有关版权的文字信息，且有"版权所有"字样。随后又有刘驾西题字的封页信息，正面中间题"古瓷汇考"四字，左右两边分别题"中华民国十二年季秋月"和"天台山人刘驾西题"字样，并附有"天台山人"和"刘驾西印"二印，此页背面信息与"匋雅"封页背面信息相同。二是八幅陶瓷器物图片的插入。其中，卷上插入了康熙青花麒麟罐、康熙景泰窑方花瓶、康熙青花冰梅罐、康熙红郎窑双露尊四幅图片，卷下插入了康熙白地抹蓝花觚、康熙窑八仙花瓶、康熙窑宝蓝花瓶、康熙窑彩色盆四幅图片。（图9-10）该本后被中国国家图书馆2003年编的《中国古代陶瓷文献辑录》影印收录。

时隔十年后，即民国二十二年（1933年），上海古瓷研究会又将该本依其底版重印，其文字内容、编排方式和版本风格等，均与民国十二年重刊本基本相同，只是将原版的八幅陶瓷器物图片略去，封页信息稍作改动而已。该重印本的封页信息是：封页正面信息与民国十二年重刊本刘驾西题字页信息完全相同，即正面中间题"古瓷汇考"四字，左右两边分别题"中华民国十二年季秋月"和"天台山人刘驾西题"字样，并附有"天台山人"和"刘驾西印"二印；封页背面信息的刊印格式与民国十二年重刊本封页背面信息相同，只是文字内容略有变动，如将原来的"民国十二年五月再版发行"改成了"民国二十二年九月再版发行"，将原来的定价"大洋贰元"改成了"贰元四角"，将原来的印刷者"上海元昌书局"改成了"上海天成书局"，将原来的经售者之一"上海中华图书馆"改成了"上海校经山房"。1993年，桑行之等编的《说陶》将该重印本影印缩编收录，连刘驾西题字的封页正面信息也被影录其中，只是左边栏中题写的"中华民国十二年季秋月"字样被略去。当然,《说陶》本还略去了一些其他的版式信息,如封页的背面信息、页面的版心信息、上卷卷末"瓷学第一卷毕"字样等。(图9-11)这也是它与影印底本(即民国二十二年重印本)的不同之处。

3.《美术丛书》本

清宣统三年(1911年),邓实、黄宾虹两人开始校订整理《美术丛书》,相继出版了第一集、第二集和第三集。民国十七年(1928年),第四集辑录完成,两人将其连同先前出版的三集一起再版重印,至此邓、黄校订整理的《美术丛书》全部完成。可令人遗憾的是,

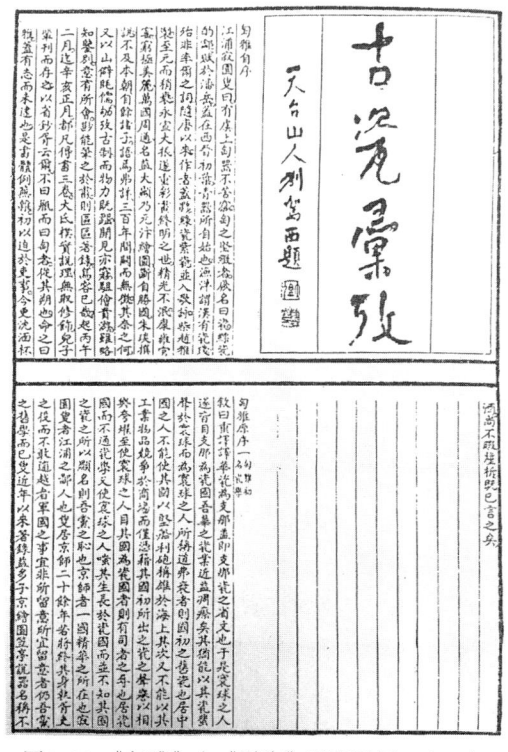

图9-11 《匋雅》之《说陶》影印民国二十二年上海古瓷研究会石印本书影

这四集均没有收录《匋雅》。直到1975年,严一萍续辑《美术丛书》第五集、第六集时,才将《匋雅》收录于该丛书的"六集第七辑"中。

从该本所录《匋雅》的文字内容、编排格式和版本风格等来看,该本重刊的底本当是上海朝记书庄石印本,但它为了保持此版《美术丛书》排印的整体风格,改原版的石印为铅印,依照其文字内容和编排方式进行重新排版。其具体的版本信息为:每页22行,每行28字,小字双行编排。白口,四周单边,无封页,无鱼尾,无界行。版心上方题"美术丛书"四字,下方题"六集第七辑"和"艺文印书馆"字样。(图9-12)首有作者三篇序文,依次是《匋雅自序》、《匋雅原序一》、《匋雅原序二》,末附10种参考文献,无跋。全文分上、下两卷,上卷卷首作者信息"江浦寂园叟初稿"下方题有"书贵山房重刊"字样,但将"寂园叟"之"园"字误印成"围"字;上卷卷末题有"瓷学第一卷毕"字样,但下卷卷末无"终"或"毕"之类的字样,这是该本与朝记书庄石印本的略有不同之处。文中有断句符号"○",断句的位置与朝记书庄石印本基本相同,无插图。

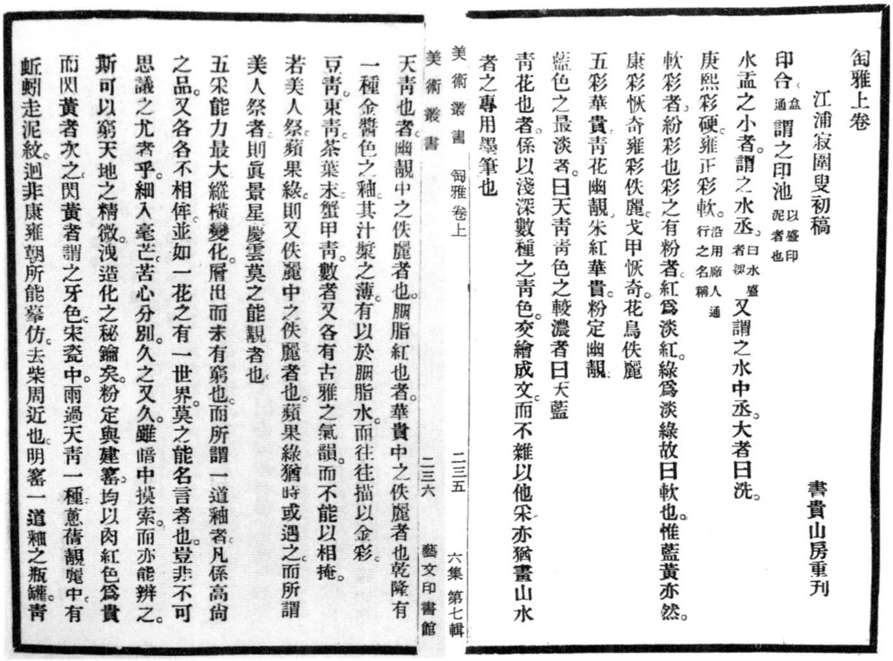

匋雅上卷

江浦寂園叟初稿　　書貴山房重刊

印合。盒通謂之印池以盛印泥者也

水盂之小者。謂之水丞。曰水盛者誤又謂之水中丞。大者曰洗。

庚熙彩硬。雍正彩軟。沿用廠人通行之名稱

軟彩者。紛彩也彩之有粉者。紅爲淡紅。綠爲淡綠故曰軟也。惟藍黃亦然。

康彩恢奇雍彩佚麗。戈甲恢奇。花鳥佚麗

五彩華貴青花幽靓。朱紅華貴。粉定幽靓。

藍色之最淡者。曰天青青色之較濃者曰天藍

青花也者。係以淺深數種之青色。交繪成文。而不雜以他采。亦猶畫山水者之專用墨筆也

美術叢書　匋雅卷上　二三五　六集 第七輯

天青也者。幽靓中之佚麗者也。胭脂紅也者。華貴中之佚麗者也乾隆有一種金醬色之釉。其汁漿之薄。有以於胭脂水。而往往描以金彩。豆青。東青茶葉末。蟹甲青。數者又各有古雅之氣韻。而不能以相掩。若美人祭蘋果綠。則又佚麗中之佚麗者也。蘋果綠猶時或遇之而所謂美人祭者則眞景星慶雲莫之能覩者也

五采能力最大縱横變化。層出而未有窮也。而所謂一道釉者凡係高尚之品。又各各不相侔。並如一花之有一世界。莫之能名言者也。豈非不可思議之尤者乎。細入毫芒。苦心分別。久之又久。雖暗中摸索。而亦能辨之。斯可以窮天地之精微。洩造化之秘鑰矣。粉定與建窰。均以肉紅色爲貴而閃黃者次之。閃黃者謂之牙色。宋瓷中。雨過天青一種。蒠蒨靓𩈩中有蚯蚓走泥紋。迥非康雍朝所能摹仿。去柴周近也。明窰一道釉之瓶罐。青

美術叢書　二三六　藝文印書館

图9-12 《匋雅》之《美术丛书》本书影

4.《静园丛书》本

民国七年（1918年），沈光莹汇辑《静园丛书》①，其中就收录了《匋雅》。从该本所录《匋雅》的文字内容、编排格式和版本风格等综合来看，该本重刊的底本当是《寂园丛书》本。其版本信息为：每页20行，每行18字，小字双行编排。白口，左右双边，单鱼尾，乌丝栏，版心上方题“匋雅”二字，下方题“静园丛书”四字。（图9-13）封页有褚德彝题写的书名“陶雅”，还有他的落款和“籀遗”印章。首有作者三篇序文，依次是《匋雅自序》《匋雅原序一》《匋雅原序二》，末附10种参考文献，无跋。全文分上、下两卷，每卷卷首题名信息下均有“寂园志第一种”字样，卷末分别题有“匋雅上卷终”和“匋雅下卷终”字样。文中无断句符，也无插图。

从所刊《匋雅》的文字内容上看，该本纠正了初版《匋雅》的一些漏误，如初版《匋雅》上卷中的“惜炳太短耳”之“炳”字被改正为“柄”字；中卷中的书名“《西青古鉴》”被改正为“《西清古鉴》”等。尽管如此，该本在重新

①《静园丛书》，民国沈光莹汇辑，共收录文献10种，分别是《籀史》《端石拟》《竹垞小志》《尊道堂诗钞》《诗画巢遗稿》《飞白录》《清仪阁杂咏》《骨董十三说》《玉纪》《匋雅》。

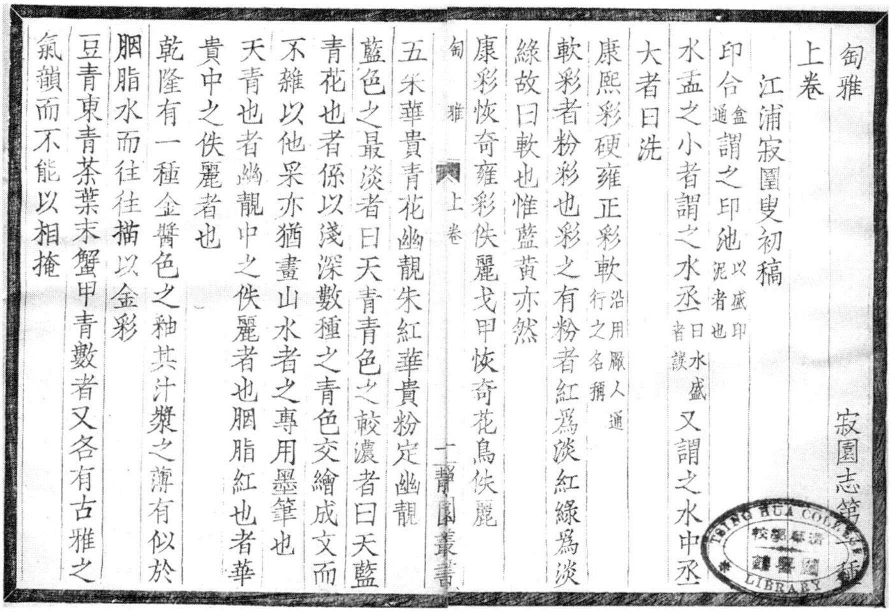
匋雅　　寂園志第

上卷

江浦寂園叟初稿

印合盒通謂之印池以盛印泥者也

水盂之小者謂之水丞曰水盛者誤又謂之水中丞

大者曰洗

康熙彩硬雍正彩軟沿用廠人通行之名稱

軟彩者粉彩也彩之有粉者紅爲淡紅綠爲淡綠故曰軟也惟藍黃亦然

康彩恢奇雍彩佚麗戈甲恢奇花鳥佚麗

匋雅　上卷　一　靜園叢書

五采華貴青花幽靚朱紅華貴粉定幽靚

藍色之最淡者曰天青青色之較濃者曰天藍

青花也者係以淺深數種之青色交繪成文而不雜以他采亦猶畫山水者之專用墨筆也

天青也者幽靚中之佚麗者也胭脂紅也者華貴中之佚麗者也

乾隆有一種金醬色之釉其汁漿之薄有似於胭脂水而往往描以金彩

豆青東青茶葉末蟹甲青數者又各有古雅之氣韻而不能以相掩

图9–13　《匋雅》之《静园丛书》本书影（清华大学图书馆藏）

排印的过程中，仍出现了不少错、漏、衍、倒等现象。错字者，如上卷中的“吾华之瓷以康、雍为最”之“雍”字被误印成“熙”字，下卷中的“渣滓未清”之“未”字被误印成“末”字，“浆胎”之“胎”字被误印成“贻”字等。漏字者，如上卷中的“星罗棋布”之“罗”字、“火候骤紧”之“骤”字，下卷中的“不一易见也”之“一”字等被漏印。衍字者，如上卷中的“磨底者”后衍一“者”字，下卷中的“则康、雍所未有也”后衍“则康、雍所未有也”等。至于文字排印颠倒者，该本只有一处，即下卷中的“盖脂水之醲醽者也”之“水之”被排印成“之水”。但整体而言，该本刊印文字的质量，较上海朝记书庄石印本和它的重刊重印本略好一些，较《匋雅》初版稍差一些，算是《匋雅》重刊本中比较精良的本子，也是可与《匋雅》初版相校并行的本子。该本后被台北新文丰出版公司1989年编的《丛书集成续编》和景德镇陶瓷大学中国陶瓷文化研究所2012年编的《中国古代陶瓷文献影印辑刊》相继影印收录。

5．松华斋抄本

该本抄录于民国年间，传世极为稀少，目前仅见藏于中国国家图书馆。其版本信息为：每页18行，每行25字，小字双行书写。白口，四周双边，单鱼尾，朱丝栏，版心下方题有“松华斋”三字。（图9–14）书衣上题有书名“匋

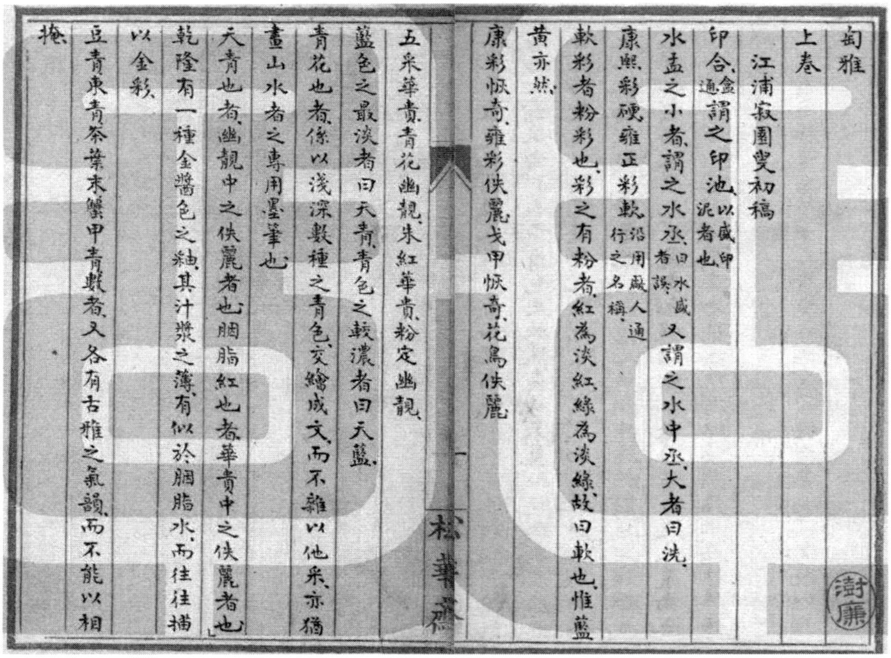
匋雅
上卷　江浦寂園叟初稿
印合。盒通謂之印池。以盛印泥者也。
水盂之小者。謂之水丞。曰水盛者誤又謂之水中丞。大者曰洗。
康熙彩硬雍正彩軟。沿用廠人通行之名稱。
軟彩者粉彩也。彩之有粉者。紅為淡紅。綠為淡綠。故曰軟也。惟藍
黄亦然。
康彩恢奇。雍彩佚麗。戈甲恢奇。花鳥佚麗。
松華齋
五采華貴。青花幽靚。朱紅華貴。粉定幽靚。
藍色之最淡者曰天青。青色之較濃者曰天藍。
青花也者。係以淺深數種之青色。交繪成文。而不雜以他采。亦猶
畫山水者之專用墨筆也。
天青也者。幽靚中之佚麗者也。胭脂紅也者。華貴中之佚麗者也。
乾隆有一種金醬色之釉。其汁漿之薄。有似於胭脂水。而往往描
以金彩。
豆青東青茶葉末蟹甲青。數者又各有古雅之氣韻。而不能以相
掩。
澍廉

图9–14 《匋雅》民国间松华斋抄本书影（中国国家图书馆藏）

雅”、卷次和“澍莽藏书”，可见该本曾被“澍莽”[①]收藏过。首有作者三篇序文，依次是《匋雅自序》《匋雅原序一》《匋雅原序二》，末附10种参考文献，无跋。全文分上、下两卷，均用楷书字体抄写。其中，上卷卷首书名信息下有一枚“澍廉”红印。文中无插图，但有断句符号“·”。值得注意的是，该本断句不像前面所言的版本那样，仅仅对《匋雅》的正文文字进行断句，它还对《匋雅》的注释文字作了断句，这是该本与其他众本的不同之处，也是该本的特色所在。

笔者根据上述所述《匋雅》的各种版本，现将其流传演变情况绘成如图9–15所示。

此外，《匋雅》出版后，不仅在国内产生了重要影响，而且引起了国外学者的关注和重视。尤其是在日本，陶瓷学者盐田力藏费数年之功，将《匋雅》全文逐段翻译成日文，并对文中的关键词用日文作了注解，于昭和十四年（1939年）校译完成《匋雅新注》一书，由雄山阁出版发行。该书首列译者绪言，论述了

① 关于“澍莽”和红印“澍廉”究竟何指，是指该本《匋雅》的收藏者或抄写者，还是指该本《匋雅》的藏书处，抑或是另有所指。目前限于资料，尚无法得知，有待于进一步地考证。

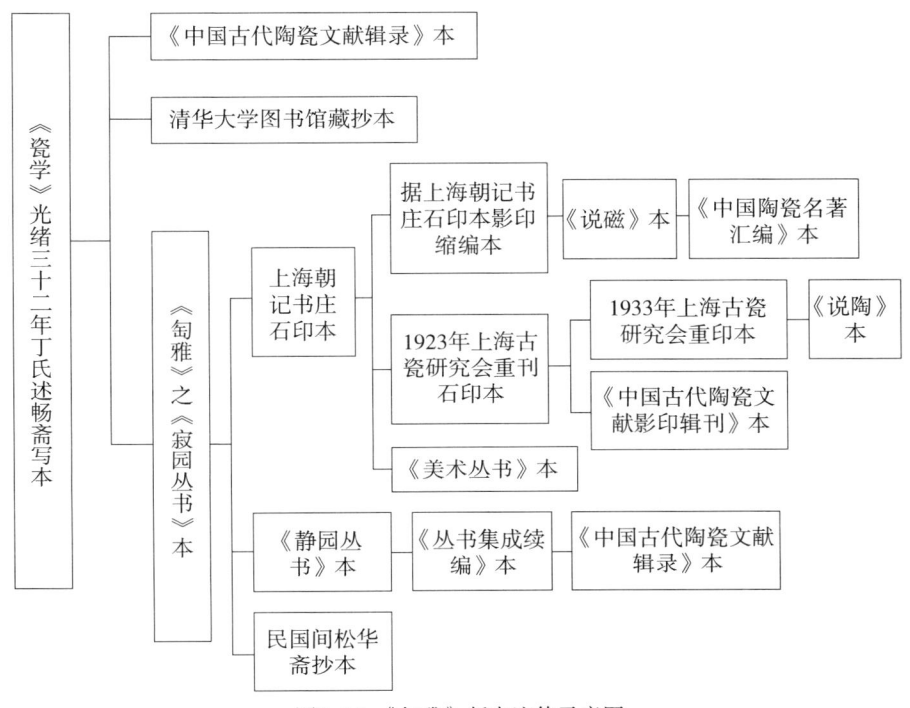

图9-15 《匋雅》版本流传示意图

《匋雅》的取材范围、编排方式、内容价值、所处地位等，说明了《匋雅新注》的编排格式、注释内容、参考文献等，后按《匋雅》的正文内容逐段标出关键词，编成"匋雅细目"，还附有"事项索引""年代索引""陶窑通览"等，为读者查检、阅读和理解《匋雅》的文字内容提供了便利。这些副文本的增入，是深度翻译实践的具体表现方式，该译本使深度翻译理论在中国陶瓷典籍翻译实践上得到了一次很好的运用，取得了不错的效果。其翻译思想、翻译方法和结构编排等，都堪称中国陶瓷典籍深度翻译乃至中国文化典籍深度翻译的典范，为当前中国陶瓷典籍的外译实践，乃至中国文化典籍如何"走出去"，提供了一些借鉴和启示。①

综而观之，这些版本多有文字不同之处，使用者应根据正文内容的原意，罗列众本，比较异同，辨析正误，合理采用。为了方便今人阅览，社会上陆续出现了《匋雅》的点校整理本，它们均采用现代简体字编排，如1991年伍跃、赵令雯点校整理的《古瓷鉴定指南（初编）》本，2006年赵春霞校注的《陈浏谈

---

① 详见陈宁，吴艳，张俊娜. 中国陶瓷典籍深度翻译的典范——论日本盐田力藏译注《匋雅新注》的价值. 景德镇陶瓷，2016（1）：8-11.

古瓷》本，2010年杜斌校注的《匋雅》本，2011年赵菁编校的《匋雅》本，2016年周思中编校的《中国陶瓷名著校读》本等。

其中，伍点校本是目前最早的《匋雅》点校整理本。该本不曾言及依据何本编排，只是对《匋雅》的文字内容进行了标点断句，未作不同版本之间的文字校对，也没有任何的文句注释，更没有配以相关的图片，是比较简单、比较初级的点校整理本。

赵春霞校注本为了配合整套丛书的需要，改《匋雅》之名为《陈浏谈古瓷》，其实内容一也。该本主要是从古玩鉴藏的角度，对文中出现的陶瓷器型、釉色、纹饰、款识、窑口、人物等作了相关阐释，并配有彩图，为广大陶瓷收藏爱好者查阅资料提供了便利。但是，该本也没有言及依据何本编排，有些重要的关键词被遗漏注解，也没有全文翻译。

杜校注本首列作者"前言"，简要概括了《匋雅》作者陈浏的生平事迹和学术成就，阐明了《匋雅》的编撰价值和应有地位，指出了《匋雅》的版本流传情况和该本编排整理的方式方法，书后附有"主要参考书目"。该本所用底本和参校本明确，即以《静园丛书》本为底本，以《寂园丛书》本和上海古瓷研究会重刊石印本为参校本，对《匋雅》的文字内容作了比对，不同之处作了"校记"，并对文中的关键词作了注释，还配有图片，图文并茂，校印精良，是目前《匋雅》校注整理本中的佼佼者。可惜的是，该本将《匋雅》文末带有的参考文献略去，且未作全文翻译，后来校注整理者当适当补充之。

赵菁编校本与伍点校本相似，只是对《匋雅》的文字内容进行了标点断句，未曾言及依据何本编排，更没作不同版本之间的文字校对，也没有任何的文句注释。但是，该本在正文中插入了大量彩图，图文并茂，为它增色不少。

周编校本是最新的《匋雅》校注整理本。该本所用底本明确，即以《中国古代陶瓷文献辑录》影印民国十二年上海古瓷研究会石印本为底本录入，但没有参校本，更未作"校记"，文中植字错漏较多。该本对文中的关键词作了简要注释，但遗漏颇多，未作全文翻译，也无任何插图。

综上所述，《匋雅》无论是初稿本、初刊本、重刊本、重印本、影印本、写本、抄本等，还是现代点校整理本，都对《匋雅》的广泛传播和使用起到了积极作用。但是，这些版本之间互有异同，各有优劣，使用者应根据文字内容的原意，罗列众本，比较异同，辨析正误，合理采用。尤其是现代点校整理本，虽已取得了一定的成果，但仍有较多不足之处，亟待解决和完善。有鉴于此，笔者根据上述《匋雅》"版本流传"的考察情况，建议后来校注整理者当以《寂园丛书》本为底本，以上海朝记书庄石印本、《美术丛书》本、《静园丛书》本、松华斋抄本等为参校本，以《瓷学》丁氏述畅斋写本为补校本，结合现代点校整理本的已有成果，对《匋雅》的文字内容进行比对、点校、关键词注释和全文翻译，并根据正文内容，配以相关图片，图文并茂，最后以简体字校印出版。这样既可供研究者参引使用，又可为普通大众服务，一举两得。

第十章 结语

当前，随着学科分工越来越细化，越来越深入，为了多角度地发展和完善学科自身理论的需要，建立和发展交叉学科已成为学术发展的必然趋势。陶瓷理论研究亦是如此，它只有与美学、哲学、文献学、考古学、图像学等学科理论相交叉，才能拓宽陶瓷理论研究的视野，才能丰富和完善陶瓷理论研究的各项内容。而陶瓷文献学就是陶瓷理论和文献学学科理论交叉研究的结果，也是陶瓷理论研究和其他相关的交叉学科建立和发展的基础，故其研究尤为必要，也甚为重要。我国古代由于受到"重道轻器""重经史轻理艺"等思想的影响，识字的文人学者大多"不屑于"器物、科技、工艺之类的文献著述，而手工艺人又多不识字，无法将自己的技艺和思想付诸文字，笔之于书，他们只能通过口口相传、口传心授的方式传承其技艺和思想，这导致了这几类文献编撰数量的稀少。作为传统手工技艺的陶瓷，其相关的文献史料不仅编撰数量稀少，而且分布散乱，多是一些只言片语，少则一二句，多则数十言，形成系统的陶瓷专论文献和陶瓷专著凤毛麟角，这给陶瓷文献整理者、利用者和研究者带来了不少困难。我国自20世纪80年代末傅振伦先生提出"中国古陶瓷文献学"一词后，二十多年来发展缓慢。期间，虽出现了一些具体的研究成果，但研究缺乏理论性和系统性，广度和深度均显不足，这与古代陶瓷文献的实际存在状况以及其它在陶瓷理论研究中所处的重要地位不相符合。

正鉴于此，本书选取陶瓷文献作为研究对象，指出了陶瓷文献的双重含义，即一般性含义"记录有陶瓷知识和信息的一切载体"和特殊性含义"记录有文字符号信息的陶瓷作品"。本书重点针对"记录有陶瓷知识和信息的纸质文献"这类陶瓷文献，以清代为时限，作了较为系统的论述。由于清代乾嘉时期是我国古代陶瓷文献编撰数量最多、涉及范围最广、类型最为丰富的时期，故而选取这一时期作为研究整个清代陶瓷文献史料分布状况的切入点和范围，很具有代表性，基本上反映了我国清代乃至整个古代陶瓷文献史料的分布状况。本书在参考《四库全书总目》分类方法的基础上，结合当前科学的分类方法，根据乾嘉时期陶瓷文献的实际存在状况，将它们划分成了十三类，即六经类、小学类、历史类、地理类、政书类、目录类、金石类、艺术类、谱录类、杂家类、类书类、小说类、诗文集类。这十三类的划分，基本反映了我国古代陶瓷文献的大致分布状况。但从各类收录的情况来看，陶瓷文献在各类中的分布是不均衡的，以地理类和诗文集类最多；而谱录类由于收录了较多的陶瓷专论文献，其重要性异常突出，其价值和地位也最为凸显。

据笔者统计，清代陶瓷专论文献总共不过10余种，但在整个古代陶瓷文献相对稀少，尤其是陶瓷专论文献十分匮乏的情况下，显得弥足珍贵。这些陶瓷专论文献的史料价值极高，常被传抄引用，是陶瓷研究者经常查阅的必备参考资料，在我国古代陶瓷文献编撰史上具有特殊重要的地位和作用。如《陶冶图说》是我国第一部系统论述清初景德镇制瓷工艺的专著，《陶人心语》是我国第一部以"陶人"命名的个人诗文集，《陶说》是我国第一部真正意义上的陶瓷史专著，《南窑笔记》是我国第一部以笔记体形式专门描述景德镇制瓷工艺的专著，《阳羡名陶录》是继明代周高起《阳羡茗壶系》之后的我国又一部系统论述宜兴紫砂工艺及其历史的力作，《景德镇陶录》是我国第一部系统论述景德镇陶瓷史的专著，《景德镇陶歌》是我国第一部陶瓷诗歌专集等。本书针对这几种重要的陶瓷专论文献，分别作了专题研究，对其编撰者、编撰特点、内容价值、版本流传等作了系统考察和较为细致深入的研究。

这些陶瓷专论文献由于成书时间有先有后，在内容编撰上存在着一定的承继关系，如《陶说》《南窑笔记》承继了《陶冶图说》的编撰成果，《阳羡名陶录》抄录了《阳羡茗壶系》的主要内容，《景德镇陶录》更是在《陶冶图说》《陶说》《文房肆考图说》等前人编撰成果的基础上，结合当时的调查访问完成的，故而它们具有一些相同或相近的编撰特点和内容价值。如这些陶瓷专论文献的编撰者大多重视实践，倡导致用，其内容大多具有较高的工艺学价值。当然，这些陶瓷专论文献由于编撰者、编撰角度、编撰方法的不同，它们在编撰风格特点和内容价值体现方面又有区别。如《陶说》的编撰，比较注重旁征博引，其内容具有较高的文献学价值；而《南窑笔记》的编撰，则采用笔记体的方式，一条一记，适当加以编排，其内容多是从鉴藏的角度记述陶瓷器物及其制作工艺，故具有较高的鉴藏学价值；《阳羡名陶录》的编撰，虽抄录了《阳羡茗壶系》的主要内容，但其编撰者却不仅仅局限于此，而是对所抄内容作了更为合理的编排和比较严谨的考证，并对宜兴紫砂制作进行了实地考察，补正了不少史料；而《景德镇陶录》的编撰者主张"学以致用"，十分强调编撰的现实性和致用性，采用"文献史料与调查访问并重"的编撰方法，其内容反映了当时景德镇陶瓷生产的多个方面，具有史学、工艺学、民俗学、文献学、经济学诸多研究价值。此外，这些陶瓷专论文献流传至今，均出现了多种不同的版本，笔者为此作了认真地考察和梳理，明晰其源流，辨别其异同，总结其优劣，并据此提出了世人参引研究的方法和建议，为我国古代陶瓷文献的挖掘、整理、利用和研究提供了必要的指导和帮助。

　　陶瓷文献学是一门新兴的交叉学科，是陶瓷理论和文献学理论交叉研究而形成的结果。严格意义上讲，它应属于专题文献学的研究范畴。本书首先指出了陶瓷文献的特殊性，明确了陶瓷文献的双重含义，又据此探讨了陶瓷文献学的含义，明确了陶瓷文献学的研究对象和研究内容，统一了陶瓷文献研究中这些基本概念的认识问题。同时，选取了比较有代表性的清代乾嘉时期，作为研究古代陶瓷文献史料分布的切入点和范围，系统梳理了这一时期陶瓷文献在古代文献分类体系中的分布状况，进而总结了这一时期各类陶瓷文献的大致编撰数量、内容价值、所处地位等，重点探讨了清代陶瓷专论文献，如《陶冶图说》《陶人心语》《陶说》《南窑笔记》《阳羡名陶录》《景德镇陶录》《景德镇陶歌》《匋雅》等的编撰者、编撰特点、内容价值、版本流传以及它们编撰之间的承继关系等。这些研究都属于陶瓷文献学研究的重要内容，其成果不仅为陶瓷理论研究提供了一个新的视角，丰富和完善了陶瓷理论研究的内容，还为陶瓷理论研究和其他相关的交叉学科的建构和发展，提供了可靠的资料来源和必要的使用方法。更为重要的是，这些研究成果为当前陶瓷文献的具体研究提供了一个新的范式，读者可以循此思路和方法，可持续地拓展研究下去。这不仅有助于推动陶瓷文献学学科体系的建构和发展，而且有助于促进古代陶瓷文献基础理论、整理实践、合理利用等各方面研究的完善和深入。

参考文献

1. 爱新觉罗·弘历. 御制诗集//纪昀, 陆锡熊, 孙士毅等. 文渊阁四库全书. 电子版. 上海: 上海人民出版社, 1999.
2. 班固. 汉书. 颜师古, 注//纪昀, 陆锡熊, 孙士毅等. 文渊阁四库全书. 电子版. 上海: 上海人民出版社, 1999.
3. 北京故宫博物院. 故宫珍本丛刊. 海口: 海南出版社, 2001.
4. 北京图书馆善本室. 影印善本书目录: 1911–1984. 北京: 中华书局, 1992.
5. 北京艺术博物馆. 中国吉州窑. 北京: 中国华侨出版社, 2013.
6. 卞宝第, 李瀚章, 曾国荃等. 光绪湖南通志//《续修四库全书》编纂委员会. 续修四库全书: 第661-668册. 上海: 上海古籍出版社, 2002.
7. 曹之. 中国古籍通史. 武汉: 武汉大学出版社, 2006.
8. 曹之. 中国古籍编撰史. 2版. 武汉: 武汉大学出版社, 2006.
9. 曹之. 中国古籍版本学. 2版. 武汉: 武汉大学出版社, 2007.
10. 陈广忠. 古典文献学. 合肥: 黄山书社, 2006.
11. 陈海澄. 景德镇瓷录. 中国陶瓷, 2004, 增刊.
12. 陈嘉榆, 王闿运. 光绪湘潭县志. 清光绪十四年（1888）刻本.
13. 陈浏. 匋雅. 杜斌, 编注. 济南: 山东画报出版社, 2010.
14. 陈茆生. 紫砂典籍·题咏·铭文鉴赏. 上海: 上海古籍出版社, 2008.
15. 陈宁. 六十年来中国古陶瓷文献学研究述评. 中国陶瓷, 2009, 45（12）: 93-97.
16. 陈宁. 关于中国古陶瓷文献学若干问题的探讨——兼评傅振伦先生《中国古陶瓷文献学》. 中国陶瓷, 2010, 46（11）: 38-40.
17. 陈宁. 试析中国古陶瓷文献学的内容架构. 景德镇陶瓷, 2010, 20（3）: 3-4.
18. 陈宁. 督陶官唐英文献编撰特点考析. 景德镇陶瓷, 2010, 20（4）: 7-9.
19. 陈宁, 罗茜. 一部清末民初的陶瓷专论力作——《陶雅》内容价值评析. 南京艺术学院学报: 美术与设计版, 2010（5）: 22-25.
20. 陈宁. 明代景德镇御器厂监陶官研究. 南京艺术学院学报: 美术与设计版, 2011（4）: 140-147.

21. 陈宁，徐波. 明清时期景德镇御窑厂督陶官的文献考察. 中国陶瓷工业，2011，18（4）：23-30.

22. 陈宁. 颜色釉瓷. 哈尔滨：黑龙江美术出版社，2013.

23. 陈宁，张俊娜. 督陶官唐英《陶冶图说》内容价值评析. 陶瓷学报，2014，35（2）：219-224.

24. 陈宁，张俊娜. 试论中国古代颜色釉瓷的文化内涵与美学风格. 中国陶瓷，2014，50（2）：77-80.

25. 陈宁. 一部清代中期的紫砂专论力作——《阳羡名陶录》内容价值评析. 中国陶瓷，2015，51(10)：91-96.

26. 陈宁.《匋雅》版本流传考. 古籍整理研究学刊，2015（6）：61-64.

27. 陈宁，吴艳，张俊娜. 中国陶瓷典籍深度翻译的典范——论日本盐田力藏译注《匋雅新注》的价值. 景德镇陶瓷，2016（1）：8-11.

28. 陈宁，黄秀云.《景德镇陶录》塞义英译本评析——以深度翻译理论为视角. 景德镇陶瓷，2016（2）：9-12.

29. 陈宁，邹思怿.《匋雅》塞义英译本评析——以深度翻译理论为视角. 中国陶瓷工业，2016（2）：37-42.

30. 陈宁，叶晓芬. 中国陶瓷典籍深度翻译的首次尝试——论《景德镇陶录》儒莲法译本的价值. 中国科技翻译，2016，29（3）：58-61.

31. 陈润民，光冉. 中国古瓷集珍. 北京：文物出版社，1997.

32. 陈少川."拜经楼"与它的主人吴骞. 大学图书情报学刊，1999（2）：61-64.

33. 陈少川. 吴骞与拜经楼. 图书馆杂志，2000，19（5）：56-57.

34. 陈用光. 太乙舟诗集. 清咸丰四年（1854）孝友堂刻本.

35. 陈雨前，陈宁，邵校等. 中国古陶瓷文献校注. 长沙：岳麓书社，2015.

36. 陈鳣. 河庄诗钞. 清光绪十四年（1888）羊复礼刻本.

37. 陈鳣. 简庄文钞. 清光绪十四年（1888）羊复礼刻本.

38. 陈祖武，朱彤窗. 乾嘉学派研究. 石家庄：河北人民出版社，2007.

39. 陈祖武. 清代学术源流. 北京：北京师范大学出版社，2012.

40. 程廷济，凌汝绵. 乾隆浮梁县志. 清乾隆四十八年（1783）抄本.

41. 程哲. 蓉槎蠡说. 清康熙五十年（1711）歙县程氏七略书堂刻本.

42. 邓显鹤. 沅湘耆旧集. 清道光二十三年（1843）邓氏南村草堂刻本.

43. 丁仁. 八千卷楼书目//《续修四库全书》编纂委员会. 续修四库全书：第921册. 上海：上海古籍出版社，2002.

44. 董莲枝. 新发现唐英"陶政示谕稿自序"之异文. 辽宁大学学报，1994

（1）：78.

45. 董占军．艺术文献学论纲．北京：清华大学出版社，2006．

46. 范凤书．中国私家藏书史．武汉：武汉大学出版社，2013．

47. 方李莉．传统与变迁：景德镇新旧民窑业田野考察．南昌：江西人民出版社，2000．

48. 方李莉．景德镇民窑．北京：人民美术出版社，2002．

49. 方邺森，方金满，郑国良．江西景德镇大洲高岭土．中国陶瓷，1985（5）：37-45．

50. 冯先铭，耿宝昌．故宫博物院藏清盛世瓷选粹．北京：紫禁城出版社，1994．

51. 冯先铭．中国古陶瓷图典．北京：文物出版社，1998．

52. 冯先铭．中国古陶瓷文献集释：上册．台北：艺术家出版社，2000．

53. 冯先铭．中国陶瓷．修订版．上海：上海古籍出版社，2001．

54. 福隆安．钦定八旗通志//纪昀，陆锡熊，孙士毅等．文渊阁四库全书．电子版．上海：上海人民出版社，1999．

55. 傅博．清宫食器与饮食文化．收藏家，2013（10）：3-8．

56. 傅振伦．朱琰《陶说》简介．景德镇陶瓷，1981（1）：33-34．

57. 傅振伦，甄励．唐英瓷务年谱长编．景德镇陶瓷，1982（2）：19-66．

58. 傅振伦．唐英生卒及其业绩再释．景德镇陶瓷，1991（2）：38-39．

59. 傅振伦．中国古陶瓷文献学．景德镇陶瓷，1992（4）：46-51．

60. 傅振伦．中国古陶瓷文献学（二）．景德镇陶瓷，1993（4）：49-56．

61. 戈丹．太白后身是紫岘——从《随园诗话》所录诗歌论及张九钺其人其诗．科教导刊，2011（4）：196-197．

62. 耿宝昌．故宫博物院藏文物珍品大系：青花釉里红．上海：上海科学技术出版社，2000．

63. 故宫博物院．故宫博物院藏宜兴紫砂．2版．北京：紫禁城出版社，2009．

64. 故宫博物院古陶瓷研究中心．故宫博物院藏清代御窑瓷器．北京：紫禁城出版社，2005．

65. 顾嗣立．元诗选//纪昀，陆锡熊，孙士毅等．文渊阁四库全书．电子版．上海：上海人民出版社，1999．

66. 关涛．历代紫砂款识．沈阳：辽宁画报出版社，2000．

67. 郭葆昌．唐俊公先生陶务纪年表//北京图书馆．北京图书馆藏珍本年谱丛刊：第九十一册．北京：北京图书馆出版社，1999：353-363．

68. 国家图书馆．中国古代陶瓷文献辑录．北京：全国图书馆文献缩微复制中心，2003．

69. 韩其楼．紫砂古籍今译．北京：北京出版社，2011．

70. 洪卫宁．古陶瓷文献评介．江西图书馆学刊，2005，35（2）：83-84．

71. 洪湛侯．中国文献学新编．杭州：杭州大学出版社，1994．

72. 洪湛侯．古典文献学的重要课题——兼论建立文献学的完整体系．杭州大学学报，1987，17（2）：86-95．

73. 胡敬．国朝院画录//《续修四库全书》编纂委员会．续修四库全书：第1082册．上海：上海古籍出版社，2002．

74. 胡婷．"引俗入雅"——雅、俗文化对流中的唐英戏曲创作．吉林艺术学院学报，2006（3）：16-20．

75. 胡英明．《景德镇陶瓷古籍文献精粹》所载陶瓷古籍文献考．江西图书馆学刊，2012，42（2）：126-128．

76. 黄清华．被遗忘的唐窑佳器——唐英瓷制对联与挂屏初探．故宫文物，2013（6）：110-119．

77. 黄宗忠．文献信息学．北京：科学技术文献出版社，1992．

78. 嵇璜．续通典//纪昀，陆锡熊，孙士毅等．文渊阁四库全书．电子版．上海：上海人民出版社，1999．

79. 嵇璜．续通志//纪昀，陆锡熊，孙士毅等．文渊阁四库全书．电子版．上海：上海人民出版社，1999．

80. 嵇璜．皇朝通典//纪昀，陆锡熊，孙士毅等．文渊阁四库全书．电子版．上海：上海人民出版社，1999．

81. 嵇璜．皇朝通志//纪昀，陆锡熊，孙士毅等．文渊阁四库全书．电子版．上海：上海人民出版社，1999．

82. 纪昀．四库全书总目//纪昀，陆锡熊，孙士毅等．文渊阁四库全书．电子版．上海：上海人民出版社，1999．

83. 纪昀．四库全书简明总目//纪昀，陆锡熊，孙士毅等．文渊阁四库全书．电子版．上海：上海人民出版社，1999．

84. 江西省历史学会景德镇制瓷业历史调查组．景德镇制瓷业历史调查资料选辑．景德镇：内部印发，1963．

85. 焦桂美．拜经楼吴氏藏书的特色及影响．山东图书馆季刊，2004（3）：23-26．

86. 景德镇市地方志办公室．中国瓷都·景德镇市瓷业志．北京：方志出版社，2004．

87. 景德镇陶瓷学院中国陶瓷文化研究所．中国古代陶瓷文献影印辑刊．广州：中国出版集团世界图书出版公司，2012．

88. 柯愈春．清人诗文集总目提要．北京：北京古籍出版社，2002．

89. 孔丘．论语集解义疏．何晏，集解；皇侃，义疏//纪昀，陆锡熊，孙士毅等．文渊阁四库全书．电子版．上海：上海人民出版社，1999．

90. 蓝浦，郑廷桂．景德镇陶录．清嘉庆二十年（1815）郑氏翼经堂刻本．

91. 蓝浦，郑廷桂．景德镇陶录．清同治九年（1870）重刻本．

92. 蓝浦，郑廷桂．景德镇陶录．清光绪十七年（1891）京都书业堂重刻本．

93. 蓝浦，郑廷桂．景德镇陶录详注．傅振伦，校注．北京：书目文献出版社，1993．

94. 蓝浦，郑廷桂．景德镇陶录图说．连冕，编注．济南：山东画报出版社，2004．

95. 蓝浦，郑廷桂．景德镇陶录校注．欧阳琛，周秋生，校点；卢家明，左行培，注释．南昌：江西人民出版社，1996．

96. 李东阳．明会典//纪昀，陆锡熊，孙士毅等．文渊阁四库全书．电子版．上海：上海人民出版社，1999．

97. 李辉炳．宋代官窑瓷器．北京：中央编译出版社，2008．

98. 李仅录，王光尧．北京新出土唐英妾可姬瓷骨灰罐．东方博物，2009(1)：41-45．

99. 李敏行．《阳羡茗壶系》之考证．南方文物，2008（1）：68-73．

100. 李其江，吴军明，张茂林等．《陶冶图说》制瓷技术理论化的特点及价值．陶瓷学报，2012，33（1）：104-107．

101. 李淑燕．《皖人书录》和《安徽省馆藏皖人书目》关于吴骞著录的疏失．阜阳师范学院学报：社会科学版，2009（1）：32-33．

102. 李晓明，陈雨前．论《景德镇陶歌》的文学美．中国陶瓷，2009，45（12）：82-84．

103. 李勇．唐英与《牧牛图》．文物世界，2000（6）：51-52．

104. 李元度．国朝先正事略//《续修四库全书》编纂委员会．续修四库全书：第538-539册．上海：上海古籍出版社，2002．

105. 梁启超．清代学术概论．上海：上海古籍出版社，2005．

106. 梁启超．中国近三百年学术史．上海：三联书店，2006．

107. 梁启超．中国近三百年学术史．北京：人民出版社，2008．

108. 梁宪华，翁连溪．中国地方志中的陶瓷史料．北京：学苑出版社，2008．

109. 林申清. 古典文献学探要. 图书与情报，1989（3）：51-55.

110. 林业强. 清代制瓷图连环画研究. 广州艺术博物院院刊，2004（1）：21-32.

111. 林叶青. 论唐英剧作的艺术特色. 艺术百家，1996（3）：82-88.

112. 刘朝晖. 明清以来景德镇瓷业与社会. 上海：上海书店出版社，2010.

113. 刘敏. 吴骞文学研究［硕士学位论文］. 杭州：浙江大学，2012.

114. 刘清萍. 海宁吴骞拜经楼. 江西图书馆学刊，2007，37（1）：126-127.

115. 卢家明. 略论《景德镇陶录》及其学术价值. 南昌职业技术师范学院学报，1996（1）：52-58.

116. 卢家明.《景德镇陶录》探析. 自然科学史研究，1998，17（2）：176-187.

117. 陆心源. 仪顾堂集. 清光绪二十四年（1898）刻本.

118. 陆以湉. 冷庐杂识//《续修四库全书》编纂委员会. 续修四库全书：第1140册. 上海：上海古籍出版社，2002.

119. 吕成龙. 明清官窑瓷器. 北京：中央编译出版社，2008.

120. 吕延林. 吴骞年谱［硕士学位论文］. 哈尔滨：黑龙江大学，2011.

121. 吕震. 宣德鼎彝谱//纪昀，陆锡熊，孙士毅等. 文渊阁四库全书. 电子版. 上海：上海人民出版社，1999.

122. 罗学正. 略论唐英在景德镇督陶期间的戏曲创作. 故宫博物院院刊，1987（2）：58-65.

123. 马端临. 文献通考//纪昀，陆锡熊，孙士毅等. 文渊阁四库全书. 电子版. 上海：上海人民出版社，1999.

124. 苗怀明. 二十世纪戏曲文献学述略. 北京：中华书局，2005.

125. 闵尔昌. 碑传集补. 民国二十一年（1932）燕京大学国学研究所铅印本.

126. 倪波. 文献学概论. 南京：江苏教育出版社，1990.

127. 欧阳世彬. 景德镇瓷器的"件". 景德镇陶瓷，1975（2）：22-23.

128. 潘鲁生. 中国民间美术工艺学. 南京：江苏美术出版社，1992.

129. 潘树广，黄镇伟，涂小马. 文献学纲要. 增订版. 桂林：广西师范大学出版社，2005.

130. 阮元. 两浙輶轩录. 清光绪十六年（1890）浙江书局刻本.

131. 潘衍桐. 两浙輶轩续录. 清光绪十七年（1891）浙江书局刻本.

132. 彭蕴璨. 历代画史汇传. 清道光五年（1825）吴门彭氏尚志堂刻本.

133. 齐皓，张俏梅. 景德镇瓷业民俗与陶瓷民艺. 北京：中国民族摄影艺术出版社，2013．

134. 潜说友．咸淳临安志//纪昀，陆锡熊，孙士毅等．文渊阁四库全书．电子版．上海：上海人民出版社，1999．

135. 乔溎，贺熙龄，游际盛等．道光浮梁县志．清道光十二年（1832）刻本．

136. 秦瀛．小岘山人诗集．清嘉庆二十二年（1817）无锡秦氏城西草堂刻本．

137. 庆云，吴启楠，姜曾等．道光南昌县志．清道光二十九年（1849）刻本．

138. 邱均平．文献计量学．北京：科学技术文献出版社，1988．

139. 曲延波．中国明清紫砂壶艺鉴赏．上海：上海科学技术出版社，2007．

140. 阙晓云．吴骞及其拜经楼藏书研究．台北：花木兰文化出版社，2008．

141. 阮葵生．茶余客话．清光绪十四年（1888）刻本．

142. 桑行之．说陶．上海：上海科技教育出版社，1993．

143. 尚小明．学人游幕与清代学术．北京：社会科学文献出版社，1999．

144. 邵长波．唐英与康雍乾瓷器．收藏家，1996（4）：12–17．

145. 申时行，赵用贤．万历重修会典//《续修四库全书》编纂委员会．续修四库全书：第789–792册．上海：上海古籍出版社，2002．

146. 盛元．同治南康府志．清同治十一年（1872）刻本．

147. 石奎济，石玮．景德镇陶瓷词典．南昌：江西人民出版社，2013．

148. 宋应星．天工开物//《续修四库全书》编纂委员会．续修四库全书：第1115册．上海：上海古籍出版社，2002．

149. 宋应星．天工开物译注．潘吉星，译注．上海：上海古籍出版社，2008．

150. 孙殿起．贩书偶记续编．上海：上海古籍出版社，1980．

151. 孙殿起．贩书偶记．新1版．上海：上海古籍出版社，1982．

152. 孙廷铨．颜山杂记//纪昀，陆锡熊，孙士毅等．文渊阁四库全书．电子版．上海：上海人民出版社，1999．

153. 孙悦."榷陶"唐英与清代官窑［硕士学位论文］．北京：中国艺术研究院，2010．

154. 台湾中央研究院历史语言研究所．钞本明实录．北京：线装书局，2005．

155. 唐英．陶人心语．清乾隆五年（1740）唐氏古柏堂刻本．

156. 唐英．陶人心语．清乾隆三十七年（1772）刻本．

157. 陶立璠．民俗学概论．北京：中央民族学院出版社，1987．

158. 铁源．江西藏瓷全集：清代．北京：朝华出版社，2005．

159. 童光侠．漫谈《景德镇陶歌》．景德镇高专学报：哲学社会科学版，1995（3）：1–11．

160. 童光侠. 从《景德镇陶歌》看清代景德镇的陶瓷生产. 景德镇高专学报, 1998（1）: 1-6.

161. 童光侠. 从《景德镇陶歌》、《陶阳竹枝词》看清代景德镇瓷俗. 景德镇陶瓷, 1999（3）: 42-48.

162. 童光侠. 唐英和他在景德镇的诗歌创作. 景德镇陶瓷, 2000（1）: 31-36.

163. 涂重阳.《景德镇陶录详注》小析. 景德镇陶瓷, 1994（4）: 52-55.

164. 脱脱. 宋史//纪昀, 陆锡熊, 孙士毅等. 文渊阁四库全书. 电子版. 上海: 上海人民出版社, 1999.

165. 王彬, 徐用仪. 光绪海盐县志. 清光绪二年（1876）刻本.

166. 王昶. 蒲褐山房诗话. 清稿本.

167. 王昶. 湖海诗传. 清嘉庆八年（1803）刻本.

168. 王贵忱. 可居丛稿. 广州: 广东人民出版社, 2011.

169. 王桂平. 清代江南藏书家刻书研究. 南京: 凤凰出版社, 2008.

170. 王火青. 藏书家吴骞的小说. 明清小说研究, 2000（4）: 143-150.

171. 王莉英. 故宫博物院藏文物珍品大系: 五彩·斗彩. 上海: 上海科学技术出版社, 1999.

172. 王莉英. 故宫博物院藏文物珍品全集: 五彩·斗彩. 香港: 商务印书馆, 2008.

173. 王欣夫. 文献学讲义. 上海: 上海古籍出版社, 2005.

174. 王重民. 跋《陶人心语》兼记唐英的事迹. 图书季刊, 1947, 新8（1/2）: 27.

175. 王宗沐, 陆万垓. 万历江西省大志. 明万历二十五年（1597）刻本.

176. 魏元旷. 民国南昌文征. 民国二十四年（1935）重印本.

177. 魏元旷. 民国南昌县志. 民国二十四年（1935）重刻本.

178. 翁同龢. 瓶庐丛稿. 清稿本.

179. 吴骞. 唐开成石经考//《续修四库全书》编纂委员会. 续修四库全书: 第184册. 上海: 上海古籍出版社, 2002.

180. 吴骞. 海宁经籍志备考//《续修四库全书》编纂委员会. 续修四库全书: 第918册. 上海: 上海古籍出版社, 2002.

181. 吴骞. 国山碑考//新文丰出版股份有限公司编辑部. 丛书集成新编: 第52册. 台北: 新文丰出版股份有限公司, 1985.

182. 吴骞. 子夏易传释存//《续修四库全书》编纂委员会. 续修四库全书: 第24册. 上海: 上海古籍出版社, 2002.

183. 吴骞．诗谱补亡后订//《续修四库全书》编纂委员会．续修四库全书：第64册．上海：上海古籍出版社，2002．

184. 吴骞．皇氏论语义疏参订//《续修四库全书》编纂委员会．续修四库全书：第153册．上海：上海古籍出版社，2002．

185. 吴骞．吴兔床日记．民国元年（1912）上海国粹学报社铅印本．

186. 吴骞．休宁厚田吴氏宗谱．清乾隆五十二年（1787）海盐吴氏赐锦堂刻本．

187. 吴骞．阳羡名陶录//《续修四库全书》编纂委员会．续修四库全书：第1111册．上海：上海古籍出版社，2002．

188. 吴骞．桃溪客语//《续修四库全书》编纂委员会．续修四库全书：第1139册．上海：上海古籍出版社，2002．

189. 吴骞．桐阴小牍．清抄本．

190. 吴骞．兔床山人藏书目录．民国张氏适园抄本．

191. 吴骞．拜经楼诗集．清嘉庆八年（1803）海宁吴氏刻本．

192. 吴骞．拜经楼诗集续编．清嘉庆八年（1803）海宁吴氏刻本．

193. 吴骞．愚谷文存．清嘉庆十二年（1807）刻本．

194. 吴骞．拜经楼诗话//《续修四库全书》编纂委员会．续修四库全书：第1704册．上海：上海古籍出版社，2002．

195. 吴寿旸．拜经楼藏书题跋记．清道光二十七年（1847）海宁蒋氏宜年堂刻本．

196. 吴寿照，吴寿旸．吴兔床府君行述//徐光济．汲修斋丛书十五种．清末徐氏汲修斋抄本．

197. 锡德，石景芬．同治饶州府志．清同治十一年（1872）刻本．

198. 夏征农，陈至立．辞海．6版彩图本．上海：上海辞书出版社，2009．

199. 謝旻，陶成．雍正江西通志//纪昀，陆锡熊，孙士毅等．文渊阁四库全书．电子版．上海：上海人民出版社，1999．

200. 熊贵奇．唐英款瓷器考证及研究中的几个问题［硕士学位论文］．景德镇：景德镇陶瓷学院，2012．

201. 熊寥．第一首咏赞景德镇瓷器诗文考．景德镇陶瓷，1983（3）：55-58．

202. 熊寥．麻仓土与高岭土．河北陶瓷，1985（2）：46-48．

203. 熊寥，熊微．中国陶瓷古籍集成．注释本．南昌：江西科学技术出版社，2000．

204. 熊寥，熊微．中国陶瓷古籍集成．上海：上海文化出版社，2006．

205. 徐湖平. 中国清代官窑瓷器. 上海：上海文化出版社，2003.

206. 徐小川.《明人诗钞》研究［硕士学位论文］. 苏州：苏州大学，2007.

207. 徐秀棠. 紫砂工艺. 杭州：浙江人民出版社，2009.

208. 徐秀棠，山谷. 宜兴紫砂五百年. 上海：上海辞书出版社，2009.

209. 徐学林. 拜经楼主人吴骞的编辑刻书活动. 出版科学，2007，15（5）：74-79.

210. 徐振平，查月贞. 陶瓷习俗及其现实意义浅论. 景德镇高专学报，2010，25（1）：113-115.

211. 许傅霈，朱锡恩. 民国海宁州志稿. 民国十一年（1922）刻本.

212. 许瑶，吴仰贤. 光绪嘉兴府志. 清光绪五年（1879）刻本.

213. 许之衡. 饮流斋说瓷译注. 叶喆民，译注. 北京：紫禁城出版社，2005.

214. 严佐之. 近三百年古籍目录举要. 上海：华东师范大学出版社，2008.

215. 颜惠崇，天健，建文. "件"是什么——景德镇陶瓷特有计量单位探涵. 景德镇陶瓷，1991（3）：40-43.

216. 杨静荣.《景德镇陶歌》及其历史价值. 故宫博物院院刊. 1994（1）：33-34.

217. 杨静荣. 故宫博物院藏文物珍品大系：颜色釉. 上海：上海科学技术出版社，1999.

218. 杨玲，陈雨前. 从《白土案》看陶冶对小环境的影响. 中国陶瓷工业，2010，17（1）：27-29.

219. 杨永峰. 景德镇陶瓷古今谈. 北京：中国文史出版社，1991.

220. 杨子帆. 紫砂陶. 哈尔滨：黑龙江美术出版社，2013.

221. 姚名达. 中国目录学史. 上海：上海古籍出版社，2005.

222. 叶麟趾. 古今中外陶磁汇编. 民国二十三年文奎堂书庄印本.

223. 叶佩兰. 唐英及其助手的制瓷成就，故宫博物院院刊，1992（2）：18-22.

224. 叶佩兰. 故宫博物院藏文物珍品大系：珐琅彩·粉彩. 上海：上海科学技术出版社，1999.

225. 叶喆民. 中国陶瓷史. 北京：生活·读书·新知三联书店，2006.

226. 余锋，方文龙. 论唐英诗歌. 江西师范大学学报：哲学社会科学版，2003，36（5）：48-53.

227. 俞汝楫. 礼部志稿//纪昀，陆锡熊，孙士毅等. 文渊阁四库全书. 电子版. 上海：上海人民出版社，1999.

228. 袁慧. 张九钺及其文学家族［硕士学位论文］. 长沙：湖南大学，2008.

229. 曾国藩，刘坤一，刘绎等. 光绪江西通志//《续修四库全书》编纂委员会. 续修四库全书：第659册. 上海：上海古籍出版社，2002.

230. 张柏. 中国瓷器出土全集. 北京：科学出版社，2008.

231. 张德山. 督陶官唐英. 北京：中国社会出版社，2007.

232. 张发颖，刁云展. 唐英集. 沈阳：辽沈书社，1991.

233. 张发颖. 唐英全集. 北京：学苑出版社，2008.

234. 张发颖. 唐英督陶文档. 北京：学苑出版社，2012.

235. 张庚. 国朝画征录//《续修四库全书》编纂委员会. 续修四库全书：第1067册. 上海：上海古籍出版社，2002.

236. 张庚. 国朝画征续录//《续修四库全书》编纂委员会. 续修四库全书：第1067册. 上海：上海古籍出版社，2002.

237. 张家榴. 张度西先生年谱. 清道光二十九年（1849）湘潭张氏刻本.

238. 张家栻. 陶园年谱. 清湘潭张氏刻本.

239. 张九钺. 紫岘山人全集. 清咸丰元年（1851）湘潭张氏刻本.

240. 张九钺. 南窑笔记. 王婧，校理. 桂林：广西师范大学出版社，2012.

241. 张舜徽. 中国文献学. 上海：上海古籍出版社，2009.

242. 张廷玉. 明史//纪昀，陆锡熊，孙士毅等. 文渊阁四库全书. 电子版. 上海：上海人民出版社，1999.

243. 张维屏. 国朝诗人征略初编//《续修四库全书》编纂委员会. 续修四库全书：第1712–1713册. 上海：上海古籍出版社，2002.

244. 赵彩泉，江华. 督陶官文化与景德镇学术研讨会论文集. 南昌：江西美术出版社，2011.

245. 赵宏. 清唐英《陶冶图说》中的工艺观. 景德镇陶瓷，1999（4）：39–43.

246. 赵菁. 阳羡茗壶. 北京：金城出版社，2011.

247. 震钧. 国朝书人辑略//《续修四库全书》编纂委员会. 续修四库全书：第1089册. 上海：上海古籍出版社，2002.

248. 郑鹤声，郑鹤春. 中国文献学概要. 上海：上海书店，1983.

249. 郑伟章. 文献家通考. 北京：中华书局，1999.

250. 中国大百科全书总编辑委员会《图书馆学·情报学·档案学》编辑委员会，中国大百科全书出版社编辑部. 中国大百科全书：图书馆学、情报学、档案学. 北京：中国大百科全书出版社，1998.

251. 中国第一历史档案馆，北京铁源陶瓷研究院. 清宫瓷器档案全集. 北京：中国画报出版社，2008．

252．中国陶瓷全集编辑委员会．中国陶瓷全集．上海：上海人民美术出版社，2000．

253．中国文物信息咨询中心．中国古代陶瓷艺术：明清彩瓷与颜色釉．北京：人民美术出版社，2008．

254．中国文物学会专家委员会．中国官窑瓷器．济南：山东美术出版社，2011．

255．周高起．阳羡茗壶系．司开国，尚荣，编注．北京：中华书局，2012．

256．周骏富．清代传记丛刊．台北：明文书局，1985．

257．周庆山．文献传播学．北京：书目文献出版社，1997．

258．周荣林．景德镇陶瓷习俗．南昌：江西高校出版社，2004．

259．周思中，陈宁，侯铁军等．中国陶瓷名著校读．武汉：武汉大学出版社，2016．

260．周思中，熊贵奇．窑神新造：唐英在景德镇的御窑新政与风火仙崇拜．创意与设计，2012（3）：63-69．

261．周文骏．文献交流引论．北京：书目文献出版社，1986．

262．周媛．论《陶冶图》与《陶冶图说》的研究价值．陶瓷研究，2011（4）：108-110．

263．朱丙寿．海盐朱氏族谱．清光绪十七年（1891）刻本．

264．朱彭寿．安乐康平室随笔．民国二十九年（1940）铅印本．

265．朱熹．四书章句集注//纪昀，陆锡熊，孙士毅等．文渊阁四库全书．电子版．上海：上海人民出版社，1999．

266．朱琰．陶说//《续修四库全书》编纂委员会．续修四库全书：第1111册．上海：上海古籍出版社，2002．

267．朱琰．陶说译注．傅振伦，译注．北京：轻工业出版社，1984．

268．朱琰．陶说．杜斌，校注．济南：山东画报出版社，2010．

269．朱琰．明人诗钞//《四库禁毁书丛刊》编纂委员会．四库禁毁书丛刊：集部第37册．北京：北京出版社，2000：395-730．

270．朱琰．学诗津逮．清乾隆二十五年（1760）桐乡沈氏雪香书舍刻本．

271．朱琰．笠亭诗集．清乾隆三十八年（1773）海盐朱氏樊桐山房刻本．

272．朱琰．湖楼集．清光绪二十一年（1895）钱塘丁氏嘉惠堂刻本．

273．朱俎莘，朱麟元．海盐士林录．民国二十一年（1932）海盐朱氏十三古印斋铅印本．

274．祝桂洪．景德镇陶瓷传统工艺．南昌：江西高校出版社，2004．

后 记

陶瓷文献学是一门既古老又年轻的学科。说起古老，是因为先民们很早就有关于陶瓷的各种描述，如《诗经》《尚书》《周易》《礼记》《吕氏春秋》等书中都有关于陶瓷的记载，可见陶瓷文献的编撰实践已有两千多年的历史。说起年轻，是因为该学科直到20世纪80年代末才被明确提出来，距今不到30年的时间，并且在这30年的时间里，该学科的研究发展缓慢，成果寥寥，迄今没有出现一本有关陶瓷文献学研究的论著。

当认识到这一现状后，或出于专业兴趣，抑或是责任使然，加上机缘巧合，使我迫切想要改变这一现状，希望能为陶瓷文献学的建构和发展做点事情。从2007年开始，我便有意收集相关资料，为编撰一部有关陶瓷文献学研究的论著做准备。为什么是从2007年开始的呢？这要简要说下我个人的学术经历。

2007年7月，我从武汉大学信息管理学院图书馆学专业硕士毕业后，由于我在硕士阶段的主要研究方向是古典文献学，所以很想找一份与此相关的工作。机缘巧合，我有幸被景德镇陶瓷大学中国陶瓷文化研究所聘任，参与编纂国家重大文化出版工程《中华大典·艺术典·陶瓷艺术分典》的工作，通过诸位同仁多年来坚持不懈的努力，从浩如烟海的古籍中辑录出大量的第一手陶瓷史料，相继整理出版了《中国古代陶瓷文献影印辑刊》《中华大典·艺术典·陶瓷艺术分典》《中国古陶瓷文献校注》等著作，为本书的撰写奠定了坚实的资料基础。

由于陶瓷文献学是文献学和陶瓷理论交叉而成的一门学科，要想做好此研究，不仅要具备文献学研究的能力，还要了解陶瓷的各种知识，于是我于2011年8月考取了清华大学美术学院陶瓷艺术设计系，攻读艺术学博士学位。期间，我不仅学习了许多陶瓷设计的相关知识，还结识不少良师益友，使我在陶瓷文献学方面的研究更趋充实，想法更趋完善，并开始撰写我的博士学位论文《乾嘉时期陶瓷文献编撰研究》。本书就是在这篇博士论文的基础上修改、完善和补充而成的。

本书从收集资料到终稿出版，几近10年的时间。回忆往事，心中感慨万千，抚摸书稿，又觉辛勤付出之值得。欣喜之余，又甚感惶恐，因为难以预测该书稿问世后，能否真如所想，达到"抛砖引玉"的效果，激起一股陶瓷文献学研究的热潮。但不管结果如何，我都将一如既往，在陶瓷文献学这条研究道路上披荆斩棘，勇敢前行，相信努力付出，辛勤耕耘，终有收获。借用屈原《离骚》里的一句话，"路漫漫其修远兮，吾将上下而求索"，来鼓舞自己，勉励自己。

本书在撰写过程中，得到了许多良师益友的支持和帮助，在此简要列举之，以表谢忱。首先，感谢我的博士生导师郑宁教授。郑老师以独特的眼光和广阔的胸襟，将我这个"跨专业"的学生收入门下，使我有机会从文献学跨入设计学的研究门槛。在清华读博期间，郑老师给予了许多无私的帮助，尤其是在本书的撰写过程中，郑老师从选题构思、提纲罗列、资料收集到书稿审定，都提供了不少指导性意见。

书稿选题之初，我还得到了我的硕士生导师曹之教授的指导和帮助。曹老师是我从事学术研究的引路人，也是我从事陶瓷文献研究的支持者和鼓励者。他不仅对本书的选题价值给予了肯定，还对本书的内容撰写给予了指导。尤其是他孜孜不倦的研究精神和严谨细致的工作态度，令我深感敬佩，也备受感动和鼓舞。

同时，感谢景德镇学院校长陈雨前教授。2007年7月，时任景德镇陶瓷学院（现更名为"景德镇陶瓷大学"）中国陶瓷文化研究所所长的他，将我招聘到所里，让我有幸参与了《中华大典·艺术典·陶瓷艺术分典》的组织编纂工作，我也因此开始真正接触到陶瓷文献，开始投向陶瓷文献的整理实践和理论研究，并择定"陶瓷文献学"作为我今后主攻的研究方向，随后取得了一系列的研究成果。毫不避讳地说，陈雨前教授是我从事陶瓷研究的引导者。在大典编纂期间，我有幸结识了许多跟我有相同或相近目标的"同志"，我们一起努力，一起奋斗，尽管有时很辛苦，但是乐在其中。尤值一提的是，在这期间我有幸结识了江西师范大学王琦珍教授，从他身上我学会了许多做人做事的道理，其勤勤恳恳、认认真真、身体力行、坚定执著的工作作风和研究态度，是我等后辈学习的榜样。本书撰写过程中，王教授还提出了不少修改意见，并感谢他为本书作序。

此外，感谢陶瓷泰斗叶喆民老先生，叶老在本书编写之初，为我提供了许多资料线索，并对我当时的困惑给予了指导性意见，令我受益匪浅。感谢张夫也教授、李正安教授、李砚祖教授、蔡军教授、吴冠英教授、王铁城教授、孙建军研究员、孟嗣徽研究员的指导和帮助，他们对本书的结构和内容提出了许多宝贵的意见和建议，对我启发很大。感谢李辉柄研究员、铁源研究员、罗学正教授、李夏教授、邹晓松教授、金银珍教授、周思中教授、詹嘉教授、曹建文教授、侯铁军副教授、李松杰副教授等在本书撰写过程中给予的关心和帮助。感谢李一平先生、李子嵬先生、黄清华先生、黄薇女士、张德山先生、杨子帆先生、苏西亚先生、马志伟先生、邵校女士、王莹莹女士等提供的图片资料，它们使本书的内容增色不少。感谢中国国家图书馆、清华大学图书馆、北京大学图书馆、景德镇陶瓷大学图书馆、江西省图书馆、景德镇市图书馆等单位在资料查阅过程中提供的便利和支持。感谢中国国家博物馆、故宫博物院、首都博物馆、上海博物馆、南京博物院、景德镇市陶瓷考古研究所、中国陶瓷博物馆等文博单位在陶瓷器物整理和图片出版方面所做的基础性工作。感谢"陶瓷文献学"的提出者傅振伦先生，其开创之功不可磨灭。感谢江西省高校人文社科青年基金项目和景德镇陶瓷大学的经费资助。感谢中国轻工业出版社为本书出版提供的支持和帮助。

  最后，感谢我的家人，尤其感谢我的爱人张俊娜女士。她为了让我专心写作，几乎承担了照顾小孩和打理家务的所有工作。为此，她不仅毫无怨言，还经常在我劳累、烦恼、困惑的时候安慰我、支持我、鼓励我，令我十分感动。回想起她多年来的辛苦忙碌，心中隐有酸楚，又充满感激。现只能以这本书的出版，聊表谢意，并作为对他们辛苦付出的一种回报吧。

陈　宁

2016年12月8日

附录

《唐英全集》所录《陶人心语》中遗漏的序跋文字

凌燽序： 道与器，二而一者也。圣人开天明道，得于心而创为陶，利用前民，厥器维古。王者本此心，以陶铸斯民。臣工推此心，以陶冶其性情。陶之用心，器也而衷乎道矣。余读昌黎《圬者传》，谓圬人之用心不同，而其言颇有可听者，盖其言为有道之言，故昌黎许之。沈阳蜗寄先生资豪迈，博览群书，遇事多心得，工于书，工于画，工于填词，而尤工于诗。不独诗也，古文杂著作，无一不工。从其工者，而编集之，签以某某心语，大书其姓氏可耳，何为而讬于陶，何为而以陶人自居也？我朝埏埴之用，著名江右。先生少壮，出入禁廷，历数十年，无悴容，无惰色。及奉命督陶务，殚心竭智，仰承皇上俭怀之旨，盘盂盆盂无一不衷于古。世所谓龙缸、均窑，与官、哥、汝、定，殆莫能过。盖先生之心契乎道，故能随物象形，可以献之宗庙明堂，而传之四海万世也。公余暇，即其境之所遇，舒其心之所得，食禄于陶，寄迹于陶。凡督陶之岁月，与陶署之翰墨，器不拘于陶，顾皆以陶人颜，从其职志也。先生意弥深矣！昔宁封子为周陶正，结成五色烟，先生之笔花灿烂，彪炳寰区，其为五色，当何如耶？虞公为周陶正，以官为氏，先生之以陶名集也，其亦此意耶？扬子《法言》曰："甄陶天下者在和，刚而甄，柔而坯。"夫得乎刚柔之性，而后可以语陶，可知道与器非二。即先生之心，统道器而一之矣。董子谓下之从上，如泥之在钧，惟陶者之所埴。先生广此心，以布政黎庶，盛德大业，未可涯量也。岂区区讬之语言文字乎哉！宫詹临川李公读公集，既指数而缕称之矣，余何能复赞一词。先生以余知交久，命余一言，姑以此请正可。是为序。乾隆己未冬至前十日，约铭弟凌燽拜撰。

谢济世序： 余夙闻隽公唐先生能诗，而未之见也。今年春，督运赴淮，过九江，值先生奉命监景德镇陶工，兼理关务，留饮于东堂。酒半，余索诗，先生出手录一编，名曰《陶人心语》。余望见，遽赞曰："可传之作也。"先生笑曰：

"异哉！君之善赞也。未读之，何由知之。"余喟然叹曰："诗之亡也，久矣！学竟陵者，务艰深，若可解，若不可解，是昧其心，而为自欺欺人之语者也；学崆峒济南者，事摹仿，如此方为盛唐，如此方为老杜，是舍其心，而效他人之语者也。迩来风气稍变，汉魏六朝两宋兼习之，然大都辞难就易，避实击虚，详于景而略于情，舍古人之性情，而求肖其声音笑貌。呜呼！举世皆以喉舌唇齿语，而君独以心语，此余所以知其可传也。"先生曰："吾语虽根心，奈未工何。"余曰："君不自名为陶人乎？吾闻陶之为道也，捣金石之屑，采草木之精，埏之坯之，輗之绘之，釉之煅之，别土脉火色，寻蟹爪鱼子，自柴、汝、官、哥、定、霍以来，至今日而其制益精。君以制器者立言，其工也何疑。"先生曰："吾自名为陶人者，非以示勤苦，乃以伤迟暮也。吾年四十六来此督陶，然后为诗，故名曰陶人。东坡有言'诗非甚习不工'，少而习者，尚未必工，老而习者，其能工乎？"余曰："诗之工不工，不系乎习之少与老也。世之束发苦吟，迄白首而无一句可传者，何限？昔高常侍适年过五十，始学为诗，每吟一篇，已为好事者传诵，至今称'高岑'焉。少而习者，工乎？老而习者，工乎？且夫诗固以穷而工，亦以工而穷。工而穷者，率皆少年学诗之人，而不在老年学诗之人。人禀二五之秀，为万物之灵。当总角时，便沾沾以诗人自命，竟一韵一字之能极月露风云之状，废寝忘食，甚至落须眉，坠坑堑，而不自知，内无益于身心，外无补于家国。一不遇，则怨天尤人，借景物以抒其愤懑之人也，不为贺之夭、郊之独，则为籍之盲、甫之饿，虽欲无穷，不可得也。若夫豪杰之士，遭际盛时，以社稷苍生为己任，不惟不屑于诗，亦不暇为诗。洎乎中年以往，触绪兴怀，其天分本优，学力又至，有时发而为诗，仁之言蔼如，义之言秩如，自然叶宫商，而直追风雅。斯其遇固未尝穷，而其诗亦未尝不工，是以有唐三百年间，学诗之晚者，无如适，诗文之达者，亦无如适。由此观之，君之诗之工不必言，而从此鼓吹休明，荐历台辅，达而不穷，亦可预卜也已。"先生嘿无言。余乃命左右，剪烛开帙，浮白击节，而快读之，明日分袂登舟，乃记录其语以遗之，使弁于简端。至于先生之诗之工，寿之剞劂，有目共赏，何庸余赘一词哉。乾隆庚申暮春，桂林谢济世拜手序。

张师载序：余性好诗，而不工为诗。其于人之工为诗者，必求而读之，涵泳讽诵，常往复循环而不厌。然而近者，诗学荒芜，其有当于求心者，几乎少矣。向余里居，常为二三友人化诗序，为指陈今日诗学之弊，以正告天下，而见而唤之者，皆以为非。是故予之戒为诗序，二十数年于今矣。淮关榷使隽公唐先生，与余交称最善。余过先生署斋，先生出其诗若干卷，曰《陶人心语》示余。余读之，而油然有当于心焉，承先生命，亦固余之所乐为序者也。《书》

曰"诗言志"，志者，诗之本也。欧阳子称梅圣俞诗，长于本人情，状风物，清华雅正，变态百出，佗兮其似春，凄兮其似秋，此诗之情也。今之人，举所谓志与情者而无之，相与为靡恶浮淫之化而以为工，而作诗之旨失之远矣。此余之所叹为荒芜者也。先生天性笃挚，恭逢圣明，故其见于诗篇，皆原本忠孝，温厚和平，有风人之致。而游览所及，摹情缀景，婉秀可风。至于朋友骨月，离别会合之际，登临凭吊之余，其缠绵悱恻之意，亦可以追踪古人，而先生之志与情，亦于是乎可想见矣。此固余之所乐为序者也。夫宇宙之山川景物，乃有目者所共睹，而伦类之离合聚散，亦人生所必不能无者。顾求生平，不工为诗，曾□以写其胜概，而寄其逸情。今读先生之诗，不觉其蹶然而欲起也。先生于文词无所不工，而所作于诗为高。余因序诗而并及之。仪封张师载书。

姚孔鈵序：辛酉暮春中澣之一日，华林子毕漕事，归自淮阴。是夜，月影横天，参差云树，阶下兰风馥馥吹襟袖，偶触于中。思我隽公先生，不得见，因取所著《陶人心语》，畅快而熟读之。歌将半，有客谓予曰："唐公之诗妙矣！公之爱唐公之诗至矣！诗，其唐公之能事哉？"予笑曰："然非也。唐公，诗人，而不徒为诗人者也。"请与子观水，今夫水澄澹灵长，森茫总括，其注也浩浩，其止也渊渊。蛟龙货财，无一不藏，而涵养静深，迥无炫异。及风石激之，则铿铿訇訇，有声巨细，一如琴瑟鏄钟，人第喜发，洩舒啸郁。律噌吰者，可以新耳目，而怡性情，而究谁窥其底蕴哉？隽公先生为沈阳奇才，秉天地之秀气，具黼黻之经纶，勤劳中外四十余年康尔。庶事出之裕如，人遂莫测其抱负，以故世所震惊咋舌，仰慕输服，以为不可几及者，则曰书也，画也，诗古文词也。殊不知书、画、诗古文词，乃其退公游戏之余波，而诗又兼长中之一节。辟之水然，灵源之支流，不可以为尾□也。予丙辰四月，得纳交于隽公，时司榷法淮关，一投契，如同肉骨，予退而叹曰："古所称澄之不清，淆之不浊者，非其人欤？"自是连年督运，岁聆尘谭，窃见辨论古今，抵掌时务，洋洋洒洒，口若悬河，觉裁成辅相之道，工虞水火之能，无一不难坐而言、起而行者。隽公岂欺予哉？予因知隽公之不徒为诗文也。是以西窗剪烛，何妨信宿勾留，即或抱病相如，亦可床头执手，雪白肝肠，无嫌无疑也。予与隽公两人，惜乎移节豫章，于今三载，天涯魂梦，迷路难寻，有不能不借诗以为想像者，而子顾徒以诗为其能事耶？于是客闻所未闻，欣然而退。予重浣薇露，敬诵终篇，呼童子磨墨伸纸，次第其问答之语，以寄九江榷署隽公。隽公如谓知言，即以此为序《陶人心语》之诗也可。皖桐愚弟姚孔鈵拜撰。

刘珩序：余游京师四十余年，得晤隽公先生于风尘马足间。时先生供奉内廷，不获久相视悒，偶一接见，未免疏略，不知先生为诗人也。岁在丙辰，余与锡儿浚下五溪，过洞庭，由长江北上，重晤先生于淮关榷署。晨夕倾倒，意气缠绵，始得先生《陶人心语》全集，而熟读之。噫，先生传矣！先生三十年侍猎，十年督陶，三年关政，可谓阅谙世故。性嗜读书，每夜漏三鼓下，犹手不释卷，自少迄今如一日，其学力可知。有所兴感，发于吟咏，故下笔惊人也。今关政报满，仍命督陶，知天之□老其千坚其志，先于大冶洪炉中，再加煅炼磨砺，不日樽俎金汤，鼓钟廊庙，必有一番事业。出人意外者，岂特吟咏章句，仅足以鸣世惊人已哉？先生西江之行在迩，余与锡儿尚留表浦，感先生骨肉手足之遇，不敢自外，聊叙其《陶人心语》之后，志不忘情，兼期后会也。时先生五十有八，余已七十有六，他日相逢，呼尊命□，再读先生得意新诗，则老当益壮，吾两人不相视而愉快也乎。洞口老渔郎刘珩跋。

李根云序： 古之言诗者谓：诗，持也，自持其心也。又诗之也，新之所之也。在心为志，发言为诗，故美人芳草固，心花之艳生，国殇山鬼，亦心裁之独出，惟其心之所之，幻入风云，研极情态，而意匠所往，其才其识其学乃并注而交输之，不自觉其语之谐以达焉。此古人之诗所为，志感丝篁，气变金石，隔世间关，其人如在，非独语足传其心，足不朽也。世之为诗者，率汨其本心，而雕饰情采，循声拊影，谓古人可学而至焉，曰吾魏晋某某语也，吾唐宋人某某语也。呜呼！人心之灵，含吐造化，机缄既启，万变不穷，我之不能为古人，犹古人之不能为我也。乃黜我心之灵明，学古人之皮相音响，虽工而真气不存，直优孟之一剧耳。掷笔扪心，已不自知为何等语，是可谓善学古人者乎？袁中郎之言曰："唐自有诗，不必选体也；初、盛、中、晚皆有诗，不必初、盛也；欧、苏、陈、黄各有诗，不必唐也。"盖人心不同，如其面焉。况世变风移，古今人遇合不同，其才识与学又不同，各有其心，即各为其语。惟洪纤曲折，情与境会，而节族矩度，自不谬于古人，虽神鬼于诗可也。宁古今人遂不相及哉？吾以是读《陶人心语》，而知陶人之诗可为诗矣。陶人者何？唐叔子蜗寄先生也。先生少负奇气，有隽才。年十六即供奉内廷，与日下诸宿老魁士昕夕相游处，遂精书画，谙音律，得秘钥于不传，尤长于诗歌，口吟手挥，不少倦。又以时扈从，六飞所至，纵览名山大川，驰骋广漠之野，于是气益上，才益豪，人莫之测也，皆指目为跅□士。而所遇益不偶，往往有忧生之嗟，先生固不以动其心也，益折节读书，游情啸咏，迨所养既深，才与识俱融于道而存，主愈厚发，语益闳深旷远，而不为结轖廉刿之音。年来已衰然成集，而先生亦皤然老矣。先是今上龙飞之初，先生以陶使移榷淮阴，余时守彭城，始与先生交。见其须眉飘洒，始度清远，望之若神仙中人，固知为有道士也。又一年，余为两淮运使，与先生去咫尺，交益亲。又一年，余参藩江右，司権浔阳。又三年，先生复自淮阴代余榷，兼督陶务。余两人辗转追随，若符节之合一，似有缘分者。然先生以余素心人，持是编嘱余序，余以尘鞅鹿鹿未果，今又八年于兹矣。过从既久，相知益深，而先生重行谊，敦古处，事上忠勤，而御下清惠，数十年无轶志，平居则神情萧散，超然物外，是诚有道之士矣。夫温柔敦厚，而得失忧虞，不以系累于中，此古诗人之所难者，宜其为诗也。婉转切情，而超旷绝俗，惟其心之所蕴酿者，窅然以深。故读其诗，襟情若魏晋，格律俨唐贤，而声调则出入眉山、剑南之间，无规橅之迹，而得味在醎酸之外。视彼瓣香蠹简，抹煞性灵，而甘为古人重儓者，其高下何如也？读其语，知其心，陶人必传无疑矣。元遗山《题中州后集》云："爱煞溪南辛老子，相从何止十年迟。"余于先生亦以持赠焉。若陶人云者，在陶言陶，即语不必陶，而姑以陶名之，亦春风沂水、素位自得之意云尔。他日承明奏赋，宁无续编以鸣其盛者乎？是未可执一解也。乾隆十二年秋，苍崖李根云拜手撰。

黄祐跋：蜗寄先生理陶政江右十年，得诗若干卷。乾隆戊午春，予以漕务至淮安，时先生奉命榷关淮上，使署往来，所见先生新咏，心折久之。比还东握别，始出兹卷相示，携归舟中，泊淮黄交汇处，五日忘昼夜，读始竟。其诗原本经籍，抒写性真，字字有根柢，又均从心坎中吐出，合古而化近代作者，罕有其伦。先生性恬淡，无一切世俗嗜好，公余手不释卷。皇华所至，遇文人学士，往复赠答，悃款若平生共傭。子称太乙山人，以文章朋友为性命，先生其人矣！黄河来昆仑，淮发桐柏，源远流分，比其赴海□渟潴，吐纳汇百川，而大观以备。先生之诗似之。解缆渡河，书此以归先生。东望茫茫，不禁移情于云涛浩渺间边。乾隆戊午时夏望后三日，新城黄祐书于黄河舟次。

彩图1　明 时大彬制鼎足盖紫砂圆壶　　　　彩图2　明 陈仲美制三足兽形紫砂壶

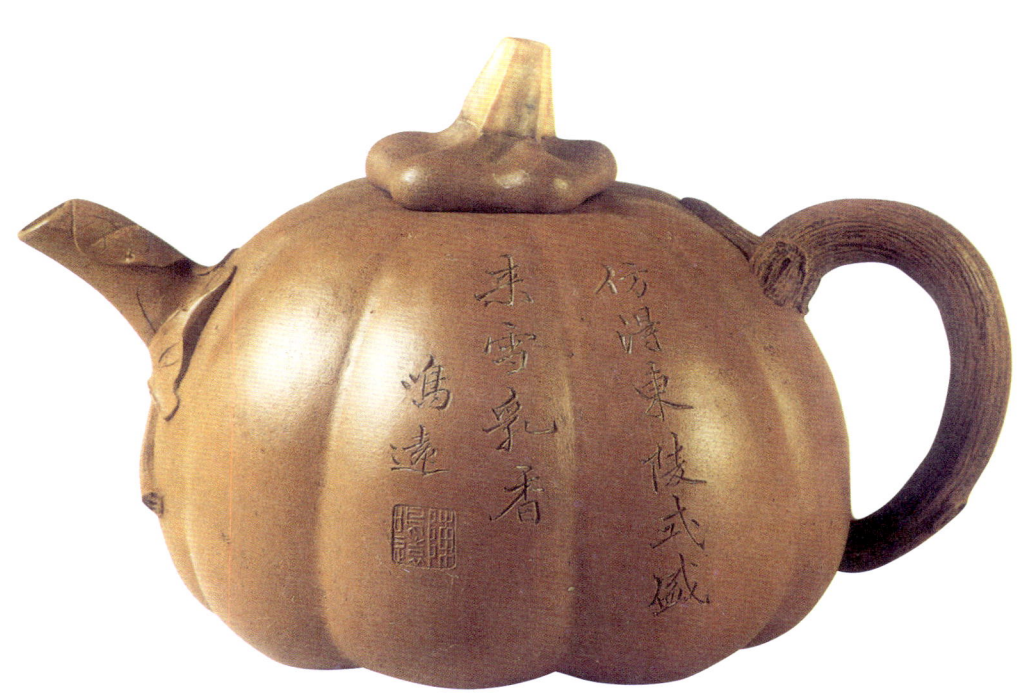

彩图3　清康熙 陈鸣远制东陵瓜形紫砂壶

彩图4 清康熙 仿宣德祭红釉僧帽壶（外底）

彩图5 清康熙 五彩耕织图棒槌瓶

彩图6　清康熙 青花万寿撇口大瓶

彩图7　清雍正 斗彩龙凤纹盘

彩图8　清乾隆 青花胭脂红彩双凤穿花纹扁壶

彩图9 清乾隆 珐琅彩山石花卉纹瓶（底款）

彩图10 清乾隆 粉彩开光镂空花卉纹象耳转心瓶

彩图11 清乾隆 仿朱漆釉描金御题诗菊瓣式盘

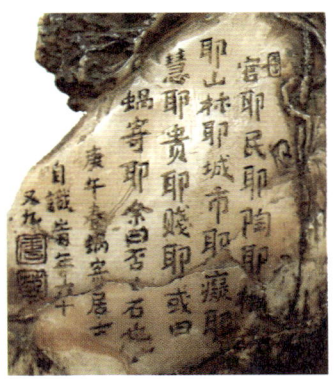

彩图12　清乾隆十五年 汪南桥制京山石雕唐英六十九岁小像（局部）

彩图13　唐英《陶人心语手稿》中录载的《题石镌小照小序》书影

彩图14　唐英制瓷器行书对联

彩图15　唐英制"佑陶灵祠"青花瓷匾

琢器造坯

琢器尊彝皆名琢器，其浑圆者亦如造圆器之法，用轮车拉坯，俟其晾乾，仍就轮车刀镟定样之後，以大羊毫笔蘸水洗磨俾光滑洁净，然後吹釉入窑即成白器。如柱坯上画料罩釉即为青花。其镶方稜角之坯则用布包泥以平板拍练成片裁成块段，即用本泥调糊粘合成。如无几凡此坯胎有应馆挖雕镂者俟乾透定稿付专门工匠为之。另有印坯一种係从模中印出製法六如镶方镟印二种係洗补磨擦典圆琢器无异

彩图16　《陶冶图说》之"琢器造坯"

明炉暗炉

白胎瓷器於窑内烧成始施采画采画後须烧硏以固颜色爰有明暗炉之設小件则用明炉炉之法瑯所用口门向外週圍炭火器置铁轮其下托以铁叉将瓷器送入炉中傍以铁鈎撥轮令其转旋以匀火气为庆大件则用暗炉层以贮炭火下留风眼伴圆夹层以贮炭火下留风眼贮柽炉膛人执圆板以避火气炉顶盖板黄泥封固烧一昼夜为度凡烧烧黄绿紫等器法六相同

彩图17　《陶冶图说》之"明炉暗炉"

彩图18　清道光 粉彩御窑厂图大瓶

彩图19　明晚期 克拉克瓷水禽图盘

彩图20　18世纪欧洲定制粉彩徽章瓷盘

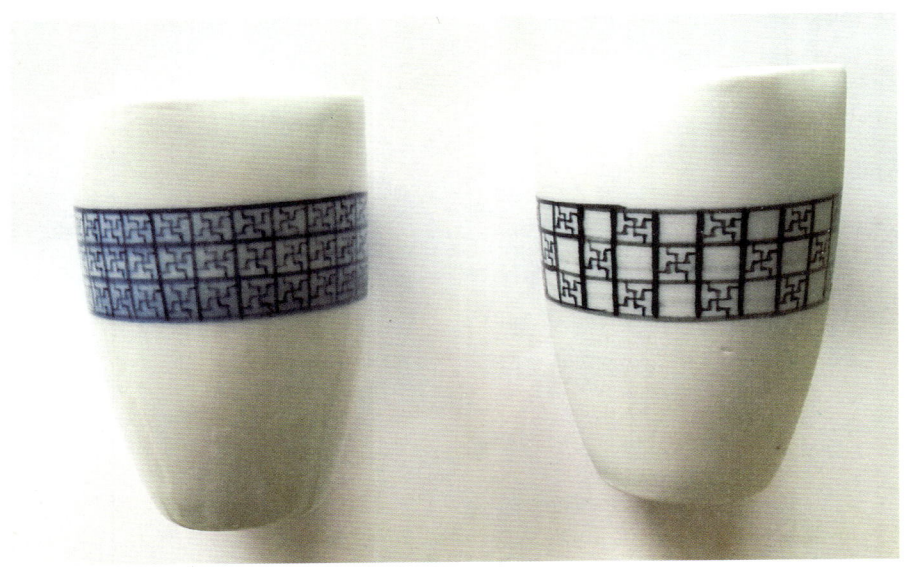

彩图21　景德镇陶瓷大学邵校老师试制 同样的瓷坯上用相同的青花钴料（含微量的铜）绘制图案施透明釉与不施釉烧成后的呈色效果对比图（左图 施釉，右图 不施釉）

爾槃翰林院儒蓮譯　丹家造作先生薩勒佛塔補注

景德鎮陶錄

咸豐丙辰年聚珍板印　帕哩城瑪勒巴舍烈書肆發客

彩图22　《景德镇陶录》儒莲法译本书影

匋雅　上卷

江浦　寂園叟　初稿

（一）印合　印池

印合。（盒通）謂之印池。（以盛印泥者也）

【通讀】印合（盒の通）は、之れを印池といふ。（以て印泥を盛るものなり。）

【解釋】印肉を入れる蓋物（盒）で、本邦の肉池又は肉入のこと。（盒は又合とも書く。）

（二）水盂　水丞　水中丞　洗

水盂之小者。謂之水丞。（曰水盛者誤。）又謂之水中丞。大者曰洗。

【通讀】水盂の小なるものは、之れを水丞といふ。（水盛といふは誤り。）又之れを水中丞といふ。大なるものを洗といふ。

【解釋】盂は、盤の類で、盆にも近く、大小あつて、用途も違ふ。尚ほ第二〇項の「水丞」及び

一一二

一三

彩图23　《匋雅》盐田力藏日译本书影

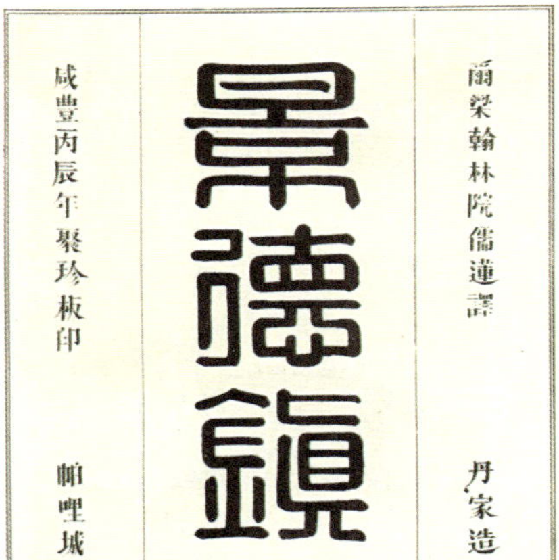

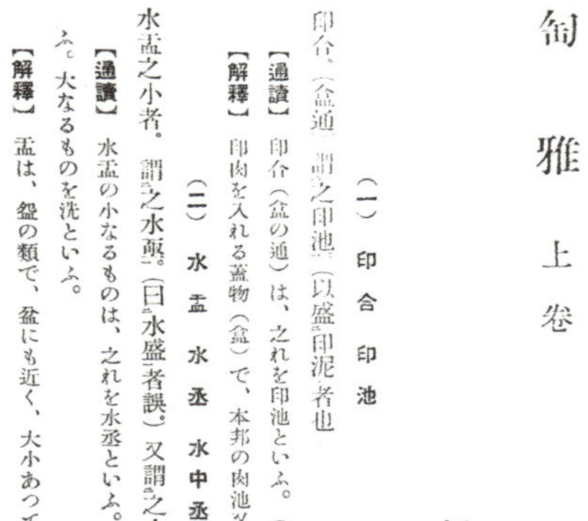